JIATING SHEHUIXUE DAOLUN

家庭社会学导论（第二版）

邓伟志　徐　新　著

上海大学出版社
·上海·

图书在版编目(CIP)数据

家庭社会学导论 / 邓伟志,徐新著. —2版. —上海：上海大学出版社，2020.12 (2022.1重印)
ISBN 978-7-5671-4147-6

Ⅰ.①家… Ⅱ.①邓… ②徐… Ⅲ.①家庭社会学—高等学校—教材 Ⅳ.①C913.11

中国版本图书馆 CIP 数据核字(2020)第 258358 号

责任编辑　徐雁华
封面设计　柯国富
技术编辑　金　鑫　钱宇坤

家庭社会学导论(第二版)
邓伟志　徐　新　著
上海大学出版社出版发行
(上海市上大路99号　邮政编码200444)
(http://www.shupress.cn　发行热线 021-66135112)
出版人　戴骏豪

*

南京展望文化发展有限公司排版
上海华教印务有限公司印刷　各地新华书店经销
开本 787mm×960mm　1/16　印张 18　字数 295 千
2020 年 12 月第 1 版　2022 年 1 月第 3 次印刷
ISBN 978-7-5671-4147-6/C·130　定价　42.00 元

版权所有　侵权必究
如发现本书有印装质量问题请与印刷厂质量科联系
联系电话：021-36393676

前 言
Foreword

本书的主要目的是提供一种关于婚姻及家庭生活的社会学介绍。起初,这本书的名称是《家庭社会学》(邓伟志、徐榕著,中国社会科学出版社 2000 年版)。然而,在今天,家庭有着多种不同的形式,对家庭生活的变化所进行的单一解释都是不足取的,同时,要创造一个有关家庭生活的一般性的理论体系也是相当困难的。因此,本书在原书的基础上,将重点集中在家庭生活的多样性与复杂性之上,并取名为《家庭社会学导论》,这一修订主要基于以下因素:

第一,家庭研究的多样性和复杂性在增加。社会的进步、科技的发展、相关制度的完善,相应地在改变着传统的人际关系和生活方式,也给现代婚姻家庭带来了前所未有的深刻影响和变化。首先,婚姻被重新定义。随着时代的发展,价值观念的多元化带来的是婚姻发展的多样化,在人们对爱情、婚姻大唱赞歌的同时,一些人开始怀疑和反思婚姻,于是,有了这样的说法:"结婚是典型错误,离婚是幡然醒悟,再婚是执迷不悟,不婚是大彻大悟。"各种各样的婚姻替代物被作为对现实婚姻的不满和突破的表现。其次,两性平等将成为家庭的基石。科技革命带来女性就业,妻子对丈夫的依附性逐渐减弱,男女平等渐成趋势。科技革命带来了生育自由的权利,生育越来越成为个人的决策,而与社会整体无关,于是,婚姻关系中的某些传统目的可能会逐渐消失并逐渐社会化,夫妻关系成为家庭的主要支柱,家庭正在从一种刻板的社会组织向某种宽松的伴侣关系过渡,这种伴侣关心的是情感的交流,家庭关系靠共同认可的价值准则来调节。最后,家庭生活更具多样性。在社会政治、经济和文化的合力作用下,以及科技的发展和全球化的影响,家庭在合乎规律地变动着,主要表现为家庭结构的松散、家庭功能的外移以及家庭形式的多元。家庭越来越宽泛,法律和社会规范对于家庭也越来越宽容。比如在澳大利亚,未婚同居获得了类似婚姻的实质性的法律认可;在荷兰,同性恋已是"真正"的家庭,而不受歧视,以至于人们不太知道该如何来定义家庭了。现实中的家庭所强调的是两个或多个独立个体之间的支持程度,而不管其性别特征、生物联系以及婚姻形式。总之,社会在不断地变化,家庭生活的多样性和复杂性将继续增长,需要理论的突破来应对现实中家庭所面临的各种局面。

第二,家庭社会学在社会学学科中处境尴尬。家庭社会学是从社会学的角度来考察家庭领域的。长期以来,社会学关注于现代性的研究,关注于社会变迁和技术变迁给人类生活带来的影响。这些变迁包括工业化、城市化、市场化、全球化以及不断增长的国家影响力。然而,正如大卫·切尔所阐述的,社会学是面向公共领域的,公共领域是外在于家庭领域的,有时甚至会和家庭领域发生冲突。因此,在社会学整体学科中对家庭的研究不可能占据中心位置,尽管家庭对个人的幸福以及各种社会政策都是相当重要的。家庭社会学在社会学领域中不可避免地边缘化。

就中国而言,1979年以来,随着中国社会学的重建,家庭社会学的研究又迅速发展了起来,在短短十几年时间里,成为社会学研究的热门课题。作为学科建设的起步,家庭社会学界翻译出版了大量国内外的家庭社会学专著,对于构建中国家庭社会学的理论、普及知识和指导研究起了推动作用。与此同时,许多学者注重通过社会调查和实证研究,掌握了解中国社会家庭的实际状况,发表了大量的研究论文、著作和调查报告。比较有代表性的家庭问题的调查研究有:"五城市家庭研究(1982—1983)""14个省市内的农村家庭问卷调查(1987)""全国范围内的家计调查",等等。从这个意义上说,家庭社会学的学科建设在发展,越来越多的研究成果受到政府和社会的重视,都不同程度地被相关部门所吸收和采纳,融入其决策过程之中。比如婚姻家庭法学的许多学术会议实际上演化为立法问题研讨会,这些会议的讨论与成果为中国的婚姻家庭法的立法提供了许多建设性的建议。

我们也应看到,目前家庭研究的应用取向和实证取向相当明显,而理论上仍处于探索阶段,这与社会学界立足于建构抽象理论和概念的主流是相悖的,以至于一些学者把家庭研究看作是"螺蛳壳里做道场——小打小闹",家庭社会学在整个社会学界处于明显的弱势。事实上,从人出生的那一刻起,就受到了家庭的影响,同时也会给家庭带来影响。而且家庭是个人与社会之间的桥梁,家庭生活也是社会生活的重要领域之一,通过对家庭规律性的认识,来为家庭的健康发展指明方向,增进社会系统的协调稳定,无疑是社会学经世致用传统的表现。在社会转型的今天,家庭面临着考验和挑战,需要理论先行和提供指导。

为此,我们从框架到内容对原书进行了修订。就框架而言,本书改变原书以研究内容为主线的逻辑体系,代之以家庭生活为核心的逻辑体系,我们关心的议题是:面对急剧变化的环境,人们是如何选择家庭生活的;政府和社会是采取何种方法来回应家庭的变迁的。就内容而言,融入了社会学、人类学等相关领域的新近研究成果和多年的教学经验以及家庭研究的案例资料。

本书主要是作为家庭社会学的专业教材,利用一些主要概念范畴,结合家庭发生变化的一系列案例,对婚姻和家庭生活提供清晰的介绍,书中提供了一系列国内外家庭研究的成果和资料,同时也参考了大量的国内外文献,对于引用和参考的部分,在文中都一一标明,在此,我们对于所有参考文献的作者表示诚挚的谢意。

需要指出的是,本书不仅仅是教材,同时也是一本可供参考的婚姻家庭指南。因此,它不但适合社会学专业的学生阅读,也适合所有对婚姻和家庭感兴趣的读者阅读,希望通过本书能够普及婚姻家庭知识,为创建健康、幸福、和谐的家庭起到一定的积极作用。

目 录 Contents

绪 论 ……………………………………………………………… 1
  第一节 家庭研究的社会学视角 ………………………………… 2
    一、西方家庭社会学研究回顾 …………………………………… 3
    二、中国家庭社会学研究简述 ………………………………… 12
  第二节 家庭社会学的主要理论 ……………………………… 18
    一、结构功能论 ………………………………………………… 18
    二、冲突论 ……………………………………………………… 19
    三、符号互动论 ………………………………………………… 20
    四、交换论 ……………………………………………………… 21
    五、发展论 ……………………………………………………… 21
    六、家庭系统理论 ……………………………………………… 23
    七、社会支持理论 ……………………………………………… 24
  第三节 家庭社会学的研究方法 ……………………………… 25
    一、两种不同的方法论 ………………………………………… 26
    二、具体的研究方式 …………………………………………… 28
    三、研究的工具和技术 ………………………………………… 30

第一章 家庭边界 ……………………………………………… 32
  第一节 家庭是什么 …………………………………………… 32
    一、家庭的界定 ………………………………………………… 32
    二、家庭的本质 ………………………………………………… 36
  第二节 家庭结构 ……………………………………………… 40

　　　　一、家庭结构的分类 ······················· 40
　　　　二、家庭结构的变迁 ······················· 43
　　第三节　家庭功能 ···························· 53
　　　　一、家庭功能的分类 ······················· 54
　　　　二、家庭功能的变迁 ······················· 57

第二章　家庭过程 ······························ 62
　　第一节　婚姻选择 ···························· 62
　　　　一、择偶理论 ··························· 63
　　　　二、择偶心理 ··························· 66
　　　　三、择偶标准 ··························· 68
　　第二节　婚姻缔结 ···························· 72
　　　　一、婚姻的本质 ·························· 72
　　　　二、婚姻缔结方式 ························· 75
　　　　三、婚礼仪式 ··························· 78
　　第三节　婚姻调适 ···························· 81
　　　　一、婚姻的质量 ·························· 81
　　　　二、婚姻的艺术 ·························· 85

第三章　家庭纽带 ······························ 94
　　第一节　家庭的复杂性 ·························· 94
　　　　一、家庭关系的结构 ······················· 94
　　　　二、影响家庭关系的因素 ····················· 96
　　第二节　亲密关系 ···························· 101
　　　　一、夫妻——性别关系 ······················ 101
　　　　二、亲子——代际关系 ······················ 112
　　第三节　家庭仪式 ···························· 121
　　　　一、出生礼仪 ··························· 121
　　　　二、结婚礼仪 ··························· 123
　　　　三、事亲礼仪 ··························· 125

第四章　家庭管理 … 127
第一节　经济管理 … 127
一、收入分配 … 127
二、家庭消费 … 130
第二节　生活管理 … 132
一、家务劳动 … 136
二、闲暇生活 … 144
第三节　生育管理 … 147
一、西方的家庭计划 … 147
二、中国的计划生育 … 149

第五章　家庭调控 … 155
第一节　家庭的硬控制 … 155
一、法律控制 … 155
二、行政控制 … 165
第二节　家庭的软控制 … 168
一、道德控制 … 168
二、习俗控制 … 171
第三节　家庭的自我控制 … 173
一、家规的约束 … 173
二、家风的引导 … 175

第六章　家庭危机 … 180
第一节　婚姻危机 … 180
一、婚姻压力 … 180
二、同居正常化 … 182
三、婚外恋公开化 … 185
第二节　家庭暴力 … 188
一、家庭暴力的界定 … 189
二、婚姻暴力的研究 … 192
三、家庭暴力的防范 … 200

第三节　离婚 ·· 203
　　　　一、离婚的社会学观点 ·· 203
　　　　二、离婚的收益与成本 ·· 206

第七章　家庭适应 ··· 213
　第一节　家庭与市场经济 ·· 213
　　　　一、市场经济是催化剂 ·· 213
　　　　二、市场经济是把双刃剑 ·· 217
　第二节　家庭与大众传媒 ·· 222
　　　　一、传媒与家庭结构 ··· 225
　　　　二、传媒与家庭功能 ··· 230
　第三节　家庭与社会网络 ·· 235
　　　　一、家庭网络的界定 ··· 236
　　　　二、家庭网的构成与功能 ·· 237

第八章　家庭变迁 ··· 242
　第一节　家庭的起源 ··· 242
　　　　一、群内婚与血族家庭 ·· 243
　　　　二、族外婚与亲族家庭 ·· 246
　　　　三、对偶婚与对偶家庭 ·· 249
　第二节　家庭的演化 ··· 253
　　　　一、个体婚家庭的特征 ·· 253
　　　　二、个体婚家庭的演变 ·· 254
　　　　三、个体婚家庭的变革 ·· 258
　第三节　家庭的未来 ··· 260
　　　　一、预测依据 ··· 261
　　　　二、理论预测 ··· 265

主要参考文献 ··· 272

绪 论

家庭从来就是社会集团的缩影。20 世纪以来,人类社会的生产力发生了前所未有的大发展,家庭作为生产关系的一个有机部分,自然而然地会受到生产力的牵引,社会变迁无论在物质世界还是在精神领域所产生的冲击波都可以在家庭内部得到引证。中国台湾地区的《时报杂志》曾在 20 世纪 80 年代刊登了一则有关台湾地区家庭状况的描述:

(1) 以夫妻及未婚子女组成之家庭增多,传统式大家庭相对减少。
(2) 父权夫权趋向于平权家庭,长辈权威趋于低落。
(3) 职业妇女增多,妻之经济依赖减轻,家计趋于共同负担。
(4) 传统家庭伦理发生变化,祖先崇拜不如过去受重视。
(5) 家庭功能趋于特殊化,以满足家人情感需要为主,其余则由社会负担,尤其是对子女的教育。
(6) 传统孝道日趋淡薄,家庭不像以往以父母为中心,而以子女为中心。
(7) 夫妻不再受传统伦理的束缚,趋向于以感情为基础,稳定性减弱,家庭纠纷增多,离婚率升高。
(8) 传宗接代观念减弱,家庭人数减少。
(9) 教养子女方式由严格控制转向尊重子女人格独立发展。子女均受教育。养儿目的不再是为了防老。
(10) 家人相聚时间减少,关系趋向于疏离,冲突增多。
(11) 婚前自由恋爱逐渐取代父母之命、媒妁之言,传统择偶标准大部分消失。
(12) 贞操观念趋淡,两性关系愈见开放。
(13) 单身家庭及有子女而不在身边之家庭增多,年老父母乏人奉养,孤单寂寞。

(14) 男女趋向于平等。
(15) 老人问题趋于严重。
(16) 青少年犯罪者增加。
(17) 婚后与岳母共居之家庭增多。
(18) 各代人之间教育程度差异造成"世代差距"。
(19) 安土重迁观念逐渐消失，公寓家庭日增。
(20) 家庭成员由互负无限责任转为有限责任。

现代家庭的上述种种裂变，在某种意义上也可以说是家庭的更新与发展，当然，其中伴随着心酸和苦涩。面对越来越捉摸不透的家庭生活、越来越难以摆脱的家庭风险，人们需要有科学的眼光来辨别，用灵活的策略来应对。

家庭社会学旨在运用社会学的理论和方法，获得对家庭规律性的认识，从而为家庭的健康、幸福与和谐指明方向，进而增进社会系统的和谐、稳定与发展。本章是有关家庭研究的一般性论述，提供有关研究家庭及其问题的理论、方法和途径。

第一节　家庭研究的社会学视角

家庭是社会组织结构的最基本单元，也是大多数人参与社会实践的必要条件。古往今来，许多哲人、学者都探索过家庭。在西方，家庭研究最早可以追溯到古希腊罗马。如古希腊哲学家柏拉图在《理想国》中曾提出在第一、第二两个社会等级中形成一个非他性的婚姻集团，实行妻子公有、儿女公育，并从中推选优秀者进行培养，使其成为哲学王的思想。而亚里士多德在《政治学》中则提出了不同的家庭观，他认为家庭是人类为满足日常生活需要而建立的社会基本形式，家庭的组成是自然的，超阶级的"善德"是维系家庭关系的纽带。古罗马的历史学家塔西佗也曾谈论过野蛮人的家庭。在中国，早在春秋战国时期，学者们就通过论证以家族为本位的社会等级制度的合理性，来阐述其家庭思想。如孔子提出"君君、臣臣、父父、子子"，将家国作为一体来论述社会关系和社会伦理制度，他认为无论是政治中的君臣之间，还是家庭中的父子之间，都要有合理的名实关系、恰当的名分地位，这样才能使人们的行为有准则、政治有规范，"天下有道"才能实现；孟子也从家和家庭关系来推论社会和社会中的人伦关系，他认为，中国社会结构的基本特性是人伦关系，由父子、夫妇、长幼关系推及君臣关系，以及一般意义上的贵贱、远近、亲疏关系，从而形成分层的等级社会结构。

尽管古代圣贤哲人在社会思想中提出了许多有价值的家庭观点,但由于历史的局限性,始终未能形成系统而科学的家庭学说。恩格斯曾指出:"在(19世纪)60年代以前,根本谈不上家庭史。历史科学在这一方面还是完全处在摩西五经的影响之下。"[①]摩西五经是指《圣经》旧约前5卷,相传是犹太人的先知和领袖摩西所作。其中的说法反映了处在父权制时代的犹太民族的社会状况。欧洲的一些学者出于阶级的需要,依据其中的说法,将父权制家庭与现代资本主义的家庭等同起来,认为家庭形态自古以来是永恒不变的,并用"父权制"理论长期禁锢着人们的头脑。实际上,在19世纪中叶以前,西方国家有关家庭的研究往往出现在小说、诗歌和戏剧中,对于家庭的认识仍被哲学思辨和宗教神秘主义所左右。在中国,家在传统社会结构中始终居于极其重要的地位。家国一体的社会思想,在以后的两千多年的封建社会中,既被历代统治者所推崇,也被内化为大众的行为观念,形成中国文化中难以突破改变的社会共识。至今,家国观念依然左右着人们的行动。

一、西方家庭社会学研究回顾

19世纪中叶,社会学学科形成,促进了家庭研究的学科化。社会学家、人类学家、历史学家等从不同的角度对家庭的起源、变迁、结构、功能、关系和家庭教育等方面展开了研究,当时的研究基本上是沿着两条路径展开的:一条是巴霍芬、摩尔根、马克思、恩格斯所创的,从哲学、史学、民族学、人类学的视角研究家庭起源与发展的路径;另一条是西方社会学家所创的,用社会学的方法研究家庭现状的路径,在实证主义的影响下,社会学家们注重对现存家庭的实地调查,对家庭进行定量研究,家庭社会学很快成为社会学的一个分支。

西方家庭社会学的研究主要有两大派别:一种是把家庭作为一种主要的社会制度,侧重于家庭功能及其变迁的研究;一种是把家庭看作是一种社会组织,侧重于研究家庭关系。

一般认为,与马克思、恩格斯同时代的法国社会学家F.勒普累和德国社会学家W.H.里尔是家庭社会学的奠基人。勒普累对欧洲各国300多个工人家庭进行了抽样调查和比较分析,撰写了《欧洲工人》(1855)和《家庭组织》(1875)两部著作。他力图通过对家庭经济生活的数理统计分析,来维护工业化中趋于解体的传统家庭,恢复以往的家长权威。对此,美国社会学家R.A.尼斯比特曾评论道:"勒普累和马克思对历史的制度性成分的探讨都是富有创见性的,但在他们之间存在着很大的差别。对于马克思来说,主要的制度是社会阶级,而勒普累

[①] 《马克思恩格斯选集》第4卷,"第四版序言",人民出版社,1972年,第5页。

认为是亲属关系……马克思憎恶私有财产,勒普累宣称它是社会秩序和自由的不可或缺的基础。"①尽管如此,勒普累在研究中所采用的社会调查、研究访问、家计问卷、参与观察、个案—历史以及家庭经济分析技术等方法,至今仍在家庭研究和社会学研究中广泛沿用。里尔通过观察和询问,提出家庭危机问题,主张改革和重建家庭。他于1855年出版的《家庭》一书,被认为是家庭社会学确立的标志之一。

家庭社会学之所以在19世纪中叶兴起,是与当时西欧社会的重大转折密切相关的:① 近代科学技术的发展,推动了西欧以及美国社会结构发生重大变迁,工业化和城市化使原有的社会阶层体系瓦解,社会需要重组利益关系。在家庭关系中,个人对于家庭的权利、职责、义务也发生了深刻的变化,这就需要重新认识家庭。② 随着西方殖民主义和帝国主义的扩张,学者们开始积极探讨不同社会的文化制度和家庭制度。③ 近代科学文化的发展,为家庭研究提供了知识储备。自文艺复兴以来,早期启蒙学者如孟德斯鸠、卢梭等人在批判宗教神学的同时,也对家庭宗法关系、家长权威进行了猛烈的批判,动摇了父权家庭永恒不变的神话。与此同时,生物学上物种起源认识的突破,对人类进化的全新看法,引起了一场知识革命,家庭制度也受到了冲击。进化论被运用到家庭起源和家庭制度演化的探讨之中。

在探讨家庭社会学的历史发展进程时,伯特·N.亚当斯曾将科学的家庭研究划分为四个主要时期:社会达尔文时期(1860—1890);社会变革时期(1890—1920);科学研究时期(1920—1950);关注家庭理论时期(1950年以后)。这种划分方法和哈罗德·克里斯坦森德的观点相似,他把婚姻和家庭的研究历程分为研究前时期(1850年以前)、社会达尔文时期(1850—1900)、社会科学研究时期(1900—1950)和系统理论建设时期(1950年至今)②。比前人更进一步,周颜玲、凯瑟琳·W.伯海德将1970年以后的家庭研究总结为家庭多样期。

(一) 1860—1890年的"社会达尔文"时期

家庭演化理论是这一时期家庭社会学的主要研究领域。这一时期的研究深受达尔文的自然进化思想的影响,其主要论题是土著社会的婚姻制度和家庭系统,力图发现家庭的起源,并探索家庭是如何进化到现在的形态的。研究方法侧重于人类学的田野调查和历史法。

1861年,瑞士法学家和历史学家巴霍芬,根据大量的古典文献、神话故事和

---

① 马克·赫特尔:《变动中的家庭——跨文化的透视》,浙江人民出版社,1988年,第28页。
② J.罗斯·埃什尔曼:《家庭导论》,中国社会科学出版社,1991年,第45—46页。

历史传说,撰写并出版《母权论》一书,标志着家庭史研究的真正开始。书中他提出了四个有价值的观点:① 最初在人类之间存在着毫无限制的性关系,即"杂婚";② 性关系的无限制排除了确切认知父亲的可能性,世系只能按母系计算,母系制先于父系制而存在;③ 原始共产制社会中妇女在经济上的领导地位是原始时代"女性统治"的真实基础;④ 发现了从群婚制向个体婚制过渡的婚姻形态。然而,整部书还是笼罩着宗教神秘主义色彩,如他把由杂婚到个体婚制的发展,以及母权制向父权制的转变,归结为宗教观念的变化。再者,"杂婚"一词也不够确切,在人类尚无婚姻、家庭的最初时代,人类两性关系应为杂乱性交。尽管如此,上述观点仍是家庭史研究的一次重大变革。为此,恩格斯说:"家庭史的研究是从1861年,即巴霍芬的《母权论》出版的那一年开始的。"[1]

继巴霍芬之后,英国法学家和人种学家J.F.麦克伦南于1865年发表了《原始婚姻》,其主要贡献是:① 指出外婚制在各民族广泛流行及其重大意义;② 认定母权制的世袭制度是最初的制度。但由于麦克伦南的理论是主观推断的结果,缺乏牢固的依据,并错误地把"外婚制"与"内婚制"的对立作为整个理论的基础。恩格斯认为:"他那纯粹出于误解的外婚制'部落'与内婚制'部落'的对立理论所造成的害处,要多于他的研究所带来的益处。"[2]

真正在家庭史理论中有重大突破的是美国人类学家路易斯·亨利·摩尔根。他一生的大部分时间都生活在印第安人的易洛魁人中,考察和研究他们的社会制度和生活习俗。同时考察了美洲整个印第安人社会,以及亚洲、非洲、大洋洲各民族的生活情况,并在1871年出版的《人类家庭的血亲和姻亲制度》和1877年出版的《古代社会》中总结了自己的研究成果。

《人类家庭的血亲和姻亲制度》提出了一种明确的社会进化学说。摩尔根通过对原始社会血亲和姻亲制度的探讨,提出由杂婚制到各种形式的群婚制,再到一夫一妻制的婚姻家庭进化理论,提出由母系氏族到父系氏族的氏族进化理论,批驳了长期以来基督教神学关于家庭永恒不变的说法[3]。

《古代社会》是一部划时代的著作。摩尔根用自发的唯物史观,以物质生活资料的生产,即生存技术的发明创造为依据,将人类历史划分为蒙昧、野蛮、文明三个时代,并对蒙昧、野蛮时代的母系氏族和父系氏族制度进行了详细论述。他的重要贡献在于:① 第一次揭示了亲属制度与家庭形态之间的内在联系,创立了从亲属制度追踪家庭形态的科学方法。他发现,一定的亲属制度反映着一定的婚姻家庭形式,"家庭表现为一种能动的要素;……亲属制度却是被动的,它把

---

[1] 《马克思恩格斯选集》第4卷,人民出版社,1972年,第5页。
[2] 同上书,第11页。
[3] 丁文:《家庭学》,山东人民出版社,1997年,第14页。

家庭每经一段长久时间所产生的进步记录下来,并且只是在家庭已经急剧变化了的时候,它才发生急剧的变化"①。② 第一次将人类的亲属制度区分为类别式与说明式,认为这两种亲属制度的根本区别,来源于家庭形态的重大差别。③ 第一次描绘出家庭史的略图,认为人类家庭依次经历了血婚制、伙婚制、偶婚制、父权制和专偶制五种形式,初步确定了大体的家庭典型发展阶段。

摩尔根的功绩不仅在于创立了运用现存亲属制度推断婚姻家庭制度的方法,并运用这种方法描述了家庭发展的历史,并且摩尔根还第一次揭示了氏族是原始社会基本的基层组织,明确地把家庭与氏族区别开来,确立了母系氏族是一切文明民族的父权制氏族以前的阶段,发现了母系氏族和父系氏族存在与发展的规律。母系氏族由此成为原始历史研究的轴心。摩尔根的发现使原始社会史的研究大大前进了一步,开辟了研究的新时代。马克思曾在1880—1881年间仔细研读了《古代社会》一书,并写了20余万字的读书摘要。1884年,恩格斯根据摩尔根书中的一些结论和实际材料以及马克思的摘要,写成了《家庭、私有制和国家的起源》(下称《起源》)。

《起源》以唯物主义历史观为指导,把家庭制度与社会制度结合起来考虑,重点研究了家庭、私有制、阶级和国家的产生等问题,阐明了不同社会经济形态中家庭关系发展的特点,并对未来家庭做出了预测,形成了马克思主义的家庭学说。其主要理论观点有:① 从决定社会发展的两种生产中揭示出家庭的本质。他把家庭看作是人类自身再生产的社会组织形式,是夫妻之间、父母子女之间所形成的社会关系的产物。② 认为家庭是个历史范畴,是人类社会发展阶段的产物。家庭形态的发展变化,归根到底是由物质生产的发展水平和社会经济关系决定和制约的。③ 认为在阶级社会中婚姻家庭具有阶级性。④ 用发展的眼光看待家庭的未来,认为家庭制度是社会制度的产物,将随着社会制度的发展而发展,"如果一夫一妻制家庭在遥远的将来不能满足社会的需要,那就不能事先预言,它的后继者将具有什么性质了"②。

1891年,《起源》第4版出版发行,它是原始社会史研究方面的一部重要著作,也是家庭史研究的里程碑。此后,家庭史研究仍然存在着相当大的分歧和争论。争论集中在"家庭是不是一个历史范畴""家庭发展的分期及其标志是什么""母权家庭是否曾经先于父权家庭存在""什么是家庭变迁的推动力量"等问题上。这些学术争论实际上代表了家庭史研究的不同方法论,即唯物史观和唯心史观的对立。是否承认家庭的发展与物质资料生产的发展相适应,这是在家庭

---

① 摩尔根:《古代社会》,商务印书馆,1977年,第433页。
② 《马克思恩格斯选集》第4卷,人民出版社,1972年,第80页。

史观上区分唯物主义和唯心主义的界线。家庭是个能动的要素,有一个辩证发展的历史过程,物质生产是其发展的基础,这是正确理解全部家庭史的起点。

(二) 1890—1920 年的"社会变革"时期

这一时期的家庭社会学从注重家庭历史的研究转向对家庭现状的研究。其主要议题是城市化进程中出现的家庭问题。从研究方法看,注重微观的经验研究。

早在 19 世纪,欧洲社会就开始经历了一场深刻的社会变革。由于工业和城市社会的发展,亲属、乡村、社区和宗教方面的旧的社会秩序正被抛弃,这种迅速彻底的变迁对家庭产生了特殊的影响。无论是社会新秩序的激进的和保守的批评家们,都看到了社会变化对家庭产生的压力。在美国,19 世纪末 20 世纪初,伴随着工业化和都市化进程,出现了许多与家庭有关的社会问题,如贫穷、童工、娼妓、私生子、离婚等,引起了人们的关注,出现了针对城市家庭劳力和经济结构的研究。

马克思和恩格斯通过对资本主义社会的考察,认识到工业和垄断资本主义的产生引起核心家庭的变化。新的经济制度迫使工作从家庭中分离出来,小农经济中的家庭式生产不复存在,社会劳动中的性别分工迫使妇女仅在家庭中担当角色。家庭的贫困化和家庭内部的不平等是新的经济制度产生的两大问题。由此,他们对通过革命的积极手段推翻以工业化制度为基础的资本主义、建立男女平等表示了深切的关注。

勒普累则对工业革命和民主主义革命深为不满,对扩大家庭的日益衰落和核心家庭的不稳定提出批评。他认为,家庭是社会的基本单位,社会的状况可以通过家庭的物质生活和稳定性得到测量。他深信经济生活规定着社会的一般特性,因而对工人家计情况做了大量实证研究。他把家庭划分为父权或扩大家庭、不稳定或核心家庭、主干家庭三种类型,并认为 19 世纪的家庭形式是不稳定的,对社会具有破坏作用。任何社会的基本特征都受制于社会中家庭的类型。家庭应具有高度的稳定性、接受传统约束并为个人提供保障。由此,主干家庭是父权制家庭和不稳定家庭个人主义优势的有机结合,最适合现代社会。

总之,这一时期的家庭社会学研究议题已经转向了社会变迁和家庭的现代分析,激进观点和保守观点的分歧贯穿于对家庭的现代分析之中。然而,这一时期的研究,从内容上看,过于关注下层民众家庭的经济状况的研究,而相对忽视了家庭与周边环境、社会和文化的关系等。从方法上看,相对忽视了社会结构对家庭影响的研究[①]。

---

① 参见张文霞、朱冬亮:《家庭社会工作》,社会科学文献出版社,2005 年,第 64 页。

(三) 1920—1950 年的"科学研究"时期

这一时期是有关家庭行为研究的剧增期。其主要论题是社会变迁对家庭模式的影响以及如何评价这种影响,关注的焦点在家庭结构、家庭功能、家庭关系等领域。研究方法上看,一是注重实证研究,包括采用统计资料,出现了大量的实证主义数据、强调比较研究;二是引进了心理学的研究方法,把家庭看作是一群互动人格的整体。

20 世纪初,随着社会生产力的发展,社会流动速率的加快,社会学家的兴趣从进化的研究转向了对社会问题和社会改革的探讨,当时的《美国社会学杂志》明确表示:"我们不仅要了解家庭,而且要明了城市化和工业化发展所导致的后果。现有的问题亟待我们去解决,而家庭也等待着我们去巩固。"[①]具有调查传统的美国芝加哥学派开始研究西方工业化和城市化对家庭的影响,其研究是建立在城市—乡村社会的类型学方法论基础之上的,关注焦点也从一般的家庭问题转向了家庭内部关系与结构关系。

W.F.奥格本探讨了城市化和工业化所导致的家庭功能的丧失。他的《社会变迁》与《技术和变化中的家庭》(与人合著)对家庭社会学产生了巨大的影响。他首先对社会变迁中的物质文化与适应文化进行了区分,认为物质文化的变化引起适应文化的变化,而这种变化使两种类型的文化之间不断产生社会性失调。家庭制度的更替是技术变迁的结果,家庭便是适应文化的一个佐证。现代技术社会中的发明和发现必然导致家庭的经济、教育、娱乐、宗教和保护功能的削弱。由于奥格本对两种文化的划分过于简单,故而断定家庭只能被动地适应于物质文化的变化,而事实上,家庭对物质文化的增长也具有一种主动的影响作用。

E.W.伯吉斯运用社会心理学的研究方法探讨家庭互动的不同模式。他把家庭当作一个小范围的社会现象加以研究,认为工业化和城市化把家庭的传统功能转移到了社会机构中,家庭正经历从"机构到友伴"的转移过程。家庭只剩下使其成员幸福和个体在其间发育成长的功能。在这种情况下,家庭依靠成员之间的情感依恋来维持自己。并断言家庭不是由外部社会的需要或影响结合在一起的,而是由内部成员的亲密友爱关系结合在一起的。

L.沃思认为,城市生活方式对传统家庭生活产生了消极影响。家庭的一些独特的历史功能丧失;亲属联系被削弱,家庭免除了更大亲属群体的约束;家庭成员追求其各自在职业、教育、宗教、娱乐和政治生活中的不同利益成为可能。

R.瑞德菲尔德在对部落村庄和大都市的比较研究中,提出俗民社会具有强烈的团结感和亲切的交往,强调家庭亲属关系的重要性和风俗习惯的神圣性。

---

① 马克·赫特尔:《变动中的家庭——跨文化的透视》,浙江人民出版社,1988 年,第 28 页。

与其他理论家所不同的是,T.帕森斯从结构功能主义角度出发,看到了现代化与核心家庭之间的良性关系。他认为家庭是更专业化的群体,它的功能应以儿童的社会化和为家庭成员提供情感依托为主,并指出孤立的核心家庭可能有益于满足工业化城市社会固有的职业流动和地域流动的需要,满足儿童社会化和情感交流两大功能,适合现代工业城市生活。相反,具有强制性的经济和居住权利义务的传统扩大家庭制度关系被认为与工业社会相抵触。

G.P.默多克通过对家庭的抽样调查,研究了250个家庭,依其亲属关系将家庭分为三类:① 核心的家庭;② 多婚的家庭;③ 扩大的家庭。他首次提出了核心家庭的概念,认为核心家庭是现代社会的产物,具有以下四种社会功能:① 性功能;② 经济功能;③ 生育功能;④ 教育功能。

总之,这一时期的学者们关心的是家庭面临的问题,这些问题是工业化和城市化的一个结果,尤其在美国和西欧,并由此产生了以政策为中心的家庭研究。但大多数研究过于关注城市生活的社会解体方面,因而忽视了城市化对人和家庭所具有的积极作用。

(四) 1950—1970年的"关注家庭理论"时期

这一时期的家庭社会学研究向着多元化方向发展,并重视通过研究解决本土问题。其在研究内容上多主题、多侧面,研究课题面向未来;在研究方法上多学科、多层次,理论研究与应用研究相结合。

第二次世界大战结束以后,西方工业社会的殖民统治迅速瓦解。家庭研究者们热衷于家庭系统理论的建设。"越来越多的研究是跨文化研究和比较性研究,它不单是为了描述某种现象,而是要发现某种关系到社会发展方面的理论陈述。根据这些理论陈述能建立正确的家庭理论。"[①]

W.J.古德在《世界革命和家庭模式》一书中,广泛、系统地收集并分析了跨文化和历史的资料,驳斥了过去认为家庭制度是随工业和经济发展而发生变化的依变量的观点。他认为工业化和家庭这两者的变化是个平行的过程,它们都受到社会、个人、观念变化的影响。同时,古德还认为,必然伴随着迈向工业化和城市化的世界革命过程的变化,便是不同类型的扩大家庭趋向于向某种类型的夫妇式家庭制度转化。夫妇式家庭制度的观念和经济进步、工业化的观念是相互依存和适应的。

1973年出版的P.L.伯杰、B.伯杰和凯尔纳等人合著的《无家意识:现代化与意识》一书,也是运用现代化的理论,通过考察第三世界的现代化过程及其对传

---

① J.罗斯·埃什尔曼:《家庭导论》,中国社会科学出版社,1991年,第41页。

统生活方式、亲属模式的影响，认为现代化有助于个人摆脱扩大家庭、亲属、部落的控制，为个人提供更多的选择机会。但现代化同时也导致了"无家"意识、绝望感、挫折感和社会失范的滋生，其中最主要的原因是生活领域的多元化和社会、个人活动领域的分离。而传统社会的生活领域相对统一，人们不会体会到现代生活的分裂感。根据他们的观点，核心家庭占主导地位是现代社会的显著特征，社会和个人、活动领域的分离是现代西方家庭制度的主要特征。对这一特征的分析为探讨社会变迁和家庭提供了新的角度。

与此同时，也有许多人提出质疑，认为现代化理论提出的历史上存在的庞大的扩大家庭最终将过渡到核心家庭的假设与事实不符。因为西方社会中核心家庭在过去300年来一直处于支配地位：P.拉斯利特和研究人口与社会结构的牛津小组、对美国独立前家庭生活进行研究的小菲力普·J.格雷文、对殖民地进行研究的J.迪莫斯都持这种观点。他们在研究中运用"家庭重组"技术，即根据从出生、死亡、结婚、遗嘱、土地转让记录中整理出来的人口统计资料来推定世系和亲戚关系，重建家庭和户的模式。他们承认家庭生活内容、家庭与工作及社会关系的变化是当代家庭的显著特征，而这种变化并不是由血缘式扩大家庭制度向夫妇式核心家庭制度的转化所引起的。核心家庭早在300年前就普遍存在，只有根据核心家庭价值观念取向的变化，根据家庭与工作、社会的关系的变化，才能准确把握家庭的现代化。

另有一些学者则对20世纪初芝加哥学派关于城市核心家庭中亲属关系失去活力的认识提出了异议。通过对城市家庭关系的研究，积累经验材料，他们论证了亲属关系依然是家庭的重要社会联系。城市核心家庭的亲属结构是互惠互利型的，以交换为基础。荣斯曼、伯奇纳尔的研究都证明了这一论断。H.甘斯、J.莫杰斯对沃思等人关于都市生活与郊区生活的区分作了重新评价，对城市生活会危害家庭的论点提出了疑问。这些研究实际上是对早期芝加哥学派关于城市生活方式导致社会解体的基本命题的重新讨论。

这一时期的家庭社会学研究向应用学科的方向发展。在研究上具有以下特点：① 研究内容面向现实，把注意力集中在人们关心或争议的问题上；② 研究视角借鉴了社会学和经济学中的许多理论观点，形成了家庭研究中的理论流派纷呈的局面，其中包括家庭系统论、家庭生命周期论、结构功能主义、制度理论、家庭沟通理论、资源（交换）理论等；③ 运用多学科力量"综合治理"，如心理学、法学、经济学、人类学、人口学、历史学以及生理学、遗传学等各界学者，都从各自的角度去阐述家庭问题的一个侧面；④ 学术研究与政府政策的制定密切结合，政府也开始关心家庭问题，家庭社会学的研究出现了政府、学者、国民三方面彼此呼应、互相促进的局面。

（五）1970 年至今的家庭多样期

这一时期的家庭社会学侧重于从种族、阶级、社会性别和文化视角对家庭进行研究，将家庭的多样性与宏观的社会力量联系在一起考察。研究主体大多为女性主义者，研究方法上引入了性别分析，坚持了理论与实践相结合。

Bernard、Thorne and Yalom 等人指出，现有家庭社会学具有明显的男性中心特征，并阐释了妇女所处的真实的社会环境和妇女作为从属者的经历。于是，从妇女的立场所进行的家庭研究中引入了公众关心的新议题，如性和生育的控制、作为无酬工作的家务劳动，以及妇女受伤害的若干形式等议题。通过对这些或隐或显的问题的揭露，为"家庭是一种社会制度"的经典命题提供了一种新的视角。

Beneria、Roldan、Collins and Baca Zinn 等人批判了现有家庭社会学中的种族主义的特征，认为现有研究忽略了美国以及其他国家中家庭类型的多样性，非白人女学者如 Baca Zinn、Jones、Thorne and Yalom 向具有性别歧视、种族主义和阶级偏见的理论假设发起了挑战，打破了那种将家庭类型说成是一成不变的、没有差别的，以及以家庭成员意见一致为基础的观念。

女性主义者的研究引导着家庭社会学的学者们突破仅仅将家庭作为一种社会制度进行研究的局限性，转而从历史的视角来审视家庭和其他社会制度之间的相互联系。如梯利（Tilly）和斯格特（Scott）指出，美国从以生存型农业和家庭为基础的经济向工业、家庭工业和家庭消费型经济的转型，对于家庭结构和妇女的工作具有深远的效应，它使人们误认为家庭与工作领域是分割的，并使这一误解成为一种普遍的信念。在详尽地研究了妇女的工作特征后，女性主义者重新定义了工作的概念，认为无酬的家务劳动、义务劳动与情感劳动均是工作。同时，女性主义者重新考察了以家庭为基础的生产的本质，并揭开了盖在其他"被隐匿"的工作上的"盖头"（Bose, Feldbent and Sokoloff, 1987; Christensen, 1987; Daniels, 1987; Hochschild, 1983）。这些分析将显性工作和与家庭有关的非显性工作两者与社会性别分层以及家庭之外的资本主义生产模式结合起来考虑[①]。

在对家庭社会学的反思中，女性主义者从家庭内的微观互动、社会的宏观结构性力量与社会不平等之间的关联中，质疑各种类型的男女不平等，如权力和资源的配置、对性和生育的控制、家务劳动和照料儿童的义务，以及在正规和非正规经济领域中的生产活动等。这些不平等的质疑并不仅仅是为了使人们认识到这一事实的存在，更在于通过对社会制度（包括家庭、经济、国家、教育和宗

---

① 周颜玲、凯瑟琳·W.伯海德：《妇女、家庭与公共政策》，社会科学文献出版社，2003 年，第 6 页。

教)是如何维持家长制的观念和物质的基础,进而对社会性别不平等的长期存在进行分析和解释,借此挑战传统的家庭理论(Andersen, 1993; Chafetz, 1990; Hartmann, 1981; Lengermart; and Niebrugge-Brantley, 1988)。同时,女性主义者也将其理论落实到共同的行动上。在美国,除了福利和贫困领域,有关的政策研究都已开始聚焦于国家的角色以及其与社会性别和家庭的关系(Diamond, 1983; Hyde and Essex, 1991; Piven, 1984)。目前有的研究已对政府制定有关的家庭政策产生了影响。这些政策包括最后由国会在 1990 年通过的《儿童照料与发展资助法》(Child Care and Development Block Grant)以及《家庭和医疗休假条例》(Family and Medical Leave Act)[①]。

这一时期的研究在家庭形式的多样性、多样性家庭的历史和跨文化的发展,以及与社会不平等形态的关联等方面都有了深入的探讨。然而,如何将种族和阶级等级制度的分析系统地综合到有关家庭的理论重构中,仍然是一个难题。

二、中国家庭社会学研究简述

与整个社会学学科一样,作为一门学科,家庭社会学在中国经历了一个曲折发展的过程。

鸦片战争之后,中华民族面临着日益深重的危机。出于社会变革的需要,在 20 世纪初的变法维新、向西方学习的思潮中,社会学传入中国。受到西方文化冲击,一些维新人士包括康有为、梁启超、谭嗣同等在内,曾经提出了有关家庭的思想和理论。如康有为在《大同书》中,提出了男女平等、妇女解放、改革婚制、废除家庭等主张,设想由社会取代家庭,男女通过"交好之约"建立两性关系,不用夫妻名分。梁启超则提倡胎教、儿童教育,主张一夫一妻制,反对纳妾。谭嗣同在《仁学》中批判片面的贞操观,并主张树立正确的性观念,把性从儒教的束缚和掩盖下解放出来。

辛亥革命时期,资产阶级革命派在反封建的斗争中,始终把批判君权和父权结合起来。他们在提出民主革命纲领的同时,也提出了以改革家庭关系为目标的"家庭革命""婚姻革命"的新主张。反对家长制、反对男尊女卑、批判封建的包办婚姻等理论和主张,在一定程度上冲击了旧的家庭伦理观念和父权制家庭,平等、独立的意识在家庭关系中逐渐确立起来,新型的婚姻关系也开始出现。不过这些思潮和实践基本上属于政治领域。

比较规范化的家庭学术研究始于五四运动以后,比西方国家晚了半个多世纪。根据一些学者的归纳,20 世纪至今,中国的婚姻家庭研究历史大致可以分

---

① 周颜玲、凯瑟琳·W.伯海德:《妇女、家庭与公共政策》,社会科学文献出版社,2003 年,第 7 页。

为以下三个时期：

(一) 20世纪上半叶：家庭研究的初始期

五四运动在揭露封建礼教的罪恶、抨击家族专制主义、提倡妇女解放和婚姻自由、对公众进行启蒙教育等方面的覆盖面和影响力是相当深远的。许多受过西方教育的知名人士大力呼吁要废除妇女缠足陋习、鼓励妇女入学、反对包办婚姻、提倡自由择偶以及让妇女积极参与社会和经济生活等，所有这些都对后来的婚姻家庭制度的变革产生了广泛的影响。

这一时期婚姻家庭问题讨论带有强烈的批判色彩。传统的婚姻及家庭制度受到广泛的批判，这种批判不仅发生在学术界，更主要的是在社会上广泛进行。《新青年》《妇女杂志》《觉悟》《新妇女》等刊物就恋爱、婚姻、家庭问题展开讨论，毛泽东、李大钊、鲁迅、陈独秀、胡适等人都曾就家庭理论发表过文章，抨击封建家长制度。与此同时，西方家庭改制的学说也在中国知识分子中广为流传，并相应地形成了一些派别，主要有核心家庭派、直系家庭派和废除家庭派等，积极探索家庭改制。

五四时期家庭变革思想的内在精神是养成健全人格，培养共和精神，思想启蒙运动以来的理性精神、科学主义、人道主义以及追求人的自由解放等意识渗透在家庭变革的理想之中。所有这些对婚姻家庭制度的改革和进步具有直接的推动作用。随后，无论是南京国民政府1930年颁布的《民法·亲属编》在确立男女平等、一夫一妻和婚姻自由原则方面的进步，还是中国共产党在革命根据地的婚姻立法和婚姻管理的不断完善和实践，无疑都得益于五四运动的影响。

也正是在五四运动前后，人们开始把家庭问题作为一门独立的学科进行研究，一直到新中国成立前夕，家庭问题的学术研究日趋活跃，主要表现为：

一是出版了一大批家庭学理论著作和学术论文。如由严恩椿根据欧美著作编纂的《家庭进化论》是中国较早的一部家庭社会学专著。麦惠庭的《家庭改造问题》则是当时比较全面、客观分析家庭问题的专著，全书共分两编：第一编论述家庭问题的性质、家庭的起源、家庭的功能、家庭结构与规模、家庭生活等家庭社会学的基本范畴。第二编详细分析了当时中国家庭的十个问题，即存在于婚姻、纳妾、离婚、再醮、贞操、同居、伦理、生育、儿童、奴婢、丧祭、继嗣、遗产等方面，提出了各类问题的解决途径。潘光旦的《中国之家庭问题》通过对征求答案的分析和对答案价值的评估，对当时中国家庭及人们的家庭观念做了研究，并在序言中详细阐明了研究家庭问题应遵循的原则：① 就历史观之，家庭久为文化社会组织的中心。社会组织的基本原则不是个人而是家庭，这不仅是由于家庭具有社会效用，更是由生物之根据所决定的。② 家庭为当今社会问题一大焦点。家庭具有社会价值和种族价值,前者已被充分肯定,后者却未被历史社会所自觉认识。家庭的社会价值在于维护、调整生活秩序,其种族价值则在于通过婚姻生育中的遗传与选择推动人类的进步。③ 文化是累世积聚的结果,在社会改革过程中,对文化积累的选剔应慎重从事。家庭是中国社会的重心,对于其精彩、合理的部分,应虚心体会并竭诚维护。对中国家庭旧制,西方学者也有颇加赞许者。在社会过渡时期,应避免玉石俱焚的悲剧。④ 目前关于家庭方面的统计材料太少。要有效地讨论中国家庭问题,首先应了解公众的家庭观念,以统计事实为讨论的依据,这样才能使论断有理、有据、有效。

译著有刘鸣九翻译的美国吉勒特的《家庭与社会》(1923)、沈雁冰翻译的俄国的《家庭与婚姻》(1935)、朱应祺、朱应会翻译的德国柯诺的《马克思的家族发展过程》(1936)、王礼锡翻译的德国缪勒利尔的《家族论》(1935)和《家庭论》(1936)。

除了出版著作以外,还有不少学术论文。有许地山的《现行婚姻之错误及男女关系之将来》、陈利兰的《中国女子对于婚姻的态度之研究》、黄乃汉的《中国离婚法发达史》、雷洁琼的《中国家庭问题研究讨论》、陈怀桢的《中国婚丧风俗的分析》、费孝通的《亲近婚俗之研究》、刘纪华的《中国贞节观念的历史演变》、姚慈蔼的《婆媳冲突的主要原因》、葛家栋的《燕大男女对于婚姻态度的调查》、麦债曾的《北平娼妓调查》等,这些文章代表了当时家庭学研究的水准。

二是开展家庭问题的社会调查。如1926—1927年,陶孟和采用家庭记账法调查北平48家手工业工人家庭及12家小学教员家庭的生活费用,这是第一次采用记账法进行的家庭生活调查,调查包括家庭规模、家庭结构、人口结构、消费结构等内容,反映了北平大部分人家的生活状况。1930年,由商务印书馆出版调查报告《北平生活费的分析》。1926年,燕京大学社会学系增设社会调查方法课。同年,该系学生对北平郊外黑山扈村21户居民进行调查。1927年3—5月又选择学校附近挂甲屯的100个家庭、马连洼村30个家庭、东村15个家庭进行调查,共计4村164户。内容包括:① 人口与家庭:住户来源、种族分布、家庭大小及亲属关系、人口年龄及性别结构、结婚年龄;② 家庭收入:工资及营业收入、借贷与当物收入;③ 家庭支出:此次调查由李景汉教授指导,调查采用问卷法和入户调查法。问卷共设100多个问题。1929年,中华教育文化基金会董事会社会调查部出版了《北平郊外之乡村家庭》,是最早的家庭调查专题报告,成为今后家庭调查的蓝本。南京国民政府立法院统计处于1929年起对南京、上海、无锡、武汉、广州、北平等大城市的农工及店员家庭进行抽样调查,共收取样本3 552户。研究户均人口、男女性别比、男女初婚年龄、妇女生育量及人口迁移。各城市的调查结果先后刊登在立法院统计处编的《统计月刊》上。1931年1月,《统计月刊》第3卷第1期刊登刘华寅的《劳工家庭人口动静态分析》一文,将各城市调查结果汇成总报告。

这段时期的家庭问题调查多数是在一定地区社会经济状况的总体调查下进行的,家庭调查中涉及较多的问题是家庭规模、家庭生活等内容,而有关家庭结构、家庭类型、家庭成员关系的专项调查较少。

(二) 20 世纪 50 年代至 80 年代:家庭研究的停滞期

20 世纪 50 年代,随着《婚姻法》的颁布和由此带来的第一次离婚高潮,对离婚问题的探讨和研究自然成为学术界的研究热点。相关的研究有李心远的《新中国的婚姻问题》《婚姻问题参考资料汇编》,丁一的《谈谈恋爱婚姻问题》,马起的《谈离婚的政策界限》等。据最高法院统计,1953 年全国的离婚案高达 117 万起,并出现过一场声势颇大的理论论战,即离婚标准上"感情论"与"理由论"的论战。"感情论"认为,判决离婚应以夫妻感情是否破裂为条件。韩幽桐于 1957 年 4 月 13 日在《人民日报》发表了题为《对于当前离婚问题的分析和意见》的文章,提出当时的离婚案件的绝对数字是逐年减少的;离婚的主要原因仍然是封建婚姻关系和封建残余;法院判决离婚应当以夫妻感情是否确已破裂为标准。"理由论"认为,离婚应以社会主义道德为准则。刘云祥于 1958 年在第三期《法学》杂志发表《关于正确认识与处理当前的离婚问题》的文章,指出:"资产阶级婚姻观点与小资产阶级婚姻观点是当前离婚的主要原因,也是建立和巩固新的家庭关系的主要敌人。""反对满足因资产阶级思想而提出的离婚请求。凡一方严重破坏共产主义道德,违背夫妻忠实义务或有其他违法犯罪等行为,使夫妻关系恶化以致对方据此请求离婚的,人民法院应当支持与满足这种正义要求。如果有罪过的一方提出离婚,这时有决定意义的是对方的态度。"1958 年,法律出版社搜集了各种不同观点的文章,编辑出版了《离婚问题论文选集》,这是 50 年代一本影响较大的论文集。最终"理由论"占了上风,感情离婚被看作是资产阶级的生活作风而受到排斥①。

1951—1952 年全国高校院系调整时,专门致力于社会问题研究的社会学遭到取缔,与之相应的家庭社会学也中断了学术研究。

(三) 20 世纪 80 年代至今:家庭研究的发展期

1979 年以来,随着社会学的重建,家庭社会学的研究又迅速发展了起来,在短短十几年时间里,成为社会学研究的热门课题。其主要表现为:① 建立科研机构、学术团体。1981 年 10 月,中国婚姻家庭研究会在北京成立。② 发表论

---

① 邓伟志、徐新:《爱的困惑——挑战离婚观念》,上海人民出版社,2001 年,第 162 页。

文、出版专著。1983年出版了中国重建社会学后的第一本家庭社会学专集。潘允康的《家庭社会学》是中国出版的第一部家庭社会学专著。邓伟志的《家庭问题种种》是1979年学科恢复研究以后最早的一部理论色彩较浓的家庭社会学专著,书中多篇论文曾经引起过一番争鸣。由潘允康主编的《中国城市婚姻与家庭》则是较早的全部以调查资料为依据而成的专著。③ 深入调查研究。除了沿用人类学、历史学传统中的参与观察、典型调查、个案研究、生活史研究、派人跟踪分析等方法外,抽样调查、问卷访问等方法的运用显得尤为突出。比较有代表性的家庭问题的调查研究有:"五城市家庭研究(1982—1983)""14个省市内的农村家庭问卷调查(1987)""全国范围内的家计调查",等等。

这一时期的家庭社会学研究有三个特点:一是注重跨学科、跨领域的综合性研究,充分尊重婚姻家庭问题的复杂性、多样性;二是务实,重视调查研究,关注婚姻家庭的社会热点,许多会议论文就是很有价值的婚姻家庭问题的调查报告或疑难案例分析;三是学术研讨会多层次、多形式出现,举办频繁。20世纪90年代,随着国家立法速度的加快和学者参与立法活动的机会增多,婚姻家庭法学的许多学术会议实际上演化为立法问题研讨会,这些会议的讨论与成果就中国的婚姻家庭法的立法提出了许多建设性的建议①。

回顾学术讨论演进,张文霞、朱冬亮将20世纪80年代以来中国婚姻家庭研究的主要议题归纳为②:

1. 城乡家庭问题的调查和研究

城市婚姻家庭研究被列入国家社会学研究重点课题。1982年,由中国社会科学院社会学研究所倡议与组织,联合全国9大研究机构、教学单位的人员,合作进行了"中国五城市家庭研究"项目,这也是最初的大规模社会学协作研究课题之一。从1993年开始,又在中国社会科学院社会学研究所的组织下,启动了"七城市婚姻家庭研究",此次研究的最终成果汇编于《当代中国城市家庭研究》(沈崇麟、杨善华主编)一书中。作为这方面研究的继续,20世纪90年代后期,沈崇麟、杨善华等开展了"现代中国城乡家庭"研究,并出版了《世纪之交的城乡家庭》。

在农村婚姻家庭问题研究方面,1985年的"农村家庭与农民生活方式"课题跨省合作进行,涉及97个县市;从1987年起,开始了对全国14个省市农村婚姻家庭的调查,涉及7 000多户人家。这项研究的重点放在农村经济体制改革以来农村家庭结构、功能的变化,兼顾分析农村婚姻现状及存在的问题。另外,作

---

① 张敏杰:《中国的婚姻家庭问题研究:一个世纪的回顾》,《社会科学研究》2001年第3期。
② 参见张文霞、朱冬亮:《家庭社会工作》,社会科学文献出版社,2005年,第69—71页。

为"七五"国家社会科学规划重点项目的"经济体制改革以来中国农村家庭和婚姻的变化"课题,由雷洁琼领衔,课题组经过将近5年的共同努力,也取得了预期成果,出版了《改革以来中国农村婚姻家庭的新变化》这一研究成果。王雅林的《农村家庭功能与家庭形式——昌五社区研究》、刘援朝的《现阶段农村家庭组织——十三泉村亲族关系的考察》等研究成果注重对农村家庭组织、家庭结构变动以及婚姻方面的远嫁、婚嫁流动的研究。此外,20世纪90年代中后期对农村社区发展与变迁带来的农村婚姻与家庭的相应变革在实地研究中也有所体现。

2. 离婚问题研究

自20世纪70年代末起,特别是1981年对《婚姻法》经过修订实施之后,中国的离婚率又呈现了较快的上升趋势。对离婚问题的研究自然也成为学术界研究的一个重点。如高健生、刘宁的《离婚问题面面观》,曾毅、吴德清的《八十年代以来我国离婚水平与年龄分布的变动趋势》,张敏杰的《中国的离婚态势》等。到了20世纪90年代,离婚研究大多采用深入访谈的方法来获得资料,通过对资料的深入分析来探讨离婚的原因以及中国女性的现状。如李银河的《北京市部分离婚者调查》与《中国女性的性观念》;对离婚问题进行比较系统研究的有曾毅主编的《中国八十年代离婚研究》,徐安琪、叶文振主持的"中国离婚研究"等。

3. 性问题的研究

1985年,上海大学文学院《社会》杂志编辑部在上海举办"现代社会中的性问题"系列讲座,这是中国社会学界探索性问题的开始;同年,上海举办了首届全国性教育讲习班,并对其他省市产生了推动作用,促进了有关研究的开展。在这些研究中,比较著名的有性学专家刘达临在1988—1989年主持的"性文明"调查,这次调查的对象是中学生、大学生、城乡已婚夫妻和性犯罪分子,一共调查了15个省、28个地区、23 000例,调查内容包括性生理发育、性观念、性发育、夫妻关系、计划生育和性犯罪等,探讨的内容则包括夫妻性满意度、性快感等性生活质量以及性对婚姻质量的影响作用等。调查结果于1992年以《中国当代性文化——中国两万例"性文明"调查报告》出版,被认为是当代中国的"金西报告"。

4. 婚姻质量研究

由徐安琪、叶文振主持的"中国婚姻质量研究""中国社会转型期的离婚研究"等课题,否定了中国婚姻"低质量、高稳定"的流行观点,但同时也印证了中国目前的夫妻关系远未达到高质量的水平。该项研究的主要成果是《世纪之交中国人的爱情和婚姻》《中国婚姻质量研究》等著作。

5. 家庭问题及其他婚姻家庭问题研究

家庭暴力、婚外恋、未婚妈妈等问题已成为世界性的热点问题,对这些问题的关注在中国始于 20 世纪 80 年代末。最近几年,相关的研究呈现迅速增加的态势。

第二节　家庭社会学的主要理论

理论是由一系列逻辑上相互一致的观念或陈述所组成的知识体系,它从一般意义上来描述和解释某种现象的形式、实质或存在状态,是对经验知识的抽象概括。由于社会的多元性和研究者的价值观、兴趣、观察角度的不同,社会学家用不同的概念来表达自己的基本理论,因而形成多种社会学理论范式。运用不同的理论范式来研究家庭问题,会产生不同的解释。

早在 19 世纪,社会科学家将文化变迁的观念纳入进化论的模式,他们认为文化的进程同生物进化一样,也是一个由简单到复杂的阶段性历程,而如果将进化的思想运用于家庭制度的研究中,便可以寻出家庭和婚姻形式演化的轨迹。19 世纪关于家庭演化的广泛研究,都是将进化论思想运用于文化研究的例证。

纵观家庭社会学的产生与发展,不同的学术观点大多是因为研究角度的差异而造成的,在理论范式上存在着各种流派:20 世纪 20 年代的符号互动理论,30—40 年代的结构功能理论,40—60 年代的家庭发展理论,60—80 年代的系统理论、社会冲突理论、资源理论、社会交换理论、人类生态理论、生命周期理论,以及 80 年代之后的沟通理论、女性主义理论等。根据一些西方学者的观点,有系统的家庭理论建构是在 20 世纪 50 年代之后,而在此之前则是用社会学的理论观点来解释家庭,至于家庭理论系统研究整合则是在 60 年代之后[①]。

一、结构功能论

结构功能论是 20 世纪 60 年代以前家庭社会学研究中影响最大的流派。帕森斯正是从结构功能主义模式的角度进行论证,提出家庭的理论。他通过论证核心家庭从功能上满足儿童社会化和丈夫、妻子、孩子的情感需要,说明核心家庭有益于现代工业社会。按照帕森斯的观点,家庭的基本特点是均衡,家庭结构的稳定性是不言而喻的,其主要功能在于重新确立被外部世界破坏的和谐均衡状态。他认为,丈夫—父亲、妻子—母亲这两种角色是由男性和女性的天性决定的;男性角色的工具性和女性角色的表意性在家庭内部形成了不可逾越的鸿沟。无论是在家庭内部,还是在宏观的社会结构中,两性的不平等都是永恒不变的事实。

---

① 周月清:《家庭社会工作——理论与方法》,台湾五南图书出版公司,2001 年,第 52 页。

结构功能论的基本假设是：家庭是社会系统的一个有机组成部分，它可以在生理上、心理上满足其成员的需求，同时也可以维护社会现存的结构。家庭内部秩序的稳定才是正常状态，冲突则是系统反常的标志。由于结构功能论过于强调家庭的稳定和均衡，而忽视了家庭在现实社会生活中所面临的冲突和压力。家庭领域中的结构功能理论在20世纪60年代遭到了一系列质疑，70年代以后，结构功能论逐渐失去了其重要地位。

二、冲突论

与功能理论不同，冲突论认为社会体系的均衡，不仅依赖于体系内部各部分之间的调适，也依赖于它们之间的冲突，冲突不仅仅有破坏社会体系均衡的作用，而且有社会整合的作用。婚姻和家庭关系自然也不例外，与其强调婚姻家庭关系中的秩序、平衡、一致或功能主义系统的存在和平衡，不如把注意力集中在冲突的规律和调解上。

冲突论与功能论的具体区别有：① 功能论认为现代家庭是和谐均衡的，而冲突论则认为，家庭蕴藏着潜在的和事实上的冲突；② 功能论认为家庭是人们最初实现社会化的场所，而冲突理论却认为，人们的观念不是因教养而产生的，而是两性差异和"自然"的等级所导致的；③ 功能论把家庭看成是永恒的"生活场所"，家庭成员的财富、地位、身份都可以代代相传，而冲突论则认为这恰恰维护和促成了家庭乃至于整个社会的不平等。

马克思在考察家庭时发现，在工业和垄断资本主义产生的条件下，新的经济制度改变了传统家庭的经济和生产职能，与妇女和儿童比较，男子更受新经济制度的青睐，妇女从前工业社会共同参与家庭生产和经济变成逐渐丧失经济独立性，社会生活中的劳动性别分工和家庭生活中的男女角色差异最终导致两性的不平等和家庭冲突。同样，恩格斯在其著作《家庭、私有制和国家的起源》中明确提出，家庭是资本主义社会的基本单位，也是女性被压迫的主要根源。

不过，正如冲突论者所注意到的，冲突既有负功能，也有正功能。刘易斯·科塞的冲突理论，着重探讨了冲突对社会发展所起的正功能。他提出，冲突可以起到类似"安全阀"的功能，适量的冲突可以使人们的怨气不断排泄出去，从而不至于破坏整个结构。对社会而言，"社会安全阀"制度有着社会减压、社会预警、社会整合以及社会创新的正功能。对家庭而言，适量的冲突也可以起到这种"安全阀"的正功能。首先，大量的低激烈程度的小型家庭冲突可以释放紧张能量，避免激烈程度高的、破坏力强的冲突的发生，从而对家庭关系起到长期的维持作用。其次，家庭冲突可以使冲突各方以最直接、最快捷的方式了解彼此的立场、观点、情感和行为模式，从而加速彼此适应的过程，促进家庭成员的团结。最后，家庭冲突可以尽快暴露出家庭关系中存在的不合理成分，从而避免这些不合理成分积淀下来最终引起家庭破裂。另外，由于受到冲突的刺激，可以促使家庭成员尽快改善、修正不合理因素，从而使得家庭关系得到调整和改进，其结果可能会改善家庭的生活质量①。

同样，达伦多夫的冲突理论也不容忽视。他认为，权力和权威是稀缺资源，而这种稀缺性决定了冲突的必然性。他用"冲突强度"和"冲突烈度"两个概念来解释其理论。前者是指冲突各方的力量消耗及其卷入冲突的程度；后者是指冲突各方在追求其利益时所使用的手段。由此他认为，冲突群体之间相互调节达成协议的能力越是不足，冲突越是具有暴力性；冲突越激烈，结构变迁与再组织的程度越大；冲突越具有暴力性，结构变迁与再组织的速率越高②。就家庭而言，家庭冲突的形式多数表现为辩论、争吵、暴力行为等，这些不同的手段反映的是冲突烈度的不同。

三、符号互动论

互动论思想渊源于心理学理论，其基本观点是：任何客观的社会组织形式都是由个体之间的互动构成和维系的，在互动过程中，个体具有使用、识别和解释互动符号的能力，因而必须强调行为主体的意义。解释人们在微观社会联系中的社会互动性质，才能更好地把握社会整体结构及其变迁。

E.W.伯吉斯的家庭理论研究是将符号互动论运用到家庭研究之中的范例。伯吉斯直接将家庭理解为互相关联着的人们之间的一种调适关系，是"人格互动的单元"。在研究中，他注重家庭互动的不同模式，如求婚、蜜月期、抚育子女、离婚和分居、老年人角色等，探讨家庭生活中的角色构成。

在家庭研究中，互动论注意研究家庭内部互动关系，认为家庭与社会、家庭中的人与人之间的相互作用是通过象征性的行为来沟通的。强调个人对家庭的顺应、家庭内部的协调；强调人们的价值系统（认知）解释（意义）对家庭事件和行为的影响；强调（符号）沟通方式在家庭关系中的重要作用，以及意义对情境的依赖性。

符号互动论在20世纪初盛极一时，对家庭研究产生了很大的影响。但互动论较少讨论宏观社会制度和社会过程对家庭的影响，而经常把家庭当作一个单独的社会现象来分析。

---

① 张文霞、朱冬亮：《家庭社会工作》，社会科学文献出版社，2005年，第108页。
② 乔纳森·特纳：《社会学理论的结构》，华夏出版社，2001年，第173—176页。

四、交换论

又称为资源理论。社会交换理论的灵感来自功利主义经济学。这一理论建立在付出代价和获取报偿这两个基本观点上,其主要代表人物包括霍曼斯、布劳、埃默森等。其基本概念包括酬赏、代价、利润、分配、公平、平等、权力、期待、依赖等。

交换论认为,人是理性的动物,基本的社会过程是价值资源的交换。所有的社会互动都是围绕着行为者之间的资源交换而展开的。这种资源或者是物质的,或者是非物质的,因而社会关系也就是资源交换关系,为此必须以资源交换的平衡与否来解释社会结构和社会行为。根据这样的论点,家庭关系或家庭行为也具有彼此交换的关系。当一方表现出一种行为时,另一方则以相应行为作为交换。掌握这种互换的度是协调家庭关系的关键。

社会交换理论大致于 20 世纪 60 年代末 70 年代初被运用到家庭研究领域。萨斯曼在研究城市家庭关系时运用了这一理论。他发现,扩大的亲属关系在当时核心家庭盛行的美国社会中仍然起着重要作用。亲属之间的互动是互惠、互利的交换行为。这些交换包括生病期间的帮助、金钱援助、儿童照顾、礼物互赠和对家庭内外事务的建议,由此证明核心家庭中仍然存在着有活力的亲属网络。

正如交换论被批评为过于强调人际互动行为中理性的一面一样,现实生活中,很多人的行为有时候表现为一种情绪反映,是非理性的,特别是在家庭生活中,由于家庭成员相互交往中具有非常亲密的角色关系,许多人不愿意承认在亲情、爱情之中有寻求报偿的交换。他们认为交换概念会削弱作为本能的无私和牺牲精神以及不求任何报偿的理想模式的价值。

五、发展论

又称为家庭发展理论。开始于 20 世纪 30 年代,最早由希尔和汉森提出,他们具体讨论了这一研究框架的一些特点。1947 年,美国学者 P.C.格里克从人口学角度提出了家庭生命周期的概念,认为家庭有其自身的产生、发展和自然结束的运动过程。一般把家庭生命周期划分为形成、扩展、稳定、收缩、空巢和解体六个阶段,家庭在不同的生命周期阶段上有不同的内容和任务。

在学术界较有影响的家庭生命周期的思想是由杜瓦尔提出的。她认为,就像人的生命那样,家庭也有其生命周期和不同发展阶段上的各种任务,而家庭作为一个单位要继续存在下去,需要满足不同阶段的需求,包括:① 生理需求;② 文化规范;③ 人的愿望和价值观。家庭的发展任务是要成功地满足人们成长的需要,否则将导致家庭生活中的不愉快,并给家庭自身发展带来困难(参见表 0-1)。

表 0-1　家庭生命周期与家庭发展任务

家庭生命周期阶段	家庭中的角色	家庭发展任务
1. 新婚期(没有孩子)	妻子 丈夫	• 发展相互满足的婚姻生活 • 怀孕及将成为父母亲的适应 • 适应彼此亲戚网络
2. 育儿期(从第一个子女出生到该子女两岁半)	妻子—母亲 丈夫—父亲 女儿—姊妹 儿子—兄弟	• 适应新子女的诞生、成长 • 发展一个可以满足的双亲、新生儿的家
3. 学龄前期(从第一个子女两岁半到该子女六岁)	妻子—母亲 丈夫—父亲 女儿—姊妹 儿子—兄弟	• 以激发性、成长方式适应学龄前期子女的重要需求 • 充沛的精力适应子女需求，父母因此缺乏隐私
4. 学龄期(从第一个子女六岁到该子女十三岁)	妻子—母亲 丈夫—父亲 女儿—姊妹 儿子—兄弟	• 有学龄子女的家庭以建设性方法适应社区的生活 • 鼓励子女教育上的成就
5. 青少年时期(从第一个子女十三岁到该子女二十岁)	妻子—母亲 丈夫—父亲 女儿—姊妹 儿子—兄弟	• 青少年在自由及责任之内取得平衡 • 发展中年父母(子女已成年)的兴趣和工作
6. 空巢期(从第一个子女到最后一个子女陆续离家出走)	妻子—母亲—祖母 丈夫—父亲—祖父 女儿—姊妹—姨、姑 儿子—兄弟—舅、伯、叔	• 成年子女离家就业、服兵役、上大学、另组新家庭等等 • 维护支持性家庭关系
7. 中年父母期(空巢到退休)	妻子—母亲—祖母 丈夫—父亲—祖父	• 新的婚姻关系重建 • 维护老的及年幼的亲属关系
8. 老年家庭成员(退休到双亲死亡)	寡妇—鳏夫 妻子—母亲—祖母 丈夫—父亲—祖父	• 适应丧偶及独处 • 亲近家人或适应老年生活 • 适应退休生活

表格来源：周月清：《家庭社会工作——理论与方法》，台湾五南图书出版公司，2001 年，第 68 页；伊夫林·M.杜瓦尔：《婚姻和家庭发展》，费城，J.B.利平科特，1977 年，第 179 页①。

　引自张文霞，朱冬亮：《家庭社会工作》，社会科学文献出版社，2005 年，第 98 页。

杜瓦尔的理论引起了学术界的争议。有的学者认为这种划分方法只是针对核心家庭,明显不能适应多子女家庭、同性恋家庭、"丁克家庭"、未婚单亲家庭、阶段重叠的家庭、双亲死亡的家庭和一些其他形式的家庭。事实上,家庭生命周期理论是在综合许多学科的研究概念的基础上发展而来的。持这种理论的学者从农村社会学那里借来了家庭生命周期的概念,从儿童心理学和人类发展学那里引来了发展需求和发展任务的概念,从社会学家的著作中采集了关于家庭的综合概念,另外还从结构—功能和符号互动理论中借用了年龄和性角色、多元典型、功能需求条件和家庭作为一种互动组织的概念[①]。

家庭发展理论主要是建立在以下的四个假设之上:① 人们是行动者,也是反应者;② 家庭成员的增加与减少是互动的重要变项;③ 家人在同一场景的互动不同于家人在不同场景的互动;④ 急速的转变(如新生儿诞生),会导致家庭结构的改变[②]。

由于家庭生命周期这个概念包含了家庭的重大事件和起始历程,因此当代许多家庭研究都以此为分析手段。一般从两个角度进行研究:① 把家庭当作一个分析单位,研究家庭成员在不同周期阶段上的关系;② 把家庭中生活着的个体当作分析单位,通过这些个体的重大生活事件来推断家庭关系、家庭结构、不同周期阶段的家庭特征。如埃尔德提出了生命过程理论。这种理论主要是探讨家庭成员个人的发展历程,如何时成为儿童、何时成年、何时结婚、何时为人父母、晚年景况如何等,以及在这个过程中家庭发生了什么变化。总而言之,生命周期理论的提出,使人们注意到个人、家庭与社会三个层次变迁的关系[③]。

六、家庭系统理论

家庭系统理论来源于一般的系统理论,20世纪70年代逐渐被家庭社会学应用。家庭系统理论把家庭看成是一个由若干子系统所组成的系统,是更大的社会系统的有机组成部分。每个子系统之间既有联系又有牵制,从而促成家庭系统有序运转,家庭的功能得以充分体现。杜赫提出了若干理论假设:① 家庭关系是影响人们心理健康与个人是否病态的主要因素;② 家庭的互动模式可以代代相传;③ 家庭的健康是建立在家庭的向心力及个别家庭成员是否被尊重的平衡点上(即两者都要被重视);④ 家庭越有弹性,就越有良好的功能;⑤ 家庭互动的分析,需要从家庭具有的婚姻和亲子关系角度探讨;⑥ 个人问题常和家庭的互动模式及家庭价值观有关;⑦ 任何家庭小系统的改变,都有可能引起家庭

[①] J. 罗斯·埃什尔曼:《家庭导论》,中国社会科学出版社,1991年,第68—71页。
[②] 周月清:《家庭社会工作——理论与方法》,台湾五南图书出版公司,2001年,第63—65页。
[③] 沈崇麟、杨善华、李东山主编:《世纪之交的城乡家庭》,中国社会科学出版社,1999年,第6页。

主要系统的改变;⑧ 实务工作者介入家庭,即成为家庭的一个新系统。也有的学者根据系统理论,指出家庭内成员之间的相互关系:① 家庭的每个部分是相互关联的;② 对家庭系统的了解,要和家庭其他子系统联系起来;③ 如果只是分别了解家庭中各个子系统,则不能全面了解家庭的功能;④ 家庭的结构和组织是决定家庭成员行为的重要因素;⑤ 家庭系统的转换模式也会影响家庭成员的行为①。

七、社会支持理论

20 世纪 70 年代,社区心理学者用社会支持这一概念来说明与身体健康有关的社会关系。他们一般把社会支持当作网络资源,这种资源可以帮助个人应对日常生活中的问题或危机,增进个人健康和幸福。后来的学者则把社会网的研究与社会支持以及弱势群体的社会保障问题结合起来,从网络的角度来探讨个人的社会支持。

根据社会支持理论,有学者提出了关于社会支持概念的四个主要取向,即功能取向、结构取向、主观评价取向及互动取向。在功能取向上,社会支持被定义为是这样一些行动或行为,其功能在于帮助某些核心人物实现其个人目标,或者满足其在某一特殊情形下的需要。卡普兰(Caplan,1974)曾经概括出三大类包含支持成分的活动:第一类是帮助人们策动资源;第二类是处理有关情绪问题;第三类是为那些处于特殊压力情况下的个人提供物质和认知上的支持或分担某些事务。怀斯(Weiss,1974)提出社会支持的六种不同形式,包括社会整合、对价值的重新确认、可靠的联盟、指导和教育的机会等。沃克斯(Waux,1988)则把社会支持分为情感支持、社会化、实际支持、经济支持、建议/指导等几大类。在互动取向上,社会支持被看作是个人与其社会网络中的各个部分之间所进行的连续的、复杂的资源互动和交易。豪斯(House,1981)认为,社会支持是一种出现于下列过程中人与人之间的交换过程:第一是情感关怀;第二是工具性支持;第三是信息;第四是赞扬。在主观评价趋向上,社会支持的形式被区分为有形的支持和无形的支持两类,其中有形的支持包括物质或金钱的支持和援助,而无形的支持多半属于心理、精神上的,如鼓励、安慰、嘘寒问暖、爱及情绪上的支持等。由各种有形或者无形的支持构建起来的支持体系就是社会支持网络,对单个的社会成员来说,社会支持网络包括家人、亲戚、朋友、邻居、同事及专业机构提供的支持服务。对于社会成员个人来说,社会支持具有非常重要的功能,主要包括:① 社会支持的增加,会使人们的生理及心理健康显著提高;② 支持适时介

---

① 周月清:《家庭社会工作——理论与方法》,台湾五南图书出版公司,2001 年,第 76—77 页。

入有压力的环境中,可以预防或者减少危机的发生;③ 适当的支持可以介入压力的处理,解决问题,减少压力所造成的不良影响。很显然,社会支持对家庭在应对压力事件时具有非常重要的帮助①。

总之,国外研究者一般倾向于把社会支持看作是整个支持网络范围内资源的流动,对社会支持进行网络分析。众多研究表明:网络规模越大,就越可能提供社会支持;关系强度与社会支持高度相关,两个人之间存在关系并不意味着一定会提供社会支持;不同的网络关系将提供不同类型的社会支持;具有相似职业地位的网络成员更愿意交换小宗服务;在对付日常生活的危机时,同质性的高低与获得的支持的效果有关;网络成员间的互惠是保持社会支持持久不断的条件;等等②。

第三节 家庭社会学的研究方法

涉及家庭领域的观点和看法很多,研究家庭及有关问题也有不同的路径(参见表0-2)。

表0-2 家庭研究领域的相关学科

学 科	观 点 解 释
人类学	变迁社会中的家庭;跨文化研究;进化论;亲属关系
生物学	人类的成长;遗传学;怀孕和生育
婴儿成长学	婴儿成长;学习;个性形成
咨 询	家庭治疗;人际关系;职业向导
人口统计学	婚姻;生育;离婚率;变化模型
经济学	家庭财务;消费者行为;生活标准
教育学	家庭生活;婚姻准备;孩子发展;性教育
英语语言学	文学;诗歌;小说和大众媒介中的家庭
老年学	老年家庭生活;世代继替谱系;亲属赡养制度
历史学	家庭起源;发展趋势和历史上各种家庭典型
家庭经济学	住房;营养;生态环境;孩子的发展

---

① 参见阮曾媛琪:《中国就业妇女社会支持网络研究——"扎根理论"研究方法的应用》,北京大学出版社,2002年。
② 贺寨平:《国外社会支持网研究综述》,《国外社会科学》2001年第1期。

续表

学　科	观　点　解　释
法律学	结婚;离婚;虐待;收养;福利;儿童保护
心理学	人际关系;学习;人类的心理发展
大众健康学	性病;母亲和婴儿保护;预防药
宗教学	道德;婚姻誓约;爱;性;宗教训练
社会工作	家庭;孩子;母亲和老年人帮助
社会学	家庭制度;人际关系;社会变迁

表格来源：J.罗斯·埃什尔曼：《家庭导论》，中国社会科学出版社，1991年，第40页

从表0-2中我们可以看到，家庭社会学与其他学科中的家庭研究具有不同的视角。家庭社会学是运用社会学的理论和方法，研究家庭的起源、演变、功能以及家庭与社会的相互关系等问题的社会学分支学科。它注重研究家庭制度的规则，家庭组织内部的结构、功能和变化规律，家庭成员间相互联系的规范，家庭在社会系统中与其他组织相互依存的关系。然而，正如埃什尔曼所指出的："没有一个学科或一门学问能独揽婚姻家庭领域。婚姻和家庭研究本身带有学科交叉的性质"，"没有一个学科能综合或能全面地描述家庭。学科之间相互隔离的问题由来已久，人类学者注意力在于家庭及其结构，常常忽略了家庭生活的情感动力。心理学家注意到孩子的发展和人的心理，常常忽略了文化差异和社会组织方面。社会学家注意到社会规范方面，却常常忽视了历史和人的发展因素"①。因此，家庭社会学必须借鉴多种学科有关家庭问题的理论和发现，从而有助于揭示家庭现象及其内在规律。

家庭社会学研究既是一项科学研究活动，也是一种研究社会的科学方法。从广义上说，它是由不同层次的方法组成的一套方法体系，主要包括三个层面：方法论;搜集和分析资料的基本方式;研究的技术和工具。

一、两种不同的方法论

方法论处于方法体系的最高层，是进行研究的指导原则、逻辑基础和评价标准，以及关于把它们体现和应用于研究的方法。方法论对于研究起着导向的作用，是研究的基础。

社会学研究最终是以研究者对人和社会性质的假设为基础的，这一假设指引着整个研究。历史地看，社会学存在着两种完全相反的方法论，即实证主义方

---

① J.罗斯·埃什尔曼：《家庭导论》，中国社会科学出版社，1991年，第39—40页。

法论和现象学方法论,其基础在于研究者对社会性质所作出的截然不同的假设。家庭社会学也同样面临着这两种方法论的指导(参见表0-3)。

表0-3 实证主义方法论和现象学方法论比较

	实 证 主 义	现 象 学
对社会性质的假设	人和物质都是自然世界的一部分,两者的变化都受自然法则的支配,同自然界一样,社会也是沿着"不变规律"或"不变法则"进化的,而且这些法则、规律以与支配自然世界的变动相同的方式支配社会世界的行为。	社会科学与自然科学的研究题材有根本的区别。自然世界是物质的、可计量的,人类行为则具有意识、具有内在意义,不是单纯的对外部刺激的反应。人根据一定的意义能动地构成社会现实。因此,社会是一个有具体意义的世界。
解释方法	自然科学的逻辑、方法、程序也同样适用于对人、社会的研究。自然科学的方法程序是调查、解释自然世界中的物质变化,假定变化是有法则的。通过系统观察、实验揭示物质变化的原因,发现支配变化的法则,可以进行重复实验。 社会变化也由因果关系决定,可由因果关系解释,资料可以通过直接观察获得,其变化可用客观标准来计量。	自然科学的方法、假定不适用于人类社会的研究。社会科学要完全达到自然科学的精确有困难,社会现象中也不存在简单的因果关系,因此对社会的研究必须从被观察行动者的主观思想状态出发,通过洞察和理解来发现人类社会行动的内在意义。
对人类行动的解释	人的行为由外部力量而不是内部力量引起。信仰体系、社会习俗、制度等是社会事实作用于个人的外在因素,社会事实迫使个人以特定的方式行事。人的行为是对社会事实的外部强制的反应,个人行为的原因要在社会中寻找。	人的行动不是对外部世界的简单反应,不是一个受动、被动的过程,而是有主体的能动性。人在同他人的交往中创造行动的意义,从而构成自己的现实并指导自己的行动。
对资料搜集方法的认识和选择	结构式的访问、调查表。 参与观察不可重复,程序不明确,结果无法量化。	观察法。参与性观察可以最大限度地减少将个人现实强加于社会世界的可能性。调查表已经通过预先的问题事先确认什么重要,实际上是将框架强加给了研究对象。

在表0-3中,需要注意的是,搜集资料的方法并不能简单归于实证主义或现象学的范畴,只不过是不同的方法论偏好或适宜不同的资料搜集方式而已。

要具体评价哪一种方法论更适合于家庭社会学的研究似乎很难。实证主义的缺点是忽视了人自身的因素,将人看成完全受社会系统安排、指挥和控制的机器。现象学的缺点是一味强调人类行动的自由性,忽视外部力量,很少考察社会环境和体制。

这两种方法论虽然对研究对象的假定和观察角度不同,搜集数据资料的方法不同,但以此为基础而建立的理论和学说,却都对现实社会作出了局部的反映,在一定程度上揭示了社会规律。

家庭社会学的研究应结合这两种方法论进行,不走极端。要认识到家庭是社会的客观存在,是可被感知的。但家庭作为社会现象毕竟不同于自然客体,研究中应充分把握民族、地域、文化和历史等人文因素。在实际的研究过程中,应更重视现象学方法论,充分考虑人的因素,而在分析研究结果时,则应充分应用实证主义方法论。在研究实践中,实证主义方法论和现象学方法论并不是泾渭分明的,而是相互结合地运用于不同的研究和同一研究的不同阶段。

二、具体的研究方式

这里的研究方式是指用来搜集资料和分析资料的主要方法。家庭社会学的研究方式主要有个案法、调查法、观察法、比较法、历史法等。

1. 个案法

个案法是从总体中选取一个或几个调查对象进行深入研究的方法,即以一个或数个家庭为研究单位,搜集相关的资料,深入、细致地描述这个具体单位的全貌和具体的社会过程。

由于个案法注重生活史的分析,因而在家庭社会学的研究中一直被广泛应用。研究者运用这种方法,通过对个别家庭的研究来了解整类家庭组织的情况。在个案研究中,可以通过观察、访问和文献研究等方法来搜集资料。个案研究的价值在于通过对个案的详细描述和分析,进行个案间的比较,并从中发现重要的变项,提供有用的范畴,以帮助形成假设。

早期的个案研究只选取少量的个案单位,20世纪以来,社会学家在增加个案数、结合社会背景两个方面对个案法进行改进。美国社会学家科马罗夫斯基在研究失业对家长地位的影响时,采用了个案研究法。她调查了59个失业的家长,在较长时间内定期向他们询问失业后的生活境遇和家庭关系。她的一般性结论是:失业对家长地位造成影响,与家庭关系的原有结构有关。当夫妇关系不平等、男人在家庭中占统治地位时,失业对男性家长地位和威望不产生影响。反之,当夫妇关系较为平等、妇女也具有经济地位时,失业常常导致男性家长威望的下降和家庭关系的恶化。①

---

① 参见 R.布东:《社会学方法》,上海人民出版社,1987年,第100—101页。

个案法的优点是，可以对选择的家庭个案进行深入的定性的研究，便于把握全貌；能了解家庭生活周期或发展的全过程，具体、详细地分析家庭中的个人行为，把握社会因素对家庭的影响。用个案法可对以上问题进行细致入微的洞察，获得无法用尺度测量或数字表达的信息和资料。当然，在资料的代表性和推论总体方面，个案法还存在着局限。

2. 调查法

调查分为普遍调查与抽样调查。普遍调查是对全体调查对象做无一遗漏的调查，抽样调查指从调查对象的总体中抽取部分个体组成样本进行调查。抽样调查较为常用。

当前的许多家庭研究大都采用调查法，使用这种方法搜集的资料具有全面性和代表性，并可运用统计的方法对大量资料进行分析，找出一般规律。调查法主要通过访问法、问卷法来获取资料。

较有影响的家庭调查有法国社会改革家 F.勒普累对工人家庭的调查。勒普累从 1835 年起深入英、法、匈、俄、土耳其等国调查城市劳动和矿工，他使用了问卷法，以工人家庭为研究单位，调查重点是家庭收支。中国早期社会学家潘光旦、李景汉和言心哲分别对中国城市和农村家庭进行社会调查，形成统计报告。20 世纪 80 年代由五大城市协作进行的"中国城市家庭现状及发展趋势调查"采用抽样调查法。社会调查已成为家庭研究所最常用的方法。

无论是访问调查还是问卷调查，都适合获得有关家庭的基础资料，采集资料的面也较为宽泛，能够对家庭的一般状况作出精确描述，得出概括性结论，揭示社会现象的规律性。同时，标准化、结构化的资料搜集方法的采用，也使对资料的定量分析易于进行，研究结果有可能予以重复验证。但调查法搜集资料的深度不够，难以把握家庭矛盾运动的具体过程和主观动机。

3. 观察法

观察法是研究者借助感官或仪器搜集资料的方法，按观察者是否置身于观察对象的环境和活动，把观察分为参与观察和非参与观察。

参与观察是社会学中较早使用的方法，在家庭史的研究中尤其被加以应用。在研究中，观察者置身于观察对象的环境和活动中，使自己成为被研究群体中的一员，努力进行深入的探索并获得深层的隐秘资料。英国人类学家 B.K.马林诺夫斯基曾在澳大利亚的特罗布里恩德群岛对土著居民进行历时两年的研究，了解当地包括家庭内的各种制度。摩尔根几乎用了毕生的时间研究易洛魁人的生活。他在这些人中间生活了 40 年，并且被一个易洛魁人部落收养入族。经过多年的亲自调查考证，获得了研究人类家庭史方面的宝贵材料。这两例都是运用完全参与观察的方法研究家庭的范例。

观察法通过现场观察，了解社会现象发生和变化的过程及其特定环境，能搜集到具有相当隐秘性的资料。观察法经常与个案研究相结合，考察社会现象发生和发展的全过程。但是观察法不适用于大样本的研究，观察者个人的主观因素对研究结果的影响也难以估计，观察法对有关家庭私生活领域的微观研究亦不能适用。

4. 比较法

比较研究是比照两个或两个以上的事物，说明其相似或相异的地方及其原因的研究方法。运用比较法研究社会，被认为是实证科学的基础工具。

在家庭研究中应用比较研究方法显得尤为重要，特别是跨文化的家庭组织和制度的比较研究，可揭示出不同地区或相同地区在不同时期的家庭在世界范围内的普遍性以及在特定社会中的特殊性。通过评价不同家庭的异同，更加全面、客观地认识家庭。比较研究为阐明家庭的历史变化以及与之相关的社会和文化变迁提供了一种新的角度。美国学者马克·赫特尔所著的《变动中的家庭——跨文化的透视》一书正是运用比较研究的方法，追溯人类家庭史，对各种家庭制度进行跨文化透视，对形形色色的家庭理论和观点进行客观评述。

家庭研究中的跨文化比较使研究者获得更开阔的视野，为把握问题的实质和规律性提供更大的可能。但在运用这一方法时，要特别注意拟定客观有效的对比标准。

5. 历史法

历史法是用科学的方法搜集、检验、解释历史资料，了解过去与现在的有关社会现象之间的关系及其规律性，判明社会历史发展的脉络和水平。在社会研究中，历史研究既是一种方法，也是一种研究角度。历史法多半与比较研究、个案分析和统计调查相结合。

家庭研究也往往需要从档案、书刊和其他历史文献中搜集资料，从中考察家庭结构、家庭制度的特征，在历史的框架中比较各种家庭类型，由此说明其未来发展趋势。家庭史研究中较多运用历史透视法和历史复原法，前者是对历史文献和其他证据进行间接研究，后者是对现存的原始民族状况进行直接研究。

运用历史法研究家庭，应注意鉴别和评价历史资料的真实性，去伪存真，同时要将历史的研究与现实的调查结合起来。可以看到，每一种研究方法都具有合理性和局限性。在家庭社会学的研究中，这些方法是相互补充、交叉使用的，并不是相互割裂、相互排斥的，因此，要综合应用这些方法。

三、研究的工具和技术

家庭社会学的研究需要采取适当的方式搜集和分析资料，在这一过程中必须有一定的工具和使用这些工具的技术。

研究的工具包括三大类：① 语言；② 文书性工具，如调查表、问卷、量表、统计表等；③ 器具性工具，指搜集、储存、分析资料的物质设备，如计算机。运用统计分析、计算机处理、理论分析则是研究中必备的技术。

总之，家庭社会学研究是一种科学的认识活动，因而必须遵循科学研究的一般原则，采取科学的态度和方法，以科学的理论和方法论为指导，揭示家庭现象及其内在规律。

家庭边界

对于家庭,每个人是既熟悉又陌生。说它熟悉,是因为个人总是在"家庭"中出生,"家"这个词是耳熟能详的;说它陌生,是因为关于家庭的说法太多,以至于人们难以辨明:我们该把哪些人推选出来包含在我们的家庭生活之中?如果我们使用狭窄的家庭定义,那么家庭就会是较小的群体,如果使用宽泛的定义,家庭就会是个时大时小的弹性组织。对于家庭的界定决定了我们所设定的家庭边界的范围,那么,我们该如何定义家庭,这是研究者花费大量精力思考的问题。本章主要介绍家庭的概念以及理解家庭的两个维度——家庭的结构和家庭的功能,从而展示出家庭的多样性。

第一节 家庭是什么

一、家庭的界定

关于家庭的概念,一直存在着不同的解释。

中国古代辞书《说文解字》对"家"的解释是"凥也,从宀"。《康熙字典》所录《说文》对"家"的解释为:"豕居之圈曰家,故从宀从豕,后人借为室家之意。"而"庭"则指"厅堂",为"正房前的空地"。这里都是从居住的角度解释"家"。"家庭"一词是后起的,基本含义是指一家之内。如南朝宋《后汉书·郑均传》:"常称疾家庭,不应州郡辟召。"在古代西方,"家庭"一词甚至包含了"奴隶"的意思。在古罗马,familia(家庭)一词是从拉丁文 Famulus(意为"仆人")派生来的,指的是生活在同一屋顶下的全体奴隶和仆人,后来又指 maison,一方面是主人,另一方面是在主人统治之下的妻子、儿女及仆人①,表示为父权统治和支配的包括妻

---

① 安德烈·比尔基埃:《家庭史》,生活·读书·新知三联书店,1998年,第13页。

子、子女和一定数量的奴隶在内的一个群体或组织。

近代以来的学者对家庭含义的阐述也由于角度不同而各不相同,大体可以分成两个派别:一派注重家庭的生物学属性;另一派则强调家庭的社会属性。克罗德·列维-斯特劳斯将这两派归纳为"纵向派"和"横向派",前者认为家庭是建立在生物及心理基础之上的,代际关系是根本性的;后者认为家庭是受某些社会方面的限制的,把婚姻网看作是一切社会组织的基础。

一些心理学家强调家庭是人与人之间的生理结合。如奥地利心理学家 S.弗洛伊德认为,家庭是肉体生活与社会机体生活之间的联系纽带。人类学家从比较文化的意义上将家庭界定为共同使用火(厨房),也就是共同吃饭的共同体。马克思和恩格斯则从人类自身再生产的角度来理解家庭。他们认为:"每日都在重新生产自己生命的人们开始生产另外一些人,即增殖。这就是夫妻之间的关系,父母和子女之间的关系,也就是家庭。"[1]

社会学家更多地从家庭的社会属性方面来解析家庭。如美国社会学家 E.W.伯吉斯和 H.J.洛克在《家庭》(1953)一书中指出:"家庭是被婚姻、血缘或收养的纽带联合起来的人的群体,各人以其作为父母、夫妻或兄弟姐妹的社会身份相互作用和交往,创造一个共同的文化。"[2]美国社会学家 W.古德认为家庭包含了下列五种情况中的大多数:① 至少有两个不同性别的成年人住在一起;② 他们之间存在着某种分工;③ 他们进行许多经济与社会交换;④ 他们共享许多事物,如吃饭、性生活、居住,既包括社会活动,也包括经济活动;⑤ 成年人与其子女间有着亲子关系,父母对孩子都拥有某种权威,但同时也对孩子负有保护、合作与抚育的义务,父母与子女相依为命;孩子之间存在着兄弟姐妹关系,共同分担义务,相互保护并且相互帮助[3]。中国社会学家孙本文认为:"所谓家庭,是指夫妇子女等亲属所结合之团体而言。故家庭成立的条件有三:第一,亲属的结合;第二,包括两代或两代以上之亲属;第三,有比较永久的共同生活。"[4]台湾地区学者谢秀芬认为:"家庭的成立乃是基于婚姻、血缘和收养三种关系所构成,在相同的屋檐下共同生活,彼此互动,是意识、情感交流与互助的整合体。"[5]

《中国大百科全书·社会学卷》中"家庭"条目所下的定义为:家庭是由婚姻、血缘或收养关系所组成的社会生活的基本单位。

对家庭概念进行定义,是为了找出能反映家庭本质的特性。但以往的家庭

---

[1] 《马克思恩格斯全集》第3卷,人民出版社,1972年,第32页。
[2] 《中国大百科全书·社会学卷》,中国大百科全书出版社,1991年,第102页。
[3] 转引自彭怀真:《婚姻与家庭》,台湾巨流图书公司,1996年,第169页。
[4] 孙本文:《社会学原理》,商务印书馆,1935年,第441页。
[5] 谢秀芬:《家庭与家庭服务——家庭整体为中心的福利服务之研究》,台湾五南图书出版公司,1998年。

定义都不免存在一些疑问。如果说家庭仅仅是依靠婚姻和血缘的维系,那么同性之间或自愿组合而结成的生活共同体是不是家庭?如果说家庭是人类自身再生产的单位,那么自愿不育的夫妇是否组成了家庭?由于生物医学和遗传技术的发展,生育模式改变,造成社会文化意义上的父母与生物学意义上的父母的分离,于是,通过试管婴儿、人造子宫生育的子女是否可以纳入家庭范畴?人工授精的精子提供者的身份又如何确定?等等。

对于家庭,的确很难下一个科学而明确的定义。家庭在其古典结构中通常是包括父母、子女和亲缘关系相近的人们,由于来自相同的祖先,有着因婚姻而产生的特殊关系,形成一个系统。同时,这个系统又牵连着社会系统。而现代社会由于个人对生活形式的选择有较充分自由,家庭结构和形态亦呈多元化趋势,传统的家庭定义很难适应这种现状。

栏1-1 有关家庭的定义

一、家庭是一种满足某种功能的结构

在20世纪中期的几十年中,功能主义者对家庭的定义是颇具影响力的,这种定义首先是由人类学家马林诺夫斯基(1884—1942)和乔治·彼得·默多克提出来的,后来又有社会学家伊拉·赖斯等人。这些极具影响力的人宣称家庭是一种普遍性的制度,他们认为家庭之所以被发现存在于每一个人类社会之中是因为它履行着某一项维系社会生活的基本功能。

赖斯(1965)指出,对新生儿的"抚育性的社会化"是每一个社会的功能性的前提条件,而且他进一步宣称一个"小型的亲属群体"是履行这项功能的结构性的前提条件。因此他把家庭定义为"一个小型的亲属结构化群体,其核心功能就是对新生儿进行抚育性的社会化"。但是在他的这个定义中蕴涵了以下的问题:我们如何划分那些没有孩子的夫妇呢?他们是被排除在家庭概念之外的吗?亲属群体又是什么呢?赖斯认为,首属群体是基于遗传的、真实的或者虚构的生物性联系之上的,它使得人们对孩子拥有某些权力。然而,我们又如何区分继母呢?又是谁在切实提供抚育性的社会化呢?如果一对夫妇在他们的工作时间里将他们的孩子托付给养父母,而他们自己只是在周末同孩子生活在一起,那么在这里哪一个才算是家庭呢?如果一个母亲在一年中的绝大多数时间内将她的孩子交给她的母亲(也就是孩子的外祖母)照顾,而她会不时地去看望孩子,那么她到底算不算这个孩子所在的家庭中的成员呢?除了那些因试图应用以上定义而引起的概念性难点之外,在我们将它作为一种社会政策的基础时还会出现某些实际的问题。如果父母们不对他们的孩子提供抚育性的社会化,那么他们是否应该被拒绝对孩子拥有权力呢?因为对于他们来说这并不是一个"真正的家庭"。谁有权来做这样的决定呢?如何将这些决定与权力关系联系起来?并且对于不同的社会群体而言,这会有什么样的含义?

二、家庭是一种专制性的社会建构

与那些宣称家庭是一种普遍性的、必不可少的社会结构的人所不同的是,一些社会科学家认为家庭从根本上讲是一种专制性的社会建构。近年来的理论家们对于在家庭研究中的定义问题采取了一种完全不同的方法。

从女权主义者的视角来看,"家庭"根本就不是一种自然的社会现象(Colliar, Rosaldo and Yanagisako, 1992)。相反,家庭在将"抚育"理想化的意识形态中被看作是一种要素,这是因为在非个人化的、科层制的工业社会中它被认为是稀缺性的。这种意识形态是我们在19世纪反对过度工业化时所继承得来的。由于女性在生育过程中所扮演的角色,所以它特别强调女性的抚育作用。因此,他们将女性与"家庭"联系在一起。这种关于家庭的意识形态的建构被认为是通过立法和执法的手段、由国家的代理机构强加到现代社会之上的。因此,我们的注意力就应该从那个所谓的普遍性的"家庭"定义上移开,而应该转向那些在特定的社会、特定的时间点上对于家庭和家庭关系的法律定义上来。这样的定义被认为是开放性的,它会随着政治运动的变化而有所改变。其他的社会科学家(主要是从事民族方法学传统研究的社会科学家们)也得出了类似的结论。他们认为家庭的公共意义是在社会生活中不断地对这种建构的意义进行加工的结果(Gubrium, 1987; Holstein and Gubrium, 1999)。这些观察者不仅仅只是讨论法律制度中的社会进程,他们也描述一些细微而精妙的方面,主要是讨论家庭对于例如医院、社会服务机构所产生的社会影响。在此,他们强调的是经常发生在现实情况中的模棱两可的情况,正如对于日常家庭事件的本质是什么,人们存在着争论一样,人们也常常讨论家庭关系的本质是什么。

关于"家庭"意义的争论以及关于其"本质"是什么的不确定性,导致了一些理论学家宣称我们并不知道家庭是什么,而且我们也不应该企图对它进行界定(Bernaedes, 1985, 1999)。从这样的观点来看,每一个关于家庭的定义都是一种观念上的概念,必须将其置于一定的政治背景下来理解。

> 与我们这里所描述的方法相对的是,一些社会科学家(也就是实证主义者)认为,如果我们没有发展出一套精确的、普遍的关于家庭单位的定义,而是基于可试验性的命题,那么我们要创造一个关于家庭生活的一般性的理论体系是很困难的。
>
> 内容来源:大卫·切尔:《家庭生活的社会学》,中华书局,2005年,第12—13、15页。

实际上,家庭的界定是与其所处的社会文化环境密切相关的,这其中包含着人们如何思考家庭、如何来理解家庭以及他们的日常生活。在此,需要明确的是,家庭依然是以婚姻、血缘关系为主要纽带的人类社会生活基本单位。同时需要把握的是:第一,家庭也可以是以法律领养关系为基础的共同生活体;第二,共同生活、具有密切的经济交往、情感交流是家庭成员之间的必要关系;第三,"家"与"户"是两个有区别的概念,户是以共同居住为标志的群体,"家"则是主要以婚姻、血缘关系为标志的群体;第四,有婚姻关系但无血缘延续的自愿不育夫妇和有血缘关系但无婚姻形式的未婚父母及其子女组成的共同生活群体也应列入家庭的范畴;第五,某些个别和例外事例并不影响对家庭的普遍和一般含义的表述。

二、家庭的本质

(一)家庭是自然关系和社会关系的统一

家庭来源于男女两性结合,通过婚姻而构成,并以婚姻为依据,这是家庭区别于其他社会组织的基本特征之一。

家庭的基础是两性的结合,这种结合必须是男女两性依一定的法律、伦理和风俗的规定而建立起来的两性关系,为一定的社会制度所确认,从而成为婚姻关系。一方面,婚姻是一种自然关系,是男女两性的生理结合;另一方面,婚姻也是一种社会关系,是以生理结合为自然基础的社会结合。正如苏联学者谢苗诺夫所说的:"婚姻关系包含性交关系,但绝不归结为性交关系。婚姻是两性关系的一定社会组织,它必须以结婚双方负有一定的为社会所承认的权利和义务为前提。"①婚姻总是为一定的社会条件下的道德法律所承认的两性结合,自人类摆脱血亲杂交的两性关系状态以来,风俗、伦理和法律便成为维护两性关系的规范化、制度化的主要手段。同时,人们对婚姻的需求也不仅仅限于生理的满足,还包括感情、经济等多种动机,夹杂了复杂的社会因素。因此,婚姻是自然的结合,又是社会的结合。

---

① 谢苗诺夫:《婚姻和家庭的起源》,中国社会科学出版社,1983年,第181页。

家庭是婚姻关系的产物,连接家庭成员的纽带一般是婚姻和血缘,血缘关系从婚姻关系而来,对家庭的存在与维系起着加固的作用。一方面,血缘关系是一种自然血统关系,具有生物和遗传的基础与意义:亲子关系、兄弟姐妹关系是人类的自然亲情关系;另一方面,自然的亲属、血缘关系由于被赋予了一定的社会权利和义务的规定,因而也具有社会属性,成为一种社会关系。另外,人们之间的亲属称谓有时也并不完全根据相互之间的血缘关系,而是由社会所确认的某种权利义务关系来认定。恩格斯曾指出:"父亲、子女、兄弟、姊妹等称谓,并不是简单的荣誉称号,而是一种负有完全确定的、异常郑重的相互义务的称呼,这些义务的总和便构成这些民族的社会制度的实质部分。"[1]如在母系制家庭中,孩子往往只认识母亲,却不知道生父为何人,父子之间不存在相互的权利义务,因而虽有自然的血亲关系,却不存在社会确定的亲属关系。通过领养关系组成的养父母、养子女,虽然彼此没有血缘联系,但由于彼此存在权利和义务关系,因而被社会赋予一种亲属的地位和关系。

由此可见,家庭是建立在血缘和姻缘关系之上的,无论从其中哪一种关系看,家庭都具有自然属性和社会属性,是自然关系和社会关系的统一。

(二) 家庭是一个历史范畴

作为人类生活的组织形式,家庭并不是从来就有、一成不变的,家庭是人类社会发展到一定历史阶段的产物,它可以说是人类社会中最具普遍性的一种社会制度和文化现象。家庭的职能、性质、形式和结构都随着生产方式的变化而变化,反之,又对一定生产方式的发展起着积极或消极的作用。

家庭有不同的形态,各种形态总是不可避免地打上时代的烙印。如果说人类依次经历过蒙昧时代、野蛮时代、文明时代三个时代,那么血婚、伙婚等群婚制家庭是与蒙昧时代相适应的,而偶婚制家庭产生于蒙昧时代与野蛮时代交替的时期,一夫一妻制家庭则出现在野蛮时期的中级阶段和高级阶段的交替时期,它的产生是文明时代来到的标志之一。以后,一夫一妻制家庭也会随着社会制度的进化而发展。任何一种家庭形态的变化都不是偶然产生的,其根本原因是社会生产力的进步,其次,自然选择的作用也不可忽视。

在不同的时代、不同的文化中,家庭各方面的规定性也是不同的。在英语中,"家庭"(family)一词包含以下含义:① 指同居或不同居的父母子女;② 指一个人或一对夫妇的所有子女;③ 指由父母子女、伯父母以及堂表兄弟姊妹等构成的近亲团体;④ 指同一祖先的全体子孙;⑤ 指雇有佣人的户。德语、法语中

---

[1] 《马克思恩格斯选集》第4卷,人民出版社,1972年,第24页。

相当于家庭的词,在用法上也是如此。可见西方家庭概念的内涵较宽泛,而且"家庭"与"家族"不分①。在中国传统文化中,"家""室""房""户""家族"等,都是表示家庭概念的名称,但其中又有细微的差别。一般来说,"家庭"比较侧重于家庭成员的组成,指具有实际功能的确切的生活单位,相当于英文中的 family。"家"(或"室")则侧重于居住地和居住场所,相当于英语中的 home。而"家族"通常是指同宗而非同居共财的血亲群体,常常涉及范围较大的继嗣群、系谱关系。"房"与"家族"相联系,一般是指建立在系谱关系上的成员资格,是儿子家庭相对于父亲家庭的身份。所以"房"也是父子关系的规定,它是中国文化中以父子关系为主轴的家庭文化模式的反映。至于"户"(household)指居住在同一单元房屋的人们,更多的是户口登记上的意义。一般情况下,"家"与"户"相互联系,大多数情况是"一家"即"一户"。但也有"一家分几户"和"一户分几家"以及人户分离的空挂户现象。

总之,家庭有其产生和发展的过程,不同的历史时期,不同的国家和民族,对家庭的认识也不尽相同。因此,家庭是个历史性的范畴。

(三) 家庭是一种最典型的初级群体

英国社会学家默多克于1971年给家庭所下的定义是:"家庭是一个社会团体,其中包括两个或多个彼此结婚之不同性别的成人,并且包括已婚双亲之亲生的或收养的一个或多个孩子。"②家庭是建立在婚姻和血缘关系上的、以夫妻子女为基本成员的共同生活集体,它满足了人类生活的多种需要。伯吉斯认为,对于无论时间和空间的人类家庭来说,以下这些特点都是共同的,它也是家庭和其他社会团体的区别:① 家庭是由婚姻、血缘和收养关系联系起来的人所组成的。② 一个家庭的成员单独地生活在一座房子里组成一个单独的户,或者,如果他们分开住,他们也被看成是一家。③ 家庭是由承担一些社会角色,诸如丈夫和妻子、母亲和父亲、儿子和女儿、兄弟和姐妹的人,相互作用和相互联系而组成。④ 家庭保留着一些共通的文化,它主要是从人类文化衍生而来,但每个家庭又都有某些明显的特点③。家庭,作为社会的细胞,集中体现了初级社会群体的基本特征:

(1) 家庭是社会自然产物。在家庭中,自然的血缘关系和世代关系是维系家庭存在的重要纽带,生育子女、繁衍后代、增加新的家庭成员,也是在自然状况下发生的。家庭的形成虽然要经过婚姻形式中的法律程序,有人为因素,但却是以自然形成为条件的。与正式的社会组织不同,家庭不是按照社会契约,为满足

---

① 参见丁文:《家庭学》,山东人民出版社,1997 年,第 58 页。
② 岳庆平:《中国的家与国》,吉林文史出版社,1990 年,第 4 页。
③ J.罗斯·埃什尔曼:《家庭导论》,中国社会科学出版社,1991 年,第 82 页。

某种社会需要而人为加以建立的。家庭在本质上是通过一定的宗教和法律仪式被规范化的、由两个以上个体组成的社会自然产物。

（2）成员关系带有感情色彩。家庭成员在家庭中往往扮演多种角色，他们对家庭投入自己全面的个性和全部的情感。家庭成员在共同生活中相互帮助，在感情上相互慰藉和支持。与正式社会组织不同，家庭中的成员关系是一种亲密无间、心心相印的情感性关系，其成员的活动交换，并不是严格按照等价交换的原则进行的。

（3）家庭有一定的群体规范。家庭中有成员互动和家庭生活所遵循的准则，但家庭中的行为规范并不是十分严格的，不是明文规定的，个人的自觉性起着更大的作用。

（4）家庭具有持续、稳定性。家庭成员由于有着血缘上的联系，因而形成了较深的关系，家庭成员间的互动具有持续性和稳定性，家庭在这种持续稳定的互动中才得以巩固，互动一旦中止，家庭便会趋于解体。

也正是由于家庭成员之间的这种紧密联系，每个人的情感、情绪以及行为都与他人息息相关，所以家庭的良性运转是一个人生命健康和幸福生活的关键。一旦家庭的稳定性受到挑战，更需要家人的全面合作、良性沟通以解决家庭危机。

（四）家庭是一种社会制度

家庭的构成和存在并非任意的、随心所欲的，而是具有一定的规范和准则。家庭是一种社会制度。家庭是社会的基石，包括婚姻制度在内的家庭制度被认为是一切制度中最普遍、最基本的制度之一，很少有哪种制度能得到比家庭制度更多的认可。

与一般社会制度一样，家庭制度具有以下主要特征：① 普遍性。作为社会的主要制度之一，家庭普遍存在于一切民族、国家和社会之中，对人们均无例外地发生着制约作用。在时间上，家庭制度是最古老、最原始的制度之一。当人类脱离血亲杂交的蒙昧时代，血婚制家庭便出现了。这是最简单而又最古老的家庭制度。在中国，根据元谋猿人的考古遗存推断，这种状态约存在于170万年以前。在空间上，家庭制度是各国、各地区最普遍的制度之一。不同空间范畴的家庭制度有着共同的规范规定，同时，由于社会制度、宗教信仰、风俗习惯的差异，家庭制度又显示出不同的特点，并有不同的内容规定。② 相对稳定性。随着时代和社会的变迁，家庭制度有形态的演变和进化，也有内容的修改和更新。但作为制度，家庭又是相对稳定的规范体系，一经确立就会在相当长的时期内制约人们的行为。当然，一定的家庭制度在发展演变过程中也会出现障碍和问题，需要及时调整不适应的部分和环节。当某一种家庭制度存在的基础丧失之后，新的制度会逐渐取而代之,但原有的家庭制度还会在相当长时期内继续发挥作用。③ 复合性。家庭制度是由一系列制度组成的一个行之有效的体系,其中包括婚姻制度、生育制度、继承制度等。每一种制度都表现了它对家庭存在的一定功能,它们相互配合,构成家庭关系和行为的准则和规范。值得注意的是,这些不同层次的准则和规范,既是由社会制定和认可的,也是人类长期生活中糅合不同文化特点而逐渐形成的。

综上所述,家庭制度是被规范化并且具有法律效力的思想内容,但不是主观想象的产物,而是对一定时空状态下的现实的婚姻和家庭状况的确认,是家庭成员在家庭生活中的相互关系的反映和规定。有了制度的规定性,家庭方可正常有序地运行。

第二节 家 庭 结 构

家庭结构是家庭的构成,但不是指家庭的经济、职业、文化的构成,而是特指家庭中成员的构成及其相互作用、相互影响的状态,以及由于家庭成员的不同配合和组织的关系而形成的联系模式。

在社会学界,人们对于"家庭结构"一词有着不同的理解。有人认为"家庭结构是家庭存在的表现形式";又有人认为"家庭结构是家庭成员的组合形式";还有人认为"家庭结构是人口层次的组合方式";更有人认为"家庭结构是由代数结构与人口结构所组成的"①。上述认识尽管各不相同,但都建立在两个基点之上:一是家庭人口要素。相关的问题是,家庭由多少成员组成?家庭规模大小如何?二是家庭代际要素。相关的问题是,家庭成员的代际分类是怎样的?不同的人口要素、代际要素的组合,形成不同的家庭成员之间相互联系的方式,因而形成不同的家庭结构模式。家庭结构是在婚姻关系和血缘关系的基础上形成的共同生活关系的统一体,既包括代际结构,也包括人口结构,并且是二者组合起来的统一形式。

一、家庭结构的分类

(一) 按家庭的规模划分

可将家庭分为大家庭、小家庭和单身家庭三种类型。大家庭和小家庭是相对而言的,家庭中有多少成员算大家庭,有多少成员算小家庭,从来没有统一的

---

① 陈铭卿:《对家庭结构类型的探讨》,《社会学研究》1986年第6期。

标准和界限,只能在比较中加以确定。一般而言,大家庭是指家庭人口在5人以上的家庭,而小家庭的人口数一般在4人和4人以下。单身家庭可以看作是变异家庭的一种,指只有一个人的家庭,如鳏夫独居、寡妇独居、离婚独居、孤儿或独身者的家庭。严格地说,一人组成的家庭不能算是家庭,但是在家庭统计中常常把这种情况也归为一种家庭类型。

(二)按家庭成员配偶的人数和对数划分

可将家庭分为:① 多夫多妻制家庭;② 一夫多妻制家庭;③ 一妻多夫制家庭;④ 一夫一妻制家庭。

(三)按家庭传袭规则划分

可将家庭分为:① 母系家庭;② 父系家庭;③ 平系家庭;④ 双系家庭。在这些家庭中,子女的姓名和承继或依母方,或依父方,或男女两系平等计算,可依任何一方,或同时属于母族和父族。

(四)按参与和决定家庭事务的权力划分

可将家庭分为:① 父权家庭;② 母权家庭;③ 平权家庭;④ 舅权家庭。家庭中的事务由夫妻一方或某一家庭成员或夫妻双方定夺和掌握。

(五)按家庭成员居住地划分

可将家庭分为:① 从妻居家庭;② 从夫居家庭;③ 单居制家庭。男女结婚后,丈夫携子女在妻家居住,或妻子携子女在夫家居住,或夫妻携子女另行居住、单独成立新家庭。

(六)按家庭的代际层次和亲属关系划分

可将家庭分为:① 核心家庭,即由父母及未婚子女组成的家庭;② 主干家庭,即由两代或两代以上夫妻组成,每代最多不超过一对夫妻,且中间无断代的家庭,如父母和已婚子女组成的家庭;③ 联合家庭,即家庭中任何一代含有两代以上夫妻的家庭,如父母和两对或两对以上已婚子女组成的家庭,或是兄弟姐妹婚后不分家的家庭;④ 变异家庭,即不符合通常所理解的家庭概念的生活组织形式,如夫妻家庭,指只有夫妻二人组成的家庭,包括夫妻自愿不育的丁克家庭、生育有子女但子女不在身边共同生活的空巢家庭以及尚未生育的未育夫妻家庭。扩大家庭指一个核心家庭加入非直系的未婚亲属(如夫妻一方的未婚兄弟姐妹)组成的家庭。隔代家庭指由祖父母与孙代组成的家庭。单亲家庭指由父母中的一方与子女共同组成的家庭,其中包括由未婚的父亲或母亲一方与未婚子女组成的家庭;单身者由于采取人工受孕和寻找代理母亲的方式而生养子女,单身者与其子女组成的家庭;核心家庭中配偶一方因离婚、死亡、出走、分居等原因使家庭成员不全,只能由配偶的另一方抚养孩子而组成的家庭。同性恋家庭指两个同性基于性关系组成的家庭。未婚同居家庭指没有履行法定结婚手续而存在性关系的两个异性组成的家庭。单身家庭指只有一个人的单身家庭,包括终身不娶或不嫁的独身主义者与丧偶或离异后单独生活者等。

变异家庭的出现正改变着家庭的基本含义,传统的家庭定义因此受到挑战,变得不能概括地解释现有的家庭模式和形态。更重要的是,快速的观念变化使

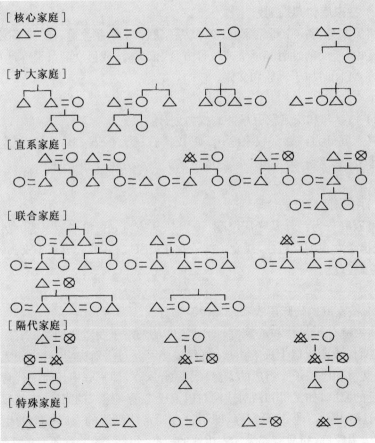

图 1-1　家庭微观结构图示

资料来源:赵孟营:《新家庭社会学》,华中理工大学出版社,2000 年,第 170 页。

人们对家庭的认识也超越了传统的定义范畴。例如,1992年初美国马萨诸塞人寿保险公司曾对1 200个男女进行随机抽样调查,要求他们给"家庭"这个词下定义。结果,选择其法律定义即"家庭是由血缘、婚姻和收养关系联在一起的群体"的人仅占22%,同时几乎有3/4的人选择了另一个含义更为宽泛并带有感情色彩的定义,即"家庭是一个由彼此相爱、互相关心的人组成的群体"[①]。如果这样的认识成为社会普遍观念,那么以上所列举的所谓"变异家庭"就不再是一种异化或反常的生活形式,而是真正的通常意义上的家庭了。

二、家庭结构的变迁

家庭结构是受社会生产方式制约的。一个国家、一个民族或是一个地区的经济条件和传统观念,对家庭结构的影响甚大。家庭结构的变迁呈现出复杂的形态,这是与经济发展水平以及与此相联系的观念、风俗密切相关的。

(一) 西方家庭结构的变迁

1. 核心家庭与工业化

1949年,美国人类学家G.P.默多克认为,从亲属关系着眼,可以把人类家庭分为核心家庭、复合家庭和扩大家庭等三种基本模式,其中核心家庭是其他几种家庭形式赖以扩大的基本单位。随后,核心家庭这一概念被人类学、社会学广泛使用。美国社会学家古德、伯吉斯等人的研究指出,核心家庭占主导地位是现代社会的显著特征。帕森斯也曾经强调过核心家庭的重要性,他提出,孤立的核心家庭可能有益于满足工业化城市社会固有的职业流动和地域流动需要,满足儿童社会化和情感交流两大功能,适合现代工业城市生活。他认为,核心家庭是最适合像美国这样的富有流动性的社会,他还归纳出一个社会学命题:随着社会的现代化进程,核心家庭在各种结构形式的家庭中的比例呈现上升趋势(参见栏1-2)。

在20世纪,西方发达国家中核心家庭的发展非常迅速。在美国,已婚夫妇与子女同住户的比例和已婚夫妇无子女同住户的比例,1960年为44.2%和30.3%,1970年为40.3%和30.3%,1980年为30.9%和29.9%,1988年为27.0%和29.9%[②]。在西德,小型化的家庭是主要的家庭形式。1988年,西德有45%的家庭是子女与父母共同生活的家庭。其中一孩家庭占52%,二孩家庭占35%,三孩及三孩以上家庭占13%[③]。

[①] 参见张胜康编译:《美国社会的家庭异化现象》,人大复印资料。
[②] 张亦荣:《30年来美国婚姻家庭状况简析》,《人口研究》1993年第4期。
[③] 张敏杰:《当代德国的婚姻和家庭》,《浙江学刊》1993年第3期。

栏1-2 关于核心家庭的争论

一些学者认为,核心化是工业化和都市化特有的产物。现代工业社会需要劳动力自由流动以利于经济发展,扩大家庭中的亲属关系妨碍个人流动,而结构独立、流动自由的核心家庭正适应了这种需要。同时,工业社会中个人价值的实现取决于自致能力和成就,而不是天赋的家族地位、财产和亲属关系。因此,工业和经济的膨胀使扩大的寨属关系纽带被削弱,血亲组织网络解体,家庭向着夫妇家庭的普遍化方向发展。

也有一些学者认为,核心家庭不是工业化的直接结果,尤其是有研究发现,美国社会中从来没过以三代在同一户居住为普遍模式的时候,而"大型的扩大家庭"在历史上一直更少存在(哈利雯,1987)。核心家庭的模型具有连续性,据此,认为工业化破坏了过去的传统家庭,使家庭结构朝着核心化的方向发展,或者认为核心家庭和现代工业社会相互"适应"的看法是值得商榷的。其中的主要问题有以下几个(埃什尔曼,1991):

第一,核心化家庭在工业和都市化以前就已存在,并在某些社会中流行,而不像人们曲解的那样是工业化的后果。早在工业化以前,女性权利已经变化,婚姻动机中的爱情因素已十分重要,在工业革命前,当代家庭和婚姻的典型即夫妇结构就已经存在并已经成型了。

第二,在工业化和都市化流行的地方依然能找到扩大的家庭结构。在一些较高阶层和较富有的家庭中仍然流行着家庭亲属网络,并在权力、金钱、地位的相互支持和辅助、利益的交换和互相服务以及行为控制、情感联系中起着重要的作用。简单地认定扩大的家庭结构与现代工业社会不适应而不被需要的论点,显然难以立足。

第三,核心家庭是否正在成为社会和文化的典型?事实上,在迅速发展的工业化和都市化的撞击下,亲属团体之间的各种扩大化的联系正在减少,但在技术、信息发达的社会中,亲属的联系纽带却通过计算机、电话和航空旅行等手段而得到保留,联系的机会很难说就比前工业社会少。在社会倡导自由应变的核心家庭组织的同时,由于人们个性要求的增强和个人选择生活余地的扩大,非传统的婚姻和家庭形式,将会在事实上继续并增多,生活形式将更加多元化,核心家庭并非社会和文化的主流。

尽管有许多社会学家提出了不同的意见,但一个可见的社会事实是:核心家庭已经成为现代社会占主流的家庭结构形式,并且随着现代化的发展,家庭的核心化成为趋势。

2. 单亲家庭和婚姻稳定性

西方的婚姻模式正在发生变化,这种变化使家庭组成或解体的途径变得复杂,促成了家庭生活的新模式。人们的初婚年龄延长,甚至不婚。在美国,每千人的结婚人次数在第二次世界大战结束时的 1946 年达到 16.4 人次的最高峰,而在整个 1970 和 1980 年,全部人口的结婚率在 10.6‰ 和 9.7‰ 之间波动。初婚的平均年龄不断提高,到 1991 年,男子达到 26.3 岁,女子达到 24.1 岁,而 1956 年时的初婚平均年龄分别为男子 22.5 岁和女子 20.1 岁。1987 年每四个婴儿中,即有一个是由未婚母亲所生,1980—1987 年未婚母亲所生婴儿数增长了 40%,同期结婚母亲所生孩子数则下降 32%[①]。战后联邦德国,一是婚龄期的男女初婚人数在 1950 年后持续下降;二是婚龄推迟,24 岁以后结婚的男女都在不断增加,与此同时,非婚同居更呈与日俱增之势,因而造成非婚生子女大量增加。

表 1-1　联邦德国单亲家庭中的父母亲婚姻状况及数量

	母　亲		父　亲	
	1980	1989	1980	1989
未　　　婚	14.1	25.2	0	18.1
结婚后分居	14.4	14.2	24.1	18.8
配 偶 死 亡	27.9	14.3	34.0	20.3
离　　　婚	43.5	46.3	36.9	42.9
合　计(%)	100	100	100	100
每 1 000 户单亲家庭中有 18 岁以下子女的父亲或母亲	728	805	134	133

资料来源:张敏杰:《当代德国的婚姻和家庭》,《浙江学刊》1993 年第 3 期。

在结婚发生"紧缺"的同时,现存的婚姻关系不牢固,离婚率高。

根据 1990 年《联合国人口年鉴》记载,英国的离婚率为 5.72‰,加拿大为 6.10‰,美国为 9.4‰。非婚生子女激增、比重上升和跳跃上升的离婚趋势的最直接后果,是单亲家庭增多。

上述资料表明,离婚和非婚生育是造成单亲家庭增长的主要因素。在英国单亲家庭的比例从 1971 年的 8% 上升到了 1992 年的 21%。1990 年美国有 60% 的儿童在他们童年时代的某一阶段曾生活在单亲家庭中。1988 年 6 300 多

---

① 阿尔伯格:《美国家庭的新现实》,《现代外国哲学社会科学文摘》1993 年第 5 期。

万个18岁以下的孩子中,几乎有四分之一是与单亲住在一起(主要是与母亲住在一起),这一比例是1970年的同一比例的两倍。在联邦德国,单亲家庭数量不断增加,在所有有年龄在18岁以下子女的家庭中,未成年子女与父亲或母亲单独一方生活的家庭在1970年占8%,1985年增为13%,到1989年进一步增至14%,单亲家庭总数达1 635 000个。

传统婚姻关系的减弱给家庭的形式、结构带来新的变化。通常情况下,单亲家庭与双亲家庭相比,面临着生活贫困和感情短缺的双重困境,带来社会救助方面的一系列问题。

3. 家庭模式和生活选择的多元化

(1) 单身族。在结婚推迟、初婚年龄中位数提高的同时,单身人口队伍不断扩大。1988年美国的成年单身者达6 600万人(其中独居老人870万人),占成年人总数的37%,而1970年该类人口只有3 800万人(其中500余万名独居老人),占成年人口数的28%①。

(2) 非婚同居。据联邦德国青年家庭妇女卫生部公布的数字,在1972—1982年间,估计约有100万至250万名男女性人口过着同居生活②。同时,同居生活不仅仅出现在文化程度较低的人口中,而且扩展到各种层次的人群中。在美国,同居开始于20世纪50年代后期文化程度较低的人口中,而根据1989年的一份资料统计,大专毕业生的婚前同居比例也不低,约占25%。

(3) 理智分居。英国的爱德华王子与索菲亚王妃早在婚前就已为自己的婚姻生活制定下"分居"章程。作为两个有各自事业、各自生活圈子,又思想成熟的现代人,双方一致赞同周一至周四仍维持原来的生活状态,各回各家互不干涉,给自己也给对方多一些空间,而周五到周日则尽情相聚,共享二人世界。从亲密的同居到理智的分居,夫妇双方无论是在经济上还是在心理上,一方被另一方依附的可能都会降低,个人的独立性得到充分展现。这种独立主要表现在:思想独立;空间独立;经济独立;社交独立。在日本,据大阪的一个婚姻介绍所统计,90%以上的日本单身妇女希望结婚,但其中30%的人不愿与未来的丈夫住在一起。

 栏1-3 时—空延伸

家庭成员们虽然会在生活上彼此分离,但是他们仍然将自己视为一体。这种常见的现象近年来在许多国家中都引起了人们的关注(Quddus,

---

① 张亦荣:《30年来美国婚姻家庭状况简析》,《人口研究》1993年第4期。
② 张敏杰:《当代德国的婚姻和家庭》,《浙江学刊》1993年第3期。

1992;Hoodfar,1997)。在当代社会学理论中,这种经历被分析为社会秩序的一个方面。安东尼·吉登斯将其称为"时—空延伸"。吉登斯所定义的时空延伸概念是指"时间和空间被组织起来的情况使得在场和缺席被连接在一起"(Giddens,1990:14)。

人们在时间和空间上的同时结合经常被当作是定义家庭成员关系的一个条件。我们所讨论的家庭成员是指那些"共同生活"在一个家庭中并且"共度时光"的人们,因为他们共享一个"家",就算他们会时常分离但他们最终还是会回家。然而,家庭生活也并不是一直如此简单。家庭生活也可以包含时空的延伸,例如夫妻俩分居两地而很少见面(Gross,1980)。这种分离提出了一些十分有趣的、关于在新的社会环境下如何重新组织、重新定义家庭生活的问题。

这个问题的兴趣点主要集中在那些分居的夫妻身上,他们或者是合法婚姻所结成的夫妻,或者是以同居的方式结成的夫妻。这些分居的夫妻有时被称作"分开的共同生活"。虽然很难找到可靠的证据,但一些轶闻趣事式的证据却表明这种方式在增加。可能促成这种现象发展的文化因素包括社会对那些没有正规婚姻约束的同居夫妻的认可,这鼓励了那些存在于荷兰、瑞典等国家中的灵活多变的关系的发展(Levin and Trost,1999)。环境因素包括了当前一些经济和技术发展变迁的趋势,例如从欠发达国家向发达国家的移民在不断增加,商务和休闲旅行的增多也增加了远距离人们会面的可能性,而且人们(包括男性和女性)为了获得事业上的成功也对地理上的移动提出了更多的要求。在类似于新加坡这样的国家中,迅速的国际化进程中所包含的这些趋势也许会导致配偶之间、父母和孩子之间如何应对时间和空间上的分离的问题(Chia,2000)。

内容来源:大卫·切尔:《家庭生活的社会学》,中华书局,2005年,第37页。

(4) 同性恋。20世纪90年代以来,同性恋现象变得越来越普遍。许多同性恋者公开组成家庭共同生活。2000年12月19日,荷兰国会通过了同性恋婚姻平权法案。根据这项立法,同性恋婚姻的各项权利义务和异性婚姻没有分别,不再受到任何的歧视。

(5) 网络情缘。网络时代的到来,拓宽了交友的渠道,通过网际清谈(IRC)也能结识恋爱对象。旧金山一家颇受欢迎的婚介网站(www.match.com)专家翠西·麦克德莫特(Trish McDermot)介绍说:"这就好比你进入了一个足球场,那儿有的是单身人士供你选择。""在网上遭遇异性的确是特有的会面方式,在见面之前他们已在网上对对方的个人资质、智慧、幽默感有所了解,而不仅仅是建立在身高、头发颜色这些外在因素上,这些东西并不能帮助你找到共度艰难时世的伙伴。"虽然有不少人对网上谱写恋曲的现实性抱有怀疑态度,但它至少说明了感情的事最自然,即使是在电子空间里,也具有强烈的震撼力,网婚的出现是个明证:访问者只要注册成为该社区的社员,就可以像现实生活中一样与"心爱的人"恋爱,直至"结婚"。要是日子实在过不下去了,也可以"离婚",然后,再结再离。

显然,在当代社会,传统的价值已经不再重要,个人的意志在生活选择中显得最为重要。生活方式的广泛选择余地使家庭形式呈现多种多样,而老式的通常意义上的家庭只是众多选择中的一个而已(参见表1-2)。

表1-2 美国家庭户状况历史比较

家庭类型 年度	已婚夫妇与子女同住户	已婚夫妇无子女同住户	单亲家庭与子女同住户	其他家庭无子女同住户	男子独居户	妇女独居户	其他非家庭户	合计
1960	44.2	30.3	4.4	6.4	4.3	8.7	1.7	100
1970	40.3	30.3	5.0	5.6	5.6	11.5	1.7	100
1980	30.9	29.9	7.5	5.4	8.6	14.0	3.6	100
1988	27.0	29.9	8.0	6.6	9.7	14.4	4.4	100

资料来源:张亦菜:《30年来美国婚姻家庭状况简析》,《人口研究》1993年第4期

(二)中国家庭的结构变迁

中国传统的家庭是父系的,一般至少包括夫妻和子女两代人,普遍存在三世同堂,甚至是四世同堂、五世同堂的现象。这种几代同居的大家庭,在历史上称为"义门",传为美谈,而"分家异炊"则被认为是可耻行为。然而,这种大家庭并非是传统中国家庭结构的主要形态。

据清代赵翼《陔余丛考》的统计,古代"义门"见于史书者《南史》13人,《北史》12人,《唐书》38人,《五代》2人,《宋史》50人,《元史》5人,《明史》26人。另据王梦泉《咸丰十一年九月被难大小男丁妇女节义纪实》,山东宁海州(今山东牟平县)的家庭构成情况列表如下(见表1-3):

表1-3 咸丰十一年山东宁海州家庭结构分类统计

类 型	户 数	人 口 数	户均人口数	各类家庭占总户数的%
核心家庭	70	354	5.06	35.53
直系家庭	58	352	6.07	29.44
复合家庭	65	617	9.49	32.99
缺损家庭	4	31	7.75	2.03
合 计	197	1 354	6.87	100

表1-3显示,晚清山东核心家庭占总数的35.53%,位居首位。直系家庭占总户数的29.44%。如将这两类家庭合并,则占总数的64.97%。与此同时,在早期工业化运动和城市化浪潮的推动下,晚清家庭的小型化已成趋势(见表1-4)。

表1-4 嘉庆、宣统全国各省区家庭规模比较表

类 别 省 区	嘉庆二十五年(1820年)		
	户 数	口 数	户均口数
直 隶	3 951 477	22 430 748	5.67
奉 天	129 653	1 338 415	10.32
吉 林	111 847	698 501	6.24
黑 龙 江	28 465	—	—
江 苏	—	29 095 985	—
安 徽	—	33 499 316	—
山 西	2 394 903	16 378 904	6.83
山 东	4 548 817	31 445 329	6.91
河 南	4 772 097	25 888 005	5.42
陕 西	—	14 379 400	—
甘 肃	2 175 754	17 722 321	8.14
浙 江	4 823 524	29 362 308	6.08
江 西	4 379 629	25 126 078	5.73
湖 北	4 314 737	29 544 241	6.84
湖 南	3 235 317	18 991 741	5.87
四 川	7 066 267	28 327 581	4
福 建	3 377 525	20 035 979	5.93
广 东	—	22 736 369	—
广 西	1 279 015	7 622 423	5.95

续　表

类　别 省　区	嘉庆二十五年（1820年）		
	户　数	口　数	户均口数
云　南	1 118 174	7 096 088	6.34
贵　州	1 118 884	5 526 154	4.93
新　疆	75 189	—	—

类　别 省　区	宣统三年（1911年）		
	户　数	口　数	户均口数
直　隶	5 187 758	26 721 353	5.15
奉　天	1 707 642	11 018 517	6.45
吉　林	800 099	5 538 405	6.92
黑龙江	269 433	1 858 792	6.90
江　苏	5 397 738	25 883 336	4.80
安　徽	3 241 018	16 229 052	5.01
山　西	2 097 082	10 099 135	4.82
山　东	5 380 277	29 556 688	5.49
河　南	4 661 566	26 109 931	5.60
陕　西	1 605 342	8 074 013	5.03
甘　肃	907 940	4 700 058	5.18
浙　江	4 251 383	18 072 226	4.25
江　西	3 439 873	16 977 029	4.94
湖　北	4 938 625	27 646 651	5.60
湖　南	4 349 371	23 402 992	5.38
四　川	9 141 410	44 140 462	4.83
福　建	2 515 756	12 500 266	4.97
广　东	5 052 418	28 010 564	5.54
广　西	1 393 467	7 789 480	5.59
云　南	1 548 034	7 209 888	4.66
贵　州	1 771 533	8 702 964	4.91
新　疆	471 205	2 085 304	4.57

资料来源：徐永志：《略论晚清家庭的变动》，《历史教学》1998年第1期

从表1-4可以看出，晚清中国除少数地区家庭人口是6人或7人之外，绝大多数地区的户均人口都是4—5人，这较清中后期5—6人的平均家庭规模已

有明显的缩小。据官方统计,从20世纪初直到新中国成立的半个多世纪里,中国家庭户规模始终保持在5.17—5.38人。李景汉教授在河北定县调查,家庭平均规模为5.80人,美国卜凯教授对中国22个省调查结果为5.21人。这意味着,从家庭户与人口的比例统计表明,中国传统的家庭规模为5人左右。随着社会进步和时代变迁,传统的中国家庭规模和家庭结构都在发生变化。

一是户均人数下降。从20世纪初到40年代末,据官方统计的平均户规模大致保持在5.17—5.38人左右[①]。新中国成立以来,家庭平均户规模经历了一个小——大——小的发展过程。20世纪50年代初由于家庭户的迅速增加(分居另过,立户为主),导致家庭人口规模下降,1953年户均人口数为4.33人,与1947年相比下降了19.07%。随后逐年增多,除去"大跃进"这段特殊时期,家庭人口规模的扩大态势一直保持到70年代,1974年户均人口发展到了4.78人[②]。20世纪70年代末到80年代以后,计划生育政策发挥了效果,人口自然增长率不断下降,小家庭的比重逐渐上升,使得户均人口逐年下降,1990年减少到3.93人,1998年为3.63人,到2003年,城镇户均人口为2.97人,农村为3.27人,户均人口规模与美国、加拿大等发达国家户均3人左右的水平相当。当然,家庭规模在城乡和地区之间存在着较大差异。2002年,中国城市家庭户均人口为3人;镇一级家庭的户均人口是3.25人;乡村家庭则为3.62人。在地区之间,北部和东部经济发达地区户均人口约在3.2人以下,西部和南部则在3.6人以上。这种差异不能仅仅用经济水平和城市化程度等因素来解释,还与文化和民俗等密切相关。

二是家庭结构日趋简单。核心家庭确已成为主流家庭模式,20世纪50年代核心家庭占各类家庭总数的比重为50%,70年代上升为58%,1987年又升至71.34%,1990年则达到77.12%(参见表1—5)[③]。进入21世纪以来,单人户、一代户增速较快,据统计,1990年一代户占13.52%,二代户67.5%;到2002年,在北京、上海等大城市,1人户和2人户相加分别为35.91%和35.98%;北京市一代户所占比重为30.93%,上海市为35.18%;两代户在北京所占比重刚刚过半,而上海甚至不到一半,只占49.33%。1人户、2人户和3人户的比例从乡村到镇到城市呈逐步升高的态势,而4人以上家庭则相反。这表明城市化水平与小家庭以及多样化趋势之间的某种关联。

---

① 参见许涤新主编:《当代中国的人口》,中国社会科学出版社,1988年。
② 资料来源:《中国统计年鉴(1998年)》。
③ 张建、陈一筠主编:《家庭与社会保障》,社会科学文献出版社,2000年,第185页。

表1-5 上海等五地被调查者家庭结构类型分布比较　　单位：%

家庭结构	上海	成都	青浦	太仓	宜宾	总计
单身家庭2	0.38	1.00	0.33	0.00	0.33	0.52
夫妻家庭1	1.50	3.75	0.33	0.00	1.33	1.88
夫妻家庭2	4.88	9.00	6.33	5.00	4.00	6.28
核心家庭	71.88	57.50	54.00	29.67	67.00	59.48
主干家庭1	7.13	12.38	27.33	47.67	11.33	16.60
主干家庭2	11.75	14.50	10.67	17.00	16.00	13.64
主干家庭3	0.75	0.38	0.00	0.33	0.00	0.40
联合家庭	0.63	0.50	1.00	0.00	0.00	0.48
隔代家庭	0.88	0.88	0.00	0.33	0.00	0.60
其他家庭	0.25	0.13	0.00	0.00	0.00	0.12
个案数	800	800	300	300	300	2 500

表格来源：沈崇麟、杨善华、李东山主编：《世纪之交的城乡家庭》，中国社会科学出版社，1999年，第68页，表4-2-1

三是家庭类型多样化。

(1)"联合国"式的家庭增多。在1978年前后，中国大陆地区的跨国婚姻完全是凭领导的开明来解决的，数量很少，1979年涉外及港澳台结婚数仅为8 460对。自20世纪80年代以来，经济体制改革特别是市场经济体制的逐步确立，社会开放程度的不断提高，择偶的范围相应扩大，大陆地区跨国婚姻发展速度飞快。1982年上升为14 193对，1990年为23 762对，1997年已达50 733对。通婚圈已扩大到世界，涉及53个国家和地区。在台湾地区，到2002年底止，来自越南、泰国、缅甸等地的外籍新娘约有10万人，大陆新娘有17万多人。2002年台湾登记结婚的新娘，74%是本地的，26%来自岛外①。一般而言，这些"联合国"式的家庭具有以下特点：① 通婚范围以亚洲为中心向欧洲扩展；② 通婚方式外嫁多娶进少；③ 通婚目的由功利型向感情型过渡；④ 通婚年龄差距渐小。

(2)丁克家庭有所上升。1982年人口普查资料显示，当时夫妻家庭仅占全国总户数的4.78%，1990年的人口普查中，一对夫妇户占6.5%，以上海为例，1979—1989年期间结婚的113万对夫妻中大约有16万对夫妇没有生育孩子，占结婚数的14.3%。减去其中一些再婚不生育和由于生理原因不能生育的人数，具有生育能力而不愿生育的夫妇占全市家庭夫妇总数的3%，20世纪90年

---

① 胡创伟、顾钱江：《台湾人口家庭嬗变触目惊心》，新华网，2004-01-06。

代以来,这样的夫妇人数有增无减。2002年的上海家庭状况调查中,丁克家庭已占到上海家庭总数的12.4%。

(3) 空巢家庭逐步增多。社会老龄化和家庭规模的缩小,以及独门独户的居住方式导致了"空巢家庭"的大量增加。据1992年中国老龄科研中心对全国12个省市的一份调查,老人中一代户的比例,城市达到41%,农村达到43%[1],子女与老人分居的倾向加大,老年夫妇家庭增加,空巢家庭愈来愈多已是不争的事实。

(4) 周末夫妻的出现。据报道上海目前流行"周末夫妻",平时算是朋友,周末做夫妻,崇尚者大都是30岁上下已婚的青年男女,他们有较高的文化知识,有较理想的职业,他们认为,选择分居不仅符合当今时代的工作生活节奏,而且能在一定程度上减少或避免婚后可能出现的危机态势,做到爱情、婚姻、家庭、事业四者兼顾。这是当代青年人力图对婚姻"围城"一种小小的突破性尝试。

此外,非婚生育的单亲家庭、未婚同居家庭、一人独居家庭、再婚家庭等都有增多的趋势,家庭形式由核心化向多样化的趋势发展。家庭规模小型化、家庭结构简单化和家庭模式多样化,成为当代中国家庭的主要特征。

第三节 家庭功能

家庭越具有多样性,对家庭的界定也就越宽泛。那么,对于家庭是做什么的,为什么而存在等问题也就越受关注。正如伊丽莎白·斯利夫和卡罗尔·斯玛特所说的,"在家庭定义不断发生变化的情况下,仍然有一些基本核心是不变的,那就是家庭是一种对资源、照顾、责任和义务的共享。什么是家庭与家庭是干什么的有着本质的联系"[2]。于是,家庭的功能研究成为家庭社会学的重要内容之一。

所谓家庭功能,是指家庭在人类生活和社会发展方面所能起到的作用,即家庭对于人类的功用和效能。根据功能主义者的观点,任何制度都是针对着某种需要。家庭作为一种社会制度,同样具有某种社会功能,并在个人的生活中自发地发挥着某种不可或缺的作用。家庭的功能是多方面的,影响家庭职能的因素也有很多,决定家庭功能的最主要的两大因素是社会需求和家庭本身的特性。由于这两个因素一直在交互作用中历史地变化着,因此家庭功能也随之变迁。

---

[1] 中国老龄科学研究中心:《中国老年人供养体系调查数据汇编》,华龄出版社,1994年。
[2] 引自大卫·切尔:《家庭生活的社会学》,中华书局,2005年,第8页。

在社会变迁背景之下的家庭发展的不同阶段,家庭功能本身有不同的内容。家庭功能不是固定不变的,不能脱离社会和家庭形态本身而单独存在。

一、家庭功能的分类

家庭的功能是多方面的,它能满足人类和社会的多种需要,这是其他社会组织所不可比拟的。Zimmerman 把家庭的功能概括为:① 群体成员之间的抚养和照顾;② 通过生殖和收养增加新成员;③ 儿童的社会化;④ 对成员的社会控制;⑤ 对食品和劳务的生产、分配和消费;⑥ 通过爱来维护的道德和动机。

栏 1-4　家庭生活的标准模式

根据家庭生活的标准模式,家庭是一种位于个人与社会之间的任务执行单位(Hill,1971)。家庭被描述为一些适应性的制度,这些制度对那些由于未满足的要求而造成的压力进行回应。因此,对于家庭生活的标准化的分析通常强调的是家庭关系的正面特征。家庭被认为是用来帮助个人满足他们的需要的,它从资源较多的家庭成员那里对资源进行重新分配,将其分给那些资源较少的家庭成员,并且通过给予那些处于困难时期的家庭成员提供情感和社会支持来帮助他们满足需要。家庭也为那些受到外部权力群体压力的家庭成员提供庇护。在现代工业社会中,家庭提供了一个"位于冷漠世界中的天堂"。

在老年医学和老年社会学中,标准家庭理论的假设对于研究如何应对人口老化的问题产生了显著的影响。因为当老年人不得不应对那些非个人化的、科层化的组织(例如医院)时,家庭可以帮助他们进行调适,因此家庭被认为是十分重要的。家庭还可以为那些不能再照顾自己、不能再满足自己的物质需要的老人提供亲密的私人照料。因此,老年社会医学家们经常将家庭视为"非正式的支持体系",它为老年成员提供了支持和保护,帮助他们延年益寿。并且能过上一种健康的生活(Keating et al.,1999)。

正如标准家庭理论拥有许多支持者一样,标准的家庭理论也有许多诋毁者,举例来说,有人批评它对于家庭生活的消极方面没有给予足够的关注,比如家庭暴力和性虐待。人们还批评它没有认识到家庭关系中内在的、固有的冲突和不平等。

内容来源:大卫·切尔:《家庭生活的社会学》,中华书局,2005年,第 48 页。

具体而言,家庭的主要功能有:

（一）经济功能

家庭的经济功能包括家庭中的生产、分配、交换、消费，它是家庭的功能的物质基础，用于满足人们基本生存的需要。家庭曾经是生产资料的占有单位，人类社会最初的私有制是与原始公社解体、生产资料归家庭占有同时发生的。在历史上，家庭曾经是重要的生产单位，从原始社会末期家庭出现开始，一直到传统农业社会，家庭既是生活单位，也是生产单位，还是消费单位。家庭中的消费用品由全体家庭成员共同拥有和享用，家庭人口和收入数量决定了家庭的消费水平，家庭的支出方式、项目和权重决定了家庭的消费方式，社会消费的基本特点之一是以家庭为单位的收入和支出的核算。

（二）生育功能

自人类进入个体婚制阶段以来，家庭一直被当作生育子女、繁衍后代的基本的、合法的单位。两性通过婚姻，生育并抚养子女，通过生育而产生的新一代，保证了社会的新陈代谢和结构完整。人类通过各种文化手段控制生殖，以维持社会继替，家庭正是承担这一使命的文化载体。家庭通过建立双系抚育、确立婚姻、夫妇配合等一系列制度来保证生育功能的实现。家庭的生育功能保证了人口的正常繁衍，维持着社会的正常延续，可以说是社会得以存在的基础。

（三）性生活功能

"食色性也。"性是人类基本的生物要求。性生活也是婚姻关系中的生物学基础。由于性与生育是密切联系的，为保证生育制度的规范性，性生活也因此而受到限制，社会通过伦理、道德、法律等规范手段，试图将人类的性生活限制于婚姻范围之内。自然法则的作用也给性关系带来众多的禁忌。虽然家庭一直都无法成为性行为的严密屏障，性关系常常逸出于婚姻之外，但长久以来，家庭一直是为法律和社会习俗所认可的无争议的性生活场所。

（四）抚养和赡养功能

日本家庭社会学家森冈称家庭为追求福利的初级团体，对家庭成员承担着多个方面的功能。父母对子女有生活上提供供养的义务，家庭成员之间也表现出相互供养、给予生活援助的关系。子女对父母也有养老的责任，这是代际之间的相互抚育和照应。

家庭养老包括经济上的赡养、生活上的照顾和情感上的交流三个方面。在传统的农业社会，家庭的生活与生产单位合二为一，这样的社会条件使家庭养老成为最根本、最主要、最普通的养老方式。即使在现代社会，由于社会保障制度的建立,老年人的收入和社会保障基本由社会提供,生活服务由社会各类专业部门或志愿组织来承担,但家庭的养老功能尚未完全凋零,尤其交互的亲情是社会组织所无法提供和保障的。

(五) 教育和社会化功能

家庭教育和社会化包括父母对子女的教育以帮助其实现社会化以及家庭成员相互教育以完成再社会化两个方面。其中的主要方面是子女教育和儿童社会化。

一般而言,儿童的初级社会化是在家庭及其邻里环境中完成的,家庭是儿童社会化的第一场所。社会化是人通过各种教育途径学习社会知识、技能和规范,从而形成自觉遵守与维护社会秩序、价值观念和行为方式的过程。童年期是人的一生中社会化的关键时期,在此时期,家庭担负着主要的社会化责任。由于父母和子女间的亲情关系,家庭对儿童的社会化教育具有自然性。家庭教育寓于日常生活中,因而又具有潜移默化的作用。

家庭对儿童的社会化教育包括学习生活知识、学习社会规范、培养性格情操、协调人际关系、指导生活选择等各个方面。儿童从出生之日起就因为家庭的种族、阶级、宗教、地域等特征而具有一种先赋性的角色设定,这将对儿童以后的社会化和社会生活产生重要影响。

(六) 感情交流功能

感情交流和结合是人的心理需求之一。感情交流是家庭精神生活的组成部分。对于个人来说,各种心理态度的生成、人格的发展、感情的慰藉和精神的寄托都离不开家庭。

(七) 休息和娱乐功能

家庭娱乐对于儿童来说尤为重要,儿童在家庭游戏中获得知识。对于成年人来说,家庭娱乐可以调剂生活,增加乐趣。随着科技进步和经济增长,劳动时间缩短,自由时间增多,人们可以把大部分闲暇时间用于享受和发展的需要,家庭中的闲暇生活具有了更新的内容和要求。

(八) 宗教功能

家庭原本也是传承宗教信仰、进行宗教仪式的场所。由于家庭成员之间的血缘关系和共同的生活联系,宗教信仰会相互影响并潜移默化,家庭成员经常持同样的宗教信仰,家庭就是一个宗教场所和单位。不过,在现代社会,宗教与家庭生活分离,有专门的宗教场所和专业的宗教传播人员,家庭对其成员的宗教约束力和强制力也大大弱化,个人具有宗教上的相对自由。

(九) 政治功能

家庭中家长的权力与他对家庭成员的经济行为、生活选择的掌握和操纵,使家庭成为一个小型政府。在一个封闭型的社会,家庭又是政治权力的扩充和传递系统。

当然,家庭对于社会发展以及家庭成员的成长也具有一定的负功能。例如,父母对于子女的过度保护不利于个人健康人格的养成;家长制剥夺了家庭成员的个人正当权利;烦琐的家庭事务和家务劳动在某种程度上阻碍了女性发展,助长了两性不平等;家庭网对于个人地位获得的影响正是社会的不平等在家庭得以维护的表现;家庭观念的浓厚减缓了社会民主化的进程等。

二、家庭功能的变迁

(一) 现代社会中家庭功能的丧失和转移

西方学者认为,现代社会中的"家庭危机""家庭崩溃"实际上是家庭丧失了原有的某些功能的表现。正是家庭在过去所具有的功能的变化,才带来了现代社会家庭的复杂性和家庭的分裂。

早在20世纪30年代,威廉·F.奥伯格就提出了传统社会家庭所履行的七种例行功能,并指出现代社会家庭的困境是使家庭失却了原来的某些功能。① 家庭的首要功能是经济功能。家庭是自给自足的生产和消费单位,不需要银行、商店和工厂。② 家庭的基本功能是给其成员以威望和地位。家庭比个人重要,家庭成员多,且很少有独立性。③ 家庭的第三个基本功能是教育功能。不仅对婴儿和孩子是如此,就是对于青年人也如此,包括对他们进行职业培训、身体训练、家庭生活常识教授和其他方面的教育。④ 家庭为其成员提供保护。父亲要保护全家,而且也为孩子提供社会和经济保证,相反家庭也满足老年人在经济和心理上的需求。⑤ 家庭履行宗教功能。饭前在家庭牧师的主持下集体朗读圣经就是一个证明。⑥ 家庭具有娱乐功能。对那些农耕家庭来说,与其说娱乐中心在学校、公共团体和工厂,不如说是在家庭。⑦ 最后一个功能是提供情感满足,它产生了亲子之情[①]。

在现代社会,家庭的这些传统功能因为被其他组织形式取代而发生了部分转移。历史地看,社会变迁、技术革新以及意识形态变化对家庭都具有冲击作

[①] J.罗斯·埃什尔曼:《家庭导论》,中国社会科学出版社,1991年,第13页。

用,家庭制度的更替也是与以上几个功能相互适应的结果。正如另一位学者 W.F.奥格本在 1955 年撰写的重要论著《技术和变化中的家庭》一书中总结的那样,现代技术社会的家庭制度发生了八个方面的巨大变化:① 日趋增长的离婚率;② 生育控制的广泛普及和家庭规模的缩小;③ 丈夫和父亲权威的下降;④ 日益增加的非婚姻性关系;⑤ 妻子为薪金而工作的人数增加;⑥ 家庭成员的个人主义和自由的增强;⑦ 政府日益代替了家庭的保护功能;⑧ 婚姻和家庭中宗教行为的减少①。

　　家庭的种种变化是家庭制度与其他社会制度和组织的关系发生转移的结果。这些变化表明,经济、教育、宗教和安全保护等个人社会生活需要正日益脱离原来曾属于家庭的私有范围。

　　第一,威望、权利、地位正从以家庭为中心转向以个人为中心。第二,家庭的经济功能已经广泛地进入工厂、商店和银行,即家庭经济功能中的生产、分配、交换职能已为社会化统筹所替代,家庭在经济上已变成其成员共同生活的消费单位。第三,教师代替家长对孩子实行基本的教育。第四,社会保险、国家医疗保险、医疗补助、失业补贴和其他各种社会立法,取代了家庭中传统的保护功能。第五,家庭赡养老人的功能也已部分转给社会。第六,公共娱乐场所增加,娱乐内容丰富,家庭不再是休闲场所。第七,专职的教父、教士或牧师承担起满足宗教需要的功能。宗教在更多的意义上成为一种社团活动,而不是家庭活动。第八,性观念的变化,使婚姻以外的性关系增加。第九,家庭的生育功能越来越萎缩。美国妇女平均拥有子女数从 19 世纪的 7 个,减少为 20 世纪的 3.6 个,再减少为 70 年代中期的 2.1 个。1990 年,在近 40 岁的妇女中,18％的人没有孩子,另有 18％的人只有 1 个孩子。最大的群体(37％)有 2 个孩子。而在该国的生育高峰时代,几乎 60％的妇女有 3 个或更多的孩子②。

　　从历史上看,家庭起着生活基础的作用,是社会制度的核心。从整体上看,家庭的社会功能有所萎缩。需要注意的是,一方面家庭的某些功能在萎缩、在丧失,但另一方面家庭的另一些功能却在加固。也就是说,家庭功能的重心在发生转移。第一,正是由于家庭与社会相分离、家庭与工作相分离,所以,家庭成为更加私人化、隐秘性的生活领域,家庭成员在情感上相互支持的作用更为重要,在心理上的相互依赖程度更高。第二,现代社会建立在日益增多的专业化和劳动分工基础之上,家庭帮助个人社会化的任务已经变得更重,家庭在规范、价值观念、文化习俗的传承中更具有潜移默化的示范作用。个人只有在家庭中完成最

---

① 参见马克·赫特尔:《变动中的家庭——跨文化的透视》,浙江人民出版社,1988 年。
② 阿尔伯格:《美国家庭的新现实》,《现代外国哲学社会科学文摘》1993 年第 5 期。

初的社会化,才有可能在社会体系中发挥作用,适应复杂的现代社会生活。

(二)家庭功能由家庭走向社会①

传统中国的家庭,作为社会的中心,承担了大部分的社会功能,然而,近半个世纪以来,特别是改革开放以后,经济变革和社会发展带来了家庭功能的重大变化。

1. 生育功能逐步退化

中国传统的宗法观念和"多子多福"的信仰带来的是生育功能的强化。新中国成立以后,国家凭借其所拥有经济、社会和政治资源,来影响人们的生育行为,从而使生育不再仅仅是家庭的私事,而具有了社会性。1954年,国家曾提出节制生育的口号,但并未真正把人口再生产纳入国家计划而加以控制,生育习惯仍得以迅猛发展,人口出现波浪式的增长,20世纪50、60年代分别出现了两个生育高峰,1965年人口出生率高达37.88‰,人口的自然增长率高达28.38‰②。70年代末,国家在全社会推行计划生育政策,正式将人口再生产列入国家计划,家庭的生育功能不断削弱,人口的自然增长率由1987年的19.68‰降至1998年的9.53‰的平均水平③。在城市,1998年人口出生率为13.67‰,自然增长率为8.36‰。在农村,人口出生率也有缓慢的变动,生一孩的家庭也越来越多,1998年农村人口自然增长率为10.04‰④。人口生育率的下降,预示着家庭生育功能的退化。

2. 生产功能从丧失到恢复

传统的"男耕女织"说明传统家庭是一个经济生产单位,家庭的生产功能占有统治地位。从20世纪50年代开始,公有化把生产功能从家庭转移到社会,中国传统家庭的生产功能基本上是丧失殆尽。20世纪70年代末的农村家庭联产承包责任制和90年代的城镇私有经济的发展,推动了家庭生产功能的恢复。但是,这种恢复并不是简单的重复,首先,具有生产功能的家庭毕竟数量有限;其次,这种生产是在商品经济的基础上归家庭所有的社会化大生产,家庭的生产职能越来越社会化了,传统单一的小农经济已逐步向多种经营、集约化和产业化过渡,家庭生产功能的发挥越来越离不开社会的协调和支持。

3. 消费功能由平均到多元

新中国成立后的三十年间,在"高积累,低消费"的政策下,从生产、分配到消

---

① 邓伟志、徐新:《当代中国家庭的变动轨迹》,《社会科学》(沪)2000年第10期。
② 《中国统计年鉴》(1994年)。
③ 《中国统计年鉴》(1998年)。
④ 《中国统计年鉴》(1997年)。

费都由国家统一调配,而且计划消费的范围在总体上一直扩大。据上海市商业一局系统统计,1972年凭证供应的日用工业品多达87种,人们普遍过着有保障但不富裕的生活。到1978年,全国居民的食品支出在总消费支出中的比例高达60%。改革开放以后,经济的持续发展,收入的不断增加,大大提高了居民的消费能力,城镇居民消费水平总体上进入温饱阶段,并向小康生活迈进,消费层次迅速提升,由生存型向质量型转变,消费结构日趋合理,消费热点层出不穷,消费行为更趋理性。房产、轿车、娱乐、教育、文化服务成为消费热点。消费方式的多元化得到了空前的发展,但对于大多数城镇家庭而言,量入为出、勤俭持家仍是家庭消费的基调,而对于大多数农村家庭来说,仍存在着消费不足的经济矛盾。

4. 赡养功能弱化

在传统中国,老人的权威性无可辩驳,赡养老人既是一种传统,也是一种制度。但在现代化的推进和计划生育政策的推行过程中,家庭养老面临着严峻的挑战,家庭结构的小型化、"传统共居"模式的改变在一定程度上削弱了家庭的赡养功能。传统意义上的养老将发生瓦解和分化,养老越来越具有社会意义,养老功能在家庭和社会之间的转移、互补将是一个必然的趋势。

5. 教育功能分化

在自然经济条件下,家庭是子女社会化的重要场所,虽然有"私塾"和家庭教师,但基本教育是由家庭来承担的。新中国成立后,学校、幼儿园、托儿所的发展,削弱了家庭的教育功能,逐步走向社会化。然而,20世纪80年代以来,家庭规模小型化使独生子女逐渐普遍化,造成了家庭重心的下移,第三代日益成为现代家庭的关注焦点,"子女优先"和"子女偏重"的观念开始左右家庭关系,家长对子女的成长倾注了全部心血,从胎教开始到家教的出现,无不体现家长对子女教育的关心和重视。因此,虽然教育更多的是在社会中完成的,但家庭辅助教育作为学校教育和社会教育的补充将要延续相当长的时间。

6. 政治和宗教功能不断削弱

传统的中国家庭不仅是一个维系、传递政治权力和地位的宗法系统,而且是一个基本的宗教单位。家庭的政治和宗教功能单一而强大,人们正是在家庭中养成了权威的观念和服从的习惯。在当代家庭中,宗教活动已从家庭转向社会,家庭的宗教功能日趋削弱,政治功能也越来越淡化,过去是"一家无二教",一人信教、全家信教,一人拜佛、全家烧香,现在已出现"一家有二教",而且近年信教人数的增加,大多是个人的自主行为,与家庭的关系不大。过去是"一家无二党",现在是"一家无一党""一家有三党",家庭政治的一致性在分化,其作为家庭凝聚力的作用已消失殆尽。

当代中国家庭功能的变迁,一方面是与社会变迁相联系的。社会生产力发展水平的提高、社会制度的改变以及文化制度和价值观念的嬗变都是引起家庭功能改变的主要社会因素。另一方面也与家庭结构、家庭关系相互作用。按照结构功能论的观点，一定的结构总是执行或表现着一种或多种功能，而一定的功能也说明和影响着结构。一般来讲，结构较为保守和稳定，而功能则是最活跃的因素，具有灵活性和可变性。因此，功能的削弱和转移必然带来结构的相应变化，表现在当代中国家庭上，就是家庭的功能逐步由家庭走向社会，与此相应，家庭结构也逐步由紧到松，由单一到多元。当然，我们也应注意到家庭结构本身对家庭功能的反作用，如家庭类型的多样化，将会产生不同的人口生育率、不同的消费形式、不同的生活方式，出现不同的家庭功能。

家庭过程

家庭的基础和根据是婚姻,家庭从婚姻开始,婚姻是家庭成立的标志。在现实生活中,还没有什么能比婚姻更能令人大喜大悲的。乐观的人认为,婚姻提供了发展的可能性,提供温馨家庭的可能性,悲观的人认为,婚姻是种束缚,是种冒险,甚至有人抱怨,我们的婚姻确实出于爱情,但婚后却没有沐浴在爱河之中,反而感到了从未有过的倦怠。那么,人们为什么要结婚? 又如何使婚姻生活能充满爱的活力,使家庭固若金汤? 本章主要介绍家庭成立的要件,包括婚姻的选择、婚姻的缔结以及婚姻生活的调适,以便和谐家庭的建构。

第一节 婚姻选择

"他为什么会爱上了她?""她和他结婚是图他什么呢?"人们在择偶方面总要考虑一定的条件,总有一定的选择标准,配偶的选择与婚姻稳定性的关系十分密切,许多婚姻的悲剧往往缘于最初的择偶不当。

关于结婚的动机,德国社会学家 L.穆勒里曾经有过这样的归纳:结婚的动机在于经济、子女和感情三大因素。它们的重要性依据时代的变化而有所不同。上古时代经济第一,子女第二,爱情第三;中古时代子女第一,经济第二,爱情第三;现代则是爱情第一,子女第二,经济第三。在生产不发达的古代社会,创造财富、增长经济是社会生活的第一需要。当经济获得一定程度的发展并产生私有制以后,财富的个人产权观念日渐加强,因而财富的传递与继承问题日渐突出,子嗣传承成为婚姻生活中的重要内容。只有当社会文明积累到相当程度时,婚姻中个人自由的准则和爱情的主导动机才能充分地实现。

已有的研究表明,任何时间、任何地方都不存在完全自由的婚姻选择。在任何社会中,乱伦禁忌、年龄、性别、宗教、种族等客观条件,父母和亲属群体的愿望以及经济、权力、职业、社会地位等工具性因素,都或多或少地在不同程度上限制婚姻行为。即使在当今社会人们选择婚姻的自由和机会越来越多,这种自由仍然是有限的自由,社会仍然存在着婚姻选择的规范体系和具体规则。

一、择偶理论

当代西方存在着形形色色的关于婚姻基础和择偶过程的理论解释[①],主要有以下几种。

（一）择偶的个人主义解释

这一类理论的产生背景是西方社会亲属及其他社团对择偶过程的控制弱化,婚姻中的爱情和个人需要的满足受到充分的考虑。个人主义的解释依据生物学、心理学的理论和广泛的经验研究对婚姻的选择进行阐释。

生物学的解释指出,婚姻的选择是以本能、遗传和生物因素为基础的。例如,约翰·弗林把认同和个性视为两种不同的本能力量。他断言,人类的行为是基本本能的反映,在其他本能中,性本能是行为控制中最重要的因素,它有助于成熟期品质的形成。本能驱使着男性去接近女性,本能是人类行为的基础,人类的行为是基本本能的反映,而性本能是行为控制中最重要的因素,因而生物本能构成婚姻的基础。这种把本能、无意识的生物因素视为择偶中的决定力量的观点显然是片面的。婚姻的基础是与一定社会发展阶段中的婚姻制度的不同本质和特点相适应的,也是与社会经济发展水平及其性质相联系的。由于婚姻的社会属性,婚姻的缔结、存续和解除都被认为是一种社会行为和过程。因此,婚姻的基础、配偶选择的决定性条件或因素也必然受到一定社会历史条件的影响和制约。

心理学的解释主要有弗洛伊德的精神分析论、同质性理论、需要互补理论等。西格蒙德·弗洛伊德及其追随者的精神分析理论指出,人们倾向于与他或她的异性父母类似的人恋爱和结婚。这种倾向是无意识的。这种倾向一般是无意识的,集中在恋母情结上。具体地说,男性有一种恋母情结,女性则有一种恋父情结。由于以父母为偶像的这种潜意识情结的作用,人们在择偶时会受父母的品质和父母婚姻性质的深刻影响。但至今没有显而易见的经验或事实论据证明这种解释。

罗伯特·F.温奇的互补需要理论主要有以下假设:配偶倾向于以互补需要为基础进行相互选择。当年龄、种族、宗教、住宅、社会经济地位、受教育水平等社会因素表现为择偶中的个人动机时,这种动机势必是互补的而非同一的,人们

---

① 参见 J.罗斯·埃什尔曼:《家庭导论》,中国社会科学出版社,1991年,第324—337页。

倾向于选择那些能为最大限度地满足需要提供可靠保证的人做配偶。因此，就择偶过程以爱情基础而言，可以将其归因于互补的需要。当然这一理论只有在择偶自愿和文化鼓励男女之间的婚前互动的社会条件下才能成立。爱情是婚姻的尺度，但爱情又是根据需要来界定的。关于这种理论的主要争议在于：① 互补理论在原则上是否正确；② 能否提供支持这种思想的可测量的经验论据。

同质性理论认为，具有相同或相似特征的人相互更具有吸引力。这些相似点可能是生理的、心理的或是社会的。其中价值观的相似更为重要。当人们具有或他们认为自己具有类似的价值取向时，个人间的吸引会发挥促进作用。价值是用来评价事物的标准或概念。当人们具有类似的价值时，价值实际上能够证实自身，促进感情的满足。因此，婚姻总是发生在有类似价值的人中间，价值相似产生有益的互动和最低程度的紧张，使人们在空间和心理上聚合在一起。婚姻的基础是价值类似。虽然同质性理论引起了很大的争议，但研究者们基本上都认同：同质因素在择偶过程中具有重大的影响力，特别是在习惯、家庭背景和价值取向上的相似对于择偶和今后的婚姻生活影响深远。事实上，同质性理论是对"门当户对"的进一步定性化。

（二）择偶的社会文化解释

这一类理论注重讨论影响婚姻过程的社会文化因素，并以此来解释择偶的互动过程。

角色理论认为，人们倾向于按照社会、亚文化和家庭的规定来对角色提出期待。这里的角色就是指适合于某种既定地位——丈夫、妻子、男性、女性等的一套社会期望。在择偶中，个人以角色一致、角色相容性或求婚、婚姻和家庭角色的一致为基础进行选择，可能结婚的夫妇是具有类似的角色界定和期待的男女。这就假定了现存的婚姻、年龄、父母、金钱、教育或其他社会文化因素的力量并不会妨碍择偶。

交换理论则认为，某种类型的交换观念是婚姻的基础。这种交换可以发生在金钱、地位、容貌、气质、性行为的任意组合之中。择偶过程本身就是一种交易，是一种社会交换过程。其理论基础是：社会化了的个人行为不是随意的，而是有目的或目标取向的，行为本身即是某种互惠交换，并倾向于双方均等。"同类匹配"即人们总是倾向于选择与自己的年龄、居住地、教育、种族、宗教、社会阶级以及价值观、角色认同等相近或类似的异性为配偶。美国社会学家古德认为，人们确实可以相信两个家庭所接受的联姻的条件，往往是双方在经济上或社会上门当户对；一切择偶制度都倾向于"同类匹配"，即阶级地位大致相当的人才可结婚，这是讨价还价的产物；如果不考虑选择具有类似社会背景的人做配偶，婚姻就缺乏坚实的基础。

序列理论认为,虽然某些单一因素在婚姻过程中被强调得很多,但婚姻活动实际上是按照一系列可变的标准、阶段或模式为导向的,择偶过程是依据互动的系列因素。如艾伦·克尔科霍夫和基思·戴维斯的"过程理论"认为,价值一致和需要互补的程度与永久性婚姻关系呈正相关;查尔斯·博尔顿提出的过程和发展理论认为,择偶是沿着有效选择的途径前进和退却的一系列特殊互动的最终产物,因而可视为关系的一种发展结果;伯纳德·默斯登提出的"刺激——价值——角色"理论(简称 SVR)(stimulus-value-role)认为,择偶是经过相互吸引刺激——价值比较——角色期待这三个阶段序列的过程。以上三种思想都可归于序列理论。

择偶梯度理论认为,男性倾向于选择社会地位相当或较低的女性,而女性往往更多地要求配偶的受教育程度、职业阶层和薪金收入与自己相当或高于自己,也就是婚姻配对的"男高女低"模式。尽管从社会经济地位看,男性一般在婚姻中处于优势地位,然而,女性的资源还包括肤色、长相、体型、相对年龄以及持家能力等,这使一些女性可以她们的美貌换取男性的家世、成就或向上流动的潜力(莱斯利,1982;泰勒等,1976;埃尔德,1969)。

历史前例理论认为,在历史上普遍存在着由父母包办或由父母决定的择偶方式。"包办婚姻"和"自由恋爱"实际上是两个"理想类型"的划分,现实生活总是这两大模式的混合,而恋爱关系情况能否得到父母或朋友的支持,对恋爱关系的维持和发展有相当大的影响。对于这个现象的原因,徐安琪、李煜认为,可以从以下四个相关理论获得解释:一是基于心理学平衡理论的转移性原则,如果当事人与父母关系亲密,而父母也喜欢子女的择偶对象,那么三个人的关系是平衡的,当事人与对象的关系会更稳定、更易于发展;反之,如果父母不喜欢对方,那么三个人的关系是不平衡的,当事人面临要么得罪父母,要么得罪对方的难堪(Parks,Stan,Eggert,1983)。二是降低不确定性理论,该理论认为如果择偶一方得到对方家人或朋友的认可和支持,那么将降低双方关系的不确定性(Berger,1987)。三是社会互动理论,该理论认为双方对降低恋爱关系的相对认可是基于"关键他人"的态度。别人越是认为他们是"天生一对",他们就越可能将对方视为命中注定的"那个人"(Lewis,1973)。四是社会压力说,他们认为家人和朋友对择偶对象的认可,有助于维系其恋爱关系或防止其关系破裂(Levinger,1976)。

关于婚姻基础和择偶标准的广泛的理论解释,是随着择偶模式的变化而发生的。既然婚姻是一种社会行为,那么婚姻基础的变化便决定于社会的变化。而择偶标准则是一个综合性的指标,既包括自然条件,也包括政治、经济、宗教、文化等外在社会条件。例如,在大多数社会中,人们选择配偶的过程中,都会受到相关制度和规范的约束,几乎所有的社会中都有乱伦禁忌等习俗。同时客观环境也会对配偶的选择产生影响。美国学者施坚雅有关中国川西农村的基层集市社区的研究表明:传统中国的基层集市社区不仅是四周村民从事农副产品贸易、互通有无的中介场所,而且它还承担着许多其他方面的功能。一个基层集市社区既是经济贸易圈,在某种程度上也是祭祀圈、婚姻圈、交际圈。因此,它是一个内生的社区,一般农村人择偶时都是在这个地域范围内。换言之,在流动频率不快的社会中,人们的择偶大多有一个"通婚圈",很少超出这个范围的。择偶的决定性条件或因素构成婚姻的基础。现今社会择偶中的宗教、种族、政治、经济、阶层地位等因素逐渐退居其次,婚姻中的爱情因素越来越占突出地位,它在婚姻生活中起主导作用,成为衡量婚姻质量的重要尺度。

二、择偶心理

选择对象是一种特殊的社会认知活动,在社会认知(人际认知)中可能发生的偏见,都可能在选择对象的过程中发生。人们的认知往往受到过去经验、社会传闻以及在此基础上形成的社会心理结构的影响和干扰。选择对象也是一样,社会评价、他人的选择标准、从传闻中获取的爱情知识和对方信息都会严重影响选择者的眼光,而这些错误的择偶心理往往使人们在择偶过程中与一生中的真爱一次次地失之交臂。

(一) 求全心理

俗话说:"人无十全,瓜无滚圆。"世界上十全十美的人是没有的,但是有些人择偶过于理想化。作家冰心在她的小说《关于女人》中,写一位男士开列出二十多条择偶条件,条条都从自己的偏爱出发,很难想象他能够求得遂心如愿的理想妻子。人们有自己心目中的"偶像",这是正常的,但是聪明人能结合实际情况对自己的"偶像"品格经常做出适度的增删调整,并不苛求现实中的人必须百分之百地与之相符;而一些主观、固执的人在这方面执拗到底,结果是一误再误。在这个问题上傅雷曾评论道,人人都有缺点,谈恋爱的男女双方是以问题不在于找一个全无缺点的对象,而是要找一个双方缺点都各自认识、各自承认、愿意逐渐改,同时能彼此容忍的伴侣。

(二) 社会刻板印象

在角色认知中,人们对每一角色都有一些固定的、一般的看法和评价,社会刻板印象就是人们对某种角色或某种类型的人的一些固定而统一的看法和评价。有的人找对象对职业、阶层、地域有相当严格的甚至顽固要求,对某些职业或阶层的人一概拒之门外,而对另一些职业或阶层的人则举双手欢迎。从心理学上说,这样的人深受社会刻板印象的影响。比如,认为南方人比北方人狡猾和灵活,大学生比较自信、高傲和浪漫等,都属于社会刻板印象。在人际交往中,人们总是带着这些刻板印象行事,特别是人们的认知在很大程度上受它的影响。社会刻板印象实际上成了认知者的有色眼镜,从一定意义上决定着人们的认知兴趣、情绪、态度和评价。为了摆脱这些刻板印象,人们必须深入生活实际去了解、观察、发现对方的特点,从实际交往中去感受、体会对方的思想情感,切忌以某种旧模式来度量人。

(三) 传统心理

即男方一定要比女方强,这种心理是夫权社会的思想残余。现在有许多素质较好的女青年,有理想、有事业心,追求以爱情为基础的婚姻,这说明几千年社会历史形成的妇女是弱者的传统观念正在被打破。但是在摆脱传统观念的同时,她们的心理仍旧自觉或不自觉地受旧观念的束缚,要求男方的学历或职业地位要比自己高;对男子来说,传统心理表现在不愿意配偶比自己强,在事业上,妻子不要太强,要安于做贤妻良母,免除自己的后顾之忧。显然,这是丈夫并没有把配偶看成是和自己平等的、具有独立人格的实体。

(四) 晕轮效应

晕轮效应又称光环作用,在社会心理学的认知理论中,它是指某人的某种整体印象或某些具体的感受影响到对他的认知评价,也就是以偏概全,见其一点,不及其余。它起源于感知中"中心性质"的扩张化。择偶作为一种特殊的选择认知最容易发生晕轮效应,被选择者的某些具有吸引力的特点往往成为中心性质而发生扩张,以至于有的人仅凭某一方面决定一个理想对象。有的男子特别注重姑娘的身材与长相,看到一个漂亮姑娘,很可能会认为她还有其他更可爱的优点:性情温柔、本性善良、修养不错等。因而就会毫不迟疑地爱上她,同样,一些"才子"也成为女性进攻的对象。相反,一些才智一般但思想品德高尚、上进心强、工作积极的人则处于择偶过程的劣势。

(五) 从众心理

人对某一事物的看法常常会受周围人们的影响。交了一个异性朋友,如果周围的人对之啧啧称赞,自己就会越想越美;如果周围有些人说对方不理想,自己也会产生"不理想"的心理了。在热恋中的青年人听听别人的意见,也有助于头脑冷静,但是如果随风摇摆,丧失自己的主见,就不好了。一方面,固然是旁观者清;另一方面,旁观者也毕竟没有当事人切身体会。所以,对众人的意见要作分析。如果随波逐流,不能坚决地爱自己所爱,那么本来应该是十分美满的婚姻就可能被闲言碎语所断送。

三、择偶标准

婚姻开始于人们对两性结合的取向和标准。当婚姻出现问题时,人们常爱后悔,"当初我怎么选择了你"。与其说这是对自己的选择产生怀疑,不如说是择偶标准的改变,而这是人格的多重性和现实需要的多样性决定的。由于人们的择偶既有现实原则,又有情感原则,所以择偶标准往往会随着时代的变化而变化。

在西方,现代婚姻的主要功能被认为是提供伴侣和亲密关系。因而,择偶的目的已从传统的满足亲属群体的要求转为满足择偶者本人的需要,择偶基础也以爱情为主。在他们心目中,理想的伴侣应具备以下品质:女性普遍要求男性富有同情心、心地宽厚、善解人意,要有教养,有幽默感和安全感。男性则要求女性性格开朗、活泼而有内涵,并且是一个谈话、交流的伙伴。而且,最理想的配偶年龄差距是5—7岁。

美国社会学家玛莎·包姆曾将一些未婚夫妇的爱情观归纳为三类:一是浪漫式爱情,往往开始于"一见钟情",依靠彼此间的吸引力,将对方理想化,而不去考虑其他。接受这种爱情观的有18%,而且男性多于女性。二是利他式爱情,把对方的幸福置于首位,尽量满足对方,愿做自我牺牲。这种爱情观的持有者仅为12%,其中女性多于男性。三是伴侣式爱情,强调谅解、关怀、共享,彼此给予,有近70%的赞成这一爱情观。由此可见,现代西方人的择偶,不仅以爱情为主,而且更多地考虑到了双方能否长相知、不分离。

当然,在经济发展受到影响的时候,功利性婚姻仍有一定的市场。据莫斯科社会学家的资料表明,理想婚姻被认为是"可爱又有好处"的婚姻。目前只有1/3的莫斯科年轻人谴责贪图财富的婚姻,一半以上的人对此无动于衷。不论娶个有钱的老婆,还是嫁个富有的老公,特别是对低收入阶层的妇女来说,是过上富裕生活的唯一机会。因此,在莫斯科老夫少妻或老妻少夫的婚姻越来越多,而且,莫斯科女性嫁外国人比例位居世界第一,每年的涉外婚姻达1/3。据移民机构统计,1995—1996年约有4.5万名莫斯科姑娘嫁给发达国家的男人,婚姻的年龄差距都比较大。

此外,在西方,很多人仍受"同类婚"观念的影响,趋向于与同一种族、同一宗教信仰、相等经济条件和社会地位的人结婚[①]。这种通婚是传统性的,所谓"同

---

① 参见唐达、严建平、赵人俊:《文化传统与婚姻演变》,文汇出版社,1991年,第193—198页。

声相应,同气相求",异性间的相似性有助于互相吸引和亲近,从而促进婚姻形式。

择偶标准的变化必然导致择偶方式的变化。美国斯坦福大学构想了电脑约会。它的工作程序是:首先让个人填写冗长的关于家庭背景(如宗教信仰、种族、社会阶层等)、兴趣和态度的调查表,然后电脑根据背景、喜欢与不喜欢等项指标,给男女匹配对象。电脑择偶之所以成功,是因为社会流动日益频繁,现代家庭已不再是社交的中心点,而人们找到了一个新的环境,人生地不熟,很难交上合适的朋友,而电脑既可以易如反掌地提供各种类型的人为友,并进行逐一筛选,又决计不伤害到任何一个人。除电脑择偶以外,还有一些类似机构性的婚姻介绍所、独身者俱乐部、交友小组等。当然,双方是否匹配,仍然取决于个人的努力。

在中国,"门当户对"一直是城乡居民择偶所遵循的主要标准,费孝通先生曾在《生育制度》中提及,高度契洽不易凭空得来,只有在相近的教育和人生经验中获得,"门当户对"的标准也就是保证相配的人文化程度相近,使他们容易调适。当然,不同的制度下,"门当户对"的内涵则不同。传统包办婚姻的"门当户对"是从家庭利益出发的,往往只考虑两个家庭经济和社会地位的相当,而不考虑当事人是否愿意、是否相爱。在1949年以前,择偶条件一般是男方家庭在经济、社会地位以及文化和职业上高于或等于女方家庭。而1949年以后,妇女获得了充分的学习、就业机会,择偶的条件也发生了相应的变化,虽然家庭背景仍是考虑因素,但个人的自身条件更为重要,传统的标准被重新定义和检验,现代意义上的"门当户对"是建立在当事人自主自愿、相互爱慕的前提下的,既考虑双方家庭背景的相近,更重要的是个人的自身条件也相似。

在日趋增多的婚姻危机和家庭解体事件中"感情不和""缺少共同语言""价值观相异"等,经常成为当事者们挂在嘴边的问题。然而,这些问题中潜在的"异源文化"冲突,不是被表面现象掩盖着,就是被当事者们忽视了。其实,择偶成婚、维系家庭,是人类文明社会中特有的重要文化现象,"文化同源"的规律,在婚姻关系中牢固地存在着。文化不等于文凭,它是一整套文明教养的结晶。一个人的文明教养,首先是在其成长的微观环境即家庭中接受的,其中,父母的言传身教具有潜移默化的深远意义。正是从这个意义上,选择配偶时应当重视文化上"门当户对"的条件。在访谈中,某女士对于"同质婚配"感触颇深:

> 我从小的生活水平属于中上等,家庭的经济条件较好,住房宽敞,设施齐全。我的丈夫老家在农村,家庭经济一般。我与丈夫是同班同学,由于接触面很窄,又缺少与外界的交流,相比较而言,与同学的接触要多一些,而当

时他的业务很好,两人的关系又不错,自然而然地由同学发展为恋人。由于两家的条件相差比较大,我的恋爱当然受到父母的阻拦,母亲甚至为我介绍了留美华侨,但都被我拒绝了,就在我将要结婚的前三天,在香港考察的父亲还提醒我是否考虑清楚了。其实,那时我的思想很单纯,只想到爱对方就可以了。刚结婚的一两年里,许多现实问题摆在我的面前,矛盾也产生了。我与丈夫的分歧不是因为互相之间没有感情,而更多的是地域观念不同造成的分歧,毕竟两个人来自不同文化背景的家庭,生活习惯很不相同。如果换到现在,我想我会找一个爱我的人,而且要门当户对,这是经历后才会有的答案。

库姆斯认为:"当人们具有或他们认为自己具有类似的价值取向时,个人间的吸引会发挥促进作用。当人们具有类似的价值时,价值实际上能够证实自身,因此促进了感情的满足,加强了沟通手段。共同的价值使人们在空间和心理上聚合在一起,因为具有类似社会背景的人可能在类似的条件下完成社会化和随后形成类似的价值体系。"所以,从这个角度上讲,现代意义上的门当户对不是传统社会的唯门第等级论,而是综合考虑双方的自然资源和社会资源,是夫妻协调和整合的基础(徐安琪,1997)。

这种新形式的"门当户对",是相似互补原则的充分体现。在目前,有相当一部分人要求对方的社会地位或受到的社会评价与自己相当,而社会活动(如工作)的性质、内容、时间等与自己互补,即相似基础上的互补。

另一种是在互补基础上的相似,即事业型的人要找生活型的人,这是互补;但双方的价值观、思想品德、生活习性等必须相似。有的人要求对象的美貌来配对自己的才华,要让人说是"天生一对",不愿意别人说是"鲜花插在牛粪上"。

"平均分"和"总分制"是相似互补性原则的第三种表现。"平均分"就是:有的人要求自己的对象在各方面都能 pass(及格或过得去)。除此以外,还有一些人找对象类似高校录取学生一样实行"总分制"。他们认为对象的各个条件之间可以通融,只要总分 pass 就行。比如,对一些女子而言,男朋友尽管其貌不扬,但只要才华出众和其他方面过得去也行。没有文凭但相貌超群的姑娘,也能取得大学生和研究生男子的欢心。还有少数人,尽管对方的思想、性格不太好,甚至年龄差异大,但只要他地位显赫、存款较多,她也愿意以身相许。相似和互补相统一,很可能表现出如下现象:有的伴侣在别人看来极不般配,然而,实际上他们感情很深;在别人看来般配的伴侣,有的却生活不和谐。这说明,相似和互补的关键就在于心理相容。人们不应该追求表面的、外在的般配,而应该追求真正的心理平衡,以两人的心理平衡为爱情的真正基础。

由于择偶标准往往与家庭价值、时尚习俗和婚姻需求相联系,因此,在社会转型阶段,择偶标准有着明显的时代烙印。有一句顺口溜是最好的印证:60年代红卫兵,70年代工农兵,80年代靠文凭。到了90年代,爱拼才会赢。择偶过程中更多地体现出了"人本"精神,越来越注重人的情感、品质及能力。

20世纪50年代在极"左"和激进路线下,形成了千人一面、千篇一律的一元化生活方式的局面。婚姻和家庭模式的一元化也就顺理成章,人人按法定年龄结婚,一对夫妻生好几个子女;夫妻在养育子女和"过日子"中相依为命,从一而终;离婚是大逆不道,"越轨"更是属于阶级斗争问题。在一个相对"传统"的社会里,婚姻关系基本上是靠外部纽带来约束的,婚姻的缔结也多半取决于外部因素,如政治背景、阶级出身、经济条件、户口、住房等;"父母之命、媒妁之言"、组织建议、批准甚至组织分配,都是属于顺理成章的事,个人的选择余地是很小的。

20世纪60年代,人们往往重视职业的社会政治地位,家庭出身、本人成分、政治面貌以及社会关系是择偶的重要条件。1940年出生的某女士谈道:"我是从山东潍坊到建设兵团的,那年我18岁,刚刚高中毕业。那时,我心目中的理想标准是:年轻英俊,有理想,有抱负,立过功,受过奖,入了党,一心一意干革命。实际上并不可能符合什么个人标准,一切服从组织安排,领导给指定了一个,就结婚了。"江女士是20世纪60年代结婚的,她说:"我当时对配偶的要求是政治条件第一,历史要清白,然后我自己心里还有三个条件:一是脾气好,性格好;二是男女双方的社会地位要基本平等,不要太悬殊;三是男方年龄要大一点。我的丈夫还是比较符合我的标准的。"

20世纪70年代,人们开始注重物质生活条件,择偶中更多地考虑经济因素。曾流行一时的沪谚把这种择偶的时代性变化归结为:"50年代爱劳模,'文革'时代靠工农,70年代海陆空。"①到80年代初期,在尊重知识、尊重人才的社会氛围下,学识曾经成为人们择偶的主要标准,但是随着经济的选择占据重要位置时,择偶标准出现了向传统回潮的现象,女性关注于男性的职业和地位,而男性则是偏向于女性的漂亮、温和等特征。90年代以后,人们物质生活不断改善,婚姻开始由追求功利向追求婚姻质量转变,择偶标准也走向多元化。

一是男性与女性的不同。在一项问卷调查中,近一半的女生都将"有能力"作为对象的第一要素,也有相当部分的女生将"有一定的经济基础"作为要求之一,同时,女大学生们对文凭、学历、相貌、婚否的要求有了明显下降。男生则比较实际,要求女方外貌漂亮,性格温柔,不在乎女方是否谈过恋爱,性方面是否纯洁,可以理解试婚。

---

① 海陆空指海外关系、落实政策和有住宅。

二是婚前与婚后的不同。总的趋势是：男子对女子的择偶标准变化比较小，而女子对男子的择偶标准则明显体现出从依附性走向独立性。女性婚后会对原先配偶选择进行反省和潜意识的调整，当这种调整或改变了的择偶标准与现有的配偶发生严重脱节时，就会放弃眼前的婚姻换取重新选择的机会。

1989年，北京市婚姻家庭研究会的几项调查结果，大概可以部分地说明上述变化。在对977位已婚青年男女的调查显示，婚姻由家庭安排者只占4.7％；在选择配偶的条件上，"对方人品好"占第一位；把"寻求感情伴侣"作为婚姻的第一动机者占80％以上；回答"子女对维系夫妻关系不起作用"的人已占20.2％；经常与配偶共同娱乐旅游的人占36.5％。家庭从昔日的"生育合作社"、经济共同体向以满足个人需求、满足夫妻感情需求为主的"心理—文化"群体过渡；人们择偶成婚和维系取舍婚姻关系的自由度和自主性增加，外在的强制因素减少，婚姻自主、结婚自由等观念深入人心。

无论在何种时代，人总是生活在一种现实关系中，如果没有真正意义上的人人平等、物质富足，男女择偶只依从纯情吸引就既不可能也不现实。

第二节　婚姻缔结

婚姻缔结在法学意义上称为"婚姻的成立"，即结婚。它是指男女双方依照法律或社会规定的条件和程序，结成夫妻关系的行为。在不同的时代、不同的文化背景下，婚姻制度是不同的。不同的婚姻制度决定了不同的婚姻家庭形式。

一、婚姻的本质

婚姻不是一个简单的字眼，而是一个含义丰富的长句。不同的人对婚姻的理解不同，视角不同，婚姻的含义也不尽相同。

在词源学上，西方理解的"婚姻"有两种含义：① 指男女双方结成合法的夫妇关系，用 marriage 和 matrimony 表示；② 指男女双方结成夫妇关系的行为，用 contact of marriage 表示。早在1718年，孟德斯鸠就认为，在世界各国，婚姻是一种可能有任何协议的契约。在中国，古文献上多将"婚姻"二字写为"昏因"或"昏姻"，其含义有三：① 指嫁娶之礼。汉郑玄说："婚姻之道，为嫁娶之礼。"《白虎通》说："婚者谓昏时行礼，故曰婚，姻者妇人因夫而成，故曰姻。"② 指夫妻之称谓。汉郑玄曰："婿曰昏，妻曰姻。"③ 指姻亲关系。《尔雅·释亲》中说："婿之父为姻，妇之父为昏。""婿之党为姻，兄弟妇之党为昏兄弟。"唐律将其颠倒过来，从而使其与夫妻之称谓协调。

在法律方面,大陆法系的学者多主张婚姻是一男一女以终生的共同生活为目的的结合关系,即夫妻关系,不包括婚姻契约。美国现代家庭法学者认为:"婚姻是一男一女为了共同的利益而自愿终身结合,互为伴侣,彼此提供性的满足和经济上的帮助,以及生男育女的契约。"①在中国,婚姻是在两种情况下被使用的:一是狭义上说,婚姻是男女两性结为夫妻关系的社会现象;二是广义上说,包括婚姻的成立、婚姻的效力和婚姻的解除。

在社会人类学方面,主张婚姻是家庭组织的前提,是人类的一种严格的社会制度,永远和社会规范相一致。施特劳斯认为,婚姻是两个家庭之间的交换,婚姻交换原则是社会交换和家庭之间联姻的保证。哈罗德·克里斯坦森认为,婚姻是一种男女之间择偶的制度性的安排。欧内斯特·伯吉斯及其他的合作者认为:"动物求偶,而人结婚。其意义不同是简单而明了的。求偶是生物性的,而婚姻是社会和文化的。婚姻是指一种仪式,一种被社会认可的结合,一种一旦进入就要对社会承担某种认可责任的关系……婚姻还可能被解释为一种一个或数个男人和一个或数个女人出于某种愿望被社会认可的联合,他们将分别扮演丈夫和妻子的角色。"②威廉·斯蒂芬斯认为,婚姻是:① 社会的合法的性结合;② 开始于一种公众宣告;③ 具有某些共同的思想职能;④ 假设有一本多多少少明确的婚姻契约,详细说明配偶之间、配偶和子女之间的责任义务③。婚姻是社会的合法的性结合。而艾拉·赖斯则提出,婚姻是"一个被社会承认的扮演丈夫和妻子角色的个体结合,其最重的功能是使双亲身份合法化"④。

从上述不同的解释中不难看出,首先,人们对婚姻的认识基本上是以个体婚制为基础的,即一男一女结合的正式行为,并须经过一定的程序,排除了对群婚和偶婚的认识。其次,突出了婚姻的社会性。作为一种特有的社会现象,婚姻在很大程度上是由一定的社会经济状况以及政治、法律、道德、文化状况所决定的。

一方面,婚姻要有严格的规范性。康德曾说,尽管可以认为在发生性关系时的欢乐是婚姻的目的,但是婚约并不能据此而成为一种专横的意志,它是依据人性法则而产生其必要性的一种契约。另一方面,人类的婚姻结婚不是单纯的性本能需求,而是文化的内在驱动。因为"人的本质并不是单个人所固有的抽象物,实际上,它是一切社会关系的总和"⑤。

围绕着婚姻的目的和意义,也有着不同的认识。

---

① 转自丁文:《家庭学》,山东人民出版社,1997年,第91页。
② J.罗斯·埃什尔曼:《家庭导论》,中国社会科学出版社,1991年,第79页。
③ 同上书,第79页。
④ 同上书,第80—81页。
⑤ 《马克思恩格斯全集》第3卷,人民出版社,1975年,第5页。

在西方,在中世纪宗教力量十分强大的时代,禁欲的人生观被列为正统。两性关系被认为是神秘的,婚姻则是由上天决定的,是神意的表现。它不是由凡人而是被上帝耶稣或某些超人建立和保留下来的,因而是一种神圣和至高无上的制度。在宗教的认识规范中,人的存在、人的思想和欲望与上帝的意志相比都是次等重要的,婚姻是神赐予人并将人与神联系起来的"圣物"。在这样的社会信条下,婚姻的仪式和有关事务都为宗教所主宰和控制,不同宗教信仰的人也无法缔结婚姻关系。

认为"婚姻是神的表现"这一普遍看法,到了20世纪有所转变。比较流行和普遍的看法是,婚姻的目的和意义在于社会责任和义务,在于履行和服从亲属团体和社会的意愿。宗教对婚姻的干涉虽然有所减弱,但民族、种族团体、家族,社会阶层或阶级仍然是操纵婚姻的强大力量。婚姻被认定为上述团体和组织存在和继续的某种利益需要,男女双方作为婚姻当事者的主权地位仍然被忽视。因此,门第的高低、家族的根基构成婚姻关系的基本条件,婚姻的目的主要在于服从家族或社团的客观义务,对离婚、婚前孕、不同社会等级之间的通婚,社会有严格的规范予以规定。

随着民主制度替代专制统治而成为社会的普遍原则,社会的哲学观点、伦理观念、风俗习惯也都发生了深刻的变化。民主、自由和平等、博爱的观念要求代替独裁专制和血统等级,生而平等、个性自由发展,成为人人崇尚的真理和权利。民主制的实行增强了人们的民主意识,同时,经济上的联系逐渐成为社会生活中人与人之间最基本、最普遍、最有效的联系。社会现实中的宗教关系、血亲关系的主宰地位逐渐为政治上的组织关系和经济上的利益关系所替代。民主制度、工业革命帮助人们树立以自身的自由发展为主体的人生观念,而随着家长制的瓦解,妇女获得解放,婚姻关系的本质属性也必然被改变。物质和经济利益占主导地位的婚姻关系有所变化,爱情在婚姻的诸多支配因素中越来越占突出的地位,这为自由婚制的普及创造了条件。由此,关于婚姻和家庭存在的意义的看法,也由"神的表现""亲属团体和社会存在的需要"变成自我个性的需要,对婚姻的选择成为个人的权利,而不是为履行对上帝或社会的义务。婚姻行为本身也越来越游离于民族、宗教、种族团体或社会阶层的某种限制力量。婚姻的存在与否在于个人的个性选择,而不是决定于某种团体结构和社会状况中的他人意志。

总之,人们对于婚姻的目的和存在意义的理解是分歧的,或认为是一种宗教神圣,或认为是一种社会契约,或认为仅仅与个人的个性与独立性相联系。这些看法有助于正确认识婚姻的本质。

从表现形式上看,婚姻是男女两性的生理结合。两性结合是生理和心理发展的需要,是人的一种自然本能和生理性的行为。从这一角度说,婚姻必然会受生物规律、自然规律的制约。男女两性的结合形成了婚姻,它是婚姻的基础和属性,亦即成婚姻的自然基础和生物属性。但是,并非所有的两性结合都被认定为婚姻。两性结合只有符合一定的规范,才会被认为是婚姻,即只有在特定的法律、伦理和风俗的规定之下建立起来的两性关系,才是婚姻关系。人类婚姻制度的进化体现了生产力状况、社会体制、经济生活以及包括自然选择与婚姻形态、婚姻关系之间的必然联系。不同时代、不同社会形态中的婚姻制度都显示出不同的内容和特征。

因此,从本质上讲,婚姻是男女之间在特定条件下的社会结合。婚姻的社会性是其本质的属性,婚姻不仅是道德伦理、习俗和法律所规定的产物,同时也与特定的社会结构相联系。婚姻的生物基础是其自然起源,而婚姻的社会基础则体现了婚姻的本质。

二、婚姻缔结方式

婚姻缔结的方式,指男女结为夫妻关系的方式。它除了受社会制度的规定之外,还受社会的历史文化传统和民族的风俗习惯的影响。婚姻缔结的方式是多种多样的,往往在一种婚姻形态中存在多种缔结方式。概言之,婚姻演变过程中的缔结方式,主要有以下几种[①]:

(一) 掠夺婚

指男子没得到女子及其亲属的同意,用掠夺方式强娶女子为妻。掠夺婚产生于原始社会末期的对偶婚时期,随着奴隶制的出现和奴隶掠夺战争的频繁而迅速发展起来。掠夺婚通行于古代世界各民族之中。荷马史诗《伊利亚特》记载了很多掠夺婚的实例,其中帕里斯对海伦的掠夺,成了特洛伊战争的起因。在中国,掠夺婚流行于夏、商之际,《易经》中屡见的"匪寇婚媾",即为证明。直到近代,掠夺婚还残存在大洋洲、非洲、南美洲的土人之中。

(二) 买卖婚

指男方以相当数量的金钱财物为代价换娶女子为妻的婚姻形式。买卖婚分为公开的买卖婚与变相的买卖婚两种。公开的买卖婚继掠夺婚之后,盛行于古代奴隶制时期,随着奴隶买卖的兴旺而发展起来。直到今天,公开买卖婚的残迹在世界的一些地方仍可看到,如美国南部汉都纳斯的印第安人与西班牙人混合

[①] 参见丁文:《家庭学》,山东人民出版社,1997年,第110—116页。

的立安族,仍设有卖妻市场。男人每三个月交换一次妻子,每年有两次村与村之间的买卖妇女。中国古代社会也曾流行买卖婚。古代称妻为"帤",而"帤"字之义正是"金币所藏";古以"妃"为男子之所配,"妃"字取义于"帛匹",即视女子为财物。唐、宋、元、明、清各代法律,都有关于买妾的规定。除此,借婚姻索取财物的各种变相买卖婚,在中国历史上长期存在,甚至遗留至今。

(三) 服役婚

指男子在婚前或婚后为女子父母服一定期限的劳务,以达到与女子成婚的目的,这是一种变相的买卖婚。最早起源于"从夫居"对偶婚时期,是男子为了补偿妻家的损失而产生的。到一夫一妻制确立后,它与买卖婚并行于古代社会。西方基督教的《圣经》中就有服役婚的记载,说雅各服役七年,买得了两个妻子,这说明古代欧洲曾实行过服役婚。中国少数民族中也能找到充分的证据。《后汉书·乌桓传》记载,乌桓人嫁娶前先与女方发生性关系,然后男方送牧畜为聘礼,再到女家服役一两年,方能与女方正式成家过日子。云南澜沧县的拉祜族、广西的花蓝瑶族、苦聪族等民族都曾有过类似的婚俗。

(四) 交换婚

指两家互以其异性家属交换婚配的婚姻形式。德国社会学家缪勒利尔曾以大洋洲黑人实行的交换婚为例,推断它是由掠夺婚发展而来的。中国学者根据古代文献的记载,推测它在中国古代也存在过。如《易经》《左传》常把"婚媾"两字连用,据《说文》解释,"媾"是重叠交互为婚的意思。又如《尔雅·释亲》中说"妻之父为外舅,妻之母为外姑,……妇称夫之父曰舅,称夫之母曰姑"。可能是因换婚造成的①。除此,古代名门望族之间世代交互为婚,平民百姓因负担不起聘礼费用,用嫁女为条件为儿子换娶媳妇,也是一种交换婚形式。

(五) 妆奁婚

指女方父母备妆奁而嫁女的婚姻形式,是由买卖婚发展而来,最初产生于奴隶制晚期的贵族阶级之中。在欧洲,妆奁婚起于古罗马时代,到奥古斯丁时成为一种法律责任。随后它盛行于中世纪的法国、意大利、瑞士、葡萄牙、西班牙等欧洲各国,继承了罗马时代的传统,法律中皆有妆奁制的规定。在亚洲,妆奁婚起于印度的婆罗门阶级,一般群众随之于后,形成一种习俗。中国古代的有女之家,在女儿出嫁时也要备嫁妆。但嫁妆的价值往往低于聘礼的价值,因而不是典

---

  ① 陈顾远:《中国婚姻史》,商务印书馆,1936年,第82页。

型的妆奁婚,而属于聘娶婚。

(六) 聘娶婚

指以男方父母交付女方父母一定数量的聘礼、聘金为成婚的必要条件的婚姻形式。它和妆奁婚一样,也是一种父母包办婚姻,即父母之命、媒妁之言。中国的聘娶婚始于西周,通行于整个封建制时代,一直延续到近代,在历史上存在几千年之久。聘娶婚的特点是男子以聘的程序而娶,女方以聘的方式而嫁。聘娶婚十分讲究礼仪形式,重视结婚程序。自周代创"六礼"以来,男女结合必须依礼而行。聘娶婚强调婚姻的缔结必须经过一定的礼仪程序,强调婚约的效力,表明了结婚制度的成熟。

(七) 契约婚

又称共诺婚,是资本主义制度确立后在欧美各国通行的婚姻形式。在西方社会,婚姻被看成男女双方自愿缔结的契约,夫妻的占有是相互的,与人格观念不相矛盾,故必须以双方合意为条件。结婚是当事人的私事,无须父母和他人干涉,重要的是双方协商签订一份成文或不成文的契约。在现代社会,这种结婚契约日益流行。许多社会学家认为,在高离婚率的情况下,它具有稳定婚姻的优越性。

(八) 自主婚

指男女双方以互相爱慕为成婚的主要条件的婚姻形式。婚姻的缔结完全出自本人自愿,不为任何人所左右。在资产阶级反对封建制度的过程中,就提出了婚姻自主的口号。随着资产阶级革命的胜利,自主婚在西方国家的下层民众之中得到了部分实现。中国在新民主主义革命时期,就反对封建包办买卖婚姻,提倡自主婚。新中国成立后,国家以法律确定和保护自主婚,但是,在市场经济之下,自主婚和共诺婚往往混淆在一起。

除此之外,传统中国社会还存在一些特殊的婚姻形态,其中常见的有:

(1) 赘婚即招养婚,又称"倒插门""上门",是一种女不出嫁,招男方入女家为婿的从妻居形式。在父系父权的家庭制度中,赘婚是受歧视的,只有贫困难娶的男子才不得已而为之。

(2) 表亲婚。这是发生在兄弟的子女与姊妹的子女之间的一种婚姻关系,被认为是"亲上加亲",因而受到社会习俗的肯定与褒扬。

(3) 典妻。丈夫将妻子作为物权客体议价典给他人。这是买卖婚姻派生出来的临时婚姻形式,多半是贫困人家之举,或者是由于某种变故不得已而为之。

20世纪20年代的中国农村,还存在典妻的恶习。譬如甲讨了老婆,因家境窘迫,无力养活妻儿,而乙因费用筹措不足尚未娶妻,于是就请中间人与甲商议,将甲妻暂典半年或一年。当时浙江南部就有典妻习俗,典妻时还需订立契约,其通行的样式为:

　　立典妻契××,今因乏用,情愿浼中,将结发妻一个,为×处××之女,今日×岁,身世分明,愿将此结发妻出典与××为业。三面议定:当授时定价×元,其银即日交收完足;几年为满,原价取赎;自出典之后,任凭受主宠爱生育,如有别端,出主自行理直,不涉受主之事。此系两愿,各无异言。恐后无凭,立此典妻契存照。

　　　　　　　　中华民国×年×月×日立典妻×××押
　　　　　　　　　　　　　　　　妻×氏押
　　　　　　　　　　　　　　　　中×××押

　　(4)童养媳。女方在幼年时即被大家收养,长大后成婚的特殊婚俗,童养媳这种择偶方式主要流行于小有家财的人家,收童养的主要目的之一是尽早增加家庭劳动人手。1934年,言心哲在江苏江宁县上山镇调查286户人家,其中有童养媳的人家12户,共12名童养媳。有3人4岁到夫家,有1人7岁到夫家,有4人10岁到夫家,有2人11岁到夫家,有2人12岁到夫家。1936年,费孝通在江苏吴江调查时发现,在当地已婚的439名妇女中,有74人在婚前是"小媳妇"即童养媳,占17%。未婚妇人中,"小媳妇"有95人,占33%。当地平均每2.7户人家就有一"小媳妇"。

　　(5)指腹婚。这是婚姻一方或双方尚在母亲胎中,由其父母为其缔结婚约的择偶方式,即便在旧时,指腹婚也不多见,但社会是肯定这种择偶方式的,往往视之为美谈,但指腹婚并不一定最终成为现实。

　　(6)冥婚。这是让活人与死人配婚的习俗,这种婚姻模式并不多见,并且往往是某种迷信观念的产物,受罪的是与死人配婚的活人。

三、婚礼仪式

　　婚礼仪式是男女结为夫妻关系的礼仪庆典,它是伴随着文明时代个体婚制的发展而出现的。婚礼仪式普遍存在于世界各民族的礼俗之中,每一民族都有自己独特的婚礼形式。

　　例如,印度的婚礼,新郎要在新娘的脖子上系一个金盘(或铜盘),然后领着她围着一个火堆转上七圈。如果不行七圈礼,这项婚姻就会被认为无效;巴基斯坦的婚礼十分隆重,要持续七天七夜。新娘在前六天要穿黄衣,最后一天必须穿红衣,并由清真寺里的阿訇主持男女双方的签字仪式;犹太正统教派的婚礼,要求新娘在举行礼仪之前把头发剃去,戴上假发,然后到犹太教堂洗澡,洗过后才能换上结婚礼服到教堂举行婚礼;信仰佛教的泰国男子,在婚前要削发为僧,到佛寺生活一段时间。有的地方男子先要同大树举行婚礼仪式,然后削发为僧,三个月期满,再同女子结婚;欧美各国的婚礼一般要在教堂举行,在礼仪进行中要演奏《婚礼进行曲》,接受神父或牧师的祝福,礼后到风景优美的地方度新婚蜜月①。

中国旧时的婚礼习俗主要有以下四种:

(一) 六礼

形成于周代,要求从议婚到完婚,共有六道礼节,程序如下:

纳采:男家使媒人通言,表达愿与女家通婚之意。如不为女家拒绝,即备礼物正式求婚。

问名:由媒人问明女子生母姓名,以辨嫡庶;问明女子家世出身,出生年、月、日、时,以便占卜。

纳吉:问名后如卜得吉兆,男家再使媒人告之女家,确定婚事,称为"文定"或"通书"。

纳征:男家向女家交纳聘财,婚约至此成立,不得反悔。行纳征礼所用之聘财,依身份地位的不同而有所区别。纳征又称"纳币",俗称"下财礼""过定礼"。

请期:男家向女家请以成婚之期,如女家推辞,即由男家决定,后世演变为由男家告知女家迎娶日期。

亲迎:男方奉家长之命,到女家迎娶,按古礼应在黄昏时候迎娶,服饰、车舆均依礼而行。迎归后行合卺之礼,即"成妻之仪",然后拜见公婆,拜见祖先,行"成妇之礼"。至此女方始被接受为男方家族的正式成员。

"六礼"在西周形成完整模式,虽然以后有所变异,各地区也有所不同,但却始终存在于历代的婚礼习俗中。"六礼"的基本内容,构成了独具特色的中国传统婚礼。近代中国虽然出现了"新式婚""文明婚礼",但"六礼"的不少内容一直根植在民间。

(二) 媒妁

媒妁是婚姻风俗中不可缺少的角色。媒人大约在周朝就已产生,在婚姻中

---

① 参见丁文:《家庭学》,山东人民出版社,1997年,第117页。

担当重要角色,他(她)来往于男女双方家庭,传递双方的意思。媒妁之言是古时订婚和成婚仪式等行为中不可缺少的要素。

(三) 闹房

结婚礼仪中最后一个程序,长辈、平辈与小辈聚集于新房之中,祝贺新人,戏嬉打闹,了无禁忌。

(四) 合卺

古代婚礼的关键礼节。新婚夫妇各自喝酒漱口,表示以后相亲相爱,以后演变为喝交杯酒。

另外,婚礼中还有"听房""同心结""撒帐""抛彩球""结发""合髻"等习俗。传统的婚礼习俗包含了婚礼的烦琐、不经济和迷信色彩。

近代婚礼习俗发生了较大的变化,但传统因素仍然大量存在。例如,近代通行的结婚仪式,便仍然包含着古代"六礼"的内容,烦琐而不经济,并同样有较浓厚的迷信色彩。当时的婚礼程序,从择配到成婚,要经过议婚、纳采问名、纳币、通知婚期、迎娶、新娘拜见公婆、入宗庙祭祖以及新郎择日到新娘娘家拜见新娘父母亲属这样几个步骤,其间的繁缛、愚昧和剥夺婚姻当事人的个性自由与婚姻自主之事,随处可见,因而受到当时的热心于西方文明的青年的反对,一部分青年知识分子带头树立新风,操办具有西方色彩的新式婚礼,时称"文明结婚"。婚礼形式简单,只有司仪员入席,宾客入席,新郎新娘入席,主婚人展读结婚证书,新郎、新娘、主婚人、介绍人在证书上签章,新郎新娘交换饰物,主婚人致颂词,新郎新娘答谢等礼仪,另外在报上刊登启事,宣布成婚。在当时的社会条件下,这种新式婚礼具有移风易俗的作用。

民国成立后,婚礼程序逐渐简化。20世纪30年代后,一些大城市广泛流行新式婚礼,并成为时尚。在当时北平,新式婚礼被称为"文明结婚"。结婚时,男女双方自具结婚证书,由西乐队前导,用马车、汽车迎娶新娘。新人身着西式服装,新娘为白色礼服长裙,披白纱、戴花冠;新郎为黑色燕尾大礼服。婚礼仪式简单,证婚人致辞、颁发证书,新人相对鞠躬、交换饰物、向来宾鞠躬。"文明结婚"与传统的"六礼"相比,不仅简化,而且体现了婚姻由当事人为主体的特点,并带有西化色彩。

继文明结婚后,当时的北平还出现了另一种新颖的婚礼形式,即集体婚礼。1937年6月22日,北平市第一届集体婚礼在中南海怀仁堂举行①。主办单位是

---

① 参见习五一:《民国时期北京社会风俗的变迁》,《北京社会科学》1993年第1期。

市社会局。以"改进风俗,提倡节约,尊重婚礼"为宗旨,该局还设立了市民集团婚礼事务委员会,确定每三个月举办一次集团婚礼。凡市民自愿申请,仅缴纳礼费十六元,均可参加。届时,由市长或社会局局长予以证婚。

大都市上海也出现了集体婚礼。参加集体婚礼只需事先呈报社会局批准即可。由市长或社会局局长亲任证婚人、授结婚证书和纪念章。婚礼简单而隆重。当时的《申报》曾这样评论道:"梳一东洋头,批件西式衣,穿双西式履,凡凤冠霞帔、锦衣绣裙、绿鞋绿袜一概不用,便利一;昂然登舆,香花簇拥,四无障碍,无须伪啼假哭,扶持背负,便利二;宣读婚约,互换戒指,才一鞠躬,即携手而归,无俟相催请跪拜起立之烦,便利三。"

当时还有不少知识界人士,不举办任何形式的婚礼,只是在报纸上发布一个启事,宣告婚姻缔结,从此便开始新的家庭生活。

民国时期婚礼形式的变化体现了个性自由、男女平等的时代风尚。从婚礼中也可以看出,男女当事人逐渐成为婚姻的主体。

第三节 婚姻调适[①]

婚姻调适是指用来获取一个既和谐融洽而又富有成效的婚姻关系的过程。这种调适是动态的,或者是夫妻双方的自我调整,或者是夫妻之间的互相协调和契合。

在西方,从20世纪20年代末开始了衡量婚姻调适的方法,30年代末则开始了与婚姻调适有关的人格因素及预测婚姻成功性的综合研究。伯吉斯主要运用5个标准来衡量调适:一致与不一致,共同的兴趣和活动,爱慕的表示和自信的共享,满意的婚姻或婚约,个人孤独和不幸福的感觉。到了70年代,斯帕尼尔的双方调适标准,被广泛地运用。这一标准共由32项所组成,包括:双方满意,提问来测量;双方内聚力,主要看夫妻喜欢一起干事情和交流意见;双方一致,主要是经济、朋友、宗教及家务问题的一致同意程度;爱情表示,指爱慕、性关系和爱的示意方面的一致程度。

一、婚姻的质量

男女双方由热恋进入婚姻之初,浪漫的幻想与对未来美妙生活的憧憬仍像

[①] 参见邓伟志、徐新:《爱的困惑——挑战离婚观念》,上海人民出版社,2001年,第27—32、281—307页。

一层雾一样阻挡住他们的视线,如胶似漆的依恋占据了生活的大部分时间,但这种热烈的感情能持续多久呢?一位结婚多年的女性在谈到婚姻时说道:"有个困惑日益加重地萦绕在我的脑际,使我苦恼、烦闷、懊悔、沮丧、寝食不安,那就是——我为什么要结婚?"婚姻的本质是心理性的,结婚意味着要承担一定的义务。由此而开始的争论也一直没有中断过。于是,婚姻的质量问题提上了议事日程。

(一) 影响婚姻的因素

婚姻的质量是由什么因素来决定的,是许多中外学者研究的焦点,主要有两大分析框架:一是通过其他相关因素的统计资料来揭示所假设的决定因素对婚姻质量的影响性质和强度;二是通过理论框架来确定影响婚姻质量的因素以及这些因素是通过何种机制对婚姻发生作用的。

国外研究结果表明,影响婚姻的因素主要有:① 无论是计划内的还是计划外的孩子,本质上都会降低父母婚姻满意度,因为孩子在客观上影响了婚姻的伴侣关系,弱化了夫妻对性生活的要求,以及导致潜在的对时间、注意力和情感的竞争与妒忌。② 夫妻长相差异影响到婚姻,长相差异较小的婚姻质量比较好,而妻子的长相评价和婚姻调适度呈负相关。③ 良好的性格有助于婚姻。性格特征相同或比较接近的夫妻拥有较高的婚姻满意度。④ 生活在同一社会阶层里的夫妻拥有更和谐的婚姻。⑤ 休闲生活的质量影响婚姻的质量,夫妻共同参与有利于婚姻。⑥ 同居会降低婚姻质量。⑦ 初婚者的婚姻满意度略高于离异后再婚者的婚姻满意度[①]。

在国内,"中国婚姻质量"研究课题指出:① 年龄差异影响到婚姻,妻子年龄大于丈夫的婚配模式更佳。② 核心小家庭的结构更有助于提高物质生活的满意度,增添婚姻生活的情趣。③ 在经济上赡养老人,对城市中的夫妻关系有影响。④ "门当户对"有道理,讲究般配的婚姻质量更好。⑤ 丈夫较豁达忍让和承担较多家务的状况,有利于提高婚姻关系的满意度和强化夫妻的内聚力。⑥ 再婚机会多的人有更大的概率对婚姻状况不满意。

叶文振在《当代中国婚姻问题的经济学思考》,从经济学派的观点出发提出:婚姻生活的低质化与婚姻边际效用递减和婚姻生活资源配置不合理有关。一是婚姻边际效用递减,许多夫妇基本上是对婚姻重复消费,随着消费量的增加,配偶双方都感到婚姻消费中的所获越来越少,特别是所感受到的情感满足程度愈来愈低。二是婚姻生活资源配置不合理,从时间和精力资源的配置看,妻子给了

---

① 参见《是什么影响着我们的婚姻》,《南方周末·新生活》,2000-10-26。

孩子和家庭,丈夫给了事业和朋友;从货币和物质资本的配置看,或收入有限,资源绝对稀缺,或投向不合理,造成情感更新方面的投资不足①。

(二) 婚姻质量的测量

美国社会学家汉密尔顿于1929年开了测量婚姻质量的先河,西方学者在此基础上创造了很多的婚姻质量的度量方法,形成了以下特点②:① 先分别进行主客观的婚姻质量测量,然后实施主客观综合测量,偏重于客观指标;② 使用的指标数目不一,多的达280多条,少的则只有一项;③ 大部分都做了可信度和准确性的检验;④ 资料来源于被调查者的回答。

尽管如此,由于对婚姻质量尚未有一个明确而科学的界定,对于如何评判婚姻质量的标准也依然不一。一种观点认为,婚姻质量的衡量标准应是主观的,因为婚姻质量主要表示已婚者对自己婚姻的感性认识和体会,测量婚姻质量主要靠当事人的主观心理感受来衡量,应以当事人的自我感受为准,比如他们对夫妻关系的评价、婚姻幸福感等,任何其他标准都不能代替主观感受。与其相左的观点认为,婚姻质量是夫妻关系的结构性特征或这种特征的统计表现,测量标准不能只凭当事人的主观感受来决定,也应是客观的方面,若只凭当事人的主观感受来决定,既不科学,亦可能找不到统一的标准。因此,在对婚姻质量的外延和内涵尚未明确、标准尚未统一的前提下,测量具有很大的随意性,在较大程度上影响了测量的准确度和可信度。

中国的婚姻质量研究始于20世纪90年代,但大部分分析缺少必要的理论前提和分析框架,但绝大多数研究者主张测量标准主客观兼顾。婚姻质量被看作是夫妻的感情生活、物质生活、闲暇生活、性生活以及双方的凝聚力在某一时期的综合状况。从这一思路出发,个人的主观感受是主要标准,并辅以夫妻调适方法和结果的客观描述。天津社会科学院的潘允康教授认为,婚姻是一种社会性行为,因此,评判婚姻的标准应当是个人感受和社会标准相结合。个人的满意度和幸福感固然重要,但也不能忽视家庭关系、家庭功能、家庭伦理等方面的客观指标。评判婚姻质量的标准也是变化的。传统的婚姻重义务,传宗接代是婚姻的主要目的。现代婚姻重感情,浪漫主义的爱情是婚姻衡量的主要标准。然而,爱情并没有取代义务,因而,衡量标准既有爱情的,也有义务的③。

---

① 参见《人口研究(京)》,1997.6.11—17。
② 参见徐安琪、叶文振:《中国婚姻质量:度量指标及其影响因素》。
③ 参见潘允康:《社会转型期中国人的婚姻家庭质量》,《中国婚姻家庭变迁》,中国社会出版社,1998年,第80—82页。

徐安琪认为,婚姻质量是一个宏观与微观、主观与客观相统一的概念,测量标准既要有个人的评判尺度和感知偏好,也要有既定的社会标准。在她主持的"中国婚姻质量"研究课题中,运用了"因素分析法",将三十多个具体指标合成"夫妻关系满意度""物质生活满意度""性生活质量""双方内聚力""婚姻生活情趣"和"夫妻调适结果"等六个侧面,通过对上海、广东、哈尔滨和甘肃等四个地区3 200对夫妻进行入户访谈,经过极其认真的分析和研究比较,得出这样的结论:中国婚姻总体上处于"高稳定、中质量"的水平,其中22%的夫妻属于低质量,75%的婚姻达到中等水平,只有3%的婚姻是完美的。

(三) 婚姻满意度的分析

婚姻满意度是婚姻主体对婚姻关系的整体感觉。一些学者认为,高质量的婚姻不仅在客观上表现出夫妇之间的融洽关系,而且还在主观上表现为配偶双方的不同程度的满意。

中山医科大学附属三院心理科的叶志明、温盛霖和广东省精神卫生研究所的王玲,在《中国心理卫生》杂志上报道了他们对广州地区600多对中年夫妻所做的婚姻满意度的调查。

该项调查的对象,是从广州市区某中学分年级随机抽取健全家庭的724名学生父母,方法是夫妻双方独立完成测试婚姻满意度的 LOCK - WALLANCE 问卷和艾森克个性问卷,然后用 SPSS 软件进行数据处理。通过对回收的1 378份有效问卷统计分析,得出以下结论:夫妻不同性格组合会对婚姻满意率产生影响,由中间型性格的男性与内向型性格的女性组合的家庭,满意率最高,达70%;性格同属内向型的男女组成的婚姻,满意率最低。研究表明:一是大部分(59.36%)中年夫妻对现实婚姻是满意的,但有问题的婚姻也不少(40.64%);二是影响婚姻满意率的,主要是男方的性格,由中间型性格男性组成的家庭,婚姻满意率较内向或外向性格的男性婚姻满意率高。

调查者还特别指出,性格不是一成不变的,它在同社会接触、同家庭成员交往中可以逐渐得到调节和塑造,夫妻在长期生活中也能彼此适应对方的性格。另外,性格不是影响婚姻的唯一因素,生活事件、家庭行为方式、夫妻双方的心理健康状况以及性生活协调与否等,均会对婚姻的满意度产生一定影响。

易松国、风笑天在《城市家庭生活质量主客观指标结构探讨》中,通过对武汉市居民家庭的调查,采用相关分析法筛选出对婚姻满意度影响较大的自变量,得出以下多元回归模型(表2-1):

表 2-1　婚姻满意度的多元回归模型

变 量 名	家庭关系	工作满意度	是否为用钱争吵	配偶理解度
标准回归系数 Beta	0.106 3	0.065 8	−0.084 4	0.696 4
显著性水平	0.000 0	0.002 4	0.000 3	0.000 0
复相关系数ⓇR			0.801 6	
复相关系数平方(R^2)			0.642 6	
F 比率			364.121 6	
显著性水平			0.000 0	

模型的解释力已达到 64.3%，这表现出模型具有较高的解释力。现代城市人在婚姻中主要追求夫妻情感的统一和生活的和谐。爱情和平等是城市婚姻的主导追求[①]。

徐安琪的"中国婚姻质量"研究结果表明：夫妻关系满意度高于情感生活满意度；业余生活较单调；与美国婚姻对照，性生活的质量不高；女性对婚姻不满意的概率大于男子。该研究同时对中国人婚姻生活质量的发展趋势、婚姻质量与其婚姻稳定性之间关系以及改善婚姻质量提出建议。研究者还提出将婚前教育纳入正规教育体系，并以社会的婚姻心理咨询替代社区的婚姻调解；社会对个人私生活的控制应从行政干预为主转向以法律制约为主。

二、婚姻的艺术

婚姻中的热情不会永远处在强烈兴奋、高涨的状态下。婚姻实现以后，新的家庭就形成了。那么，随之而来的便是琐碎的家务，饭不得不做，菜不得不买，三餐如何进行合理的营养搭配，房间要经常进行清扫，配偶一方的朋友及亲戚如何交往等等，都在新婚夫妇还未做好足够的心理准备的时候，一下子涌到眼前。在这些考验面前，为了使不圆满的结局不出现，必须进行必要的心理调适，有效地进行角色转换，千万不能听之任之、相互埋怨和指责，久而久之不解决的话，很容易形成重大分歧，到那时再挽救婚姻关系，恐怕就来不及了。

（一）充分的心理准备

结婚后不久，有一时期，夫妻双方心理变化比较大，双方的情绪波动也比较大。调查表明婚前时对婚后生活的期望值越高，婚后的现实生活带给他们的失望越大。这是因为夫妻双方对婚后角色的转换都缺乏必要的心理准备。一般来

---

① 参见《上海社会科学院学术季刊》1999 年第 1 期，第 136—144 页。

说,恋爱双方到结婚时,感情发展到高潮。结婚后,必然会慢慢由热烈趋向平稳,由浪漫的恋爱生活转入现实的婚姻生活。双方似乎都若有所失,原因有以下几个方面:

(1) 好奇心消失了。双方都对自己的伴侣感到不如以前那么新鲜和神秘了,这样吸引力会逐渐减少,彼此之间的热情也会降温。

(2) 家庭生活的复杂分散了夫妻的注意力,使得夫妻双方彼此关注对方的时间和精力减少了,这种把精力转移到家务或是孩子身上的情况使双方都有一种被忽略的失落感。

(3) 婚前双方的认识停留在表面上,婚后的认识就会逐步深入认识到对方的本质,这种了解和认识的发展常常带来两种截然不同的心理反应,一种是积极的,另一种是消极的,前者会感到夫妻生活不管有什么样的矛盾,但总的来说是美好和幸福的,而后者却会感到失望和痛苦。

(4) 婚前夫妻双方各自的言行和社会活动是独立、自由的,个性可以发展,结婚以后,双方作为一个互相依存的整体去适应家庭和社会,这样,各自的言行都要受到不用程度的限制,夫妻间的个性也会出现冲突。

19世纪英国著名生物学家达尔文在结婚前期这样写道:"结婚已证明是必要的。——可是,要是明天就结婚呢?为了弄做房子,置些家具,将会有数不清的麻烦与开销——每天时间的损失(妻子不是天使,要是她不让丈夫勤奋工作的话)。要是我得天天陪妻子散步,那么,我的一切工作该怎么处理才好?"达尔文不仅对婚后生活有着美好的憧憬,而且对婚后可能出现的意外情况有着现实的充分准备,结果婚后他与妻子爱玛相处得十分融洽、十分幸福。我们强调新婚夫妇婚后的心理变化,目的在于使夫妻双方从开始时就对各种可能出现的矛盾、心理等有足够的思想准备,以便在出现问题的时候,不至于产生莫名的苦恼。这种足够的心理准备也是创造良好婚姻关系的因素(栏2-1)。

栏2-1 婚姻满意度的自我测试

著名的离婚心理学家约翰·高特曼曾开列了供夫妻双方了解其婚姻是否美满的22道自我测试题:

1. 能说出配偶至交好友的名字;
2. 能明白配偶目前面临何种压力;
3. 能知晓近来一直惹怒配偶的一些人的名字;
4. 能道出配偶的某些人生梦想;

> 5. 能了解配偶基本的人生哲学;
> 6. 能列出配偶最不欣赏的那些亲戚的名单;
> 7. 能感到配偶对你了如指掌;
> 8. 分居两地时,你会经常思念配偶;
> 9. 你时常会动情地抚摸或亲吻配偶;
> 10. 配偶由衷地尊重你;
> 11. 婚姻中充满了热烈和激情;
> 12. 浪漫仍绝对是婚姻生活的一项内容;
> 13. 配偶欣赏你所做的事情;
> 14. 配偶基本上喜欢你的个性;
> 15. 大多数情况下性生活令双方满意;
> 16. 每天下班时配偶乐于见到你;
> 17. 配偶是你最要好的朋友之一;
> 18. 热衷彼此倾心交谈;
> 19. 讨论问题时双方均会做出许多取舍(两人均有影响力);
> 20. 即使彼此意见相左,配偶也能尊敬地倾听你的观点;
> 21. 配偶通常是一位解决问题的高手;
> 22. 彼此的基本价值观和目标大致契合。
>
> 如果你的情况与其中12条以上相符,那表明你的婚姻极其牢固,若是与你相符的少于12条,那表明你的婚姻有待改善。

(二) 角色的适应

如果说,在体力时代,社会选择了"男主内,女主外"作为夫妻互补模式,而且它又具有最大的综合效益而成为最佳模式的话,那么,当前,它至少不是唯一的最佳,城市从智能的角度对男女角色进行了重新定位和分工,"职业女性"和"围裙丈夫"更多地作为一种城市行为在城市家庭中扩展。因此,当代社会夫妻关系的和睦与稳定或矛盾和冲突,首先取决于夫妻双方对婚姻的满意程度。于是,夫妻之间更注重双方的感情发展和心理的相容性,并通过自身的努力来进行自我调适。

1. 性格不同夫妻的相处

按照心理学家的观点,性格和气质有一定关系。在人的诸多个性心理特征中,气质可以说与遗传因素最为密切,气质随着年龄的增长、思想的成熟会发生变化。因此,人的性格也可以发生变化。环境的潜移默化也会使人的性格发生变化,这说明人的性格有可塑性。所以,性格迥异的夫妻通过磨合与调适是可以达到和谐相处的,主要方法有:第一种是尊重对方,扬长避短。第二种是尝试着颠倒角色。选一件虽有争议但无关紧要的小事,在对方不经意的情况下,模仿对方平时的样子,让对方体会一下平常你的感受。这样做有益于双方增进了解,逐渐懂得如何适应对方。第三种是找到对方使你感到最烦恼的地方,不要全面否定对方,而要用商量的口气让对方了解你的感受。

2. 兴趣不同夫妻的相处

从心理学的角度讲,兴趣是人的一种积极的情感倾向。一件能够给人带来愉快感受的事情,才能激起人的兴趣。生理条件、知识条件、个人的志向、人生观、职业要求等都会对兴趣产生影响。

兴趣是可以培养的。很多人开始对某事物不感兴趣,但由于某种需要,可以对兴趣进行有意识的培养,因此兴趣具有明显的个性特征。作为夫妻双方来讲,首先各自都是一个相对独立的个体,而兴趣本身又有其个性特征,那么夫妻双方有着不同的兴趣爱好,是一件十分自然的事情,是一种常见的现象。夫妻间的牢固爱情是以志同道合为基础的,并不是以兴趣爱好一致为前提的。生活中的许多夫妻兴趣不和而产生矛盾,是由于没有处理好这个问题,如果掌握了解决问题的办法,熟悉这门艺术,兴趣不和对夫妻关系是不会造成什么破坏作用的。

以马克思和燕妮为例,他们的兴趣并不一致,马克思所珍视的品德是朴实,燕妮的回答是真诚;马克思对幸福的理解是斗争,燕妮的回答是健康;马克思喜欢做的事是看书,燕妮喜欢做的事是缝纫;马克思心爱的花是瑞香,燕妮的回答是玫瑰;马克思喜欢的颜色是红色,燕妮的回答是蓝色。然而,这种在业余兴趣方面的不一致并没有妨碍他们融洽和谐的共同生活。

夫妻兴趣不一致是一种常见现象,因此,夫妻双方都应该以积极的态度对待它。首先应该做到互相尊重对方的兴趣爱好,不过分限制、干涉对方,使双方都能在各自的兴趣爱好中找到乐趣。其次是要相互适应,千万不可采取"井水不犯河水"的态度,尽可能地同对方一起分享自己的乐趣。

一位心理学家曾经说过,"在这个社会中,没有一桩婚姻是绝对完美的,如果你感到你与配偶分享的成分越大,你的婚姻就越美满"。夫妻之间的角色适应,最重要的是维持一种弹性原则,而不是分工精细、各人自扫门前雪的相持状态,如果相互支援,角色的涵盖性高,相处必然越来越愉快。

(三) 爱的艺术

弗洛姆曾在《爱的艺术》一书中指出,爱并不是任何人都可以轻而易举地沉涵于其中的感情,而不管他的成熟度怎样;如果不积极地发展自己的整个人格,培养富于创造性的意向,那么对爱情的追求将是徒劳的。如果一个人没有能力去爱周围的人,没有人道精神、勇气、忠诚和自我约束能力,那么他就不可能获得爱情。每一对相爱的男女把爱情作为婚姻的动因和基础,无论其社会阶级属性、经济状况和价值观念如何,都视爱情为婚姻的第一要素。爱是一种心理现象,爱是一种与异性接近的欲望,是一种欲求两人合二为一的冲动。

爱情是一种创造性的活动,它的表达方式有多种多样。夫妻之间可以根据各自的实际情况,为爱情的更新做出各种创造,从而不断深化两人在爱情上的共同感受,形成心灵上层出不穷的共鸣协奏。

1. 性生活的艺术

性生活是婚姻关系的重要特征。事实表明:有相当数量的夫妻因性生活不和谐而分手。美满和谐的夫妻性生活是一个互相适应的微妙过程。它并非单纯地听凭性欲冲动的驱使,也不是依靠多种多样的所谓性技巧,最重要的是一种心理交流和感情需求的相互满足。

第一,掌握科学地进行性生活的方式,双方要平等地合作与配合,正确看待性生活。要充分了解男女两性在生理上的差异及反应上的不同。家庭是爱情的归宿,是异性结合的必然结果,是情爱发展的必然。

第二,认识到年龄的增长与身体健康状况等对性欲的需求度及需求方式会有所变化,双方要在尊重、协商的基础上力求达到同步。

第三,夫妻之间不要以性生活作为惩罚对方的手段,也反对把性行为当作一种礼物。

2. 相互吸引的艺术

有人认为,只有恋人之间才需要互相吸引,其实并非如此,组成家庭以后,夫妻双方由于朝夕相处,彼此深入了解后如何保持相互吸引力是一个十分重要的问题。

首先,男女双方都要保持温柔的美德。对于温柔存在着几种误解:一是认为温柔就是逆来顺受,其实这不是温柔,而是懦弱的表现;二是认为男人对女人表现得很温柔是女性化的表现,有失男人的尊严,这是男权主义思想在作怪。夫妻间的温柔可以有各种各样的表达方式,如轻轻地抚摸、深情的注视、轻轻的一个吻、热烈的拥抱,都会令爱情增添无限新意;亲切的话语、和谐的性生活、深情的相互注视都可以给爱情以营养。温柔是每对夫妻不可小视的问题,对发展夫妻感情至关重要。

其次,善于倾听。夫妻中的一方想听另一方倾诉心曲时,一定要抓住这个系牢感情的机会。不要不理不睬,这样做会严重损伤对方的自尊心。一定要尊重对方的情绪,善于控制并调整自己的情绪,主动地爱抚对方或愉快地接受对方的爱抚,细心观察并了解对方的要求,揣测对方的心理,说话做事选择对方喜欢的方式。如果找不到对方喜欢的方式,至少要选择对方可以接受的方式,引起对方愉悦,而不是使对方产生不快之感,这种爱的因素促使双方情感交融,达到爱的和谐。

再次,讲究仪表美。恋爱中的男性和女性都会在形象上费尽心机。可一旦结了婚,认为生活就是真实的,花在仪表装饰上的心思随着婚龄的增长而逐渐消失。其实,不注重仪表美不利于维系和深化夫妻感情。人的形象美不应因为结了婚而告终。注重仪表美,每一天给自己的伴侣一种新鲜感,就会激发对方的爱情。方法很简单,如时不时换一换自己的发型,尝试一下另一种风格的服饰,或在卧室的装饰用品和睡衣上动动脑筋等。总之,只要夫妻双方共同努力,会保持彼此间的吸引力,使婚姻之树常青的。

最后,给对方一点自由的空间。虽然夫妻是最亲密的关系,但作为独立的个体,有权保留自己的隐私,有权选择自己的活动圈子,有权与自己喜欢的人交往,包括异性朋友,所以两个人一定不要走得太近。除了自己保留适当的自由空间之外,还要允许对方留有一定限度的自由空间。这种自由的空间会使双方产生很强的吸引力。没有了这种自由空间,反倒会产生一种排斥的感觉。

3. 沟通的艺术

华鲁士曾经在《家庭沟通》一书中探讨了各种各样的家庭沟通模式及其对夫妻关系的影响。他认为,在大多数充满冲突的家庭里,失谐的主要原因只是由于家人没有把感受到的爱和所怀有的善意以恰当的方式表达出来。夫妻之间经常有这种情况,本来很希望合理地讨论一个问题,却发现不知不觉中陷入破坏性的争吵之中,彼此指责,甚至恶语相加,这种破坏性的争吵会破坏家庭关系,甚至导致家庭破裂。因此,发展建设性的而非破坏性的沟通技巧才是关键。为此,华鲁士提出了家庭沟通的根本原则:感受到的爱必须用恰当的方式表达出来,让对方觉察到这种爱①。

栏 2-2　夫妻沟通的原则

＊行动往往比讲话声音更大。非语言的沟通比语言的沟通往往更有力。例如,妻子经常要求丈夫在刮胡子后整理干净,但丈夫老是忘记。这

---

① 张文霞、朱冬亮:《家庭社会工作》,社会科学文献出版社,2005年,第245—246页。

就强烈意味着"我不把你的要求当一回事"。太太若总来提这种小事,丈夫就觉得她爱挑剔,不可理喻。因此她不敢再提,但又压不住心头怒火,于是也以拒绝做他喜欢的事来报复,表现出"我也不在乎你要什么"的情绪。日常生活中这类无言的沟通很多,它往往以"不体贴"的形式表现出来,传达出"在我的想法里,你的需要并不重要"的信息,或者给对方一种"你并不在乎我的需要"的感觉。这种无言的沟通往往成为问题的开端。

* 重要的,就强调;不重要的,就忽略。家庭的不和谐,每每发生在一些不重要的小事上。常见的抱怨如"你又在挑我的毛病了!"吹毛求疵是破坏性的,它造成两人之间的敌意,不但不能达到改变他人行为的效果,反而还往往引起以牙还牙的冲动。

* 尽可能表达好的沟通,杜绝对立性的甚至贬损人的反应。好的沟通指尊重他人的价值,鼓励他,使他有勇气和信心。比如妻子问丈夫:"你想我们可以买个新冰箱吗?"消极的丈夫会说"你又在买这个、买那个了";而积极的丈夫会说"我们一起来看看家庭预算合适不合适"。接纳和赞扬会使人更努力向上。

* 沟通时要清楚具体,对你的决定要解释原因,在造成问题时要把你的这部分责任说清楚。任何约定、期望、奖励和惩罚的措施,不清楚就没有价值。经常有那种"概括地承认自己不完美"的人,会说"我也有错,但……"然后一点一点指出别人的错处,或夸耀自己的长处。好的沟通应是"我知道你有错,但是我……"然后举出自己的错误,以达成互相的谅解。

* 言辞要切合实际,合理而不夸张,尤其是当双方互相批评时。在家庭争吵中,我们经常会听到互相指责,它带来的后果往往是对方既不承认也不想改变,反而因此更加愤怒,用最恶毒的语言互相伤害,这种做法对夫妻感情和婚姻关系是极具破坏性的。

* 不要想当然地猜度对方的心思,应以语言表达来验证你的每一个假设。家庭中常见的情形是夫妻中的一方常常想当然地把自己的想法和做法强加给对方,若一方经常压抑自己的愤怒,积压下来,久而久之会造成问题。

* 接受每一件事都可以有多方面的看法。家庭中经常见到这样的批评:"你怎么能那样讲呢?你也不想想……我希望你以后要有那样的想法。"其实,一个人在家庭里和在社会上一样,要能够容忍和自己不一样的看法和做法,不能强求事事一致。

> * 坦诚面对自己的感受,只要有意义的问题就要提出来,不要怕烦扰对方。有的夫妻常以"我不想惹出一场吵架"或者"是你先开始的,我不想和你吵!"为借口逃避问题或妥协。这实际上也是一种争斗,只是它是内在的、没有付诸语言的,这种做法只会积累怨气,而不利于矛盾的解决。
>
> 内容来源:张文霞、朱冬亮:《家庭社会工作》,社会科学文献出版社,2005年,第244—246页。

4. 相爱的艺术

真正的爱情包括四个要素:一是对所爱者真诚关心,希望对方能够独立思考和富于创造性;二是两人有同舟共济的责任感;三是彼此尊重、认可;四是适度的给予与彼此合作。

爱是相互认可,而不是改变对方。当夫妻一方向对方提出要求时,一定要考虑到自己的权利是什么,不应该超越权利的范围。也就是说可以提出一些合理要求,而不能够要求别人满足自己的过分要求。

爱是相互信任。婚姻在某种程度上包含着所有关系和控制权的问题。婚姻要求夫妻双方对自己的伴侣忠诚,信任本身就是一种忠诚的行为,只有当一方不再企图控制或影响对方时,才是真正地信任对方。

总之,使爱情关系保持活力是一项长期任务。

第一条准则是和谐关系需要自己创造。爱情是不可能自然生成的,它需要恋爱双方有意识的努力和共同培养。爱情关系是相爱男女的行动的总和,有时双方都有良好愿望,但最终的结果并不尽如人意。因为爱情关系不是静态的,它在不断地发展,因此要善于把握爱情的方向,引导爱情向好的方向迈进。

第二条准则是学会包容。爱情关系总是由于交流而不断充实,婚姻中常会遇到一些令人不快的问题,每个人都常常使自己的伴侣伤心和失望,但是不应总记着对方的错误,要学会忍耐对方并包容对方,要学会忘记对方的错误并把希望寄托到以后的表现,而且也要学会宽恕自己,这并不意味着允许自己对对方造成伤害,而是应该尽量化解两个人的消极情绪,消除内疚感及自我谴责。

第三条准则是重视感情投资。这是指夫妻双方用对过去两人恋爱时美好感情的回忆,尤其是对婚恋时期爱情的唤起,作为维系、巩固和发展夫妻之间美好感情的纽带。这种感情投资,其资本不是金钱和物质,而是时间和两颗彼此忠诚的心。这种回忆的方式,是夫妻感情相互满足的一种需求方式,为了最大限度地满足这种感情需求,夫妻双方应该善于利用感情投资,让这种投资产生出更好的效应来。

婚姻是流动的，如果以为婚姻就是爱情的终止，一味拘泥于传统的、重复的生活方式，不及时地加以调适，爱情之花就会枯萎，婚姻也会进入死胡同。在提高婚姻质量方面，与其从法律上大加限制，不如在婚姻调适水平上多下功夫。婚姻调适是一门艺术，调适得好，婚姻的质量就能由低变高；调适得不好，婚姻质量只能由高变低。爱情是需要时时培养和更新的，只有这样，才能使婚姻走向完美。

家庭纽带

20世纪末高离婚率成为全球性的趋势。"家庭危机"曾被喧嚣一时。尽管如此,无论是西方,还是东方,家庭并没有解体,那么家庭是如何通过某种互动而被联系在一起并维持下去的?家庭成员是如何考虑这些互动的?对家庭关系的考察有宏观和微观两种角度。宏观的考察一般着重从家庭制度看待家庭关系,通过对家庭中男女两性的权力地位和平等程度状况的调查和分析来确定家庭关系的类型。微观的研究侧重于对家庭成员之间具体关系的考察,特别是日常沟通和冲突过程对家庭关系的影响。本章从人际关系角度介绍家庭成员互动的方式、意义,并通过家庭关系的主要维度——夫妻关系、代际关系的特征及其变迁,更深入地认识家庭的复杂性。

第一节 家庭的复杂性

正如前面所述,近年来家庭变得越来越具有多样性。一般而言,一个家庭的结构是由自然关系联结的多层次的社会关系的有机组合,围绕着这些组合,形成了许多不同的家庭结构类型。

一、家庭关系的结构

按照家庭成员间的人际互动,家庭关系应包括夫妻关系、亲子关系、兄弟姐妹关系、婆媳关系、妯娌关系、祖孙关系、姑嫂关系、叔侄关系等。

按照家庭成员间的互动方式或类型划分,可以从生物、经济、法律、道德等多种角度来认识家庭关系。苏联的家庭关系专家B.科瓦廖夫根据家庭关系的功能特征,把家庭关系划分为以下几类:

(1) 社会生物学关系。其中包括家庭成员因性别、年龄、人数、出生率水平的不同而形成的生物学意义上的血统关系。

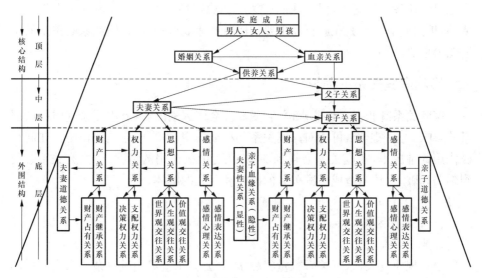

图 3-1 家庭关系的结构图

图表来源:丁文:《家庭学》,山东人民出版社,1997年,第284页。

(2) 构成家庭物质生活基础的家庭经济关系。其中包括主持家务、家庭收支、家庭义务分配等方面的关系。

(3) 法律关系。这种关系的作用是,依照法律来调整结婚与离婚,调整夫妻双方的权利与义务,调整父母、孩子以及其他亲属间的关系,解决继承问题。

(4) 道德关系。这种关系涉及家庭情感与义务关系的问题。

(5) 心理关系。这种关系涉及家庭成员的心理气质,相互作用的范围,其主要功能是增强家庭成员的相容性,调节家庭内部的心理气氛和情感①。除了上述五种关系外,还有教育关系、美学关系等方面的内容。

就家庭成员互动的性质或状态而言,可以划分出以下几种类型:① 以相互支持和帮助为前提的实现共同目标的合作关系;② 以家庭全体成员的相互利益为基础的、民主协议的平等关系;③ 家庭成员间矛盾尖锐、家庭团结在外部压力之下被迫维持在表面上的对抗关系;④ 家庭成员间矛盾恶化引起家庭关系破裂,需要社会规范力量加以调整的冲突关系。

总之,家庭关系的内容多,种类也多。这些互相紧密相连、彼此交织在一起的关系,决定着家庭的稳定性和家庭功能的实现程度,决定着家庭生活质量的高低。家庭关系的理想性质应当是家庭成员相互平等与合作,相互支持与援助,共同承担责任,对抗和冲突对家庭无疑是有害的。家庭关系的不同状态会不同程

---

① C.B.科瓦廖夫:《家庭关系心理学》,社会科学文献出版社,1988年,第4—5页。

度地出现在各种家庭中,促进或妨碍家庭的稳定性以及家庭成员的正常生活和活动,扩大或缩小家庭在履行其重要功能时所能取得的成就,因此家庭关系的调适尤为重要。

二、影响家庭关系的因素

家庭关系既非孤立也非永恒,它受着社会诸因素的影响,也受家庭内部诸因素的影响。这些影响,可能对家庭关系起积极作用,也可能起消极作用。在起积极作用的情况下,家庭关系会得到加强;在起消极作用的情况下,家庭关系会受到削弱和破坏,甚至造成家庭关系的破裂和家庭的解体。

(一) 内部因素

1. 家庭人口数

家庭规模越大,家庭关系数量将越多,家庭关系就可能越复杂。家庭关系的复杂程度,往往与家庭人口数成正比。家庭人口越多,人际关系越复杂。家庭关系的频率和家庭人口数量之间的关系数可以用家庭互动定律公式来计算:$N=(X_2-X)/2$(公式中的 N 为家庭关系数,X 为家庭人口数)这个公式的直观解释是:家庭关系的数量与家庭人口数成正向关系,家庭人口数决定着家庭关系数。

2. 家庭代际层次

家庭中代际层次越少,关系越简单;反之,代际层次越多,关系越复杂。如在夫妻家庭中,只有一种单纯的夫妻关系,相处比较简单,一般也没有太大的生活压力和人际压力,比较有机会营造高质量的家庭生活。但同时夫妻家庭中由于只有一种夫妻关系,维系家庭的纽带太少,家庭相对比较脆弱,夫妻间的协调与否直接决定着家庭的稳定性。代际关系表示上下代之间的垂直交往,体现了家庭关系的连续性和承继性,但世代之间也存在着一种自然的隔膜,具有显著的特征差异。

3. 夫妻对数

夫妻关系是家庭关系中的核心。每一对夫妇都形成一个关系的中心,多对夫妇就有多个中心。家庭中夫妻对数越多、中心越多,家庭关系就越容易产生对抗和冲突,家庭就越是不稳定,常见的婆媳冲突、妯娌不和就是这样的例证。根据夫妻对数来区别家庭类型和判断家庭关系,是有一定道理的。在只有一对夫妻的核心家庭里,家庭关系最容易协调,而在有多对夫妻的联合家庭中,家庭矛盾和家庭冲突很容易发生,关系难以理顺。从根本上来说,扩大的联合家庭之所以矛盾多,就在于这样的家庭中存在多个中心。不同中心的情感寄托与利益关注不尽相同甚至很不相同,这是一种天生的离心倾向,如果没有某个家庭权威或强有力的核心来调节各中心之间的利害关系,联合的大家庭是难以维持的。

4. 家庭成员间的特征差异程度

家庭成员之间存在着许多差异。有差异就会有矛盾,成员之间相互接触越频繁,这些差异发生的作用就越大。这些差异包括年龄的差异、经历的差异、性格的差异、文化素养的差异、心理和生理需求的差异等。家庭成员之间的生理和社会特征的差异,会给共同生活带来困难。正确处理这些差异,如存异求同、互补等,才能使家庭成员互相容忍、顺应和合作。

> H47岁时和丈夫离婚。因为抵不过公公的一句"不想和你分开"的话语而继续和公公居住在一起。在作为媳妇一起居住的时候,由于公公家是一个旧式家庭,她在古老的城镇上被一群亲戚所包围,和公公的关系就好像一个是老爷而另一个则是伺候他的佣人。尽管她曾经不止一次地想过"(他)早点死就好了",但是她从来也没想到离了婚还要和他一起生活。因此在开始同居的时候她就对公公说:"从今以后你自己的事情要自己做。"她还毫不容情地不断地严厉斥责公公,训练他做家务活。她认为这样做的话他就会唉声叹气地逃到自己的儿子那儿。想不到的是公公居然不断地学会各种家务活,甚至还说"做家务很有乐趣"。不知不觉公公成了她生活中不可缺少的一员。因为他既帮着分担家务,白天还帮着接听电话,充当着秘书的角色。现在H的两个孩子都已经长大成人,各自独立居住了。H的家庭就成了和公公的两口之家。(来源:上野千鹤子:《近代家庭的形成和终结》)

5. 家庭成员间的区位距离

家庭成员间的区位距离大,交往和沟通的频率低、次数少,相互关系就较为疏远。相反,家庭成员间的区位距离近,交互频繁,既有助于成员间情感的密切和关系深厚,也容易产生矛盾与纠纷。

> B是次子的媳妇。婆婆长期以来一个人在乡下生活,B认为婆婆万一要有什么事的话应该由长子来负责。但是随着婆婆身体状况恶化,再也不能把她一个人放置不管,长子却摆出了置之不理的态度。几个子女一起召开了家庭会议,长女因为自己的孩子要复习功课报考大学而不能照顾母亲,最后决定由二儿子照顾母亲。为此他们也买了新房子。刚要把母亲接回家照顾,不想她却得了阿尔茨海默病。虽然B努力照顾了一年,母亲的病却越发严重,只好把她送进了养老机构。B终于可以喘口气了。她丈夫一个月

去探视一次母亲。她自己和孩子因为即使去了老人也辨认不出来,所以几乎不去。对 B 而言,感觉就好像只是原本就不住在一起的人突然来了又去了其他什么地方,心中感不到任何寂寞或者后悔。(来源:上野千鹤子:《近代家庭的形成和终结》)

6. 家庭认同意识

按照上野千鹤子的说法,家庭认同意识是指把什么等同于家庭的一种界定范围的定义。一般而言,如果家庭成员没有"家"的意识,家庭关系就趋于松散,家庭的实体也难以存在。如果家庭成员具备了认同意识,那么,即使家庭的流动性增强,家庭关系依然紧密,家庭仍然成立。

> 这是一对很平凡的 60 多岁的夫妇。结婚已经 40 年了。F 说她现在"光看着孩子他爸吃饭就心里烦躁"。尽管如此,他们还住在一起是因为如果分开的话她就没了生活来源,而且看样子也不可能从她丈夫那儿得到抚养费。离婚的话反而不合算。另外,人老了既没了一定要离婚的精力,想离婚的热情也慢慢丧失了。可是,尽管她准备了饭菜也不和丈夫一起吃饭。她还决意死后不跟丈夫同墓穴。至于她自己死后的坟墓一事,她想拜托女儿去处理。(来源:上野千鹤子:《近代家庭的形成和终结》)

上述的案例中尽管夫妇仍然共同拥有一个家,但实质上家庭已经解体了。无论是丈夫还是妻子的家庭自我认同意识都不包括同居的对象。

> 现在 I 和比她小三岁的丈夫和七岁的女儿同居。她和丈夫双方都没有加入对方的户籍。她既认为日本的父系社会体制是与女性受歧视的现象相关联,又觉得一个社会如果要想运作得好,似乎母系社会的那一套更为有效,她并没有让丈夫承认孩子是他的亲生子。与丈夫的关系处于紧张状态的情形经常出现。也有稍微感觉到一点丈夫和自己意见不一致就提出分床睡等等警告的情形。由于她总有任何时候都可以分手的意识,所以要是一直不好好面对对方的话,两人的关系就会破裂。为此,她很重视两人间的会话,努力做到尽量互相商量。对孩子呢,因为她既希望让孩子了解父母的生活方式,也想让她把目光投向社会,所以什么事都对孩子说,也把她带到自己与朋友的聚会上。(来源:上野千鹤子:《近代家庭的形成和终结》)

上述案例中的丈夫对育儿很关心,虽然与孩子没有法律上的父女关系,但事实上他与孩子间的关系比一般的父女关系还要紧密,而且当事人的家庭认同也没有分歧。

由此,我们可以看到,与传统意义上的"家"意识的物质基础所不同的是,现代意义上的"家"意识随着住户的分离、家庭类型的多元化而摇摆不定。这种意识更多地建立在夫妻间的感情和强烈的子女之间的亲情纽带之上。

(二) 外部因素

一是社会生产方式。不同的社会生产方式,有不同的家庭关系与之适应。在小农经济的社会条件下,家庭是生活和生产单位。这时,就需要家长承担和履行组织生产、统辖分配的职责,因而形成家长的无限权威及其对家庭事务的裁决权,其他家庭成员则处于从属和被动地位。这决定了"家长制"式的家庭关系。在市场经济的条件下,经济的发展,社会分层和社会流动的日益明朗化、动态化,长者在财产和能力方面不再具有绝对的优势,子女对父母的依赖性逐渐减弱,这在一定程度上削弱了家长的权威,正如加里·S.贝克尔在《家庭经济分析》中所论述的:在现代社会中,血缘关系远不如在传统社会中显得那样重要,原因是社会保险代替家庭保险,家庭成员们各自分散去寻找他们最好的机会①。这就决定了"民主制"式的家庭关系。

二是社会规范。法律制度对家庭关系有一种约束力。法律所规定的父母、子女的责任义务必须体现在家庭互动之中,家庭关系不能违背法律的原则。伦理道德、风俗习惯也对家庭关系的维系起着示范和警世的作用,其影响有时甚至会超过其他因素。在中国传统习俗中,大家庭往往备受推崇,四世同堂、五世同堂是人们生活的理想,分家异炊者,被斥为薄于性礼的小人,形成分家是可耻的社会风尚。历代法律也给予大家庭以有力支持。如唐律规定:"凡祖父母、父母在,而子孙别籍异财者,徒三年。"(《唐律疏义·户婚上》)又如对于离婚,直到宋初以前,贞节观念并不太强,离婚再婚还是比较常见的,不为社会所非议。《诗经·卫风·氓》序云:"氓,刺时也。宣公之时,礼义消亡,淫风大行,男女无别,遂相奔诱。华落色衰,复相弃背;或乃困而自悔,丧其妃耦。"随着封建统治的逐步稳定,家长制的日趋完善,作为一种社会控制,对于离婚的限制日趋严格,社会舆论也加强了对离婚的干涉。唐朝的李元素因弃妻而免官,李白孙女不离其夫,为人赞叹,而崔颢数度弃妻,时称无行。宋代程朱理学形成之时,离异成为丑事,士大夫不敢随便出妻,司马光训子孙文说:"夫妻以义合,义绝则离,今之士大夫有出妻者,公则非之,以为无行,故士大夫难之。"所以,偶有不得已离婚的,如陆游

---

① 贝克尔:《家庭经济分析》,华夏出版社,1987年,第283页。

妻唐氏为其母所出,当时被称为"人伦之变"。士大夫偶有非理出妻的,将不齿于士类,而被罢官。

三是宗教。宗教对家庭关系也有巨大的影响和约束力,如宗教教义对婚姻的阐释和对离婚的规定、限制,便对信徒的夫妻关系产生约束力和规制作用(参见栏3-1)。

栏3-1 宗教上的禁止离婚

对于正统的印度教徒来说,婚姻是一种不得解除的宗教圣典,尤其是妻子,即使有朝一日丈夫不幸身亡,她也无权改嫁,仍应同亡夫保持夫妻关系。《摩奴法典》训导妇女们说,即便她们的丈夫是残废的、不忠实的、酗酒的、蛮横无理的或放荡的,也要忠实于他。即便丈夫死后,这种对丈夫的忠诚仍应继续下去。

犹太教认为,妇女属于自己的丈夫或父亲,但是,她们又不像奴隶那样仅仅是财产。习惯法也赋予她们某些被保护权。虽然妇女不能主动提出离婚,但是如果没有实质性的理由或正式的判决,她们也不可被任意离弃。只有与人通奸的女人才必须要把她离弃。因此,婚姻成为上帝与整个以色列民族签订契约的一个主要象征。

伊斯兰教认为,离婚是一切可以容许的事情中最可憎恶的事情。因此,极力主张限制离婚。《古兰经》规定:"休妻是两次,此后应当善意地挽留,或者以优礼解放她们。"(第2章第229条)"如果他休了她(三次),那么,她以后不可以做他的妻子,直到她嫁给其他的男人。"(第2章第230条)

据《圣经》记载,法利赛人问耶稣:"离婚究竟是否合法?"耶稣答道:"凡是上帝使结合在一起的,就不要让人去拆散。"因为,"夫妻不再是两个人,乃是一体的了。所以,神所配合的,人不可分开"。(《马太福音》10:8—9)当婚姻面临困扰时,无论如何,夫妻总应宽恕和好,"凡休妻另娶的,就是犯奸淫了,……妻子若离弃丈夫另嫁,也是犯了奸淫"。(《马太福音》19:9)同样,加尔文认为,几乎不存在什么理由能为离婚辩解——当然,行为粗俗、身遭威胁、精神上的残酷或受到殴打都不能成为离婚的理由,因为这些比起丈夫统治自己的妻子的权利来,重要性要小得多。

罗马教会法本着教义和夫妇一体主义,明确规定除配偶死亡外,婚姻不得离异,采取禁止离婚主义。罗马天主教的教会离婚法认为:一、婚姻

> 关系不可解除，只有食宿分开，即不共寝食的"离婚"；二、这种离婚只能由教会法庭裁决，而不能凭双方意愿。到公元 10 世纪时，禁止离婚主义几乎遍及欧洲。12 世纪末制定的宗教婚姻法中规定，婚配是不能解除的：教会法庭只能宣布夫妻分居（divortium），而这不是现代意义上的离婚（divorce）。到了 16 世纪特伦托主教会议通过了一个整体文件，该文件明确规定：婚姻是圣事（教规1），婚姻不能解除（教规5及7）。教会强迫的终身婚姻一直延续了数百年。
>
> 因此，在很长的时期内，离婚相当困难，离婚率也很低。1639—1692 年马萨诸塞州批准了 25 对夫妻离婚。1739—1760 年只有 3 对夫妻获准离婚。

总之，家庭关系受到家庭内部因素和外部社会因素的双重影响。反过来，家庭关系也会影响家庭结构的稳定，家庭功能的发挥与实现，进而影响到社会的安定。

第二节 亲密关系

家庭历来被看作是由夫妻之间、父母与孩子之间的相互关系组成的一个具体系统，是由婚姻关系或亲缘关系、生活的共同性、相互的道德责任联结成的小群体。一方面由于家庭成员间的相互关系相当多，因此家庭被视为一个相互关系的系统；另一方面，家庭是一种稳定的社会组织，尽管会随着时间的推移而发生变化，但它对于任何一个社会来说，都是最基本的构成要素。

从形式上看，家庭关系是一种基于姻缘和血缘的自然关系，表现为有婚姻血缘关系的人之间的关系（包括由收养关系建立起来的拟血缘关系）。其中，以婚姻关系为纽带的人称为姻亲，以血缘关系为纽带的人称为血亲。婚姻关系是自然与社会两重因素的构成物，是两性间具有由规范所指定的权利和义务的关系。它是两性间的交往，具有排他性。血缘关系以血亲或生理联系为基础而形成，是人类最早的社会关系。家庭关系表现了组成家庭成员之间的互动行为，这种互动既包括物质方面，也包括精神方面。从人际关系角度看，这种互动又包括了不同家庭角色之间的联系。

一、夫妻——性别关系

婚姻是家庭的基础和起点，夫妻关系是家庭生活中最核心的关系，它是指两性在家庭领域的角色关系,这种关系在不同的经济社会制度中有不同的内容和表现。有关夫妻角色的规范,随着社会的变迁不断被赋予新的内涵。在所有的社会中,家庭内部都存在着一系列普遍适用于丈夫、妻子性别角色分工的规则,尽管并非每个人都能适应社会加于他(或她)的性别角色及其规范。

(一) 性别角色

角色是指与一种地位、身份相联系的一套规定行为和社会期待。性别角色通常有两种含义:① 从宏观角度看,性别角色是指有性别分层现象,如男女在职业、收入等方面的不平等以及等级化现象。② 从微观角度看,是指男女之间的劳动分工。他们把夫妻—父母的身份分成了八种角色:供养家庭,管理家务,照顾小孩,促使孩子社会化,性生活,娱乐,保健医疗,亲属关系。另外有一些人还进一步细分,在性生活角色中划分出了启蒙阶段、激发阶段和诱惑阶段。帕森斯和巴尔斯则运用结构功能主义来分析性别分工的程序。在他们看来,社会群体应该完成两种功能:一个是劳动功能,它在于让社会群体和外界发生关系,以便提取资源(然后转换)并(重新)制定目标(社会群体的方向);另一个是情感功能,它保证群体的凝聚力,各成员的动力及行为规范的一致性。泽尔第奇又进一步把妇女(从生理特点考虑)归纳为情感型领导,而男子则为工具型领导。这是因为角色分工是群体生活的产物,同时也是各成员获得成功的因素。所以,角色分工也是满足各成员不同需求的手段。

家庭中夫妻角色的分工首先是由生理因素决定的。K.瓦西洛夫在《爱情》一书中,根据一些调查资料的研究分析,对男性和女性进行了如下的比较说明:男人体力强,女人比较妩媚;男人力气比较大,女人力量比较小;男人比较有理性,女人比较多愁善感;男人比较刚毅,女人比较柔顺;男人比较讲求逻辑,女人则凭直觉;男人严峻,女人比较有求必应;男人喜欢综合,女人喜欢分析;男人好斗,女人富于同情心;男人喜欢抽象概念,女人喜欢具体事物;男人喜欢稳定,女人喜欢变化;男人常常会激动,女人完全受感情支配;男人的感情比较富于戏剧性,女人的感情富于乐观精神;男人比较果断,女人比较细心;男人比较喜欢发号施令,女人爱美;男人比较勇敢,女人比较勤奋。总之,在他看来,男人比较有阳刚之气,女人则有阴柔之美。这些性别差异是由两性的生物特征决定的。同时,家庭中夫妻角色分工和彼此关系也受社会因素的影响和规定,经济、政治、教育、宗教、传播、社会福利等一系列制度影响着家庭模式和组织性质,也影响着家庭中的互动关系,包括夫妻之间、父母与子女之间的行为与期待。

在家庭发展史上,曾经存在过母权制。母权制始于原始氏族公社产生之时,其存续的时间大致相当于旧石器时代中、晚期。在母权家庭阶段,家庭的统治者是女人而不是男人,财产由女人占有,经济由女人控制,各项事务由女人决定,亲属传承依母系传递和计算。妇女地位高贵并在氏族中受尊敬的根本原因在于,她创造的财富远远超过了男子。妇女从事采集、纺织、养畜和原始农业,创造了绝大部分的生活用品,提供大量的食物;而男子从事狩猎,往往具有较大的危险性,而且不可靠。如果运气好,可能收获很大;如果运气不好,则可能一无所获,因而男子不是家庭经济的主要支撑者,甚至需要依靠妇女的可靠收获生活,地位较低。

生产力的发展造成新的社会分工。随着金属工具的出现和原始农业、原始畜牧业的发展,男子开始从事农业、畜牧业、制陶业,他们的劳动收获逐渐超过了妇女,从而成为生活资料的主要提供者,而妇女则被排斥于主要的生产部门之外,从事附属性的劳动和家务。男子创造财富的能力增强,地位提高,自然就产生了统辖家庭的要求,世系由母系转为父系,子女继承父亲的血统、财产和权力。同时,伴随着生产劳动中性别角色的高度分化,妇女受到严格的人身隔离,她们的活动被限制在家庭之中,从而依赖于男子。工业革命以来,两性关系发生了许多历史性的变化。工业社会对劳动力需求的增长促使妇女进入劳动力市场,尤其在与传统女性的性别角色和个性特征相联系的工作领域中,工业化给妇女创造了许多岗位,如食品加工、服装制造、教育、社会工作等。妇女投身于家庭以外的社会领域,参加工作,参与交往,重新获得为家庭做出经济贡献的机会,自身价值相应得到提高。此外,在工业社会中,孩子不再像农业社会或采集、狩猎社会中那样具有很高的经济价值。关于孩子的价值观的转变,有助于妇女摆脱生育的压力,从而可以比较自由地在家庭和社会上寻求新的角色。男女两性关系在社会、家庭领域中走向平等的趋势,改变着夫妻地位和相互关系。

在米歇尔、希尔等人看来,以伴侣关系为规范的家庭体系中,不是分工,而是任务商讨、相互对话和分担责任才能保证成功。因此,在现代社会,有关社会目的和家庭组合的自主化潮流把对角色分工因素的分析放到了研究首位。这种分工不仅与赋予夫妇双方的任务有关,也涉及双方各自的权力①(栏3-2)。

栏3-2 关于家庭权力的分析

罗兰和巴尔等认为,权力和控制两个概念只有在夫妇双方有冲突的情况下才有意义。然而,如果把冲突归结为活动过程中局部或全部的不相容性,那么我们可以看到任何共同生活都会牵涉到许多不同的利益和观点,

---

① 让·凯勒阿尔等:《家庭微观社会学》,商务印书馆,1998年,第41页。

而我们正需要好好地处理这些问题。如果我们不承认在家庭中会经常出现利益和思想观点的统一,这将限制权力概念的使用。当然,这个观点显得并不全面,因为它没有搞清楚这样统一的利益和观点是如何形成、如何达到的。

自从把时序的观点和点状的分析对立起来后,人们可以发现,决策只是家庭权力的众多层次的一个方面:最通常的是因目的不同而采取的资源分配(资源被看作是既定的、固定的)权力。这些资源有物质的、时间的,也有力量的。另外,我们曾提出要区别"分配权力"和"决定权力"。后者被看作是固定各群体拥有资源总量(或多或少)的可能性。例如,决定夫妇双方职业劳动时间的长短。然而,我们可以看到,这种区分法引出了有关资源分配的两个不同的结论。事实正是如此,如果大部分夫妇在有关资源分配方面有平等的准则和习惯做法,那么,有关权力决定并非如此。男性领导权地位丝毫未受到损害。同样,作用于一个权力层次的因素和作用于另一个权力层次的因素的力量是不同的。

在有关权力执行方面,如果区分出着眼于改变或维持能力区域分配的行为和在一个专门的能力区域内获得的一个特别结果的行为,这样我们就可以向前迈进一大步了。传统的家庭体系经常把夫妇双方放在一个专门的能力区域内,结果是限制了潜在的冲突。相反,斯刚佐尼认为,就是在夫妇能力区域内,斗争和争吵才变得剧烈了。当夫妇一方觉得有一些领域(比如职业,它牵涉整个家庭生活)被别人领导管理着,而自己负责的那些方面和对方没有关系(比如住宅的装潢),这对自己的命运太残酷了。当人们发现这种情况时,上面提及的能力区域分配就显得不均等了。M.奥斯蒙确切地指出,冲突的解决和权力的执行都依赖于目的均衡程度。简言之,这两种区分法使人们了解到,在家庭生活中经常出现两个必然结果:一个是决定权力执行的区域(目的是为了减少冲突),一个是要求最大限度的"监督权"(为了防止一个人采取太违背别人利益的决定)。

围绕"谁决定"这个论题而展开的许多研究工作,都无意识地把权力作为一个人的个人特性:一个人利用自己的资源(或多或少地)可以引导整个社会群体的行为。不管一个人的资源水平如何,他的行为态度很大程度上由其所在的活动网络(结构)决定,这个网络尤其可以用以下几点来概括:

① 相互作用的人物角色的数量:有关家庭权力的研究经常单独研究夫妇双方的权力,其他方面(父母权力、手足之间的权力)大大被忽视了。

而事实上,它们决定了夫妇间权力的形式。② 核心家庭和亲戚(更广义上讲,能说明问题的其他人)之间的接触影响的频繁程度。③ 家庭中任务分工的程度。后来,研究者们的注意力从研究结果转向了研究过程。

为了测算一个人的权力大小,只考虑他可能引起的升迁变动是错误的,这并不能形成和决策相关联的结果。任何胜利都要付出代价。萨菲里奥-罗特蔡尔德认为,遭受惩罚本身有其合理的结果,夫妇一方简单地使用权力会使另一方的信心发生变化,或简单地说,会使对方所体验的快乐发生变化。反过来,这一切影响前者的资源。在情感吸引和权力运用方面存在以下关系:人们之所以很难容忍权力的运用,目的是使感情更稳固,反过来,权力的巩固会使感情淡化或消失。

斯刚佐尼更进一步提醒人们注意,"结果"概念应该包括(比如夫妇)决策结果,这一决策是在其所处的家庭和社会背景中进行的。从这一点来看,我们失去了很多,同时又好像获得了不少。像这样付出重大代价而取得的胜利是比较多的。仅仅过分地以夫妇二元论及(太制度化的)决策概念为中心的研究会使人们忘记这一基本事实。因此,很有必要把资源概念和权力机遇代价概念联系起来。当然,当占主导地位的配偶在现实关系中有更多的选择时,这些代价会变得更高。同样,我们可以这样理解,当权力合法化进程越来越明显时,这些代价就不会很突出。

权力资源问题。在布拉德和沃尔夫的观点中,夫妇双方的社会经济资源很重要。在这方面已有许多研究:一方面证明了为内部决策而必须拥有外部资源的真实重要性;另一方面指出由于存在一些矛盾的结果或统计关系中出乎意料的形式,许多问题还有待于解决。

第一问题在于给确切的资源划定界限。克伦威尔和奥尔森在1975年出版的书中指出,权力基础远远超出了社会经济范畴。继弗伦奇和雷文之后,他们提出(除了社会经济层次外)还要考虑以下几种资源:

(1) 规范资源,即社会习俗赋予每个人的权利。

(2) 享有特权的资源,它来源于别人对自己的吸引,以及别人和自己的同一性。

(3) 鉴定资源,即在解决问题中能体现其价值的技术才能。

(4) 信息资源,劝说别人并建立自己的知识领域的能力。

(5) 满足资源和控制资源(一个人控制后果的能力)。

第二个问题涉及权力的规范来源和经济来源之间的关系。罗德曼提出了一个双重假设:一方面,社会规范影响社会经济资源和权力之间的关系;另一方面,这种影响的性质取决于社会的现代化程度。正是这样,他才区分出了四种文化背景:家长制,权力分配的规范很严格,它不随夫妇双方的社会经济地位而变化;改变的家长制,男性权力和社会经济地位有关;向平均主义过渡的形式,权力随社会地位而变化;最后是平均主义,不存在社会经济地位和权力分配之间的关系。从近处看,罗德曼的观点(因"规范资源理论"这一命题而著名)有说服力,同时又太简单。有说服力,是因为社会经济资源在文化所允许的范围内起一定作用,我们可以在伯尔那儿发现这一观点;太简单是因为它没有把社会规范和经济满足间的关系理论化。从此之后,我们是否也像布劳那样,认为规范资源取决于一个人强行规定惩罚和奖励的能力呢?在这一点上,如果家长制的权力分配规范和人们在外部社会经济资源上的平等要求背道而驰的话,它迟早会被废弃的。父母和子女关系的变化正反映了这一点:从历史上看,社会规范给予父亲的权力随着其控制孩子的社会经济命运的能力而变化。或者应该接受这样一个更辩证的观点,就像下面这个例子:女孩子很少能拥有社会经济资源,这与以顺从为特点的教育体系有关联,而与以成就和权力技巧为特点的教育体系没有关系。然而,这一切维护并加强了不平等的才能拥有权。

第三个问题在于广义上的资源概念不足以把合法化从监督方式中区别开来。M.奥斯蒙引用的一段话正好说明了这一问题:资源可以被广义地看着为特性、境遇、财产等,这一切能扩大一个人的影响力。把资源看作人们能灵活运用的(对别人很确切的)奖励和惩罚的整体;把合法化分开来考虑,由此寻找(偶尔)可以判断权力运用的参照体系。只有这样做才合理。事实正是如此,合法并不说明服从的可能性的提高。的确,我们可以看到,年轻人的行为之所以符合父母制定的规范,尤其是因为他们享有的特权已得到承认,已合法化了,并且比较突出。但是,澄清概念的重要性在于合法化与权力代价紧密联系(除此之外,偶尔还与它和效率关系的代价紧密联系);家庭中情感变化反映出权力运用并没有得到承认。夫妇双方或整个家庭相互作用相互影响造就了家庭情感氛围。因此,我们要讨论一个四位体(资源、他人的行为、劳动力和关系代价、合法性),任何(向二位体或三位体的)简化都会引起判断错误。

内容来源:让·凯勒阿尔等:《家庭微观社会学》,商务印书馆,1998年,第60—67页。

(二) 现代夫妻关系的主要特征

在当代工业社会中,家庭规模小型化,家庭结构简单化,工作与家庭完全分离,男女平等主义的思想大造声势,出生率降低,生育与性行为分离,儿童教育和家务劳动社会化,妇女广泛就业,家庭生活水平提高,这一系列因素对家庭中的夫妻关系产生了以下重要影响:

(1) 夫妇式的家庭关系越来越受到重视,夫妻关系在家庭关系中占主要地位,家庭轴心从以往的亲子轴心转向夫妻轴心;

(2) 夫妻关系在家庭内部趋于平等,夫妻各自保持思想和经济的独立,共同分担家庭义务;

(3) 在夫妻关系中,更受注重的是爱情情感支柱、友谊和伴侣关系的实现以及性的和谐与满足,这些需要已经成为达到理想的家庭生活的前提(见表3-1)。

表3-1 传统夫妻与现代伴侣的比较

项 目	传 统 夫 妻	现 代 伴 侣
择偶特点	靠父母之命,注重家庭条件、经济保障、人品忠厚	通过自由交往,注重外貌、性格、感情、文化教育、兴趣爱好、气质,多次择偶
婚前交往	彼此了解不多,但有"嫁鸡随鸡,嫁狗随狗"和"白头偕老"的心理准备	自由交往,心理要求高,受传统观念束缚少,不愿维系无爱情的婚姻
夫妻地位	丈夫是一家之主,具有权威性,妻子处于依附地位,要服从丈夫的意愿	夫妻地位平等,共同决定与婚姻和家庭有关的事物
社会身份	男主外,女主内,妻子的身份和地位取决于丈夫,丈夫的日常生活依赖妻子	双方都外出工作,妻子经济独立,追求事业生涯,双方的身份地位由自身的教育水平和职业成就而定
生育观念	生儿育女,传宗接代,多子多福,没有儿子是最大的缺陷	少子女或一个孩子,生孩子是出于心理需求和为社会培养下一代
孩子抚养	主要靠父母	主要靠社会化,夫妻在养育子女期间照常就业,业余时间照料子女
性 生 活	除了生儿育女和生理需求外,性生活不占重要地位,尤其是妻子的性满足受到忽视	双方是平等的性伙伴,夫妻对性的生理、心理、文化娱乐功能有对等要求

续 表

项 目	传统夫妻	现代伴侣
业余时间	夫妻的职业流动和地理流动很少,社会交往简单,双方常年厮守在一起度过闲暇时间	夫妻双方在婚姻之外的交往频繁,职业流动、出差机会多,部分时间不在一起度过
姻亲关系	与双方家庭交往频繁,姻亲工作密切,家人的制约、援助与保障都很重要	与双方家庭有所交往,但经济与心理上独立,姻亲关系淡化,援助与保障主要靠工作单位和社会机构
离 婚	起诉离婚,通过法院裁决,但受到家庭和社会舆论的严格限制,不敢离婚和害怕离婚	协议离婚普遍,不经法院裁决,离婚抉择较少受到家庭和社会舆论影响,男女双方提出离婚的权利平等,甚至女方更主动

但在社会变化的过程中,当代夫妻关系上也出现了某些普遍性的社会问题。最为明显的是,离婚率的不断上升,反映了夫妻生活的失调和夫妇冲突的频繁。

研究表明,在夫妻之间,如果丈夫一方的权力明显高于妻子,夫妇冲突的外显性就较小;相反,如夫妻双方在家庭中的权力接近平等,则夫妻冲突就很容易外显。资源理论认为,夫妻的权力对比基于个人的资源对比之上,资源多的当然权力就大。但是围绕着资源理论,提出了多种观点,如有学者提出,权力并不只是基于个人资源的对比,而且还基于比较贡献(资源)和夫妻角色互换的过程中。有人强调文化环境对夫妻互动的影响。基于以上讨论,博伊德斯·罗林斯和斯蒂芬·巴尔提出了以下观点:① 研究最好以夫妻权力的比较为中心,而不要侧重于单方面权力的量的比较;② 相对的权威、相对的资源和相对的权力不仅仅存在于双方配偶的感觉中;③ 权力和制约是相对的结构,只有当婚姻配偶目的之间发生冲突时才能成立;④ 相对的权力和相对的制约根据婚姻范围的变化而变化①。

在 20 世纪,平等主义理想为大多数人所接受,妇女通过教育和就业得到日益增加的财力,夫妻之间的更公开的互相冲突于是呈上升趋势。引起夫妇冲突的原因主要有四种:一是金钱。由于获得金钱具有提供个人生活安全的功用和自身价值实现的象征意义,所以金钱可以成为婚姻成功的因素,也可能是使婚姻失败的因素。对金钱的不满足和金钱使用与处理的分歧往往是夫妻冲突的根

---

① 博伊德斯·罗林斯和斯蒂芬·巴尔:《婚姻中的权力关系理论》,转自 J.罗斯·埃什尔曼:《家庭导论》,中国社会科学出版社,1991 年,第 453 页。

源。二是子女抚育。许多夫妇间的争执往往以子女为中心,抚养、教育子女的态度和方法上的差距,往往给夫妻生活带来不少困难和压力。三是家务分配。承担家庭事务的责任的分配,往往也是导致夫妇争吵的导火索。四是性生活问题。夫妻间性生活不协调,出现婚外性关系等,这些与性有关的事件是导致夫妻冲突的一个重要原因。当夫妻冲突达到激烈程度时,婚姻便有了不可挽救的危险。

当代的社会条件创造了其历史上最高的离婚率(见图3-2)。

在英国1960—1980年间离婚数增加了4倍,从每千名已婚妇女中由3人离婚增至13人;苏联共有7 000万个家庭,每年记录在案的共有90万对夫妻离婚。据美国统计,在过去的100年来,离婚增长率是人口增长率的13倍;有三分之一的初婚以离婚告终,有三分之一的再婚再次解体。40年代出生的美国妇女,第一次婚姻中有38%,第二次婚姻中有44%可能以离婚告终[①]。离婚数则提高了一个数量级,从1950年每千名已婚妇女中不到2人提高到1980年的20多人,据美国报纸1997年公布的统计数字,平均每年有近240万对新人结婚,有近120万对夫妇离婚。伴随着离婚率的上升,还有两种值得注意的现象:一是再婚的数字呈下降趋势,二是非婚同居作为婚姻的一种替代形式日益普遍化。这一切都表明,现代家庭中的夫妻关系比在以往社会中要脆弱得多,不稳定得多。

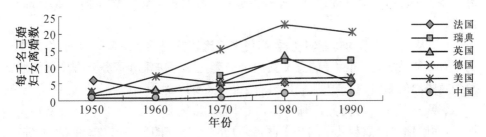

图3-2 部分国家离婚率(1950—1990年)

(三)中国社会中的夫妻关系

进入封建社会中后期以后,中国的家庭作为封建社会细胞的功能日臻完备。传统的家庭伦理对家庭关系的规范和要求反映了封建家庭的本质。封建家庭伦理所规定的夫妻关系准则是:夫妻有别、"夫为妻纲"、男尊女卑,女子的地位和人权完全被忽视。同时,夫妻关系必须首先服从于家族利益的需要和家长的权威。

近代历次社会运动所进行的思想启蒙,对传统的夫妻伦理规范产生了很大

---

① 李银河:《中国女性的感情和性》,今日中国出版社,1998年,第199页。

的冲击。太平天国运动将平等的观念渗透进家庭,改革婚姻制度,呼唤男女当事人在婚姻中的主体位置,革除歧视和奴役妇女的恶习,由此妇女在许多方面得到一定程度的解放。戊戌变法时期,维新派提出了许多解放妇女的设想。辛亥革命中提出的"家庭革命"中,有相当一部分的内容是关于改变妇女在家庭和社会中的地位的,如反对男尊女卑、改变妇女历来依赖于男子的传统、培养女子在家庭和社会中的独立精神、改良家庭生活等。在五四运动时代,向传统家庭的挑战达到最高潮,人们从伦理的角度批判夫为妻纲的扭曲关系,当时许多年轻人的观念因此而改变。

在当代中国,核心家庭占了大部分比例,夫妻关系开始成为家庭关系的轴心。同时,在夫妻关系中,夫权渐渐衰退,夫妻对爱情生活的需求提高,婚姻中的精神内容越来越被重视。具体而言,这种变化主要表现在以下几个方面:

(1) 夫妻关系是家庭关系的轴心,家庭的实权主要是掌握在作为家庭轴心的夫妻手中。这一点在"中国七城市家庭调查"中有明显反映:家庭实权掌握者基本上是夫妻一方或双方,而不是其他家庭成员。这与核心家庭占多数比例也有联系。

(2) 从夫妻关系的性质看,主从型居少数,而平等型居多数。"中国七城市家庭调查"发现,夫妻共同掌握有家庭事务决定权是占主导地位的家庭权力分配形式。

(3) 从夫妻关系的功能实现看,当代夫妻比较重视感情交流与沟通,婚姻中的生育职能被弱化,而性爱的意义突出。夫妻在家庭决策和家务分派中逐渐脱离角色隔离的倾向,并希望形成理想的伴侣式婚姻关系。

(4) 夫妻冲突与离异增加。尽管中国人口在 1979—1992 年间只增长了 20%,而同期离婚数却几乎增长了两倍。1982 年中国的离婚案数是 42.8 万件,一般离婚率为 2.86‰,1982—1990 年,一般离婚率年平均上升速度为 4.5‰,接近 1970 年英国、法国和德国的水平。中国的粗离婚率和离结率也从 1979 年的 0.33‰和 5.04%,分别提高到 1993 年的 0.79‰和 9.96%,平均每年分别增长 6.4%和 5%[①]。1997 年的粗离婚率已是 1982 年的 2.3 倍,离结率是 1982 年的 2.6 倍。中国香港地区在 1992 年之前的 20 年内,离婚率也上升了 10 倍。

有研究表明,中国城镇 20—49 岁婚育期妇女的就业率达 90%,远远高于日本、韩国、美国、法国、英国等国,与世界公认的男女平权国家瑞典相近。有的学者认为,中国城市家庭两性平等程度较高,与妇女在婚后连续就业的模式有密切

---

① 一般离婚率:指全年每 1 000 对夫妇(通常用有配偶女性人数代替)中的离婚对数。粗离婚率:指全年每 1 000 人口(包括男、女、老、少)中的离婚对数。离结率:将某年内的离婚数除以结婚数所得的比例。

关系。连续就业能最大限度地缩小两性间的差距,使妇女的自身资源得到合理利用和开发;再者,妇女参加工作,赚取薪酬,为男女在婚姻家庭及社会事务上的平等奠定了经济基础。

当然,我们也应该看到,很多地方依然存在"男尊女卑"的思想,大男子主义依然是两性伙伴关系得以实现的隐性屏障。特别是20世纪90年代以来,女性社会地位的下降影响到了她们在家庭中地位的下降。随着城市里越来越多的女性被迫离开职场、退回家庭,城市失业者中下岗女工越来越多,退回家中的女性尽管不再外出辛苦工作,但心理压力和痛苦却成倍增加。据中国社会科学院人口研究所的调查,女性的经济自主权大小与被丈夫殴打的概率成正比例关系,也就是说,女性的经济自主程度越低,被丈夫殴打的可能性越大。例如,被丈夫殴打者的女性当中,每月在家中可以支配50元上下的人分别是52.63%（上海）、48%（济南）、52%（西安）,可以支配51元至100元的比例为36.84%（上海）、44%（济南）、36%（西安）,而每月可以支配450元以上的女性,只占10.53%（上海）和12%（西安）[1]。

在农村,现实生活中侵犯、剥夺妇女家庭财产权利的现象和事例仍频繁出现,特别是家庭承包制推行以来,女性拥有、处理和继承土地承包的权利成为女性立身存命的大事,可是各地的乡规民约和风俗习惯仍然经常侵害女性的土地使用权,农村已婚妇女的责任田、口粮田和家庭财产继承权实际上仍然得不到保障。例如,虽然政府宣布农村的土地承包责任制"30年不变",但农户之女一旦出嫁,其娘家承包的土地就会被收回,而出嫁女性能否在婆家村里分得一份土地,则取决于婆家村里有无机动土地或是否恰好遇到婆家村里调整土地[2]。中国妇联妇女研究所的研究表明,承包责任田、土地入股分红、征用土地补偿、宅基地分配这四大权益是农民立身存命的根本,但农村妇女这方面的权益却往往遭到侵害,尤其是适龄未嫁女、有女无儿户、外村娶来的媳妇和"农嫁非"的出嫁女等四类妇女,在农村承包土地的调整中她们的权益最可能被剥夺。中国经济改革研究院课题组的问卷则显示,有7.2%的受访妇女目前没有土地,其最主要的原因分别是"出嫁后失地"（占45%）,"国家征用后失地"（占17%）,从未分配土地（占31%）。进一步比较得出,出嫁女、离异妇女、丧偶妇女的土地权益,前者比后者依次更没有保障[3]。

---

[1] 佟新:《中国家庭暴力的情况与分析》,高鸣亦、王行娟、丁宁:《"围城"内的暴力——殴妻》,河南中原农民出版社,1998年,第22页。

[2] Tamara Jacka. Women's Work in Rural China: Change and Continuityin an Era of Reform (New York: Cambridge University Press,1997).

[3] 景新、支晓娟:《保障农村妇女土地权利》,中国选举与治理网,2003-08-15。

二、亲子——代际关系

代际关系是指两代人之间的关系,即家庭中的父母辈或祖父母辈与子女、孙子女辈的关系。由于生理、心理、社会地位以及社会经历的不同,不同代的人在行为和认识上往往产生差异,这些差异可以通过整合而得到沟通,从而形成融洽的代际关系;也可能因为无法整合而使不同代人形成分离和隔阂。两代人之间在认识和价值观上的明显差异,通常被称为"代沟"。代际关系既可发生在家庭中,也可以泛指社会范围内年老一代和年轻一代之间的关系。这里所讨论的主要是发生在家庭中的代际互动关系。

中国目前代际关系的研究主要有三种方向:一是从人口老龄化角度分析代际关系变化对养老的影响;二是从养老支持力角度分析代际关系的变化对养老的影响;三是对代际关系变迁的各个方面的研究。这些成果拓展了家庭代际关系的研究视野,有些成果还被相关政策部门采纳。

(一) 亲子关系的基本分析

父母与子女的关系并不是一成不变的,而是随着家庭在特定社会中的结构和功能不同而变化的。

列维-斯特劳斯指出,父子关系冷淡或亲近、专横或热情,取决于家庭体系。这一体系涵盖了舅甥之间的关系。在功能主义看来,父母与子女的关系和家庭控制子女以后的命运(或社会地位)的能力密切相关,同时也和家庭功能联系在一起。阿里耶斯以欧洲为例,把以经济功能为主体的传统家庭和情感功能占优先地位的现代家庭(大体上以 17 世纪为界)进行了比较研究,认为传统家庭中,家庭内部交流不如(同龄人、同性别人及邻居等)家庭之外的人的交流那么频繁、热烈、复杂。他列出了和这种传统家庭相对应的童年期的五个特点:① 孩子通常在家庭之外长大(放在托儿所或送去学徒);② 亲人对孩子很冷淡,这种冷漠关系甚至会发展到忽视对孩子的最基本的照应;③ 孩子的时空和成人的时空没有分开,孩子和大人一起玩、劳动、睡觉,因此,孩子的教育或学习是在接触中进行,在实地中开展的;④ 不存在孩子的感情,童年期(5—7 岁左右)被越过了,小孩被看成是小大人,而不是被看作一个性质完全不同的人;⑤ 几乎没有人知道马尔萨斯主义有关限制人口出生的担忧。这种古老的形式渐渐地,并且先后不同地(即上等阶层在 16 世纪左右,普通阶层在 20 世纪左右)被一种情感关系所取代,这种关系的特点如下:① 夫妻间、父母与子女间的情感关系渐渐处于优先地位。② 人们关注的主要是孩子的培养问题,使孩子有地位,并使其有机会晋升。这一切都是借助于学校进行的。相应地,孩子和成人的世界分开了,孩子被看作是与成人不一样的人。以社会融合（而不是家庭融合）和身份淡化为特点的实地学习已被学校教育所取代。在后者中，占主导地位的是一种双重分离，即家庭（只有严格意义上的父母监督自己的孩子）和社会（年轻人自己的发展时空——学校）分开了；③ 逐渐限制人口出生，当代人们的忧虑在于社会晋升和情感投资两个方面。母子关系渐渐地在频率上超过了父子关系。由于地理位置的远离，父亲在子女心目中的形象变得模糊了①。

同样，弗朗德兰也论述了16世纪末和18世纪末之间家庭道德的这种情感化。在他看来，随着经济功能的弱化，家庭的情感功能得到了发展，家庭道德越来越注重父母对子女的义务，严厉的父权受到了限制。

鲁塞尔根据核心家庭是"融洽型"还是"结合型"来划分父母与子女之间的关系类型。他认为，在"融洽型"家庭中，浪漫主义占了一定地位，夫妇双方情感之间互相依靠。孩子虽然是爱情的结晶，但事实上是父母想通过子女的独立性及其与父母的相似性来进一步发展夫妻关系。对子女来说，社会和规则连在一起，而家庭和愿望联系在一起。在"结合型"家庭中，不存在这种极端的浪漫主义。夫妇关系基本上被看成是达到个人目的的一种手段，其重要性有大有小。在这种类型的家庭中，子女之所以受到欢迎，是因为他们能给父母带来满足，但他们的战略方法是不同的。父母注重子女的自立，但是，子女对父母的生活影响微不足道。父母虽然照料孩子，但不把这一切和自己的命运相联系。在这类家庭中，社会地位变得模糊了。与此同时，父母的作用也是变动的，父母和孩子的地位越来越分开了，成员角色变得更具有个人特点②（栏 3-3）。

栏 3-3 亲子关系的研究

父母和子女关系情感化这场总运动（及运用某种社会控制）并不能抹掉以下事实：父母与子女间的关系类型因社会阶级的不同而不同。从目前在不同领域内施行的教育方法来看，我们可以发现关系类型具有多样性。例如，塞加兰的有关法国17世纪资产阶级家庭和工人家庭的强烈对比的研究中，就出现了这种多样性。

在资产阶级家庭中，人们对子女的细心照顾是围绕他们日后的社会晋升而进行的，在工人家庭中，因为处境不安全及生活凄苦，人们对（马尔萨斯人口论的）核算和前途就不那么牵挂（涉及健康和职业）。

---

① 让·凯勒阿尔等：《家庭微观社会学》，商务印书馆，1998年，第91—93页。
② 参见让·凯勒阿尔等：《家庭微观社会学》，商务印书馆，1998年，第95页。

更广泛地讲,父母和子女的关系受到三个主要因素的影响:家庭通过控制资源来引导子女命运的能力;家庭集体中占主体地位的(经济生产或其他)功能;核心家庭被容纳入集体环境中的方式。

现代社会学家从以下几个角度研究了教育类型:父母对子女行为的监督方式,专横程度,感情支持的程度,准许(子女独立)的程度,以及交流方式。

在20世纪60年代左右,布朗芬布雷纳、科恩等人的研究,指出了这些关系各自的重要性是如何由不同的阶级社会决定的。如果我们把中层阶级和工人阶级摆在对立的位置上,就会发现,在前者中,准许子女独立的程度及监督方式更主要的是以价值的潜移默化为基础的,而不是以直接顺从为基础的。在解释这几个现象之前,应该意识到,从古至今这种差异性质一直是变化的。伍德写道,在19世纪的英国,专治制度在中等阶层中比在工人领域中明显得多。同样,戴维斯和哈维格斯特观察到,二战结束以后,在工人阶层内,准许子女独立的程度比在其他阶层中高。这些多种多样的结果证明了:社会阶级体系的历史变化会引起教育方式的变化。

自20世纪60年代以来,研究领域中出现了分歧。德弗罗的国际性研究(1960—1965年的英、德、美)指出,普通阶层的子女认为,父母更倾向于用监督方式、惩罚方式;而中等阶层的父母,用子女的话说,显得更空闲,更倾向于子女的独立自主性。M.特劳斯也得出了与此相关联的结果:在工人领域中,父母对子女的情感支持远没有白领阶层中那么明显。

盖卡斯系统地总结了这些领域中的研究成果。他概括出以下几点:

(1)在普通阶层中,监督方式主要以直接并及时的指导行为为基础,而在中等或上等阶层中,人们看重子女的动机、目的、意愿。在前一类的阶层中,体罚比较频繁,而在后一类型中,精神处罚比较多。

(2)在低普通阶层中,专横现象比较突出,而中等阶层注重平等和协商。

(3)感情支持(比如参与孩子的游戏,与孩子交谈,给他们提供各种帮助)也和父母的社会职业地位有关。

(4)低级社会职业阶层中,行为监督程度比较强,社会地位越高,期望子女独立的倾向越突出。同样,要求子女成功的愿望也越强烈。

(5)在社会底层中,父母与子女的交流主要是针对地位的,而在中等和高等阶层中,交流方式主要针对个人而言。

盖卡斯尤其侧重于职业角色和家庭角色之间的平行关系。越趋向高层社会,参与职业角色的越能表现人们的自主权及决策态度。这一切还提高了父母赋予自我调节的价值,降低了与直接顺从相关的价值。在此,教育价值反映了与父母身份相关联的行为方式,同时也反映了考虑子女的未来的行为方式。

我们还可以用以下几个家庭的变量来补充这个解释:

(1) 家庭角色的灵活性随社会经济地位而提高。另外,人们控制和改变环境的信心也相应提高。由此,个人主义价值得到了提高,适应或预见变化的能力也提高了。

(2) 物质资源短缺(缺少空间、时间或设施配置等)会迫使父母采取更多的及时措施,这使得他们无法和子女进行特别的交流。

(3) 在家庭凝聚力和教育方式之间存在着关联。日内瓦进行的一项研究表明:法规教育形式,把频繁使用监督方式作为一种教育技巧,父母与子女间的交流较少,主要出现在堡垒型家庭,而契约教育形式,把关系和动机作为教育技巧,代际间交流较多,主要出现在结合型家庭中。因此,在指导教育态度方面,群体凝聚力和配偶双方隶属的社会职业领域同样重要。

内容来源:让·凯勒阿尔等:《家庭微观社会学》,商务印书馆,1998年,第96—101页。

根据国外的研究,父母的子女教育价值观,较之过去已经发生了明显的改观,这与社会的变迁有很大关系(表3-2)。

表3-2 父母的教育观比较

传统的父母	新一代的父母
信念: ① 以子女为中心,愿为子女牺牲 ② 希望子女杰出 ③ 喜欢干涉,替孩子作决定 ④ 尊重权威 ⑤ 不许纵容 ⑥ 男孩女孩不同的教养 ⑦ 相信旧式养育(方式)最好 ⑧ 养育子女是很重要的价值	信念: ① 父母自我本位,不打算为子女牺牲 ② 不处罚子女 ③ 放任的态度,孩子能自作主张 ④ 怀疑权威 ⑤ 纵容的 ⑥ 男孩女孩同样的教养 ⑦ 子女对父母无未来责任 ⑧ 养育子女是选择,非社会责任

资料来源:黄廷毓:《家庭教育》,台湾五南图书出版公司,1988年,第291页。

(二) 代际关系的变迁

代际关系的性质与社会环境背景有密切的联系。在一个封闭的社会体系中,社会相对稳定,变迁不显著,两代人所处的社会环境无显著差异,代际互动遵循传统的规范要求,代际交换相对平衡,代际矛盾和冲突较少。相反,当社会处于急剧变革或形态转轨的时期,许多新的社会现象涌现,社会观念、社会意识出现新旧更替现象,不同代的人面对社会变化各自具有以自身群体为中心的价值观,家庭中的世代之间也因此而容易产生观念和行为的不一致,产生世代隔阂。

父母与子女的关系是两代人之间的联系和互动。父母与子女之间的骨肉之情是天然存在的。夫妻生儿育女不仅是个人之间的事情,而且是一种社会性的行为,社会性的关系总是相互的,正如周期理论所揭示的,亲子关系本身是不断变化发展的,而且这种关系具有轮回的特点。父母给予子女的是抚养、教育、经济与服务性的支持和帮助,子女给予父母的是赡养和情感安慰。有观点认为,东西方社会具有不同的两代人关系模式。中国社会主张家庭养老,相邻上下两代人具有抚养教育和赡养的相互责任与义务,因而两代人的关系是"反馈"模式;西方国家大多没有家庭养老的传统与习惯,只有上代人对下代的抚养义务,而没有下代人赡养上代人的责任反馈,因而两代人的关系是"接力"模式。

从父母、子女在家庭中的角色规定看,在以家庭生产为基础的经济体系中,子女是非常重要的生产力,子女越多,家中的劳动力越多,父母年老所能得到的养老保障也越是可靠,因而造成高生育率。对于父母来说,子女的经济价值高于其他功用的价值。工业化社会的经济体系助长了生育率的降低和家庭的小型化,晚婚、晚育、妇女就业反映了工业社会中妇女地位的提高,子女对于父母的养老没重要意义,不再是经济性的价值,而是另外一些东西。

孩子对婚姻和家庭的积极意义究竟还有多少? 在肯定生养孩子会改善婚姻关系,增加家庭生活乐趣,因而仍然具有较高内在价值的时候,也有一些人认为,孩子使夫妇间的婚姻交往受到破坏,婚姻满足感也因此而下降。在男人和女人都同时担当着家庭和职业领域的双重角色时,孩子增加了工作和家庭角色之间的冲突。

对父母和子女角色义务产生较大影响的趋势有两种:第一,妇女在生活上具有更大的选择余地,传统的照顾子女、操持家务的母亲角色规范不再被强迫遵循。妇女除了母亲角色外,还坚持保留她们的职业角色,丈夫在家庭中也因此需要承担同等的抚养教育孩子的责任,夫妇都同时承当双亲身份,不再有父亲、母亲在与子女关系中的角色分担和隔离。第二,儿童、老人看护机构的涌现,使部分抚养、教育和赡养责任向社会外移,从而也在一定程度上改变父母与子女的关系(栏3-4)。

栏3-4 福利国家中的代际关系

在大多数西方国家中福利政策的一个主要后果就是改变了代际之间的关系(Cheal,1996)。公共养老金的增长减少了那种要求个人为老年人提供财政支持的需求。对于那些需要赡养老年父母的成年子女而言,这对减少他们所承担的经济压力产生了直接的影响。从某种次要的程度上来讲,成年子女也从这种为老年人所提供的公共基金的服务——例如家庭帮助和家庭护理——中获利。公共服务,例如芬兰的市政主妇,减轻了许多成年子女照顾其年迈父母的负担,如果没有这种公共服务,那么子女们也许就必须亲自照顾他们年迈的父母了(Simonen,1990)。

在芬兰随着对非正式照顾者津贴的引入,早在20世纪90年代以前,公共性支持就为那些生活在自己家庭中的老年人提供了照顾。这种津贴是授予那些提供照顾者的经济补贴,包括享受养老金的权利,并且它是建立在老年人需要的基础之上的(Jenson and Jacobzone,2000)。照顾津贴以及为那些丧失能力的老年人所提供的公共家庭服务,都有可能为这些老年人的女儿和儿媳带来大量的益处,因为如果没有这种津贴和公共服务的话,她们作为年迈父母的重要照顾者,或许就不得不在照顾老人和从事有偿职业之间作出选择。

除了芬兰之外,挪威也是代表这种国家类型的另一个很好的例子。在挪威,为老年人所提供的社会服务的迅速扩充已经导致了家庭互动的变化(Daatland,1990)。与三四十年前的挪威人相比,今天的挪威人更有可能接受公共服务,现在越来越多的挪威人愿意用公共援助来代替由家庭成员所提供的帮助。当公共服务变得易于获得时,挪威的老年人似乎不大愿意给他们的子女在时间上造成沉重的负担,即使他们的孩子就住在附近。有趣的是,在对老人的短期帮助与长期帮助之间已经出现了明显的区分,短期帮助一般由成年子女来提供,而长期帮助则被认为应该由国家来提供。

由国家规划所提供的长期照顾是十分昂贵的,即使在一些富裕国家中这种长期照顾也并不是一直都存在。近年来,人们倾向于重点强调对这种计划的成本进行控制,目的是为了减少国债的数量以及降低税收。英国已经严重地卷入到这种趋势之中了,今天的福利国家不再被人们视为照顾的主要提供者。相反,国家的代理人,例如社会工作者们,却被卷入到了一种"对照顾进行组装"的组织安排中。这种组装也许包括了一些国家服务,但是其主要组成成分却是由志愿者和商业性的服务提供者对家庭照顾所提供的补充(Dalley,1993;Kodger,1996)。这种转变所造成的全部影响已经成为一种对"传统"义务的重新强调,它们强调家庭成员应该承担起作为主要照料提供者的义务。

今天在英国占统治地位的意识形态是个人主义与共产主义的意识形态。这些意识形态注重的是个人的责任与非正式的社会支持,而不是国家的供应。在无拘无束的市场经济中,个人的自由选择具有优先权。这就意味着低额的税收、对公共服务成本的控制以及清楚地阐明社会利他主义与家庭义务之间的讨论。

在美国,据估计约有五分之四的丧失能力的老年人生活在某种非制度化的私人环境中,他们通常是生活在自己的家庭中(Coward, Horne and Dwyer,1992)。对于那些在日常的家庭生活中需要帮助和照顾的美国老年人而言,他们的家庭成员扮演了最大的支持者,提供了最大限度的支持与照顾。当那些生活在自己家庭中的老年人需要照顾时,通常主要提供照顾的人是他们的配偶。如果配偶不能提供照顾的话,那么其他亲近的家庭成员,尤其是女性通常会承担起这项家庭义务。

今天在大多数发展中国家中,由于政府从税收中获得的收入有限,也由于公共基金都倾向于投入到那些在市场经济中能够获得增长的事业中,因此社会服务的供应受到了更为严格的限制。结果,在这些国家中援助老年人的计划通常被政府置于一种优先性较低的位置。例如,在菲律宾,老年人在生产能力下降以及健康状况恶化时,他们在很大程度上必须依赖他们的家庭来给予支持(Domingo,1994)。在许多案例中,一种最重要的提供支持的方法就是共同居住。在菲律宾只有极少数的老年人是独自生活的,他们中的大多数人都至少和一个孩子生活在一起。

在菲律宾人的观念中,儿子被认定为主要的提供生活来源的人。因此,人们希望儿子能在经济上帮助父母。虽然所有的家庭成员在父母生病时都有义务提供帮助,但是实际上大部分的日常照料的责任都落在了女儿身上。人们认为,女儿比儿子更有可能提供帮助,而且女儿比儿子更可靠也更具同情心。在这样的例子中,我们可以看到在那些低收入国家中,欠发达的福利政府是如何在儿子和女儿之间进行不同的暗示。一些较富裕的国家在性别关系上也存在着类似的问题。

内容来源:大卫·切尔:《家庭生活的社会学》,中华书局,2005年,第181—183页。

从父母与子女关系的性质看,在大多数封建社会体系中,个人的活动要完全服从家庭的需要,年长的男性担当家长的责任,其子女的独立性被大大贬低。在等级森严的家庭成员排序中,父母和子女都被规定了对家庭担负的义务和责任。所有的父亲对待儿子以及所有的儿子对待父亲,大致都是同样的方式。父母与子女之间的互动所依据的是严格的伦理规范,而不是个人情感,家庭关系的主体也不是独具人格的个人,而是规定好了的某种特殊关系的代表。在这样的家庭制度中,儿童社会化和年轻人择偶过程中的个性屈服于家庭制度和传统习惯的情形尤为突出。只是随着个人主义的新价值观和行为态度的发展,代际关系渐趋平等化。

传统中国家庭中,纵向的代际关系要重于横向的夫妻关系,这主要表现在家长对子女的统辖,对孝道、祖先崇拜观念的崇尚,对家庭传宗接代功能的看重等几个方面。纵向的家庭关系对家庭和社会产生了很大的影响。直至 20 世纪 90 年代,伴随着家庭的小型化,核心家庭居多数,代际关系简单化,生育率降低,夫妻关系才逐渐开始显出重要地位,并有超出亲子关系之势,家庭关系的重心才逐渐由纵向向横向转移。

虽然夫妻关系在家庭中越来越受重视,"传宗接代""养儿防老"的观念逐渐淡化,但中国人仍然比现代西方人更注重与子女的关系,对子女的养育仍然十分投入。

首先,在代际关系中,"孝"和"慈"仍然被当作一种道德规范,为家庭、社会所主张和推崇。不同于传统社会的出于"尚齿""尊老"的尽孝观和以家族生命为本的伦理价值观。现在的代际关系是向有所疏离的平等互惠的契约化方向发展,父母与子女的相互关心、相互尊重、相互支持的关系模式受到褒扬。中国的尊老爱幼传统,得到了世界各国的称赞。1982 年 5 月召开的亚太地区老龄问题政府间预备会议,对中国家庭尊敬赡养老人予以高度评价。大会秘书长柯里根说:"随着各国工业化和都市化,许多国家的家庭遭到破坏,对老年人产生可悲的后果。希望中国在工业化的同时,创造出整套处理好家庭关系的办法,树立正确对待老人的榜样,这是对人类社会的一项重大贡献。"[1]

其次,存在着不平衡的代际交换现象。父母对子女寄予着感情、生命延续和养老的希望与期待,在经济、体力上给予子女最大限度的付出和支持。子代对父代具有很强的依赖,但给予父母的经济、供养责任的回报却很少,在社会养老还不普及的中国当代社会,提供老年人的生活照料、经济支持、感情慰藉的主要资源来自老年人自己及其配偶,甚至有的家庭中出现经济供养倒挂现象,由离退休

---

[1] 引自史风仪:《中国古代婚姻与家庭》,湖北人民出版社,1987 年,第 99 页。

父母向子女或孙子女提供经济支持。1992年中国老龄科学研究中心进行的中国老年人供养体系调查发现①，城市老人的77.0%、农村老人的66.6%，在日常生活照顾方面依靠自己和配偶。城市老人的绝大多数、农村老人的三分之二，在经济供养上依靠自身。无论是城市还是农村的老人，以配偶为心事诉说主要对象的都高于以子女为对象。

最后，在独生子女家庭中，父母与孩子"众星捧月"般的关系定位、物质上的无限满足、成长中的过分保护和对子女的高期望值，造成孩子社会化过程中的众多障碍。早期的一些国内外学者认为，中国的第一代独生子女因受到包括祖父母、父母在内的其他家庭成员的过分娇纵、宠爱，成了家庭中的"小皇帝"。在独生子女的个性发展方面，研究者的看法则有明显的分歧。一些研究者认为，和非独生子女相比，"独生子女缺乏独立思维、韧性、行为控制、合作性以及同伴优越性，同时又经不起挫折，常常以自我为中心"。另一些研究者则认为，独生子女和非独生子女在个性方面没有明显的差异②。中国青少年研究中心于1996年对全国12个大城市的3 349名10—15岁的独生子女及其家长进行的调查表明，独生子女的人格特征具有珍惜友谊、自信乐观等五大优点和攻击性强、成就需要低等四大缺点。上海社会科学院青少年研究所也于1996年对上海市916名15—29岁的青年进行了调查，内容涉及生活需要、人格特征、社会交往、家庭生活、恋爱婚姻等八个方面，该调查的研究结论认为，进入青年期的独生子女与非独生子女之间不存在本质差异③。对于上述问题的分歧一直延续至今。

独生子女制是中国控制人口的有效方法，但也使早期智力教育热不断升温，从提高国民素质来说，这是可取的。然而，同时也存在着忽视培养良好性格品质以及良好的社会适应能力的倾向。这种家庭教育的误区主要表现为④：

(1) 教育内容上的偏差。所谓重智轻情，即一些家长不惜代价开发子女的智力而忘记情感的培养和开发，对孩子的奖励、惩罚以成绩为基准，而不是辨别是非、善恶与美丑的能力。在上海市宝山地区的调查中，家长认为孩子学习成绩"非常重要"的有37.6%，而认为"不是最重要"的和"成绩重不重要没关系，关键是看个人能力"的分别只有7.3%和8.9%。另据青少所的调查显示，当前部分未成年人在思想道德的认识上偏离主流价值观，如在对诚信的评价上，46.1%的受访者认为"诚实意味着吃亏"，5%的受访者更认同"只要能办成事都无所谓"。在对公共伦理的认同上，明显违背基本公共伦理规范的比例达到了26%。

---

① 王梅、夏传玲：《中国家庭养老负担状况分析》，《中国人口科学》1994年第4期。
② 范丹妮主编：《中国独生子女研究》，华东师范大学出版社，1996年，第4—8页。
③ 苏颂兴：《上海独生子女的社会适应问题》，《上海社会科学院学术季刊》1997年第2期。
④ 参见徐新：《和谐社会的家庭伦理道德研究》，见"和谐社会的家庭伦理研究"课题，邓伟志主持。

(2) 教育方法上的失当,即在情感因素的认识和运用上的走极端,或娇宠溺爱,或严厉古板。调查表明,女性受教育程度越高,越注重与孩子的对话和沟通,把自己置于和孩子平等的地位进行交流,对孩子保持充分的信任和尊重,而不是把孩子看作自己的附属物,随便把自己的意志强加给孩子,限制干涉孩子应有的自由,挫伤孩子的自尊心。相反,学历层次越低,则越信奉棍棒底下出孝子。其中,学历层次越低的女性,越信奉棍棒底下出孝子。

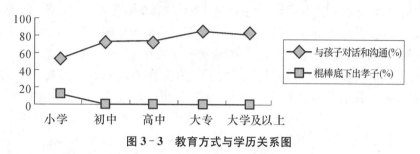

图 3-3 教育方式与学历关系图

不科学的教养方式在一定程度上影响了家庭的凝聚力和亲和力,客观上还会给独生子女的成长过程中增加紧张因素,导致其心理问题明显增多。据上海精神卫生中心对 3 000 名 4—6 岁儿童的心理调查发现:88% 的儿童有不良行为,11% 的儿童情绪抑郁、自卑,8.5% 的儿童忧虑、紧张。上海社科院青少所和社会调查中心完成的调研资料显示,中小学生心理障碍患病率为 21.6%—32%,在可能染患的心理障碍中,居于首位的是神经症状占 42.86%,其次是行为症状占 22.16%,再次是社交障碍占 15.93%。

第三节 家庭仪式[①]

家庭组织一直得以维持,其中的部分原因是它依靠着一整套永恒的纽带,家庭占有特定的空间,家庭的特性在其间代代相传。家庭置身于特定的亲属网中,必要的时候,亲属网对这个家给予适当的帮助。家庭遵守着一整套礼仪,这些礼仪中间包含着社会道德、宗教信仰、家庭观念等的影响。通过这些礼仪,家庭成员不断意识到自己的存在。

一、出生礼仪

《孟子》曾说:"不孝有三,无后为大。"在中国传统观念中,如果不能承担起传

---

① 参考徐新:《长江三角洲居民生活史》研究报告,见"长江三角洲居民生活史"课题,沈关宝主持。

宗接代的责任,血亲纽带就会断送在自己的手里,祖宗的依托、父母的供养和财产的继承就成了一句空话。即使自己不能生育,也有继嗣之规加以弥补。孩子的诞生是值得庆贺的事,而按照男性继嗣的原则,儿子的出生可以保证家庭血脉的延续和家庭姓氏的维持,因此,格外受到家族的重视。

据《风俗志》记载,孩子呱呱坠地,首先要向娘家报生。孩子出生后第三天,外婆家要把衣服、鞋帽、饰品,连同食品送到女儿处祝贺,叫"做三朝",三朝这天办面筵,宴请邻里和亲友,分送红蛋。满月时要"做满月",办面筵,第一次为孩子剃头,亲友要赏给压岁钱。孩子满周岁,至亲好友又得热闹一番,让孩子"抓周",将玩具、食物、纸笔、钱币放在盘中,看他第一手抓什么,来预测长大后干哪一行。孩子满十岁,父母又替他设宴请客。为了保佑孩子健康成长,在江浙一带还流行寄名的风俗,找生肖相合和多子女的人做寄爹寄娘。通过纪念孩子出生和为孩子过生日的方式,家庭的亲属网得到了再现和巩固。新中国成立以后,除了"抓周"外,其余与孩子有关的礼仪保留了下来。然而,在相当长的一段时间内,由于生活水平的限制和受破除封建遗毒的影响,为子女过生日的礼仪相当简化,一碗面,一个蛋已相当不错了,一些家庭甚至不为子女过生日。改革开放以来,随着人们生活水平的提高,以及计划生育的普及,孩子重新成为家庭关注的焦点,为儿子或女儿办满月酒、生日宴重新兴起,家长年复一年地纪念孩子的出生日,显示出孩子在家庭内的优越地位。

格罗特认为,中国人有一种把名字与其拥有者等同起来的倾向,一种表现出与下述现象非常接近的倾向,即由许多事实确凿证明了的他们没有把图像或标记与它们使人想到的那些实体区别开来的能力。所以,旧时给孩子取名也很有讲究,要排八字,视八字中五行缺哪一行而定。一般以所缺一行的偏旁的字命名,如缺金就以金或金作偏旁的字为名字,以补不足。同时,"名字意味着一种亲族关系,因而意味着一种庇护关系;恩惠和襄助取决于名字的幻象。因而名字表明个人的亲族关系;它可以说是把它的等级、它的社会地位固定下来"(布留尔,1995)。在家族社会中,每一个男性都有自己的字辈谱,新生者仍按字辈取名。排行字辈一般由族内尊长议定,预先写入族谱内,子孙后代依次起名,这种按辈分取名的方法,有利于家族内众多子孙的有序排列,有了字辈,不管家族内的人口有多繁多,世系有多复杂,都能在血脉的坐标上迅速找到个人的位置,同辈兄弟,不同辈的长幼,都能一目了然,而且,字辈谱反映了家族所认可的价值观念,一字一代,与代表每一个人的符号直接相关,在形成人们的文化心理中起着潜移默化的作用(丁钢,1996)。于是,名字,在一定程度上是亲属关系网的再现和家长理想的反映。新中国成立以后,随着家长制的退避三舍,按辈分取名的习俗逐步被取消,特别是"破四旧"以后,许多家谱散失,造成了排辈的断裂,在极"左"思潮的影响下,名字中带有浓厚的政治色彩。而在农村,人们对伦理关系的脉络和称谓仍旧异常的清晰,连小孩子都会排辈,会认亲。在访谈中,即使是20世纪70年代出生的受访者,也有按辈分排名字的。如今,孩子对于父母来说,更多的是爱、快乐和归属的报偿,因此孩子的命名大都以体现父母对孩子的良好祝愿和期望为主,个性化是优先考虑的。取名习惯也由按辈分向着新奇、特殊转移。

二、结婚礼仪

《昏义》中记有:"婚姻者合二姓之好,上以事宗庙,下以继后代。"传统意义上的婚姻关系到宗族的延续和祖先的祭祀,它又是两个家庭在社会关系上的一种和谐,因此,对于婚嫁十分重视和慎重。

旧式结婚,十分烦琐。男子婚配前由家长出面请媒妁到女方求婚。如女方家长同意,就将女孩的生辰八字写在红帖(庚帖)上,外套大红封套,封内放枣子、花生、桂圆、莲子各2颗,取成双成对、早生贵子的吉祥之意,还用红绿丝线系上太平钱、福字钱各1枚,封套上写"天作之合"。庚帖请回后,男方就请媒妁向女方口头求婚。得到允诺后,再行帖求婚,叫"求允帖"。如女方允诺,就出允帖,正式订定婚约,俗称"定亲"。江浙一带,男方择吉日,将议定的聘金和新郎的生辰庚帖放入小匣内,匣外裹红布或红绫,上插一丛连根万年青,连同各色财礼由媒人护送到女方家(顾鉴塘等,1996)。女方揭帖后回以答聘帖和礼品,然后男方选定成婚日期,请媒妁通知女方。

按照交换理论,任何一种婚姻都有某种交换存在,包括感情、生理、经济、文化等的交换,婚礼一直是双方家长表现其家庭威望的机会。结婚数天,男家送首饰、银币、衣服等礼品给女家,女家除将盘礼的首饰、花草(吉祥草、万年青等)全接受之外,其他盘礼,每样只收一半,余下的再与添加的衣物及喜糕等回礼男家。在结婚前1—2天女方发送嫁妆。结婚当天,新郎由亲友陪同,带着花轿到女家迎娶。女方家中有亲友来贺,送新娘上轿,然后摆酒筵。男方则在家中布置礼堂,正中有大红喜字,点上龙凤花烛,门口有吹吹打打迎宾。到堂上由司仪发令唱拜天地、祖先、父母公婆,新人对拜。拜毕,新人踏着麻袋入新房,称"代代相传",夫妻在洞房内吃合欢宴,同时宴请宾客,宴毕,宾客们闹新房。到新婚第三天,新娘又要与夫家的老老小小,甚至与整个房族的尊幼行见面礼,然后新郎随新娘去岳家喝"回门酒",至此,旧式婚嫁礼仪才告结束。传统的婚礼完全忽视个性自由和婚姻自主,而且要花费大笔的资财,生活困窘的百姓是难以承担的。

清末民初,由于受新思想、新文化、新潮流的冲击和影响,一些具有近代意识的人主张改良旧婚俗。一种带有西方色彩的"文明结婚"的婚礼形式开始在经济发达的江浙一带的城市知识青年中流行。新郎脱下长衫马褂而改穿燕尾礼服,新娘放弃凤冠霞帔、红衫裙、红盖头,而改穿白色婚纱礼服,并拍西洋式婚照。新娘出嫁不坐花轿而改坐马车、轿车。喜酒也不在家置办,而将婚筵设在酒楼或大旅馆中进行。婚礼在礼堂内举行,要聘请西洋乐队奏乐。新人、双方家长、各方来宾在鼓乐声中入席,然后由社会名流作证婚人,介绍人行谢礼,向各族亲友行见面礼,向各位贺客行受贺礼,来宾中的名人、贵宾还要演说一番等等,最后仍需置办酒席,花费也不少。20 世纪 30 年代,国民党政府提倡节俭的"新生活运动",与之相应,出现了集体婚礼,如上海社会局在上海商界的支持下,于 1935 年 4 月,在江湾五角场新厦举办集体结婚,只收 10 元,由市长证婚,发给证书。这是一次改革,工薪阶级不致因操办婚事而举债。以后又有了营业性的集体婚礼社出现,如宁波同乡会、浦东同乡会、宁社等都予以举办集团婚礼。更有简单的是在报纸上刊登结婚启事,或用柬帖邮寄亲友。但改良婚俗的呼吁和倡导收效甚微,大部分人仍遵循老法结婚。但在上海,由于移民城市的性质,年轻人往往要到成年前后才能物色到门当户对的人家,职业性的媒婆渐渐淘汰,一般是亲友邻舍从中撮合,约定地点,互看人选,也有自己结识之后,请双方家长看一下,双方相看满意后,再请德高望重的人做媒说合。在农村,青年结婚时仍旧履行旧的礼仪,对于新娘来说,清规戒律特别多,如江浙一带农村,新娘婚后"下厨"先得添柴烧火,取其"火红""兴旺"的意思。裁剪缝补,应先做裤袜,说法是"若要富,先做裤,若要发,先做袜"(顾鉴塘等,1996)。婚礼仍体现着企求传宗接代、多子多福的婚姻观和长幼有序的人伦道德,起着维护家族的作用。

新中国成立后,大力提倡移风易俗,改造社会。20 世纪 50 年代起,随着自主婚姻的盛行,婚礼趋于简单,办了登记手续后,分发喜糖或举行小型茶会、舞会等,都是量力而行。"文革"期间,在极"左"思潮的影响下,请酒、拍西洋式婚照等都被斥为资产阶级生活方式而予以革除,结婚时新人们只能发几颗糖,穿干部服或军便装的拍张"革命照",或是到某地游玩一趟,没能留下什么欢庆纪念,以至于在现今经济发展的新时期,大城市中出现了补婚习俗:"妈妈"披上了婚纱,"爸爸"穿上了西装,补拍结婚照,或者在酒楼饭店重摆筵席,请诸亲好友重新庆贺一番。改革开放和人们物质水平的提高,为婚礼形式的嬗变奠定了基础。在现代快节奏生活的影响下,在传统文化心理和现代文明意识的交织中,婚礼形式呈现多样化、个性化的色彩,如到历史名胜之地举行婚礼、刊登新婚礼仪广告、舞会婚礼等,以独特的行动举行自己的婚礼。婚礼照也一改清一色的礼服、鲜花和红地毯,越来越多的人到大自然中拍结婚照。新娘装也跳出红色框框,追求时装婚服。结婚喜宴既是显示财富的舞台又是社交的重要场合,所以,至今仍是宣示结婚的主要形式。随着经济生活的发展,婚宴形式也不断变化,如篝火婚宴以及在上海流行的自助餐式婚宴等,使传统的形式适应都市生活的需要。

然而,随着生活的不断富裕,再加上攀比心理,婚礼奢华之风也日益增长,不少青年认为请几桌喜酒是寒酸的,家用电器、高档家具缺一不可,拍摄婚纱照是不可少的节目,结婚者大操大办,去吃喜酒的"人情"越送越重。目前,婚姻消费是青年消费中支出最大的项目。据2000年的调查显示,结婚或正在筹备婚事的年轻人,已经用于或准备用于结婚的费用平均8万元。在农村,一些已被革除的陋规、旧俗也因此而有所抬头和恢复,如借嫁女之机索要高额彩礼等。

结婚作为一生中值得纪念的时刻,作为向人们宣布成熟的一个标志,作为新人共同生活的一个里程碑理应得到重视,但铺张浪费只能是有损无益。随着婚姻越来越成为心理感情的共同体,婚礼的意义更在于新郎新娘永结百年之好的决心,于是,结婚纪念日如银婚、金婚、白金婚的出现,预示着一个家庭结合的生命力。

三、事亲礼仪

《诗经》曰:"父兮生我,母兮鞠我,抚我畜我,长我育我,出入腹我,欲报之德,昊天罔极。"中国自古就看重人类间生命、情感的代偿机制,这种报血亲养育之恩的观念成了"孝"的内核。

一是事亲之孝。传统社会中,"孝"既包括晚辈对长辈有赡养的义务,还包括对长辈的绝对服从。新中国成立后,"愚孝"受到了批判,但家庭养老的传统被保留了下来,只是"文革"期间,这种孝顺抹上了浓厚的政治色彩,从家庭成分出发,为了保持无产阶级队伍的纯洁性,必须与成分不好的人划清界限,以致孝顺老人的习俗大打折扣。

办寿筵是子女表示孝心的机会。据风俗志记载,在江浙地区,父母虚龄满60岁时,子女要为父母庆寿,庆寿一般不在生日,而在春节举行,以后每10年一次大寿,有钱的摆筵席、唱堂会。六七十岁以后,可以年年做寿,死了的还做冥寿,大发帖子,大收礼金,此之谓"打秋风"。寿礼一般不送银钱,而是送寿幛、寿联或寿酒、糕点、干果、水果等。考究的则送寿盒,寿盒中盛馒头、糕点、寿面、寿烛、寿桃等,称为"寿盘"。寿盘数一般要成双,以求吉祥。庆寿时摆寿筵,有一道点心是用米粉或面粉做成的寿桃,不吃米饭,而是吃"长寿面"。至今,寿庆的习俗保留下来,但是,寿筵一般是设在饭店,由儿子主办,也没有了讲究的寿堂。寿庆在现代社会的功用,除了显示子女的孝心,更多的是作为一个社交活动,使原本松散的亲属网得以再现,以显示家族的团结。

在传统观念中,"养老送终"是子女应尽的义务,而丧葬的规模往往被作为衡量一个人孝的程度的尺度。昔日多在家中寿终正寝,老人弥留之际,子女要守候在老人身旁。老人将死未死时,要为他(她)洗澡或揩身、穿衣、着鞋袜。家人请道士来画符驱鬼,向亲友报丧,还要发讣告举行开吊。隔日死后入殓,棺木不封,称为小殓,在念佛婆诵经声中穿上寿衣。三天后或在家或到会馆大殓,在和尚道士的经声和家属的哭声中装入棺材,钉上丧门钉。再在灵柩前设灵台。出殡一般在三朝、五朝,少数在七朝、九朝。出殡之日,先行祭奠,亲友邻里对着棺材跪拜。孝男、孝妇跪在棺材旁,遇长辈祭奠行礼时要回拜。祭奠后就是大出丧。前有开路神、乐队、各种仪仗,灵位由长孙捧持,和尚道士、孝子贤孙送殡者排成长队。棺材经过包装,套上绣幔,装上龙头龙尾,由少则八人,多则六十四人扛抬。安葬也是大事,先得择地看风水,挑选墓地。然后入土为安。出殡回来时,常由亲戚或族中年长而夫妇双全、儿孙满堂的人穿吉服先行进门,称红绿进门。此时在门外点燃豆萁、朴树枝,取节节高之意。送殡回来的人都要跨火而过,进门后吃糖圆子,最后请吊唁者吃"豆腐饭"。以后,每七天要做"七",历时49天,无非是祭供、烧锡箔、念经。"五七"多在寺庙做道场。新中国成立后,棺木土葬逐步改为火化殡葬,但在农村阻力很大,因为在农民的观念里,土地是财富的来源,生活的保障和生命的依托,而棺木象征着生命力,预示着死者能投胎转世,所谓"入土为安"正是这种心理的体现。直到"文革"期间,乡间仍有人实行土葬。繁文缛节的丧葬礼仪被简化,开追悼会是常用的方式。其后,随着人们生活水平的提高,大办丧葬之风又悄悄在城乡蔓延,丧葬成了人们竞相显示其实力的机会,也是子女显示孝心的最后一次机会。

　　二是事祖之孝。对祖先的崇拜,就意味着对在世家长的尊重。家族的绵延,团结一切家族的伦理,都是以祖先崇拜为中心的,于是祭祀祖先有了准宗教的意义。除了春秋大祭外,每月朔望、节令及各族忌日,也往往举行祭祀活动。如清明时节祭扫祖坟,而且新媳妇一定要去祭扫祖坟,扫墓时用荤、素菜肴和酒饭等祭奠,后来用干果、糕点替代。冬至夜吃饭前,要先祭祖宗。除夕之夜,家家祭祖,焚香、点烛、烧纸钱,祭品丰盛,祭祀的一般程序为:就位,奉馔(摆上祭品),上香,酌酒,跪拜。20世纪60年代以后,祭祖之风在城市衰废。虽然人们保留了扫墓的习俗,但基本上是祭扫三代以内的,而且,一年一次的清明上坟也越来越流于形式,人们往往更重视的是踏青活动的效用,这在一定程度上预示着家族观念的淡漠和血缘意识的淡化。

　　斯特劳斯认为:仪式与人怎样思考世界相符合,因此,家庭仪式的兴与衰是与人们对家庭的思考直接相关的,它正预示着家庭的变化发展趋势。

家庭管理

实行家庭管理,有利于家庭职能的发挥、家庭关系的和谐、家庭结构的稳定和家庭生活质量的提高。家庭管理的范围是广泛的,总的来说,家庭管理是指对家庭生活的组织、决策、指导和协调。具体而言,家庭管理是指对家庭经济、家务、文化活动、环境、物资等方面的安排。家庭管理的内容不仅包括物质生活管理,而且包括精神文化生活管理。此外,家庭管理还包括处理家庭人际关系,即家庭内部成员关系和邻里、亲朋等家庭外部关系,家庭的医疗卫生保健和家庭安全也在家庭管理之列。家庭管理的目的,在于全面提高家庭的物质生活、文化生活、感情伦理生活和社交生活质量。因此,对于个人和家庭而言,家庭管理会促进团结,增进幸福。同时,家庭生活是社会生活的一部分,搞好家庭生活的管理,也有利于社会的稳定健康发展。本章主要介绍家庭管理的相关内容,即家庭的经济生活管理、家庭的日常生活管理以及家庭的生育管理,以便通过有效的家庭管理来实现家庭生活的和谐。

第一节 经济管理

经济生活是家庭生活的重要组成部分,能否掌好家庭经济,与家庭幸福直接相关。家庭经济管理的目的,是要根据家庭收入计划安排家庭消费,选择合适的家庭经济结合方式,建立理想的家庭经济模式。

一、收入分配

家庭收入的分配是家庭成员协商选择的结果。家庭资金分配结构是否合理,将直接影响到家庭关系以及家庭的生活质量。

在美国,大多数夫妇都希望能够将他们收入的一部分或者全部进行储蓄。然而加拿大 Cheal、Woolley and Marshall 等人所做的研究表明,夫妻们在处理金钱的方式上存在着性别差异。这种差异正是婚姻内部存在的经济不平等的反映。对此,女权主义社会学家对夫妻之间共享财产的公平性问题提出了质疑。如 Mossman and Maclean 认为,在婚姻内部许多女性在经济上依赖于她们的丈夫,这样一种趋势是性别不平等的历史性结构的结果。丈夫的收入一般要高于妻子,这种经济资源上的不平衡有可能会在婚姻内部产生权力的不平衡。挣钱多的一方也许希望他能在家庭经济上最具发言权。因此,当夫妻在经济上不平等时,在关于如何控制家庭财政就有可能会出现性别分化(栏 4-1)。

栏 4-1 家庭收入管理的变迁

婚姻内部经济不平等的表现之一,在于获得收入的劳动与收入的使用之间产生一种分化。伴侣中的一方在日常生活中对金钱进行管理,通过购买食物和家庭供应品来满足家庭的需要;而伴侣中的另一方则决定在日常生活所需品上应该分配多少钱,正如他在主要的购买上所做的所有决定一样。这种特定的财政关系表明了一种明显的分工,即通常妻子的责任是金钱管理,而丈夫的典型特权则是财政控制,在 20 世纪中期的几十年中,这种经济制度是十分普遍的。它的主要特征就是为家庭挣取收入的丈夫给他的妻子一笔家务管理津贴,让妻子用它来满足家庭的日常需要(Zelizer, 1997)。

这种津贴制度在今天就没那么普遍了。最主要的原因是,现在有越来越多的女性可以用她们自己的收入来部分地满足家庭需要了。有工作的妻子通常在经济支持上对丈夫的依赖性较弱,而且,双方都拥有固定收入的夫妻们为了更好地使用他们的联合资源,都倾向于寻找其他的方式来管理金钱。导致这种变化的另一个原因是,在过去的半个世纪中关于伴侣式婚姻的文化理念在不断地加强。这种伴侣式婚姻的意识形态倾向于强调夫妻之间的亲密平等关系和民主关系。今天在英国仅仅只有十分之一的夫妻在婚姻的资金分配上继续采用津贴制度(Laurie and Rose, 1994)。

在当代婚姻中,最普遍的资金分配制度就是共同储蓄收入或者共同管理收入。这种制度是在近几十年中才逐渐普及的,尽管许多人在他们成长过程中仍然采用的是他们父母所遵从的经济管理制度。但是今天大约有一半的英国夫妻和绝大多数加拿大夫妻都在实践这种制度。那些对他们的收入进行共同储蓄的夫妻们,将他们的所有或者大部分收入存入一种公共基金中,例如一个夫妻双方都可以从中进行支取的联合的银行账号。在加拿大的温尼伯有五分之四的夫妻在银行或者类似的金融机构中拥有一个联合账号(Cheal,1993)。

当然,这种普遍流行的共同管理资金的方式并不一定意味着在丈夫和妻子之间存在着一种完全的平等。伴侣们也许会将他们所有的收入都进行联合储蓄,但也有可能只是储蓄一部分,而且,实际上他们也许会赞同让伴侣中的一方在大部分时候对他们的大部分资金进行管理(Hertz,1986)。她或者他也许会被看作是在财政事务上最有知识并且最感兴趣的一个人。或者说,伴侣中不参与资金管理的一方,是因为其沉重的工作负担或者家务负担,而使其不可能将过多的时间花费在资金管理事务上。

在英国,由妻子进行金钱管理似乎比由丈夫进行金钱管理更为普遍。英国的夫妻中,有大约三分之一的伴侣采取这种丈夫将其所有的收入或者大部分收入交给妻子管理的工资整体管理制(Laurie and Rose,1994)。许多夫妻都认为这是一种相对有效的管理制度,因为妻子要负责大多数的家庭日常开销,了解家庭中有多少钱是可以用的。与此同时,对于有多少钱可以用来支付数额较大的开销,或者有多少钱可以用来进行长期储蓄,例如买房子时预付定金,她都具有一种现实性的理解。在工薪家庭中,这种工资整体管理制对于经济生存尤为重要。那些中产阶级家庭中的丈夫们,更有可能希望对家庭收入的重要部分进行管理,或者对于如何使用家庭收入进行控制。

对于那些双方都有固定收入或者他们在结婚以前就占有了重要经济资产的夫妻而言,有时会把他们的收入完全分开,并且独立管理他们的财政资源。从数据上看,这种独立管理的模式在大部分国家还是很少见的,然而,将来它也许会变得越来越重要,因为女性受教育的程度越来越高,而且她们的收入也越来越多(Laurie and Rose,1994)。

内容来源:大卫·切尔:《家庭生活中的社会学》,中华书局,2005年,第141—144页。

Singlind Lindsay 认为,夫妻双方共同储蓄是家庭互动的一种表现,也是婚姻调适的一种策略,它预示着夫妻之间有意地忽略现存的经济差异。共同储蓄是一种建立在信任基础上的资金分配,在西方伴侣式家庭出现之前就已经开始流行了,目前是中产阶级家庭中普遍采取的收入管理方式。

在传统中国,男性充当养家糊口的人,而女性则是"管家婆"的角色。在当代中国，由于妻子能在职业岗位上获得有偿报酬，而且她们的收入基本上能够保证她们进行独立的消费，这就改变了女性在家庭中的从属和依赖，家庭日常经济支出的管理也不再是妻子享有的特权，共同管理或者由丈夫管理的人数越来越多，而且夫妻双方无论是谁掌握财权，也都没有使对方有不平等的感觉。如 S 在调查中表示："家中的日常生活由我安排，经济大权由丈夫负责，每月剩余由他负责储蓄。他没有不良嗜好，只是爱买书，目前，家中已有上千册藏书，家里的经济安排得很好，我和孩子都很满意。"正是妻子经济上的独立性，甚至有些家庭出现了AA 制和婚前财产公证。

二、家庭消费

消费是家庭的最基本职能之一。家庭消费水平和方式的变化显示出生活方式的变革。家庭消费是指家庭对各种精神产品、物质产品和服务的实际消耗，它是家庭存在和发展的必要前提。一个家庭必须有最起码的消费经济保障，才能有安定和健康。

社会生产为家庭提供各种可供消费的精神产品、物质产品和服务，同时，家庭也为社会生产提出消费需求。社会生产要反映家庭的消费需要，并适应新的消费趋向，促进家庭消费水平的提高和家庭的发展。

收入是消费生活的源泉。只有有了稳定的收入来源，家庭生活消费才有基础，因为家庭的消费行为要受到家庭经济支付能力的限制。家庭消费也具有马斯洛需求层次理论所概括的特点，它首先必须满足家庭的生存需要，然后才能进一步满足家庭享受和发展的需要。

家庭消费水平和消费方式对个人的素质发展有很大的影响。人的身体素质与饮食起居、体育锻炼、卫生医疗有直接关系，人的心理素质、文化素质与家庭精神消费、教育投资也直接相关，由家庭消费能力的高低、家庭对物质、精神文化领域的不同消费投入而形成的生活方式，对家庭成员的生理、心理、文化状态都发生显著的影响。

家庭消费受到社会生产方式和生活方式的制约，是与社会经济发展水平和家庭购买力相适应的。在某种程度上，社会地位的尊卑是由消费方式的高低来反映的。

在传统中国的家庭消费中，就体现了鲜明的等级。以上海为例[1]，由于现代化进程带有明显的强制性色彩，一方面工业文明以几何级数急剧发展；另一方

---

[1] 关于上海消费生活的分析引自徐新：《上海居民生活史研究报告》，见"上海居民生活史研究"课题，邓伟志主持。

面,由于浮游人口多,造成了不正常从业者增多,出现畸形繁荣,豪富与赤贫同时并存。在上海,家资百万的富翁在金钱的推动下,保持着炫耀式的消费:在租界的高级住宅区中的花园洋房;豪华的家具装饰;擦得锃亮的汽车;名牌高雅的服饰;举办宴会、送子女接受西式教育;等等。虽然,他们的经济生活也会受到政治、物价、投资等因素的影响而有所波动,但消费水平始终是较高的。

那些用自己的血汗为上海的发达做出贡献的劳工们,却生活在社会的最底层。据上海市社会局劳工统计资料显示,1928年7月—1929年6月,上海各业工厂工人平均月薪男工24.48元,女工13.36元,童工8.62元。他们的消费能力对居住的选择范围只能是月租2—4元的平房或是称为"鸽笼"的工房。即使吃穿用一切都精打细算,劳工家庭的平均月支出也达31.95元。他们往往为一天的柴米油盐所困扰,而且他们的收入一般会随年龄的增加和经济萧条、战争的影响而递减。

新中国成立后,国家采取了一系列的方针政策,来对生产资料重新分配,不仅提高了社会财富的利用率,也改善了平民的生活,抑制了两极分化。然而,这种良好的环境和空前的积极性却带来了许多盲目激进的理想化措施,"大跃进"造成了人民生活资料的匮乏,当时上海市民每人每月的定量供应物品一度减到食油1两,肥皂半块或四分之一块,棉布半年2.65尺、盐、酱油、卫生纸、煤球均实行定量凭证供应。沈先生回忆说,当时5分钱买半瓶酱油,一家人可以吃好几个星期,母亲烧菜时只要稍稍放一点,菜的味道就会很香。

"文革"期间,已趋正常的劳动工资管理再次被全盘否定。上海于1970年规定:凡1968年以后进单位的学徒转正工资,不分行业,一律暂定36元。由于平均主义泛滥,职工工资水平下降,于是,在剥夺了富者的荣誉和权利之后,滋长了一种贫穷即革命的病态心理,人们过着有保障但不富裕的生活。

改革开放以后,经济的持续发展,收入的不断增加,大大提高了居民的消费能力,主要表现为:

(1)消费水平日益提高。现代化大生产为生活提供了越来越丰富的生活资料,人们的需求由生存型向质量型转变。

> W是营销员,他认为自己目前的生活条件与自己小的时候相比有着天壤之别。以往主食除大米外,更多是面粉、山芋等,副食品也是由计划供应的,十分紧张,不像现在富足,现在饭吃得少了,以吃菜为主,家禽、鲜蛋、水产品成为家常菜,荤素搭配,熟食、中餐、西餐换着吃,水果、海鲜也是经常吃,营养丰富。

(2) 消费结构日趋合理,生存型资料支出的比重大幅度下降,享受型的消费比重持续上升,投资意识也明显增强。

Z是大学教师,她家在20世纪90年代以前伙食费约占50%,1991—1995年约占35%,1995年以后降到了30%左右。衣服一般两年淘汰一次(羊绒、皮装等贵重衣物除外),孩子教育费占了30%,剩余的钱用于股票、房地产投资。

(3) 消费方式多元化。随着收入分配的差异以及贫富差距的拉大,单一的消费方式不再出现,消费心理日趋成熟,消费行为日趋理性,大多数家庭能够从自己的经济实力出发,认清自己所处的消费群体,调整消费心理和行为,进行适度消费。对身处贫富两极之间的大多数家庭而言,量入为出、勤俭持家仍是消费生活的基调。

D是职员,1995年丈夫下岗,两个子女一个考上大学,一个考上中专,开销一下增加很多,而收入却明显减少。现在丈夫除了下岗津贴外,在外打工每月有500—600元的收入,除去日常子女的开销,所剩无几。再加上将要面临两个孩子的婚姻问题,而一套商品房就要几十万元,否则很难娶到媳妇,所以只能勤俭节约。

在实行家庭收入和消费的管理方面,记录家庭经济流水账是十分必要的措施。通过记账来把握家庭的收支,能为家庭消费提供依据,促使家庭有计划地安排支出,使家庭日常生活条理化,使家政管理者能够根据自己家庭收支情况的特点,适时调整家庭经济计划,提高家庭经济效益,达到家庭经济安排的优化配置和收支平衡。

家庭是一个经济单位,但同时每个家庭成员又都具有经济上的独立性。家庭应该选择什么样的家庭经济结构,不能一概而论,要根据家庭各方面的条件,本着维护家庭和睦团结的原则,选择并随时调整家庭经济结构。

总的来说,家庭经济管理的原则是:量入为出,实现收支平衡;根据生活需要安排消费,争取最佳效益;实行家庭经济的民主管理,体现平等互助原则。

第二节 生 活 管 理

家庭是由两个或者更多的扮演不同角色的个体所组成的,然而,不同的家庭成员在工作和生活之间的时间分配存在着明显的差异。通常男性在工作上花费的时间多于女性,而女性则将更多的精力投入无偿的工作,如照顾孩子、生活照料、家务劳动等。Robinson and Godbey 的调查表明,美国女性在照顾孩子等活动上相当于她们工作时间的一半,而男性则将更多的时间花费在房屋维修、家庭活动的安排以及为家庭获得服务等家庭工作上。早在 20 世纪 70 年代迈克尔·杨就曾设想,未来的家庭中不存在角色分离,婚姻伴侣不仅仅只是在家务劳动和孩子的照顾上彼此花费相同的时间,而且他们也能够根据彼此工作的需要来进行调整①。尽管这种设想已逐渐成为现实,但这两种角色之间的同一性还有漫长的路要走(栏 4-2)。

栏 4-2 工作与生活的平衡

在平衡工作与家庭生活的问题上倾向于设计出一种为一个家庭成员或者多个家庭成员所采用的策略。在此有六种主要的策略可以供那些有孩子的父母们选择:

第一,在家工作。在家工作意味着工作与家庭生活可以通过其他可能的方式被整合到一起(Beach,1989)。然而,实际上作为平衡家庭责任与获得收入的一种方法,家庭副业并不十分普遍。在欧洲和美国这样的早期工业化社会中,工业化所采取的是在大规模的工厂中实行传统的集中生产模式。有时工业化是建立在那些小规模的家庭所有制的工厂和车间基础之上的,在这样的工厂中,家庭成员是主要的劳动者。台湾就是非常成功的例子。其结果是,大量的台湾女性都被雇佣到这种起居室即是工厂的行业中(Hsiung,1996)。今天,在西欧和北美这样一些后工业社会中,对于家庭副业的兴趣也在不断地增加。不断改进的通信技术和计算机技术为更多的人在家工作提供了可能。人们可以在家从事例如电话销售、电话维护服务和数据录入等工作。尽管如此,大部分从事家庭副业的人从事的仍然是那些传统的低技术(以及低工资)职业,例如修整和包装、机器编织以及在家中从事日托照顾。

第二,不规范的工作时间。按照这种方式对他们的工作时间进行交替,这样就意味着当夫妻中的一方离开家庭去工作时,另一方则返回家中,其目的是为了能够让家中有成年人陪伴孩子。在加拿大,有超过三分之一

---

① 参见大卫·切尔:《家庭生活中的社会学》,中华书局,2005 年,第 123—128 页。

的职业父母都在轮流从事非正规工作,许多这种非正规的工作都是非自愿的,其目的是为了满足老板的需要。然而,美国的研究表明,这种非正规的轮流性工作有时是作为家庭策略的一部分而被刻意选择的。某些女性因为被传统的家庭理念所吸引而愿意在核心家庭中做一个住家妈妈,但是她们却又因为经济原因而不得不在外工作,所以她们也许会采取这种工作策略作为一种使她们白天能够待在家中的方法(Carey,1995)。这种至少有一个成年人在家的永久有效性,对于那些由两个成年人所组成的家庭来说,是一种苛刻的要求。当唯一的解决方法是让父母中的一方从事时间不规范的工作时,那么几乎不可避免的结果就是,人们将在家庭生活的某些其他领域承受压力。

　　第三,改变工作惯例。在20世纪的最后40年中,西方社会中那些父母双方都是全职工作者的双亲家庭数量增长十分迅速。正如现实中所存在的那样,这些家庭所遭遇到的难题导致了职员们要求改变他们工作惯例的呼声越来越高。对于那些为人父、为人母的员工们来说,他们长期所面临的问题包括:当孩子生病时他们怎么办,以及孩子从学校回到家之后怎么办;当他们有一个紧急任务而必须加班时谁来照顾他们的孩子;还有,当学校放假时,尤其是当那些临时照顾者或者是日托所的工作人员休假时,谁来照顾他们的孩子(Vanden Fleuvel,1993)。这些问题所导致的后果之一就是,许多父母和社会政策制定者都会对雇主施加压力,迫使他们选择家庭友好政策(Raabe,1996)。这些政策包括工作时间的灵活性,对那些长期离职的孕妇或者是长期离职的父母保证他们能够被重新聘用,还有就是员工可以自由决定他们"病假日"的使用等。然而,这种政策却只能帮助父母们解决家庭责任和工作中的那些短期问题。

　　第四,削减工作。这就意味着至少让一个家庭成员放弃其工作或者对其工作进行削减。无论选择这两者中的任何一种,家庭任务都必须重新安排,目的是为了减少工作一方的时间压力,而采用这样一种特定的路线,将要依靠其他事务中的性别角色分工的程度。日本就是这样一个社会,为了满足家庭和工作的需要,他们所进行的主要调整仍然是建立在角色的性别分工基础之上,这就不可避免地导致已婚女性就业的减少。当日本女性有了孩子之后,人们就会希望她们放弃自己的工作,而且实际上很多女性一旦结了婚,她们就会放弃全职工作(Jolivet,1997)。雇主们将繁重的要求都施加到了男性员工身上,这是与那种强大的、对于性别差异的文化重视相联系的,它导致了这样一种情境,即在日本,妻子们主要承担家庭内部的责任。然而,在年轻一代中,这种态度正在某种程度上发生变化。这个让人十分入迷的社会学问题就是,日本家庭能够继续将这种与其他大多数国家相脱离的传统路径坚持多长时间?在西方社会,职业削减的策略已经不太可能让已婚女性完全放弃她们的工作了。相反,母亲们在工作上所采取的主要模式是兼职工作的模式。

第五,家务劳动的重新分配。在家庭内部重新对家务劳动进行安排,是一种确保那些有职业的母亲们不会被照顾孩子和家务劳动的负担所压倒的方法。在核心家庭中,这种对家务劳动重新安排的可能性是十分有限的。那些职业导向的妻子们必须号召她们的丈夫从事更多的家务劳动,并且平等地承担养育孩子的责任。许多丈夫对于妻子这种要求的回应是很缓慢的,在美国,典型的结果就是在父亲和母亲之间达成一种拼凑式的妥协,但是这种妥协却很少能使每个人都满意(Stacey,1990)。与美国或欧洲相比,在另外一些社会中扩大家庭更为普遍,在这些社会中这种对家务劳动的重新分配的选择相对来讲就更多了。例如,在印度的城市中,联合家庭的形式仍然继续被大量的中产阶级所采用,一个有工作的母亲不仅可以和她的丈夫重新协商劳动分工,而且也可以和她的婆婆重新协商家务的分工(Sekalan,1992)。新加坡也是这样,大部分有工作的母亲在很大程度上依赖于从她们的亲属那里获得支持(Yuen and Lim,1992)。在类似于新加坡这样的国家中,家庭所面临的难题是随着越来越多的女性进入劳动领域,那些能够有时间参与承担他人家庭责任的无工作的女性亲属越来越少了。

第六,雇佣儿童照顾服务者。那些不能从亲属那里获得帮助的家庭,也许不得不转而向那些商业化的儿童服务提供机构寻求帮助。在新加坡,这包括了儿童照顾中心和家庭日常照顾提供者。除此之外,一些新加坡家庭还使用那些家庭之外的养父母,在周末以外的其他时间内,他们提供全天候的照顾,或者他们可能雇佣家庭佣人来为孩子提供照顾,并且提供家庭内部的其他服务。尽管如此,新加坡正在进行的社会变迁仍然导致了一种特定的中国式的养父母传统的下降。新加坡那些受过教育的女性数量在不断增加,她们受到了国内以及国外关于强化性育儿理念的影响,这包括在儿童的教育上强调家庭准备与家庭支持的重要性。在那些有能力消费这种服务的人群当中,家庭服务仍然是很受欢迎的。但是,女性就业机会的不断增多,以及限制性的移民政策,正在不断对那些寻找替代解决方法的家庭施加压力。类似的压力也存在于印度城市中。在斯堪的纳维亚人所组成的国家中,公开组织的日托照顾是集中提供的,它由政府提供经济支持并由政府机构来管理,这种日托照顾的出现是为那些有职业的父母们提供实际支持的首选方法。例如,在瑞典这种儿童照顾的集体化趋势发生在20世纪60年代以后,它是建立在性别平等基础上的"新家庭范例"的一个部分。根据这种范例,挣取收入被视为是母亲身份中所包含的正常的并且也是被人期待的一部分,正如父亲身份一样。

内容来源:大卫·切尔:《家庭生活中的社会学》,中华书局,2005年,第153—161页。

一、家务劳动

家务劳动是家庭成员用于家庭内部事务的自我服务和相互服务的劳动消耗。它是家庭存在和维系所必不可少的活动,是家庭生活的一个组成部分。中国的研究者认为,从社会产品的出现到被人们消费的过程来说,人们从事的社会物质生产劳动是社会产品的生成劳动,而家务劳动则是社会产品的应用劳动。这两种劳动过程的相互联结,表现了人类物质生活的全过程[①]。

家务劳动是个历史范畴。在工业革命以前,人们很难从生产劳动中把家务劳动区分开来,因为家务劳动在家庭内部和外部都是存在的(栏4-3)。

栏4-3 家务劳动的历史

家务劳动以今天众所周知的形式成为"家庭中进行的无偿劳动"的历史并不久远。历史上最早的家务服务据说是在市场上出售已经烹饪好的食品。早期从事家务劳动的人有洗衣女、看小孩的人、经营面包店的人。据说在18世纪的巴黎,20%的小孩都是被送出去寄养的。对自身就是很重要的劳动力的面包店老板娘来说,育儿是优先权很低的、可以委托给别人的劳动,而且因为家务的一大半都只不过是很单纯的工作,家里需要专门的家务从业者的必要性很少。

① 李实:《略论家务劳动》,《当代中国婚姻家庭》,中国妇女出版社,1987年,第261页。

贵族和富裕阶层中的家庭内,有专门从事家务的佣人。在近代化初期,随着城市中产阶级的形成,这些家务佣工的数量膨胀起来。招收的途径因为依靠口头互传、同乡关系和血缘关系等,很难形成劳动市场,也难以像工厂劳动者那样出现在统计数据里面。我们可以推断的是,在随着近代化的进程从农村到城市的流动人口中,这些家务佣工占据了相当大的部分。

主妇一词,在英语和日语都意味着家庭的女主人。成为一个主妇的资格,首先她必须是家长的妻子,同时她手下跟着一批在她下面干活的女仆和亲戚家的妇女们,另外她还掌握着发号施令的家政指挥监督权。

但是随着城市化和家庭核心化的发展,发生了主妇大众化的现象,核心家庭中的主妇,不仅失去了女佣,也失去了扩大家庭中其他的成年女性成员。现在主妇成了家庭中唯一的成年女性,所有的家务劳动都落到了她的肩上,就这样,家庭内部专门从事家务劳动的人员——主妇就诞生了。用安·欧克雷学派的话来说,所谓的主妇就是失去了家务帮佣的家长之妻(Oakley,1974)。换言之,和城市主妇的形成联系在一起的,是主妇所从事的劳动范围被命名为"家务"了。

内容来源:上野千鹤子:《近代家庭的形成和终结》,商务印书馆,2004年,第156—158页。

由于家务劳动具有在家庭内进行的特点,所以家务劳动这种劳动的性质不容易被社会承认。对家务劳动的数量也不容易进行统计。不同的家庭规模和结构,不同的家庭经济条件,不同的家庭生活和服务设施配置,以及不同的性别观念,会形成不同时间量的家务劳动投入。

栏4-4 家庭分工的性别差异

关于家庭内部劳动的性别分工的讨论,导致了如下的问题:谁是最深刻体验到时间压力的人。导致时间压力的原因有很多,并且不同的人对此的回应方式也是不同的。那些工作地点离住处很远、每天要花费很多时间在路上的人们,也许会担心他们没有足够的时间用来陪伴他们的爱人。相反的是,那些成天被别人的要求(也包括家庭成员对他的要求)压得喘不过气来的人,也许希望能够有足够的时间来独处。加拿大的统计学家们所做的研究表明,大约有三分之一的成年人担心他们没有足够的时间与家人和朋友相处,有大约四分之一的人希望有足够的时间能够让他单独自处(Frederick,1993)。男性和女性在担心没有时间与朋友和家人相处的可能性上是相等的,然而,女性(26%)比男性(19%)更有可能希望花更多的时间独处。

在过去的半个世纪中,西方社会里人们所享受的休闲时间总量比以前有所增加,这可以归因为立法的改革、工会的协定以及男性更早地从有偿工作中退休这三者的共同作用。生育率的下降也意味着今天的女性平均所需要照顾的孩子数量更少。尽管如此,在英国、加拿大和美国等国家中,时间压力仍然成为一个很重要的问题。这个问题的出现是因为工作压力在人口中的分布不均等,也是因为现在有更多的人不得不在那些不同地方、不同群体中的多重责任上勉强地维持平衡。

在加拿大,导致时间压力的最大的影响因素就是对孩子的责任。大部分父母在他们还很年轻的时候就已经有孩子了,这成为影响时间压力在年龄分布上的主要因素。时间压力发生率最高的是在25岁至44岁之间,人们生育和抚养孩子主要集中在这段时间内。55岁以后时间压力的发生率是最低的,因为在这个年龄段的人们养育孩子的主要责任已经完成了,并且他们也开始从工作领域中退出。在有孩子的家庭中,孩子的年龄和主要照料者的性别对于时间压力的社会性分布都是很重要的影响因素,特别是那些要抚养婴儿的母亲们报告说,当她们试图去解决新生儿所带来的那些持续不断的要求时,她们会异常地感受到时间所产生的压力。

不同类型的家庭之间在时间压力上也会产生重要的差别。在加拿大,那些双方都是全职工作者的夫妇(有时也被称为双职工夫妇)是时间压力最大的社会成员。很明显,在这些家庭中,成年人都承受着很重的工作量,但是在这些家庭内部的工作量上也存在着不平等。澳大利亚在1974年到1992年所进行的关于时间运用的调查表明,那种向对称家庭发展的趋势是缓慢的且不确定的,并且在近年来这种趋势已经停止了(Bittman and Pixley,1997)。和其他国家的女性一样,澳大利亚的女性对家庭之外的就业不断增加所作出的回应就是,减少她们花费在家务劳动上的时间,尤其是花费在做饭上的时间。然而,澳大利亚的男性在家庭职责上的变迁却很小,虽然与以前相比,他们现在花费在照顾孩子上的时间稍微多了一点。在加拿大,正如扬和威尔默特所预测的那样:当妻子们在卷入劳动市场的程度上不断增加时,她们对家务劳动所承担的责任在程度上是不断下降的,并且丈夫对家务劳动的责任是不断增加的。然而,平均来讲丈夫对家务劳动的贡献的增加程度是很小的,因此他们的妻子并没有获得足够多的平等(Marshall,1993)。当妻子从事的是全职工作时,其丈夫就将更多地参与到做饭和准备食物这样的事情中来,尽管如此,在大多数的婚姻中做饭和准备食物的大部分责任仍然是由妻子承担的。加拿大1990年的社会普查结果表明,在丈夫是全职工作者的家庭中,有89%的非劳动力妻子她们的主要责任就是做饭和准备食物,有86%的妻子是兼职工作者,并且有72%的妻子自身是全职工作者。研究发现,在双职工夫妇中仅仅只有12%的夫妇在做饭和准备食物上的责任是平等的(Marshall,1993)。于是,在加拿大的双职工家庭中有超过28%的妻子被发现具有严重的时间压力,而与之相比较的是只有不到16%的丈夫被发现具有这种情况(Frederick,1993)。双职工夫妻在时间压力上的性别差异主要应该归因于在照顾孩子上的责任不平等,当然,这仅仅只发生在年轻的夫妻中。在这样的家庭中,母亲很明显地承担了照顾孩子的主要责任,也就是她们要在照顾孩子上付出额外的家务劳动,与此同时,她们还要努力地去满足全职工作对她们的要求。

对丈夫和妻子的家庭角色的期望严重地影响了夫妻对家务责任的分配(Vannoy-Hiller and Philliber,1989;Shelton and John,1996)。在当代家庭中文化——或者更为准确地说是亚文化——对于劳动分工的影响的重要性是通过家务分配上确实造成差异的特定社会因素来确定的。加拿大那些在家务分配上最具灵活性的双职工夫妻是受非传统影响最深的夫妻,也就是那些偏爱采取非传统生活方式的夫妻。这其中包括了那些用同居来代替结婚的人,也就是受过更高等教育并且是年轻一代的加拿大人(Marshall,1993)。同居似乎并不是与在性别上平等分配家务劳动的总时间量相联系的,它是与角色分离相联系。1990年在加拿大有40.1%的已婚女性是单独承担做饭和准备食品的全部责任的,但是在所有的同居夫妻中,却只有28.9%的妻子是承担做饭和准备食品的全部责任(Wu,2000)。在那些已婚的年龄较大的加拿大人中,以及受教育程度较低的女性中,由妻子单独来承担所有的家务劳动责任是较为普遍的。

文化和环境因素都会对家务的分配产生影响,然而,对家务分配最大的影响还是生活在有孩子的家庭中所感受到的性别化体验(Horrell,1994;Cheal,1999)。英国社会态度调查的分析结果表明,在同居夫妻中关

> 于家庭角色的自由主义态度只会在他们没有孩子的时候影响他们的行为(Kiernan and Estaugh,1993)。没有孩子的同居夫妻要比已婚夫妻更可能平均地分担家务责任。然而,在那些有孩子的同居夫妻中,根据婚姻状况来分担家务责任在比例上的差异就很小。无论婚姻状况如何,大部分女性仍然在孩子的照顾上承担着主要的责任。这就意味着家庭内部的活动对许多女性来说仍然有着特别的重要性。
>
> 内容来源:大卫·切尔:《家庭生活的社会学》,中华书局,2005年,第128—130页。

在美国,男性被设想为养家糊口的人,而女性则被看作是家务劳动者,这种性别角色观念在儿童成长过程中有着很深的影响。美国的男孩和女孩在14—15岁的时候,都在学习家务上花费相同的时间,在14—18岁之间,男孩和女孩在家务学习上所花费的时间有所下降。而处于青春期的男孩在家务工作上所花费的时间的下降幅度要大于该年龄段的女孩。到了17—18岁,男孩在家务工作上所花费的时间大约只有女孩的60%。男孩比女孩花费更多的时间去从事户外作业,包括冬天铲雪。女孩则每周相应地比男孩多花时间去从事清洁、做饭、洗碗以及洗衣服等家务劳动。整个高中阶段,女孩要多花时间去照顾她们的家庭成员。在16—18岁之间,女孩在照顾年幼的弟妹上所花的时间是男孩的两倍[①]。

这种家务劳动上的性别差异,随着社会化过程而逐渐发展起来,以致在成年之后,男女双方各自在工作组织和家庭生活中不断复制这种差异。当男女计划建立一个新的家庭时,这种家务劳动上的性别差异就会表现出来。在美国,母亲在照顾孩子上所花的时间约为80%,她们所从事的工作是孩子的监护性照顾,如洗澡、喂食等,而丈夫花费在孩子身上的时间大多是在互动游戏上,如和孩子玩耍、辅导孩子作业等。当然,现在的美国男性与以前相比,正在更多地参与到家务劳动上(栏4-5)。

栏4-5 美国男性的家庭参与

凯思林·戈森在研究中表明,当代社会中,男性对于家庭与工作的联系已经变得越来越松散了,实际上美国男性在平衡他们对家庭和工作的参与上已经发展了三种模式:

---

① 参见大卫·切尔:《家庭生活中的社会学》,中华书局,2005年,第123—124页。

第一种模式,作为养家糊口者。这些男性倾向于与那些重视孩子并希望在孩子身上花费大量时间的女性结婚。不管他们结婚时是否打算这么做,但是许多夫妻在他们的第一个孩子出生以后,就倾向于一种性别化的劳动分工,即"男主外,女主内"家庭。

第二种模式,作为独立自主者。这些男性将自己与养家糊口的角色相分离,为了个人的独立与经济独立,他们也许宁愿选择单身或者少要孩子或不要孩子。如果,他们结了婚并且有了孩子,那么他们希望自己的妻子在家庭收入上是一个平等的联合供给者,但他们却不大可能会在家庭任务上分担责任,其结果是他们的伴侣承担了双重负担。

第三种模式,作为内卷性父亲。介于家庭供养者和从家庭中寻找自主的男性之间,这些男性认为自己应该分担家庭所有的责任。至于在工作和家务之间如何平衡则依赖于与伴侣之间的协商。在这种家庭中,对于劳动分工的协商所考虑的是个人的偏好,同时也考虑经济机会或者说是机会的缺失。

内容来源:大卫·切尔:《家庭生活的社会学》,中华书局,2005年,第149—151页。

在传统中国,父子关系是轴心,夫妻关系是辅从。妻子必须服从丈夫。"男主外,女主内"的角色分工模式决定了女性必须安于持家育儿的本分,"主内"既是家庭主妇的专利,也是她们的全部生活内容。在某种意义上,家庭的稳固是靠陈旧的性别观念来维持,并以女性的自我牺牲为代价的。新中国成立以后的三十年里,随着女性的广泛就业,女性在家庭中的地位逐步上升,特别是在改革开放以后,在市场经济的冲击下,产品结构日益专业化,女性被贬低和受歧视的思维定式被打破,加大了女性在职业上向上流动的可能性,直接扩大了女性的社会经济地位,进而影响到家庭地位上。

传统的家庭主妇形象在当代青年男女中逐渐淡化,在调查中,上海男性对女性的描述中,主要肯定的是其自我修养的一面,而对她们的家庭意识和责任感很少提及;在女性的自我评价中,也关注于"善于打扮、富有修养、注重品位"等方面,家庭主妇的角色内涵发生了深刻的变化。既然妻子和丈夫一样承担社会角色,若还要承担所有家务,无论是在体力上还是能力上都有很大的压力,这就使接受平等思想的丈夫们也参与到家务劳动中,传统的家务劳动完全由女性操持的局面已有改变,"甩手丈夫"逐步减少。

S和她的丈夫都在公司上班。家务有习惯性的分工,由于她的烧菜手艺不错,烧煮基本上由她完成,丈夫则负责洗刷之类的,平均每人每天3小时左右。

J是研究员,妻子在企业上班。平时和妻子家务有分工,他做较花力气的活,如扫地、擦窗、修车,以前还要换煤气,妻子则偏重轻的活,如洗碗、洗菜等,做饭菜是一起干的,每天在家务上花2—3小时。

家务劳动的管理原则应是家庭成员各尽所能,扬长避短。夫妻之间逐步趋向合理化的家务分工,突破了家务劳动中的性别隔离,也增强了夫妻间的亲密感。"围裙丈夫"在许多上海青年心目中已经不是一种对男性贬损的用语,而是被看作男女平等和丈夫对家庭顾恋及对妻子爱护的一种优良表现。如果家务劳动分配不合理,会产生内部人际矛盾和摩擦,影响家庭职能的充分发挥,影响家庭气氛和家庭成员的个性发展。

当然,也应该看到,传统的性别模式在中国还是很有市场,从中国城市家庭调查的统计资料看,中国城市家庭家务劳动的主要承担者还是妻子(见表4-1)。从七城市的总体情况看,丈夫承担家务劳动多的家庭占8.16%,夫妻承担家务劳动量差不多的家庭占23.60%,妻子承担家务劳动多的家庭占68.24%。

表4-1 中国城市家庭家务劳动分担情况

	丈夫多些(%)	夫妻差不多(%)	妻子多些(%)	样本数(户)
北 京	8.19	24.56	67.26	733
上 海	12.28	21.69	66.03	733
成 都	9.10	29.99	60.91	747
南 京	7.85	24.96	67.19	637
广 州	4.88	25.24	69.87	717
兰 州	9.21	20.72	70.08	782
哈 尔 滨	5.36	18.29	76.24	727
总 体	8.16	23.60	68.24	5 076

资料来源:沈崇麟、杨善华主编:《当代中国城市家庭研究》,中国社会科学出版社,1995年,第70页

古德在《家庭》一书中尖锐指出:技术体系虽然为妇女提供了许多更廉价的物品,但却未能解除她们的家庭负担。节省体力的技术手段提高了家庭的卫生水平,提高了工作效率,但却并没有减少家务劳动的时间①。可以说,21世纪更多男性参与家务劳动是不争的事实,21世纪女性还是家务劳动的主角也是不可

---

① 古德:《家庭》,社会科学文献出版社,1986年,第253页。

避免的。

家务劳动管理的目的是为了提高家务劳动效率,减轻劳动负担,节省劳动时间,使个人和家庭有更多的学习、工作、娱乐和休息的机会。随着经济的发展,家庭生活水平有了较大幅度的提高。当家庭生活水平提高到一定程度时,便会产生家务劳动机械化、电气化、电子化、社会化的要求(栏4-6)。

栏4-6 技术革新与家务劳动

产业革命之后,家务劳动在很长的一段时间内仍都停留在炉子用薪炭来生火的古代式的水准上。家务劳动发生大变革是以以下的变化为前提的。第一是自来水管的普及;第二是因引进天然气和电力等清洁能源而导致的厨房能源革命;第三,由于技术革命从生产资料波及消费资料,像家用电器这样的耐用消费品能够以比较低廉的价格供应给人们。这些变化改变了家庭住房的结构,甚至影响到家庭成员的地位、角色关系。

美国在第一次世界大战后,从20世纪30年代就开始了家庭的电气化。根据斯特拉萨的题为《没有尽头的工作》的美国家务劳动史,1935年克利夫兰地区95%的家庭在使用煤气灶或电子炉灶(Strasser,1982,第264页)。日本早在大正时期(1911—1926年),有人就已经提议在新的城市住宅里建造一个组合煤气灶和洗涤台的铺地板的壁龛式厨房,但是这种厨房的普及很受限制。大多数的城市住宅都是游廊式的土地房间里新装上一个煤气灶来替换原来的炉灶。占国民大半的农家,依然使用着薪炭。

1934年,1 250户日本城市工人家庭的主妇,平均每天用于家务劳动的时间达到12—14小时。1935年,同一阶层的家里实现了电气化的主妇,用于家务劳动的时间约为每星期49小时,每天缩短至约7小时。到1948年,76户工人家庭的主妇劳动时间还是每天12小时,但用于家务劳动的时间减少了,为9.3小时,空余的时间用在家务劳动以外的劳动上。

厨房的能源革命普及到全民规模,这是战后经济复兴后的20世纪50年代。从薪炭这类很危险不好处理而且产生黑烟的能源到煤气和电这类容易处理的清洁能源的转换,不仅使厨房从土地面迈上地板成为可能,而且也使房屋集中起来建造公寓成为可能。

相同的变化也发生在20世纪50年代的日本。最初普及的家电产品是电饭煲。这在60年代"三种神器"(电冰箱、洗衣机、吸尘器)普及之前,

> 已经在50年代达到了市场饱和。在同一时期的农村地区,从战败的经验出发,作为提高身高——改善营养运动的一环,人们被建议摄取脂肪,"每天要吃一次用平底锅烧的菜",而且含油的东西也进入了菜单,做菜的技能知识和技术的变化加快了婆媳之间地位的更替。
>
> 20世纪70年代以后,家务劳动的技术革新从电气化向电子化方向发展。其中,微波炉作为新型加热器的利用,把熟练化的家务劳动变成非熟练化,因此为个别化做出了贡献。冰箱、微波炉、电水壶的出现,使掌握家庭成员所有饮食和食物分配权的主妇失去了其权利和义务,使家务成为男人和孩子也能够做的事情,家庭的"各吃各"由于装置系统的变化而成为可能。
>
> 内容来源:上野千鹤子:《近代家庭的形成和终结》,商务印书馆,2004年,第158—172页。

在中国现有的生产力水平条件下,家务劳动仍然是家庭生活中的一个沉重负担,占用了大部分的家庭闲暇时间。为适应现代家庭生活水平提高的需要,社会化的家庭服务业开始起步,许多城市成立了各类家庭服务公司,所开设的服务项目包括帮助搬家、清扫卫生、室内装饰、修理器具、陪护购物、照看孩子、用餐服务等,可以替代大部分家务劳动,减少人们在家务劳动上的精力和时间消耗,增加闲暇,进而提高家庭生活质量。近年来,中国城市家庭服务业迅速发展,并采取灵活、方便、高效的服务方式,解决了家庭生活中的诸多困难。据统计,仅北京在1992年就成立了30多家家庭服务公司、40多家搬家公司[①]。通过集约化的社会服务来替代一部分家务劳动,这在很大程度上改变了原来的家庭生活形式。随着家庭生活需要所提出的要求越来越高,社会化的家庭服务也将逐渐发育成熟。

二、闲暇生活

闲暇生活是现代家庭生活的一个重要组成部分。所谓闲暇,就是当个人从岗位及家庭社会所赋予的义务中解放出来的时候,为了休息,为了散心,或者为了培养并无利害关系的知识和能力,自发地投身社会,发挥自由的创造力而完全随意的活动[②]。而闲暇时间是一种自由的时间,是人们在劳动时间之外,除去满

[①] 李德新等:《家庭服务事业的现状、问题与对策争议》,《计划与市场》1994年第1期。
[②] 《马克思恩格斯全集》第26卷,人民出版社,1974年,第281页。

足生理需要和家务劳动等生活必要时间支出之后，个人可以自由支配的剩余时间。人们在闲暇生活中满足自己的精神需要，完善个性，实现自我发展。因而，闲暇时间如何利用，是家庭精神文明建设的重要内容，是反映家庭生活水准和质量的重要指标。

家庭是一个为个人闲暇消费行为提供场所、手段和机会的单位组织。对于家庭来说，闲暇具有多方面的功能：① 满足消遣、娱乐、享受需要。休息、观看演出、游戏、旅行、体育等闲暇活动使人们解除工作疲劳，调节身心。② 发展个性，增长知识。在闲暇中，从事文化艺术、科技方面的创作与发明，参加社交活动，学习各种知识与技能，教育子女，可以有效地陶冶家庭成员的个性，启迪家庭成员的智慧，培养家庭成员的情趣，从而有助于个人的发展和价值实现。③ 营造良好的家庭氛围，协调家庭人际关系。以家庭作为一个整体来开展闲暇活动，有助于家庭气氛的温馨、和谐。

家庭闲暇生活与社会经济发展水平直接相关。闲暇生活与一定的物质条件相关联，只有在物质生活获得基本保障，社会精神产品的生产、分配、交换、消费也获得发展的情况下，人们的精神生活才能占据越来越重要的地位。

在近代江南地区，以土地为生的农民常年精耕细作，勉强维持生计。生活的重压及家庭的贫困使他们没有明确的闲暇概念。平时，在亲戚中来往走动、与邻里间闲话家常构成了闲暇生活的经纬。集市与农闲时节的庙会在满足农民小本经营贴补家用的需求之外，也迎合了交际娱乐的需要。近代江南茶馆不仅是农民闲暇生活中社交、休闲、表演的场所，也是劝导和调解民间纠纷的媒介。在城市，随着工商业的发展、西方生活方式的传播以及个人独立意识的增强，城市的社会生活具有较高的社会化程度和较大的开放性。电影院、新式剧场、音乐茶座及游乐场所等大众娱乐的兴起，大大丰富了都市人的闲暇生活。此外，收入水准、生活水平及文化传统等客观因素决定、制约和影响着人们的主观选择。同一阶层的群体即以某种深层的集体意识指向同一闲暇方式。

新中国成立以后，在生产积极性高涨的同时，人们的闲暇生活也朝着健康化方向发展。但在随后的"以阶级斗争为纲"的岁月里，人们的闲暇生活被空前扭曲，W 在访谈中说：在"三化""四清"运动中，我们全家人都积极响应。"三化"时整天早出晚归。"文革"时每天做到"早请示，晚汇报"，当时好像整个中国都非常热烈，像一团火。我们也不懂真实的意义，反正认为照毛主席的话去做是不会错的。上海一对老夫妻甚至还展开了贴大字报比赛。现代意义上的闲暇是一种积极意义的闲暇。罗伯茨等认为，休闲社会的来临，不仅是指闲暇时间总量的增加，而且包括人的基本价值观念的变化和对待生活与工作的态度的变化。当代社会的人们越来越重视闲暇生活的安排，闲暇价值日益突出。

J是小学语文老师。她家的文化氛围相当好,订阅10多份报刊,丈夫在老年大学学习,还拜了一位老画家为师学国画,所以双休日丈夫在家里画画,或者摆弄花草,她就喜欢看看书。她家定期搞家庭沙龙,邀请好友到家里聚聚。此外,全家还喜欢旅游,几乎每年外出两三次。

L退休前是医生。他和妻子的性格迥异,妻子喜爱静,平时就爱织毛衣、看服装书,他是动静结合,平时喜欢散步、垂钓、养鱼、种花。早晨5点半起床,到公园打打太极拳,上午要进行社会活动,大量的时间在工作,下午的时间属于自己的,休息一下,看看报纸,晚上看看电视。

R退休前是公务员。年轻时,她爱好读书,丈夫喜欢摆弄电器、下棋、听音乐等,随着年龄的增长,她就成了电视迷,有节目就看,退休后则抽出时间照顾邻居家的老人,丈夫则喜欢养花、逛小商品市场。①

美国学者格雷和格雷本认为,娱乐是从人的幸福和自我满足的体验中产生出来的个人情感状态,指向优胜、成就、兴奋、成功、个人价值和喜悦等情感特征,可以增强人们的自我想象。目前,文化娱乐活动是中国人,特别是中老年人闲暇生活的主流。由于人们在思想意识、价值取向、文化程度、艺术修养等方面的差异,所以会表现出不同的闲暇生活需求。与此同时,家庭整体的闲暇活动和家庭成员个体的闲暇活动也是不同的。家庭的每个成员都有自己的个人休息、消遣以及自我发展的欲求,而且这种个体的欲求往往并不一致。当家庭成员的闲暇欲求一致时,这种类型的闲暇活动在使家庭成员的需求获得满足的同时,又将成为家庭的共同欲求。当闲暇欲求不一致时,则要求家庭成员从家庭整体出发来考虑其个人的休息、消遣、自我实现等问题。家庭成员以个体来进行闲暇活动时,要注意不能无视其他成员的闲暇要求,妨碍他人的闲暇目标,更重要的是,个人的闲暇不能给家庭整体带来不利或消极的影响。一些家庭成员如果热衷于赌博,总是会给家庭带来不安全、不稳定、不和谐因素。

闲暇作为一种生活方式,是个人体现个性和表现自我的一种手段。随着个人主体意识的不断增强,闲暇方式也从传统的"被动型""观赏型"向"主动型""参与型"转变。人们可以根据爱好习惯、生活意愿、价值标准来选择自我适应的闲暇模式,合理安排时间。随着社会的发展,闲暇生活也在逐步提高层次,并不断改变人们的日常生活及所有的社会时间结构,闲暇生活享受的价值将越来越成为创造个人和家庭幸福的因素。

---

① 相关个案资料见沈关宝主持的"长江三角洲居民生活史研究"课题。

第三节 生育管理

在一个家庭内部,有意识地控制、调节生育行为和生育数量,早已有之。在古代和中世纪,家庭内部控制调节生育的方法,主要有禁欲、强制堕胎、禁止寡妇再嫁、晚婚和独身等。家庭生育计划作为现代生育管理,是从18世纪后半叶开始的。

家庭生育计划(Family Planning,直译为家庭计划)是指各个家庭根据自己的经济状况、健康状况和生育意愿,自由地、有意识地安排生育数量和生育间隔的计划。家庭生育计划的实质,就是各个家庭自我控制生育行为。20世纪30年代英国首先使用这一名称,以后逐步在一些国家流行。

家庭生育计划与政府推行的全社会范围内进行的人口政策、生育计划不同。家庭生育计划仅以独立的家庭为单位,其计划和措施的实行与安排仅限于各家庭内部。全社会范围的计划生育是由政府调节和指导人口发展所采取的手段和措施,目的在于调整全社会的人口规模和结构。

一、西方的家庭计划[①]

西方节制生育的思想,始于马尔萨斯的人口论。在马尔萨斯生活的年代,产业革命所引起的工业失业和贫困现象日益严重,与此同时,人口却迅速增长。在1803年发表的《人口原理》一书中,马尔萨斯提出食物生产只能以算术级数增加,所以赶不上以几何级数增加的人口需要的观点,并认为这是"永恒的人口自然规律"。他指出,要通过道德抑制即通过降低出生率来抑制人口增长,但是,马尔萨斯主要是主张穷人要节欲、不结婚、少生和不生孩子,而对富人来说则不应该受到任何限制。欧洲各国的民间节育,首先在英国、法国等国家实行。19世纪初,英国民间开始使用化学方法和机械方法来避孕。法国在1842年后,开始转变过去把节育当作罪恶的宗教观念。即便如此,直到19世纪二三十年代,避孕节育的思想仍然受到宗教和医学界的非难。

19世纪末到20世纪初,西方开始广泛推行避孕、节育的方法和技术,并建立了指导避孕的机构,在节育技术上给予人们实际的指导和帮助。世界上宣传节育的第一个民间团体是"新马尔萨斯同盟",于1877年在英国成立。此后,荷兰于1883年,法国于1889年,玻利维亚于1901年,西班牙于1904年,秘鲁于

---

① 参见陈功:《家庭革命》,中国社会科学出版社,2000年,第266—276页。

1925年,比利时于1906年,古巴于1907年,瑞士于1908年,瑞典于1911年,意大利于1913年,墨西哥于1918年,先后成立了有关团体或机构。随着节育宣传的开展,节育方法和药具也开始研制和使用。首先,从1823年开始介绍和推广海绵堵塞法和阴道冲洗法。1831年开始推广阴道灌洗器。1838年,德国人弗雷德里克·阿道夫·威尔德发明了子宫帽。1844年制造了橡皮避孕套。19世纪门幸加博士发明了阴道隔膜。其后,随着各种节育技术的采用,技术指导与技术服务也就十分必要了。1878年,荷兰女医师捷克卜斯创立了第一个节育指导所。1918年,英国成立了"母亲指导所"。1915年,美国护士玛格丽特·桑格夫人在美国纽约成立了"美国人口协会",同时又组织"美国节育协会",出版了《节育评论》。随后,她到日本、印度、中国等各地进行宣传,影响较大。1922年8月,桑格夫人倡导召开了世界节育会议,开创了世界范围内的节育思想与技术交流的先例。她从关心妇女儿童健康的角度出发,提出了把节育作为"妇女解放"的手段的新观点,影响深远。1923年,她在纽约成立了第一个规模巨大的节育指导所。1931年,美国妇女协会曾授予她奖章,表彰她的"杰出贡献和远见、正直、果断的品德"。

第二次世界大战以后,发展中国家也开始在民间推行生育计划。二战后,家庭计划的出现,是世界节育运动的新发展。到1951年,世界上只有印度一个国家公开推行家庭生育计划。桑格夫人在晚年与印度的L.劳尔和日本的加藤静江女士提倡而产生的"国际家庭计划联盟"(IPPE)于1952年成立,当时有8个国家参加,1953年在斯德哥尔摩召开大会,1954年增加到84个国家;1983年11月在内罗比召开代表大会,已有118个国家和地区为该组织的成员。1990年达132个,是仅次于国际红十字会的最大的民间国际组织。该联盟的宗旨是:"为了人类的家庭幸福、社会福利和世界友好,就要通过发展教育和科学研究来促进人类普遍接受家庭计划。"目前,许多国家都设有由民间组织的家庭计划协会,各国政府也给予协会各方面的支持。协会工作旨在帮助夫妇安排、调整生育计划,保护妇幼健康,进行人口教育、促进对人类生育和生育调节的研究,并协助国家人口政策的推行。

节育与家庭计划活动从20世纪初开始出现,经历了战后50年代的复生,60年代的高涨,已达到70年代以后的普及和巩固阶段。但是由于各国的社会制度、经济发展水平、人口状况不同,节育运动在各个国家各有特点。例如,有一些国家如日本、墨西哥等,私人家庭都积极倾向于实行家庭计划。也有一些国家,如印度和非洲的一些发展中国家,政府积极推行家庭计划,但私人家庭由于各种因素影响,阻力重重。除上述两种类型外,还有些国家,政府提倡和鼓励人口增长,但广大私人家庭却积极避孕,实行家庭计划,如法国、苏联及东欧等一些国家。也有一些国家实际上早已"人满为患",但还没有真正认识到这一问题的严重性和紧迫性,仍在执行鼓励生育的政策,直到有关国际组织提出忠告和建议后才开始转变政策,如泰国。

二战后广泛开展的家庭计划活动,对在全世界范围内控制人口增长起到了一定作用,国外人口学者普遍认为,人类已安稳地度过了人类历史上人口自然增长率达到顶峰的阶段。世界年均人口增长率已从20世纪六七十年代的19‰降为18‰,并在继续下降。据估计,从1960年到1977年,在发展中国家人口自然增长率的变化中,经济社会因素的作用(如收入、教育等)占60%,而家庭生育计划占15%。20世纪80年代,家庭生育计划的作用进一步增强。家庭生育计划还可以节省大量社会资金。家庭生育计划在降低生育率方面的成本效果至少为对农村妇女的营养规划或教育计划的7倍。在孟加拉国、韩国和菲律宾,家庭生育计划服务规划的成本效果估计为通过降低死亡率从而降低生育率的保健规划费用的5倍。

当然,也应看到,家庭生育计划在发展中国家,仍然是一项十分艰巨的工作,虽然在20世纪80年代,发展中国家的总和生育率大都有所下降,但是比起人口再生产的更替水平(即总和生育率为2.1)相差很远。在非洲,人口控制方面还没有新的转机,长期挣扎于"马尔萨斯陷阱"之中。另外,在国际援助方面也面临着困难。对于发达国家来说,面临的问题是如何刺激家庭多生几个孩子。从20世纪70年代,不育文化开始在欧美等地流行。以美国为例,1967年,美国18岁至44岁的妇女中有3%的人自愿不育,1980年,这个年龄组的妇女中自愿不育者占6%,占全部女性的11%,1987年,美国每5名不足44岁的已婚女性中,就有一个不打算生育,而30岁以下的已婚妇女中有40%以上没有生育过孩子[①]。

进入20世纪90年代以后,许多国家的家庭生育计划管理进行了适当的调整。一是政策措施的调整。首先是强化经济、福利方面的措施,如韩国。二是经费开支的调整,即由过去过多地依赖外援转向充分发掘和合理使用国内资源财力,逐步增加国内财力的投入,如菲律宾。三是家庭生育计划的总体政策的调整。由过去只重视生育控制问题而转向既重视生育问题,也重视养老问题、妇幼保健问题、人口素质问题等。

二、中国的计划生育

中国历史上基本上是赞成增加人口,但也有少数学者,如老子和韩非是主张减少人口的。他们认为"民众而货寡","小国寡民"有利于国家富强和社会安定。

---

① 参见《一组关于美国家庭的数据》,《现代家庭》1989年第12期。

洪亮吉是中国封建社会末期的人口思想家,他以家庭为单位计数,发现"视三十年以增五倍焉,视六十年以增十倍焉"。他提出解决这个问题的方法是"天地调剂之法"和"君相调剂之法",并主张反对奢侈、浪费,"禁其淫靡",但他却没有提出进行节育的明确措施。中国近代社会的节育思想有所发展。汪士铎的节育思想的主要内容是晚婚、晚育和避孕。他认为,女子应二十五岁而嫁,男子应三十而娶;生一个男孩最好,特别是女孩只能生一个;妇女吃冷药避孕,以减少生育。20世纪初,中国的民主主义革命者和小资产阶级的人口思想家,主张增加人口来保存民族、发展经济。但也有一些政治家和学者,如严复、陈长蘅等对旧中国的社会动乱、贫困、落后归罪于人口太多,因此主张中国要控制人口,实行节制生育[①]。潘光旦十分重视优生学,先后翻译了霭理士的《性的教育》(1934)、《性的道德》(1934)、《性心理学》(1946),撰写了《优生概论》(1928)、《优生原理》(1949)等论著。

1922年,桑格夫人在北京演讲节制生育的理论与方法,在她的影响下,上海《时事新报》副刊《学灯》发了节育运动专号,妇女杂志社出版产儿限制专号,家庭研究社的家庭研究月刊出版产儿限制专号,北京医学月刊登载一批生育节制论文。在苏州成立了中华节育研究社,北京也成立了产儿限制研究会,但是由于准备不足,不久就停止了活动。除了1930年北京成立的妇婴保健会做了一些实际的工作外,上海的节育研究会,以及南京一些私人医生的节育方法的传授,都没有起多大的作用。1936年,桑格夫人的第二次访华,再次推动了中国对生育计划的大讨论,但其影响也只是局限在特定的圈子内[②]。

直到民国时期中国社会,特别是农村地区还是毫无节制地早育、多育、生育期长,既无节育手段和条件,也无良好的接生设备和保育条件,婴儿的出生率高、死亡率高。一项对河南省鲁山县的老年妇女调查显示,36位60岁以上的女性平均每人生育6胎以上,许多女性因家境贫寒曾试图堕胎,但因缺医少药,只能将肚子挤在水缸沿上挤压,想把胎儿挤死,结果造成生孩子时大出血[③]。另一项对云南少数民族的调查也显示,那些60岁左右的妇女往往都是从18岁开始生育,直到闭经为止,生育年限达30年以上,成年后几乎是在不间断的生育、养育中度过了大半生[④]。

新中国成立初期,中国的人口生育还是处于自发的、无计划的状态,在第一

---

① 陈功:《家庭革命》,中国社会科学出版社,2000年,第261—262页。
② 同上书,第276页。
③ 杜芳琴编:《中国妇女与发展——地位、健康、就业》,河南"妇女生育与健康"课题组,"鲁山县'妇女生育与健康'初期调查和培训",河南人民出版社,1993年,第264—265页。
④ 同上书,第274—275页。

个五年计划时期内,人口年平均增长率始终在2‰,虽然在1956年,第一次用政府文件公布了人口控制的思想,但在随后的急躁冒进的年代里,"人多力量大"成了多生政策的政治理由,许多女性争当"光荣妈妈"——生得越多越光荣。这种生育政策事实上演变成了一种新的强制性多育方针,结果导致了中国的人口总量的迅速膨胀,以致在1963年出现了新中国成立后的第一个人口出生高峰,人口出生率为43.4‰,人口自然增长率为33.3‰。

自1973年起中国开展了全国性的计划生育工作。早期提出的是"晚、稀、少"生育政策;1978年又提出一对夫妇生育子女数"最好一个、最多两个,间隔三年以上";1980年又改为"除了在人口稀少的少数民族地区以外,要普遍提倡一对夫妇只生育一个孩子"。1980年9月25日发出《中共中央关于控制我国人口增长问题致全体共产党员、共青团员的公开信》,将普遍提倡一对夫妇只生育一个孩子的生育政策的执行推向高潮。之后,由于过紧的生育政策在实际执行中出现较多问题,中共中央于1984年4月下发了7号文件,该文件提出"要进一步完善计划生育工作的具体政策",其具体精神后来常被简称为"开小口子、堵大口子",即从实际情况出发,在生育二孩的限制上有所松动。经过几年的过渡和完善,1988年提出现行生育政策,主要内容是:提倡晚婚晚育、少生优生;提倡一对夫妇只生育一个孩子。极少数确有特殊困难的家庭经过批准可生育第二个孩子;少数民族地区的计划生育具体措施由所在地区自行决定①。据国家计生委有关资料,全国仅有6个省区和西藏自治区农村基本实行生育两个孩子或多个孩子的政策,有7个省、直辖市规定一般情况下只生育一个孩子,17个省区规定农村人口一对夫妇第一个孩子是女孩,有实际生活困难的,可以间隔几年后,有计划地安排生育第二个孩子②。

计划生育的推行在控制人口数量、提高人口素质、改变人们的生育观念以及促进女性地位的提高等方面发挥了积极的作用。到了20世纪80年代,人口增长速度年平均增速下降到1.6‰,家长的性别爱好不仅仅是出于家族利益考虑,而更多地出于自身愿望的满足。

> P:28岁时我的第一个女儿出世,由于当时人在部队,对家里的事考虑不多,对于男孩还是女孩,还没仔细想过,孩子就出世了。况且,自己一直认为孩子是生命与希望的延续,男女都一样,只要孩子能有所成就。1976年小女儿出世,1978年复员回地方,就与妻儿独立成家。

---

① 彭珮云主编:《中国计划生育全书》,中国人口出版社,1997年。
② 张二力、陈建利:《现行生育政策下的模拟终身生育水平》,《中国人口科学》1999年第5期。

Q：我31岁时生下了第一个孩子，是个男孩，以后就采取了避孕措施，戴避孕套，我希望能生个男孩。孩子是感情的结晶，是生命的延续，也可以防老及传宗接代。

Y：1976年我有了一个女儿，1986年又添了个儿子，然后妻子实行节育手术。我希望第一个孩子是男孩，这是传统观念所致，孩子可以作为未来的家族延续人，我的目标算是实现了。

Z：1977年我生了个女儿，之后，立即放置节育环节育，因为考虑到事业、家庭负担、国家的倡导等因素，不愿意多生。我希望生女孩，因为比较贴心。①

在农村，避孕节育率呈明显的上升趋势。据全国2‰生育节育抽样调查资料显示，中国农村已婚育龄妇女长效避孕方法使用率由1970年的8.33%上升到1988年的60.11%。采用长效避孕方法者在避孕人数中所占比重：1970年为85.82%，1988年为93.52%。在四地区所调查的农村避孕妇女中，采用长效避孕方法者在避孕人数中所占比重：杭州为65.39%，望城为97.23%，孝义为91.64%，洛川为95.92%，与全国2‰生育节育抽样调查数据接近。大量的研究资料证实，避孕率和生育率之间存在着高度的负相关。1971—1992年，人口出生率下降了12.84‰，自然增长率下降了12.11‰，多孩次生育比例也由60.1%下降到15.83%，下降了44.27个百分点。

与此同时，我们也应该看到，独生子女政策与人们的男孩偏好相冲突，造成了一定程度的性别比失调问题。2000年第五次人口普查时，这一比例已达到100∶116.9，而在海南、广东等省则高达骇人听闻的100∶130以上②，由此将会引发性犯罪、买卖婚姻、拐卖妇女、卖淫嫖娼等严重的社会问题。

按照交换论的观点，对孩子的需求取决于家庭收入、父母时间价值特别是母亲的时间价值。目前，人们的经济收入虽已经有了很大的提高，但生育子女仍然意味着生活水平的下降。在城市中，许多有职业、有收入的年轻夫妇出于对生育孩子的经济成本、时间成本以及精力成本的考虑，尽量推迟生育时间，甚至不愿生孩子。

"不育文化"自20世纪80年代起，在中国悄然出现。上海人口情报中心的一份资料透露，1979—1989年，上海市区"丁克家庭"约占全市家庭夫妇总数的2%—3%，人数估计超过5万人，北京市1984年以来结婚的夫妇中约有20%自

---

① 见沈关宝主持的"长江三角洲居民生活史研究"课题。
② 世界各国出生婴儿的男女性别比例一般是100∶104—107。

愿不生育,多达7万人,1986年广州市结了婚而不愿生育的人只有3万人,1989年底,猛增到10万人左右①。台湾地区新生儿人数也一降再降。据台湾妇产科医学会的估算,2003年,台湾地区新生儿数大约只有21万人,比2002年减少15%左右。而在1981年,台湾地区新生儿有41.4万人,2000年为30.5万人。社会学家对台湾地区新生儿数降速之快深表忧虑,称台湾地区社会正面对一个长远的社会危机——人口断层。如果这种趋势不变,台湾地区人口就会出现负增长。社团领袖简锡说,台湾地区生育率之所以屡创新低,在于缺乏职场上真正的两性平权,不少妇女为保住工作而被迫选择放弃生育,而昂贵的市场化托育费用,也让不少家庭在育儿问题上却步。这一观点也印证了民间所说的"有钱人因太忙而没时间生育,穷人却因养不起而不敢生育"②。

从某种程度上讲,我们已经进入了"后计划生育时代",因此,有必要对独生子女家庭的现实困难和后顾之忧问题予以更多的关注。根据2002年,中国人口福利基金会开展的农村计划生育困难家庭救助研究资料,在甘肃、浙江、湖南、四川等地都出现过几十个独生子女夭折家庭以及其他的困难家庭的案例。

从理论上讲,独生子女家庭的风险表现为"生育风险"和"非生育风险"③。生育风险是指生育本身带来的风险,比如独生子女可能遭遇的成长危机。根据1990年全国生命表(两性合计),每1 000个出生婴儿大约有5.4%的人在25岁之前死亡,12.1%的人在55岁之前死亡。由于死亡概率的变化十分缓慢,所以5.4%和12.1%的家庭会经历孩子夭折的风险几乎难以规避。根据2000年第五次人口普查的数据,中国农村地区曾经有过一个孩子但现在无后的家庭有57万个之多。非生育风险是指父母生存风险、家庭经济风险、公共安全等,比如养老风险,独生子女政策事实上是加大了子女未来的养老负担,因为家庭养老缺乏最起码的回旋余地。当孩子的抚养成本逐渐转化为养老价值的时候,多子女家庭生育的正面效用明显超过了独生子女家庭。如果不解决好独生子女困难家庭的养老和生活保障问题,实行计划生育的家庭,特别是农村家庭,将是不断扩大的困难群体和新的不稳定因素。如果没有持续的、规范的、诚信的社会保障制度的依托,养老风险不可避免。

总之,在所有的计划生育家庭中,独生子女家庭是风险最大的家庭。随着生命周期的展开,风险问题可能转化成难以补救的家庭灾变,"风险家庭"也可能转化为"弱势家庭""残缺家庭"。

在当代社会,婚姻的社会意义表现为夫妇在很大程度上认为控制生育是无

---

① 参见《DINK家庭在中国》,《南风窗》1992年第9期。
② 台湾人口家庭嬗变触目惊心,新华网,2004-01-06。
③ 参见《正视独生子女家庭风险》,人民网,2005-01-22。

害的，而且只要夫妇双方赞成的就是合法和正统的；传统的多子多福观念已被绝大多数中国人所抛弃，人们或者出于减轻家庭负担，或者出于提高生活质量，普遍希望少生、优生甚至包括不生育。随着现代科技的发展、避孕手段的多样化，生育成为一种可选择的行为，家庭计划的手段正在逐步改善，家庭完全具有生育计划的可能。因此，在完善生育计划的过程中，有必要正视独子生育所隐含的潜在风险，在继续适当控制人口增量的前提下，建构一条以人为本、兼顾个人、家庭权益与国家利益的和谐、持续的人口发展道路。

家庭调控

家庭作为人类社会的基础性组织,由于自身的内在矛盾性,以及家庭所处的外在客观环境的复杂性,时常会打破家庭所具有的内在稳定性,阻碍了家庭功能的正常发挥,使家庭问题增多。为使家庭成员发展良好关系,促进家庭功能的正常发挥,必须排除来自内外两方面的干扰。对家庭进行调控,就是根据内外环境的各种变化,调整家庭内部关系,控制家庭成员的个体行为,使家庭在和谐发展中达到结构稳定和功能最佳的整体最佳状态。家庭调控既是家庭自身发展的需要,也是个体成员幸福生活的需要,还是社会和谐发展的需要。本章主要介绍家庭的社会控制机制以及家庭的自我控制机制。

第一节　家庭的硬控制

所谓家庭的硬控制,是指依靠社会的强制力来约束人们的行为,调整家庭关系,使家庭的发展符合社会发展趋势的过程,主要包括法律控制和行政控制。

一、法律控制

法律是由国家制定或认可,并由国家的强制力保证实施的行为法规的总和。家庭法是调整和控制家庭行为的手段之一。主要包括:调整婚姻关系的婚姻法、调整家庭成员关系的家庭法、调整亲属关系的亲属法。

（一）家庭法的历史演变

自人类进入文明时代以来,家庭始终是国家立法和司法的对象。社会对家庭的控制有个不断发展和完善的过程。

古代社会对家庭的法律控制很不完备,家庭法也未形成独立的法典形式,一般都包含在国家统一的综合法典之中。如古巴比伦的《汉穆拉比法典》、东罗马帝国的《查士丁尼法典》、欧洲早期封建王国的诸日耳曼法典、中国唐朝的《唐律》等,都包含了许多有关婚姻家庭的法律条文。古代各国的宗教法典,如古印度的《摩奴法典》、伊斯兰教的《古兰经》、欧洲中世纪的寺院法等,在调整婚姻家庭关系方面,有时起着高于世俗法的特殊作用。如中世纪日耳曼人征服罗马帝国时期,习惯法被用来控制和调整家庭生活,但家庭生活的主要内容还是由教会通过教规来规定和调整的,当时,具有超自然性的宗教约束规范是作为法律来使用的。

因此,古代婚姻家庭法的特点在于,家庭法或是与其他法律混合,并以刑罚手段来处理婚姻家庭方面的违法行为,或是法律、宗教教规与道德规范三者合一,家庭生活中的问题由教规决定。

到了近代社会,国家对家庭的法律控制日趋完备。在西方资本主义各国,婚姻家庭法包括在亲属法之中,是民法的一个重要组成部分。法国、德国等大陆法系国家,都把亲属法编入民法典,如 1804 年公布的《法兰西民法典》是第一部资产阶级的民法典,其中有关婚姻家庭和亲属制度的规定,在整个法典中具有很重要的地位,它和 1900 年德国民法典中的亲属编一样,都被视为大陆法系各国婚姻家庭立法的典型,对其他国家的立法产生了巨大的影响。至于英美法系各国,则没有成文的民法典,亲属法是由一系列的单行法规组成的,如婚姻法、家庭法、离婚法、已婚妇女财产法、处理夫妻案件法、养子法等。这些单行法也被认为是民法的组成部分,属于私法范畴。

现代社会进入法治社会以后,国家主要依赖于法律来调整婚姻家庭关系。各国的法制建设迅速发展起来,婚姻家庭法也不断地充实和完善。婚姻家庭法已摆脱了对民法的依附,成为独立法典。如苏联在社会主义革命胜利后,于 1918 年颁布了第一部独立的婚姻家庭法典。这部法典以马克思主义家庭法理论为指导思想,以婚姻自由、男女平等、一夫一妻为基本立法原则,废除了当时支配俄国婚姻家庭的教会统治,建立了社会主义的家庭制度。这部法典后来经过多次修订,逐步趋于完善,对东欧各国和中国的婚姻家庭立法有深刻的影响。中华人民共和国成立以后颁布的三部婚姻法,都已经摆脱对民法的依附而形成了独立的法律门类①。

栏 5-1 不同时期的家庭法

奴隶社会的婚姻家庭立法原则是以维护夫权、父权为中心的。其特点就是维护婚姻关系中丈夫对妻子的特权;家庭关系中父亲的绝对权威;一夫多妻、包办婚姻。

---

① 参见巫昌祯:"家庭法",《中国大百科全书·社会学卷》,中国大百科全书出版社,1991年,第102页。

封建社会的婚姻家庭立法原则是以维护族权、父权、夫权为中心的。其特点：① 维护封建等级的不自由婚姻；② 为维护宗祧而有条件地允许一夫多妻；③ 实行父权和夫权制，全家权力集中在家长一人；④ 保护家族制度，规定按父系血统继承家庭财产，妇女没有继承权。

资本主义社会的婚姻家庭立法原则是：个人本位、私法自治、契约自由、过错原则、一夫一妻为基本原则。其特点是双重性，即一方面反映了资本主义家庭制度对封建主义家庭制度的超越，体现了革命性；另一方面又保存了男女不平等、人身依附关系等封建残迹，体现了保守性。

现代社会的家庭法，正日益朝着以下几个方面发展：① 重视个人本位。工业化社会以前，社会以团体为本位，国家只是家族的聚合而不是个人的聚合。工业革命后，社会以个人为本位的观点逐渐占据统治地位。家庭法原则也从对家族利益的关注转向对个人自由的强调。对个人生活方式选择自由的维护也越来越在法律上体现出来。一些国家还从法律上规定了以前所没有的行为者诸如同性恋、非婚生子女的合法权益。② 关心婚姻中的个人自由。由于妇女运动的影响，男女在政治、经济、社会生活上完全平等渐渐成为社会趋势，传统的婚姻意义也因此而改变。婚姻变成双方互相保存自己独立、自由的个人之间的契约，法律越来越倾向于创造一个夫妻完全各自独立的自由婚姻的模式。③ 不再看重血统和等级的观念。由于社会逐渐打破以出身的先赋性来决定个人社会地位的旧传统，自致性的个人资源在利益、地位分配中越来越受到重视。法律规定中的血统观念、等级观念也越来越淡薄。财产继承不再有只限于家庭内部成员的限制，非婚生子女也被允许继承，而不将此看作有污血统纯正的事情。按严格宗法意义上的血统继承土地、财富和权力，已不再是普遍的社会特征。④ 在处理离婚案件时，普遍接受感情破裂、夫妻性情不合及其他混合型的理由。"无过错"离婚已是现实。⑤ 由于科技的发展，引发了生殖革命，试管婴儿、代孕母亲等成为家庭法所无法回避的问题。

婚姻家庭立法在世界各国各不相同。每个国家和地区都根据自己的情况制定相应的家庭法规，以调整本国的婚姻家庭关系。各国家庭法之间的差异性和多样性，反映了一个国家和民族的历史、民族和文化特点。但是，不论各国的婚姻家庭法以何种形式出现，一般都包括法律原则和法律规范两部分。法律原则是用来确定特定社会制度中家庭制度的性质，一个国家具有什么样的家庭制度，可以从其婚姻家庭法的基本原则中反映出来。法律规范是用来确定家庭成员之间的各种权利义务关系，约束人们的行为，包括命令性规范、授权性规范、禁止性规范等具体规范，从各个方面来贯彻法律原则的基本精神，控制人们的行为(栏5-2)。

栏5-2 世界各国家庭法比较

（一）美国

美国的婚姻家庭立法对结婚、离婚、子女监护等问题作了详细规定，并有遗产继承法规定家庭财产转移和继承等民事行为。主要内容有：

（1）结婚的法定方式和实际方式。为各州法律所承认的结婚方式为：必须通过一定仪式，或符合某些特定要求，或在公共记录上登记。其他一些两性结合方式，如婚外两性生活契约、群居性交等形式不同的开放或淫乱的两性关系，则缺乏法律的正式认定。尽管各种结婚方式都可能被实际运用，但法律所承认的仅有少数几种。

（2）结婚能力。特指法律上确认的结婚的实际资格，其中包括婚龄的规定，对被监禁和被宣告死亡者的婚姻前途的规定，对缔结婚姻的当事人的精神能力和水平的要求，对违背一夫一妻制的重婚的禁止，从经济方面对结婚的必备条件的设定，对有姻亲或血亲关系者结婚的禁止等。

（3）夫妻关系。① 夫妻一体——配偶双方共同结合为一个法律实体；② 婚姻和谐——强调婚姻中冲突的婚内自我解决，并基于夫妻豁免理论，禁止配偶将某些夫妻冲突和纠纷诉诸法律；③ 配偶权利——对第三者的过失或意外侵害、第三者的故意侵害、配偶双方的彼此侵害等行为，如依法规或判例被认为违法，则被侵害者有权获得经济赔偿。这一原则是基于对婚姻关系的经济价值的考虑，确认和保护婚姻关系的独有利益。

（4）子女。① 关于生育，美国各州法律陆续废除了禁止使用避孕措施的法规，并承认人工流产的权利；② 关于非婚生子女，美国法律予以非婚生子女与亲生子女平等的被保护权；③ 关于子女监护，美国法律规定父母是享有对子女监护权的首要主体。

（5）离婚。最初，过错离婚的法定理由通常是通奸、虐待、遗弃、监禁等。20世纪80年代以后准许配偶无过错离婚。其法定理由有：无法共同生活、无法弥合的破裂和不可调和的矛盾、分居和分开生活的现实、双方自愿。同时，美国法律对离婚的法律后果也都有明细规定，如对婚姻财产分割、配偶扶养费、子女监护与抚养、离婚中的税收等问题。

(6) 婚姻协议。美国法律已经接受和认可婚姻协议。

(7) 对非婚家庭的限制。在法律上承认非婚家庭关系的效力,在美国已成为日益普遍的立法趋势。美国法律在处理一切非婚家庭关系时所遵从的首要前提,是保护孩子的利益。对于人工生育所提出的与家庭法有关的一系列问题,美国各州的法律都在探索和试行之中,尚未达成较为统一的规定。

(二) 法国

法国的家庭法从未形成一个独立的法律部门,而是民法的不可分割的一部分。现行家庭法的主要规则由民法典第五编规定。

按照法国民法典第五编的规定,尽管效力受到限制的特别法承认了未婚男女的自由同居,但婚姻制度仍然是家庭制度的必要前提。结婚形式仅限于在乡镇或市政府的民事登记官员面前举行一个简单的仪式。简化婚姻缔结手续,保护公民的个人自由。婚姻当事人有选择夫妻财产制的自由。夫妻在经济权利上平等。结婚、离婚自由。由于合法配偶和非法配偶都能建立家庭,所以婚生子女、非婚生子女、收养子女在法国法律上的地位基本相同。法国法律仍把子女分为上述三种类型。法国法律规定,认定生父或生母所进行的一切调查行为合法。由于收养在法国非常容易,也由于收养子女人数的增加,法国的法律规定在收养方面进行了重大改革,认定无论哪一种类型的收养子女,在法律上都享受与婚生子女完全相同的保护。

(三) 意大利

意大利家庭法确认两种形式的婚姻:民事婚和经过必不可少的官方登记的宗教婚即宗教契约婚。1929年罗马教皇与政府就宗教事务达成协议,宗教契约婚的民事效力被认可,国家的法律性质也因此被调整。意大利法律对两种婚姻的不同要求及其为宣告无效和撤销而设立的不同标准,在许多情况下形成了公民之间事实上的不平等。

意大利家庭法的改革主要针对以下几个方面:保障夫妻之间的平等;改善非婚生子女的法律地位;调整夫妻财产制;养子女与婚生子女享有同等的法律保护权。

(四) 爱尔兰

爱尔兰家庭法基本上是适用罗马天主教教会的特别规定。夫妻尽管可以分居,但离婚还是被禁止的。宣传避孕和进口避孕工具都是刑事犯罪。直到1995年,爱尔兰议会才以微弱的优势通过了允许离婚的法律。

> （五）印度
>
> 印度是一个多宗教的国家。不同宗教有关处理家庭事务的规定各不相同。统一的印度家庭立法改变了传统的宗教法，废除了一夫多妻制，准许不同阶层的教徒们相互通婚，并规定了夫妻抚养费，以及缔结合法有效的婚姻的当事人应具备的条件。不过印度的结婚仪式仍由习惯调整，每个当事人可以按照各自的习惯举行婚礼。无效婚姻中所生子女被特别宣布为合法子女。印度立法还承认家长在家庭中的权力。由于宗教法在调整家庭、婚姻关系中仍有重要的作用，不同的宗教团体一直遵从各自宗教法中的有关规定来处理教徒们的婚姻家庭事务。

由于民族历史、文化特点、宗教力量和主导的家庭类型各不相同，不同国家的家庭法有不同的内容规定，甚至处于不同的家庭法发展阶段。由于家庭生活方式各有异同，人们在家庭生活中的行为往往是一定的宗教、伦理观念、风俗、习惯综合作用的产物，有许多行为方式往往是背离法律的。如许多社会中的同性恋关系、非婚同居行为等是为法律所排斥的，但在社会中却是一种客观存在，并往往为一定的风俗、伦理观所认可。因此，家庭法的种种规制与现实社会中的生活方式往往不完全吻合，与其他社会性规范也并不总是一致。

（二）中国家庭法的沿革

中国的成文法典出现得比较晚。自奴隶社会以来，儒家思想就一直与统治阶级所认可的传统习惯一起，起着控制社会的作用。儒家伦理中有许多调整婚姻家庭关系的规范，见诸《周礼》《礼记》等文献中。

中国的婚姻家庭立法始于封建社会，其内容包含在国家的综合法典之中。西汉初年萧何制定的《汉律九章》就有"户律"一章，成为后世以婚姻家庭事务附于户律的开端，以后的《魏律》《晋律》《唐六典》《大元通制》《宋刑统》《大明律》《大清律》等国家法典，均有规定婚姻家庭问题的篇章。有的称为"户律"，有的称为"户婚律"或"婚户律"，也有分别称为"户律"和"婚律"的。其中唐法典中的"户婚律"集中国古代婚姻家庭立法之大成，详细地规定了婚姻家庭事务：在婚姻方面公开肯定和维护封建的包办婚姻、男尊女卑和家长专制。对主婚权、结婚条件、婚姻程序、"七出"、"义绝"等都作了具体规定。在家庭方面极力维护封建家庭的等级秩序和家长统治，规定"凡是同居之内，必有尊长"，禁止子孙别籍异财。后世法律多因袭唐律的规定，没有太大变化。

中国近代的婚姻家庭法,也以亲属法的形式包括在民法之中。1911年起草的《大清民律草案》中就有亲属编,共分7章,即通则、家制、婚姻、亲子、监护、亲属会、抚养之义务,共计143条,奠定了民国时期亲属编的立法基础,但从其性质看,仍体现了家族主义,宗法精神,后因清王朝的迅速崩溃而未及颁行。1926年北洋军阀政府制定的《中华民国民律草案》中,也设有亲属编。

中华民国成立后,执政的国民党开始参照西方的法规制定民法,包括家庭法。其中《中华民国民法·亲属编》,是中国历史上第一个正式施行的亲属法。《民法·亲属编》和《民法·继承编》是以清末制定的《大清民律草案》和《中华民国民律草案》为基础的,同时吸收了德国、瑞士、日本等国的民法原则和具体的条文规定。较之中国以往的民法典,不但系统得多,而且有很大的进步性。主要体现在:① 瓦解了家族本位的宗法家长制,肯定了男女双方的婚姻自主权,体现了婚姻自由的精神;② 规定了结婚下限年龄,抑制了早婚早育的陈规;③ 禁止近亲通婚,禁止纳妾,不承认指腹婚、娃娃亲、童养媳等婚姻形式,肯定了一夫一妻制;④ 改变了传嗣原则,承认女子有财产权和继承权,体现了男女平等的精神;⑤ 取消了宗祧继承和立嗣制度,提高了非婚生子女的地位,完善了收养制度。

这部民法有关家庭法的内容,仍然保留有浓厚的封建色彩。这主要体现在:① 维护父权,规定家设家长,实行家长统治,漠视子女的权益;② 把父母等法定代理人的同意作为未成年人(20岁以下)订婚、结婚的必要条件,否则婚姻无效,这在事实上允许包办婚姻,确认了父母对未成年人婚姻包办的合法性;③ 一方面禁止纳妾,禁止重婚,另一方面又规定娶妾非婚姻,无所谓重婚,实际上等于承认了一夫多妻的合法性;④ 在婚姻和家庭关系中,通过姓名权、居住权、财产权、教养子女权等限制妇女拥有与男子平等的权利,妇女在家庭中的平等地位未能得到法律认可,妇女仍然处于从属地位。

国民党的家庭法规是当时政治制度和文化思想的反映。一方面,随着资本主义在中国的发展、西方文化的渗透,民主、自由、平等的精神开始体现在现行法律中,因此这时的家庭法有很大的进步性;另一方面,由于社会的经济基础和政治制度没有根本改变,旧式家庭制度没有根本的变革,这时的家庭法规仍然保留了以往法规的基本精神,有些内容规定还很落后或者对现代精神的体现还很不彻底。因此,这部家庭法具有两重性。

与此同时,在中国共产党领导的中央苏区、抗日民主根据地和解放区,都曾先后颁布了一系列婚姻家庭法规,从法律上为对农村家庭进行改造制定了依据。1931年11月,全国第一次工农兵代表大会通过了《中华苏维埃共和国婚姻条例》,是中国共产党建立新民主主义和社会主义婚姻制度的第一个法律性文件,统一了工农民主政权的婚姻立法。《条例》共7章23条,确定了新民主主义婚姻制度的基本原则、结婚和离婚的条件、离婚后子女抚养及家庭财产的处理原则等,体现了婚姻自主、自由、男女平等的精神。1934年4月,中华苏维埃第二次工农兵代表大会对《条例》进行修订、补充,制定了《中华苏维埃共和国婚姻法》,这是中国第一部比较完备的婚姻法,也成为今后婚姻立法的蓝本。

抗战时期,各抗日根据地也依据当地实际情况,分别颁布了一系列的婚姻条令和条例,此外,还有保护抗日军人婚姻的专门法规和保护女子继承权的专门法规。抗日民主政府的婚姻家庭法规继承了工农民主政府创立的新民主主义婚姻家庭立法的基本原则,同时也吸取了国民党政府《民法·亲属编》和《民法·继承编》的合理成分,突出了一夫一妻制、男女平等以及保护妇女、儿童合法权益的重要性。更为重要的是,所有这些立法,都为新中国成立后婚姻法的制定积累了宝贵的经验。

栏5-3 中国近代家庭法

《中华民国民法·亲属编》关于结婚的规定:

(一)婚约应由当事人自行订定。男未满17岁,女未满15岁者,不得订定婚约,不满20岁的未成年人订定婚约或成婚,应得法定代理人(即当事人父母或选定的监护人)之同意;(二)婚约不得强迫履行;(三)男未满18岁,女未满16岁,不得结婚;(四)结婚应有公开之仪式及两人以上之证人;(五)禁止近亲结婚。直系血亲及直系姻亲、旁系血亲辈分相同而在八等亲以内者不得通婚,但表兄弟姊妹不在此列。

关于离婚的规定:

(一)夫妻两愿离婚者,得自行离婚,但未成年人应得法定代理人同意。两愿离婚,应以书面为之,并应有两人以上证人之签名。离婚后,子女由男方监护,但另有约定者,从其约定;(二)呈诉离婚者,夫妻之一方,以他方有下列情形之一者为限,自得向法院请求离婚。条件为:重婚者;与人通奸;夫妻之一方受他方不堪同居之虐待;妻虐待夫之直系尊亲属,或受夫之直系尊亲属之虐待,致不堪为共同生活者;夫妻之一方以恶意遗弃他方并在继续状态中;夫妻之一方意图杀害他方;有重大不治之精神病;生死不明;被处三年以上之徒刑,或犯不名誉之罪致处徒刑者。

关于纳妾的规定:不得纳妾。如有类似行为,即属与人通奸,其妻可以要求离婚。但在《中华民国民法·亲属编》施行前业经成立之纳妾契约,或在该编施行后得妻之明认或默认而为纳妾之行为,其妻不得据为离婚之请求,可请求别居。

关于家的规定：家设家长，家长由家属推定之，无推定时始由一家中最尊长者为之。家务由家长管理；父亲是未成年子女的法定代理人；子女所持有的财产，由父管理；父母于必要范围内，可惩戒子女；成年家属得自由脱离其家。

关于夫妻关系的规定：

（一）妻以其本姓冠夫之姓；（二）妻以夫之住所为住所；（三）妇女在结婚后，应将原有的财产交丈夫统一管理，丈夫对这部分财产有使用权、收益权和事实上的处分权；（四）未成年子女的权利和义务，由父母共同负担和行使，但当父母意见不一时，由父方决定。

关于继承权的规定：

（一）财产由直系血亲继承，直系血亲为第一顺序继承人；（二）妻子不得代位继承。夫死，由其子继承翁姑遗产。守节妇可以代理应继承人承受财产，进行管理，但不是继承人，对财产没有所有权；（三）女儿出嫁后，仍与兄弟一样是父亲的后嗣，有义务供养娘家的父母，也有财产继承权。

《中华苏维埃共和国婚姻法》婚姻立法的基本原则：

（一）实行婚姻自由，废除一切包办、强迫和买卖的婚姻制度，禁止童养媳。男女结婚须经双方同意，不许任何一方或第三者加以强迫；（二）实行严格的一夫一妻制，男女平等，禁止任何公开或变相的一夫多妻或一妻多夫；（三）保护妇女、儿童的合法权益，并专设《私生子处理》和《离婚后小孩的处理》两章。

关于结婚的规定：

（一）结婚最低年限，男子为20岁，女子为18岁；（二）结婚必须男女双方自愿；（三）禁止有三代以内亲族血统的男女通婚；（四）患危险传染病和神经病者禁止结婚；（五）实行婚姻登记制度，男女结婚，须同至乡苏维埃或"市区"苏维埃登记，领取结婚证，废除聘金、聘礼及嫁妆；（六）承认事实婚姻的合法性。凡男女实行同居者，不论结婚与否均以结婚论。

关于离婚的规定：

（一）离婚自由，男女一方坚决要求离婚的，即可离婚；（二）离婚也必须履行一定的法律手续，实行离婚登记制度。男女离婚，须到乡或市苏维埃政府机构登记；（三）离婚后财产处理原则：双方婚前各自拥有的土地、财产、债务，各自处理。结婚满一年，双方共同经营所增加的财产，男女不分。婚后形成的共同债务，由男方负责清偿；（四）离婚后女方如未再嫁，

> 因缺乏劳力,或没有固定职业,生活不能维持者,男方须帮助女方耕种土地或维持其生活;(五) 离婚后子女安排原则:子女首先考虑归女方抚养,年长的子女须尊重其本人意愿。子女生活费由男女双方共同负担,男方负担更多比重。
>
> 《婚姻法》还特别订立了保护军婚的条例。

中华人民共和国成立以后,开始统一的新婚姻法的制定。1950年5月1日颁行的《婚姻法》,是新中国建立以后的第一部婚姻法,它以法律的形式概括了新的国家政府在婚姻家庭方面的各项政策要求。主要原则和内容有:① 婚姻自由,包办、强迫的婚姻无法律效力;② 男女权利平等;③ 家庭成员关系平等,杜绝漠视子女利益的行为;④ 保护妇女和子女的合法权益;⑤ 实行一夫一妻制。作为新民主主义婚姻制度的体现,这部《婚姻法》彻底否定了封建的婚姻家庭制度。为建立男女平等的新型家庭关系起了推动作用。20世纪80年代,《婚姻法》经过30年的实践,已经不适应社会发展的需要,有了修改的必要性。1980年9月10日通过、1981年1月1日施行的《婚姻法》,使中国家庭婚姻关系有了新的、更加完善的基本准则,调整婚姻家庭关系的基本原则是:"实行婚姻自由,一夫一妻,男女平等的婚姻制度。保护妇女、儿童、老人的合法权益。实行计划生育。"主要包括:① 强调婚姻自由。其中包括结婚自由和离婚自由两个方面。实行结婚自由,使男女双方在平等的基础上建立婚姻和家庭。保障离婚自由,使感情确实破裂、无法继续共同生活的夫妻,有重新选择生活的可能。② 突出男女平等。男女平等的原则,不仅体现在结婚、离婚上,而且集中地表现在夫妻关系和家庭生活之中,同时也表现在家庭其他成员之间。男女平等不仅是权利上的平等,也指义务上的平等。③ 增补了保护妇女、儿童和老人合法权益的条款。④ 增加了实行计划生育的条款。夫妻具有计划生育子女的责任和义务。这一规定从家庭制度上保证控制人口增长的社会政策的推行。

这部《婚姻法》的各项基本原则是相互联系、相互制约的,共同组成了一个不可分割的整体,在调整婚姻家庭关系中发挥着巨大的作用。经过近20年的改革开放,与20世纪80年代初期相比,中国的社会经济条件已经发生了巨大的变化,从而引起了人们的婚姻家庭行为模式的变化。如随着客观经济体制的变化,个人的经济地位日益独立,经济行为模式也变得复杂多样,这导致了家庭成员之间的经济和财产关系的变化。与此同时,文化价值日益多元化,人们的观念也日益多样化,表现在婚姻家庭行为上,人们对婚姻家庭的认识日益多样,感情在婚姻家庭生活中的地位和价值受到更多的强调。另外,也出现了为社会所关注的婚姻家庭新问题,如试婚、婚外恋、"包二奶"等合情不合法甚至既不合情也不合法的现象,而已有的《婚姻法》已经显示出历史局限性,如调整的范围过窄、内容过于简单、法律条文疏而不密等。2001年再次对《婚姻法》进行了重大修改,主要内容包括:① 对重婚及变相重婚作了补充规定。禁止重婚。禁止有配偶者与他人同居,对重婚的追究刑事责任。② 明确界定夫妻财产的界线,规定在婚姻有效期内,夫妻的共同财产包括:工资、奖金;生产、经营的收益;知识产权的收益;继承或赠与所得的财产。③ 增设"无效婚姻"和"可撤销婚姻"制度。④ 具体规定了离婚的条件,放宽军人配偶的离婚条件。⑤ 增补救助措施与法律责任,主要针对家庭暴力、离婚财产分割等易产生纠纷的部分作出规定。

2001年的《婚姻法》发展了"以人为本""婚姻自由""男女平等"的原则,体现了社会公正、人道主义以及德治与法治相结合的原则,然而,在许多细节问题上仍显得模糊和笼统,难以操作,需要进一步完善。

二、行政控制[①]

也称政策控制。行政控制是国家政府机关通过制定政策、颁行政令,从行政管理角度自上而下地对家庭施行控制。

政策是政府出于达成某种目标的需要、针对某些问题而做出的具体规定,对法律起着补充作用。家庭政策与家庭法有所不同,法律是人们在全部家庭生活中所应遵行的基本行为规范,而政策则是人们就家庭生活的某一方面、某一问题所遵行的具体行为准则;法律有相对的稳定性;而政策则较为灵活。尽管如此,无论是法律还是政策,都具有强制性,一旦背离,必然受到处罚。

在不同的历史时期、不同的文化背景之下,社会对家庭的行政控制,各国也有差异。西方国家在中世纪时神权高于政权,婚姻家庭事务主要由教会管辖,由神父等神职人员具体处理。神职人员根据教会颁行的《新约全书》《使徒教律》《使徒约章》,以及宗教大会决议和教皇颁发的教令为依据,具体管理人们的结婚和处理家庭的监护、继承、收养等问题,政府很少过问这方面的事务。直到中世纪末叶,随着马丁·路德宗教改革,西方社会的家庭规范才逐步世俗化。近代资本主义制度确立之后,婚姻家庭事务的管理也从"教治"走向"法治",即家庭事务的主要世俗法规开始成文化,依据民法中的各种条例进行法治管理,而且,在个人主义、契约自由、私法自治原则之下,强调婚姻家庭生活的私人性质,把公共生活领域与私人生活领域分开,不受国家和其他人的干涉。许多国家的宪法都规

---

① 参考丁文:《家庭社会学》,山东人民出版社,1999年,第383—385页。

定了公民的私生活自由权,政府对此采取不干预主义,婚姻家庭事务一般不受政府机关的管理,国家也很少有明确具体的家庭政策。美国社会学家罗斯·埃什尔曼说:"美国就没有明确的家庭政策。美国的各种机构所关心的是教育、卫生、商业、劳动、能源、交通、国防、农业等领域,还没有一个将注意力直接放于家庭上的机构。"① 显然,西方国家对家庭的行政控制相对宽松。

与西方不同,中国自古以来就由政府机关监督、管理和控制婚姻家庭事务。早在西周奴隶制时期,中央政府的行政官员中,就有掌土地、户籍和百姓教化的司徒一职。司徒有以婚姻礼仪教化百姓,使他们安居乐业的职责。司徒下设"媒氏"一官,据《周礼》记载:"媒氏掌万民之判。凡男女,自成名以上,皆书年月日名焉。令男三十而娶,女二十而嫁。凡娶判妻,入子者皆书之。中春之月,令会男女。于是时也,奔者不禁,若无故而不用令者,罚之。"② 由此可知,西周时就有明确的婚姻政策,并有专职官员来贯彻执行。媒氏官职一直延续到春秋之际,据《管子·入国篇》记载:"凡国都设有掌媒,丈夫无妻曰鳏,妇人无夫曰寡。取鳏寡而和合之,予田宅而家室之,三年然后事之,此谓之合独。"到秦汉之后的封建社会,政府机构虽发生重大变化,但主管土地、户籍、婚姻事务的民政官员始终存在。从隋唐至明清,中央政府均设有六部,由户部主管民政,掌户籍、土地、赋役、蠲免、优抚、婚姻、继嗣等事务。中国封建社会的户籍以家庭为单位,土地归家庭私有,赋役由家庭所出,蠲免、优抚、婚姻、继嗣都与家庭有密切关系,因而千家万户皆在户部的管辖之中。由于家庭直接涉及封建国家的财政税收,政府对户籍管理十分严密。明朝户部还通过户口调查,丈量田亩,编制"黄册",建立了对家庭的户籍管理体系。家庭以婚姻为基础,封建国家为稳定家庭秩序,维护封建家庭的等级制度,不断颁行各种婚姻政策,除继续推行西周的"同姓不婚"政策之外,还有魏晋的"士庶不婚"、唐宋的"良贱不婚"、元朝的"蒙汉不婚"、明清的"禁止收继婚",以及"同宗不婚""宗妻不婚""中表不婚""僧道不婚"等政策③。

到民国时期,婚姻家庭事务主要由政府的内务部主管。新中国建立后,中央政府也设有内务部,后改为民政部,地方政府也有各级民政部门,由民政部门和各有关部门协同婚姻家庭的行政控制。如民政部门通过婚姻登记,主管《婚姻法》的贯彻执行,同时也主管家庭贫困救济、优抚、殡葬等事务;司法部门负责组织婚姻法制宣传,主管公民婚姻关系,财产继承,收养等方面的司法公证;公安部门主管家庭户籍、治安、打击拐卖妇女儿童的犯罪活动;计划生育部门根据国家

---

① J.罗斯·埃什尔曼:《家庭导论》,中国社会科学出版社,1991年,第634页。
② 《周礼·地官司徒·媒氏》。
③ 参见丁文:《家庭学》,山东人民出版社,1997年,第384页。

人口政策,主管家庭中的人口生育等。这些国家机关在管理过程中,不断制定颁行各种规章制度、政策规定,如婚姻登记政策、贫困户救济政策、五保户供养政策、晚婚晚育、优生优育政策,以及独生子女政策等,都属于家庭政策。这些政策规定不仅由政府机关层层贯彻执行,还由各级党政组织、共青团、工会、妇联,以及企事业单位、社会基层组织等配合推行,从而形成了遍及城乡的行政控制网络。因此,中国对婚姻家庭的行政控制相对严密,甚至在新中国成立后的相当长时间里,单位组织、领导干部也参与到婚姻家庭事务的处理之中。

W:我下放初期曾与当地一女青年相互爱慕,被女方家长知道后极力反对,队里也找我们谈话,因为我的家庭成分不好,这一经历使我心里备受打击,后来结识了一位同在生产队里的广播员,也是上海知青,两人恋爱后,女方为我牺牲了上大学的机会。当时,她有上大学的机会,但领导认为,她与出身不好的人谈恋爱,是有思想问题的,多次找她谈心,并要她二选一,最终,她选择了我。

R:我的父母经常吵架,甚至打架,父亲有时候还拿我们当出气筒,所以我和弟弟妹妹都很怕我的父亲。祖父母和族人也不理睬父亲,父亲与外公外婆的关系也不好,他自知理亏,也不敢上门。1960年左右,父亲和母亲经公社(可能是生产大队)批准离了婚。

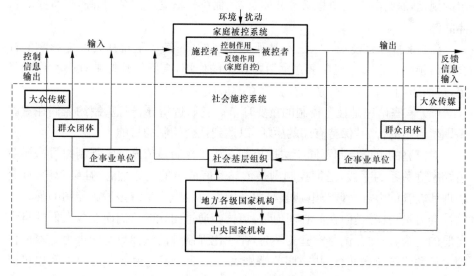

图 5-1　家庭控制系统运行机制简图

来源:丁文:《家庭学》,山东人民出版社,1997年,第379页

随着 2001 年《婚姻法》(修正案)的出台,对家庭的行政控制相对放松,以人为本的思想和人道主义的精神深入家庭生活中,如重申和强调了有关部门的职责,在家庭暴力、虐待受害者提出请求时,应该予以调解、劝阻和制止。这些部门包括居民(社区)委员会、村民委员会、所在单位、公安、检察、法院等执法部门。又如婚前体检由原来的强制改为自愿;结婚、离婚无须单位和街道证明;等等。

第二节　家庭的软控制

所谓软控制,是指依赖社会舆论和社会心理来疏导、控制家庭克服违反社会规范和家庭规范的偏离行为的过程,主要包括道德控制和习俗控制。

一、道德控制

道德是以善恶评价为中心,调整人们相互关系的行为规范的总和。家庭道德,也称家庭伦理,是调整婚姻家庭关系的行为规范或准则,是社会伦理道德的重要组成部分。家庭道德起着调节家庭、婚姻关系的重要作用。具体而言,主要有以下几个方面的作用:

(1) 维护家庭整合、帮助完成家庭职能。家庭伦理评价人们在家庭生活中的行为,调节人们在婚姻家庭生活中的相互关系,使家庭中的每个成员都遵守一定的规则,履行各自的道德义务和职责,从而维护家庭的团结、和睦,保持家庭机体的健康。

(2) 维持社会模式。家庭不是孤立存在的,而是一个对社会产生影响的社会生活领域。家庭伦理在家庭生活中发生的作用,会间接地影响社会秩序的稳定,进而影响社会经济关系和社会制度的形成与巩固。

(3) 家庭伦理是社会控制的重要环节。它通过指导、规范、制约人们在家庭婚姻生活中的行为,保持有序的生活,以达到社会控制的目的。

对家庭的道德控制不同于法律控制。法律控制是依靠国家强制力量来调节婚姻家庭关系的手段,道德控制则是依靠家庭成员的内心信念、社会舆论、社会心理和教育的力量来调节婚姻家庭关系的手段。舆论是维护道德控制的强有力的社会力量;良心是内在的心理力量,道德会通过内化的机制而变成人们的自觉自愿的行为,因此在调整家庭关系时,往往比强制性的法律更有约束力。家庭伦理道德和法律应当并行,共同调节婚姻家庭生活。家庭道德和法律之间也可以在一定条件下相互转化,家庭道德的某些规范,随着社会的发展,可能成为法律规定,反之亦然。国家机关在道德控制中主要通过树立或摒弃某种道德,依靠文化宣传机构的宣传教育和舆论来引导施行控制。

家庭道德是在人类进入阶级社会以后产生的,具有鲜明的阶级性。家庭道德总是受一定的集团利益的影响,代表着不同的利益集团的意志,不同集团之间的关系的对立和对抗性,必然要反映到道德和家庭道德之中。处在不同利益集团中的个人及家庭,不能不受本集团道德观念的支配。人类之初,两性关系处于无秩序状态。以后,在自然选择的作用下,限制两性关系的习俗、规定日益出现和增多,逐渐成为两性关系的道德规范。原始社会两性之间的关系是低级、粗俗的,是人类愚昧和不开化的表现,但毕竟是较为自由和平等的。进入文明的阶级社会以后,法律原则和道德原则密切联系在一起,两者相互补充,相互渗透,共同构成了家庭制度的基本内容。中世纪时,基督教道德就同寺院法融为一体,寺院法所规定的,也是基督教道德所提倡的。例如《教会法》第25条规定:"法律命令妻子应当服从丈夫,应当是丈夫的奴婢。"基督教道德也要求妻子对丈夫要恭敬、忍让,处处顺服,"教会怎样顺服基督,妻子也要怎样凡事顺服丈夫"[①]。到近代,西方资产阶级在反对基督教神权的斗争中,提出自由、平等、博爱的口号,并在革命初期的《人权宣言》中规定"在权利方面,人们生来是,而且始终是自由平等的",开始以人权平等、个性自由的道德原则,代替基督教的道德原则,在婚姻家庭方面反对男尊女卑,要求婚姻以爱情为基础,夫妻之间互相扶助。从妇女在婚姻中受到道德压迫,到"男女有别""禁欲主义",再到"夫妻平等""个性解放",家庭的道德规范经历了一个曲折漫长的变化过程。然而,资本主义私有制所带来的财产上的不平等,使道德上的自由平等受到了极大的限制,资本主义制度并没有实现真正的男女平等、夫妻平等,婚姻和爱情也往往是分离的。

家庭道德取决于社会物质生产关系,取决于人与人之间关系和地位的社会经济制度。在不同的社会生产方式下,家庭伦理有不同的内容。在原始的两性关系中,性禁忌是人类最早的道德规范。在远古时代,原始人的行为准则和规范表现为禁忌。禁忌的功能在于控制、限制人的本能和生物学需要,避免人的生存危险。杂乱的两性关系使一部分人由于近亲血统而在自然选择中被淘汰,所以原始人自觉不自觉地意识到性关系在某些条件下对人类自身的危险,性禁忌由此产生。社会逐渐禁止父母辈和子女辈之间的两性关系、同胞兄弟和姐妹之间的两性关系。在自然选择规律的作用下,有关婚姻关系的禁规越来越复杂,这些禁规正是当时社会条件下对婚姻关系的道德规范要求。私有制社会出现以后,婚姻道德在不同的社会形态中各具特点。在以自然经济为主导的农业社会中,男子在家庭经济中占主导地位,婚姻形式是以男女不平等、丈夫统治妻子为特征

---

① 《新约全书·以弗所书》第5章。

的。在家长制下,婚姻由家长确认,当事人无选择自由。在私有制经济条件下,为保障财产不向外转移,婚姻关系中尤其注重门第等级。在等级森严时代,婚姻关系的伦理道德围绕着门第等级、家长特权、男女不平等而展开。进入工业社会后,个人意识的变化和意识的觉醒导致婚姻关系的众多变化,"婚姻自由""男女平等""爱情与婚姻统一"成为新的婚姻道德要求。

家庭道德是一个历史范畴。一定的道德总是一定社会的人们之间的相互关系和人们对社会关系的认识的反映及表现。家庭道德是在一定的社会历史条件下形成的处理家庭成员之间关系的行为准则。这些准则,不是人们主观杜撰出来的,而是一定社会里家庭生活的共同需要。任何一种家庭道德都是在批判和继承传统的家庭道德的基础上发展起来的。家庭道德的发展是一个客观必然的历史过程,新旧道德之间有着不以人的意志为转移的历史联系。儒家伦理有其悠久的发展历史和丰富的人文传统。诚然,孔孟提倡的某些家庭道德,如夫妇有别、长幼有序等,在很大程度上带有古代社会等级尊卑观念的深刻烙印,应该从根本上予以否定。但他们提倡的大部分家庭私德和社会公德,诸如父慈子孝、兄友弟恭、仁者爱人、恻隐辞让等,就其本身而言,是一些至今依然具有正面效应的美德,可以为当前的公民道德教育提供丰富的文化资源和传统智慧。

比如传统伦理重视婚姻与家庭生活的稳定性、持久性与幸福性。夫妻间要互相忠诚,这是最基本的准则。尽管"夫唱妇随"式的传统的家庭模式已被现代的"男女平等""伙伴关系"所代替,但是,对一个家庭来说,内心的诚实与尊敬仍然是需要的,除了夫妻之间的"契约"关系之外,还应当建立真正的情爱,这种情爱是包含着互相尊重的道德情感,以及出于德性而互相承担的义务和责任。又如父慈子孝是传统家庭伦理的核心,体现了"双向义务"的伦理实质。亲情的交流、体验与认同是首要的,丝毫没有虚伪和功利算计,当然,现代的孝道是剔除了"尊尊"的特质,建立在人格平等前提下的道德规范,也是老人们得以享天伦之乐的伦理保障。因此,若能透过其宗法等级的形式,把握优良的人文资源,调整和优化市场经济的基本道德规范,抵御极端个人主义,重视"合理的个体主义"的研究,促使中国传统伦理道德体系的现代转型与建构新的伦理道德文化两方面的紧密结合,从而发挥这种伦理机制的调节功能,就能增强家庭的内聚力,保持家庭的和谐与稳定①。

时代不同,家庭伦理观念也不尽相同。在长期的家庭演变中,家庭道德不断调整,以适应家庭制度和社会制度的需要。历史上的家庭道德曾经被表述为"家长统治""家庭成员依附家长""父为子纲""夫为妻纲""男尊女卑""三从四德"等

---

① 徐新:《和谐社会的家庭伦理道德建设研究》,见"和谐社会的家庭伦理研究"课题,邓伟志主持。

要求。现代社会则崇尚家庭成员间的平等,规定父母、子女之间抚育、赡养的相互责任与义务,并要求家庭对社会担当一定的道德责任。中国古代对家庭的社会控制采取礼法合治原则,以礼为主,以法为辅。礼即伦理道德,法即法律法令。一般来讲,道德是不成文的,借社会舆论来约束,法律是成文的,靠国家权力来强制。然而中国古代的礼制却有许多成文的经典文献,形成了一整套完备的道德规范体系,其效力也远远超越于法律之上。

新中国成立以后,中国封建道德在多次革命运动的打击下日趋衰落,国家对婚姻家庭的调整也开始由道德为主转向法律为主。根据《婚姻法》的基本精神,形成了男女平等、夫妻平等、家庭成员平等的社会主义家庭的道德原则。然而,中国现行家庭道德尚未形成一个完整体系,特别是20世纪末,中国社会的急剧变化直接影响到了家庭伦理道德观念以及秩序的变化:一方面,传统的家庭伦理道德文化不断异化,沉渣泛起;另一方面,新型的家庭伦理道德文化尚未建构与完善,良莠不分,导致不少家庭出现了种种新的矛盾和冲突,甚至是犯罪行为。因此,在新的形势下,要积极吸收古今中外一切优秀的道德教育资源,特别是发掘蕴涵于传统家庭伦理中的人文资源,实现现代整合,构建具有中国文化特色的家庭伦理道德体系。当代中国社会的家庭道德应以公民道德规范体系的集体主义、群体主义原则,这种家庭道德必须包含以下内涵:① 公平,即家庭成员具有同等的人格地位,互助互利,互酬互惠;② 自由,即夫妻双方享有充分的婚姻自由、性自由,代际之间拥有交流的自由;③ 人道,即以人为本,提倡人伦关系上的尊重与和谐,给家庭成员足够的生活空间,促使其平稳地度过蜜月期、生育期、发展期、老年期;④ 诚信,即追求理智的爱情,家庭成员间情感上相互信任,相互慰藉,有爱心和责任感。

二、习俗控制

习俗是人们在长期的社会生活中自发形成,历代相传,并为某一特定社会的成员所遵循的行为方式的总和。家庭习俗属于社会习俗中的一类,是一个民族在长期的历史演变中形成和积累起来的有关婚姻、家庭生活的风俗和习惯,它以有规律的活动指导、约束人们在家庭生活中的行为和意识。中国近代民俗学大师黄遵宪曾说过,风俗之端,始于至微,博之而无物,察之而无形,听之而无声,然一二人倡之,千百人和之,人与人相接,人与人相续,又踵而行之。及其既成,上智所不能挽,严刑峻法所不能变。家庭习俗是民间百姓在日常生活中创造、积累并共同享有的,它一经形成,便会以一种不约而同的一致性,约束人们的行为。

家庭习俗具有以下特点:

(1) 不同的民族有不同的家庭习俗约定。每个民族都有其独特的地理环境、历史传统、文化氛围和心理素质,这些因素造就了各有特色的家庭习俗画卷。因此,家庭习俗可以反映出一定社会的经济发展形态、民族心理特征、伦理道德、宗教观念等多种因素。家庭习俗曾经被当作解开家庭史之谜的钥匙。人类学家把现有的某些特殊地域所保留的特殊习俗当作研究家庭发展的活化石,并据以推测,人类家庭的阶梯式演进一方面是由于社会生产的决定作用,另一方面是婚姻生活中出现了性禁忌,这些禁忌首先成为较小区域的约定习俗,通过传播并同时增加了规范的强度和力度,逐渐成为伦理道德的规定。私有制社会和国家产生以后,某些习俗、伦理被制度化为法律,因而更加规范,具有更强的约束力。

(2) 同一社会中不同社会集团的家庭风俗有所区别。不同的社会集团,由于经济利益、政治利益和由社会分化引起的社会地位不同,具有不同的文化特征。每个集团都形成自己的亚文化,具有各自的家庭习俗。在自给自足的小农社会中,出于经济和政治利益交换的需要,只有门当户对的同一阶层等级间的婚配才具有交换价值。于是出现了对通婚范围进行限制的习俗,不同社会地位和经济状况的家庭不能超越等级建立婚姻关系。同时,也正是对经济利益的偏重,前现代社会才会形成买卖婚姻、婚礼中纳彩等风俗。

(3) 与其他社会习俗相比,家庭习俗更具有普遍性和实用性。家庭是普遍存在的生活群体,因而家庭习俗更具有普遍意义。有关的家庭风俗和礼仪都发生在现实的家庭生活实践中,对家庭、宗族和社会起着实际的整合作用。传统的中国社会是家族社会,家族或宗法制度是最基本的社会制度,为了维护这一制度,传统社会制定了一系列的礼仪。其中主要有五种:① 设家谱,记录家族的世系及家族中的显赫人物与事迹;② 设门风家教,制定一家的礼仪标准、行为规范;③ 设家法,对违背家规的家庭成员以器具惩罚;④ 祖宗祭祀活动;⑤ 建造祭祀祖先或先贤的庙堂。

家庭习俗包括的内容很多,从横向看,包括物质的、行为礼仪的、观念的三个方面。既包含家庭物质生活习俗,如日常饮食、节令饮食、服饰种类与特征,也包含家庭行为礼仪习俗,如家中人际间关系模式,家族、宗族事务中的有关规定,婚姻的种类、方式,婚嫁的过程、礼仪,丧葬类型和程序,祭祀的种类及方式,过生日、祝寿的礼仪程序等内容。还包含有关家庭的各种观念,如涉及夫妻关系、代际关系的观念、普遍看法,对祖宗的认识等。从纵向看,家庭习俗集中反映在择偶、婚礼、性、生育、丧葬、祭祀、生辰纪念等各种活动中。这些习俗有如不成文的习惯法,以一种不易觉察的无形社会力量,从家庭生活的各个方面左右着人们的行为。

家庭习俗和法律、伦理道德一起,作为家庭生活的行为规范和准则,对家庭生活、家庭关系起着调节、约束和控制的作用。但是家庭习俗的约束力不依靠国家和政权力量的强制,而是依靠民间社团中的传统习惯,以民族心理、文化特征为背景,通过相互间潜移默化的影响,而逐渐成为人们共同的行为和观念模式。传统习惯有明显的传承性和惯性特点。它积淀在一代代人身上,既能表现一个民族的民族性格,也能反映一个民族的文化传统。这样,风俗通过人们的传统习惯对家庭的控制作用,常会出现两种情况:一种是反映民族优良传统的风俗习惯,能维护家庭的正常生活秩序,促进家庭的进步和发展,有积极作用;另一种是反映民族传统中保守落后部分的陈规陋习,不利于维护家庭的正常生活秩序,不利于家庭的进步和发展,有消极作用。因此,风俗的社会控制作用,实际上就是"变民风化民俗"的过程[1]。家庭习俗的约束力通常是由公众中同伙人的非难而产生的,它可以使一个人感到自己行为的不文明或受到他希望相处的家庭、宗族或社会环境里的人们的冷遇、抵制、排斥和隔离,因此家庭习俗成为人们处理家庭事务中不断重复、相互仿效的行为规则。家庭习俗不需要任何政府的认可,是一种民间的约定俗成。因而,同样作为家庭的控制手段,家庭法最具有强制性,手段最硬,家庭伦理则较为有弹性,家庭习俗最为松散,手段最软。事实上,自有人类社会以来,家庭生活一直处于伦理道德和风俗习惯的控制之下,它比法律控制更为长久,影响也更为深远。

第三节 家庭的自我控制

显然,家庭的社会控制是一种外在控制,而家庭的自我控制则是一种内在控制。内在控制以外在控制为基础,依赖于外在控制;外在控制则借助于内在控制变为人们的自觉行为,最终达到控制的目的。家庭的自我控制过程,实际上就是吸收和内化社会的控制信息,将其变为家庭成员实际行为的过程。社会的法律、政策、道德、风俗在这一过程里融入家庭生活之中,与每个家庭的具体情况相结合,形成家庭内部的行为规范和行为风范,来约束每个家庭成员的行为,依此调整家庭关系,保证家庭的和谐稳定。因此,家庭的自我控制往往采用两种方式,一方面用家规来约束,另一方面用家风来引导[2]。

一、家规的约束[3]

家规就是家庭内部的行为准则,也是家庭成员必须遵守的规矩、规定的总

---

[1] 丁文:《家庭学》,山东人民出版社,1999年,第388—389页。
[2] 同上书,第391页。
[3] 同上书,第391—394页。

和。家规的形成,是社会的法律规范、道德规范和每个家庭的实际利益、具体情况相结合的产物。它实际上是社会规范的一种内化形式,既体现着社会法律、道德的基本精神,又维护着家庭的实际利益,并针对家庭生活的具体情况形成一系列的家内规矩。一般来讲,家规都很详细具体,涉及家庭生活的各个方面,有家庭关系的规矩、家庭管理的规矩、家内劳动的规矩、家庭饮食起居的规矩、家庭社交及待人接物的规矩等。在人类生活中,不同类型的家庭有不同的家规形式。家规不仅受社会法律和道德的制约,还受特定社会形态中家庭制度的深刻影响。有什么样的家庭制度,就有什么样的家规。

传统中国是父系家长制的家庭制度。家庭形态是父系的,与之对应的,家庭的权威结构是"众心捧月"式的,家长是中心和主宰,这种权力在很大程度上依赖于"天然首长"的权威和封建伦常的力量。家规是家长借以控制家属的强制性手段,具有"家法"的性质。家法就是用家长权统治家族,约束家人,训饬子孙的规约私法。通常家规、家法都由家长制定,并多撰写成文字,除向全体家庭成员通告之外,有的家庭还将其附在家谱之中。世家大族的家规、家法,多写在教诲子孙立身处世的《家训》读本之中。相传先秦时期已有《太公家教》传世。东汉时马援有《诫兄子严敦书》,三国时诸葛亮有《诫子书》,西晋时杜预有《家诫》等。其中,最著名的家训读本,有北齐颜之推的《颜氏家训》和北宋司马光的《司马温公家范》。明清时撰写家训之风达到鼎盛时期。在这些家训之中,详细记载着古代家庭的各种家规、家法。这些家规、家法具体贯彻封建社会的礼制原则和儒家的道德规范,极力维护家长专制和内部贵贱尊卑的等级秩序①。如《袁氏世范》说:"子之于父,弟之于兄,犹卒伍之于将帅,胥吏之于官曹,奴婢之于雇主,不可相视如朋辈,事事欲论曲直。"②

在这里,家庭成员之间无平等可言,家庭的稳定,是以牺牲个人的独立为代价的,家庭的有序也是个体安于等级而产生的。当然,一些家训也传递着孝悌的伦理观、功业理想和淡泊襟怀的人生观等值得肯定的内容,如明代高攀龙的《忠宪公家训》,用平实的话语教导族人"立身以孝悌为本,以忠义为主,以廉洁为先,以诚实为要":

> 爱人者,人恒爱之;敬人者,人恒敬之。我恶人,人亦恶我;我慢人,人亦慢我。此感应自然之理,切不可结怨于人。结怨于人,譬如服毒,其毒日久必发,但有小大迟速不同耳。人家祖宗受人欺侮,其子孙传说不忘,乘时媒

---

① 丁文:《家庭学》,山东人民出版社,1999年,第392页。
② 引自张怀承:《中国的家庭与伦理》,中国人民大学出版社,1993年,第110页。

会,终须报之,彼我同然。出尔反尔,岂可不戒也。

……

古语云,世间第一好事莫如救难怜贫,人若不遭天祸,施舍能费几文?故济人不在大费己。财但以方便存心,残羹剩饭亦可救人之饥,敝衣败絮亦可救人之寒。酒宴省得一二品,馈赠省得一二器,少置衣服一二套,省去长物一二件,切切为贫人算计,存些赢余,以济人急难。去无用可成大用,积小惠可成大德,此为善中一大功课也。

……

人失学不读书者,但守太祖高皇帝圣喻六言,孝顺父母,尊敬长上,和睦乡里,教训子孙,各安生理,毋作非为。时时在心上转一过,口中念一过,胜于诵经,自然生长善根,消沉罪过。在乡里做个善人,子孙必有兴者。各寻一生理,专守而勿变,尤要痛戒嫖、赌、告状。此三者,不读书人尤易犯,破家丧身尤速也。

《无锡陡门秦氏宗谱》卷二家训说:"三曰勤读书,变化气质,陶淑性情,惟典籍是藉。操之在己,达之在天。勿恃富而惰学,勿不第而丧志,勿以困苦而辄止,勿以明敏而荒疏。苦心力学,自能达其道而行其志。"显然,秦氏把受教育作为改变气质的条件,如果缺乏文化修养,就不可能成为雅人,因此,宗族子弟在任何情况下都必须勤读书。又如无锡陆氏总堂号为仰贤堂和三厅堂,其家规为"厅厅厅,劳我以生天理定,若还懒惰必饥寒;厅厅厅,衣食生身无理定,酒肉贪多折人寿",以教育后代克勤克俭。这些家训影响深远,后代家庭的家规中有其影子。现代家庭也有家规,只是这种家规建立在家庭成员共同遵守国家法律和社会道德的前提之下,以民主平等为原则,如《陆氏家训》中说:"父母之恩,含辛茹苦,侍奉父母,以孝为本;教子有方,朝夕苦读,必成其才,为国献力;婚姻之事,不图富贵,共创家业,培养下代;兄弟之间,姑媳妯娌,邻里相处,都应和谐;助人为乐,与人为善,严于律己,诚信为本;人生淡泊,勤俭持家,节衣缩食,知足常乐;传统美德,不忘祖先,父子有亲,夫妇有别,长幼有序,朋友有信,弘扬祖德。"可以看到,现代家庭的家规既整合了传统家规中的精华,又融合了社会主义的道德规范,具有鲜明的时代性。

二、家风的引导

家风是指一个家庭的传统风习,是人们在长期的家庭生活中逐步形成和世代延续下来的生活作风、生活习惯、生活样式的总和。家风的形成,是家庭长辈和主要成员潜移默化的影响和教诲的结果。古人云:"夫风化者,自上而行于下者也,自先而施于后者也。"说明上者对下者的表率作用,先者对后者的榜样力量,是家风的重要成因,所以"家风"与"家范"有密切联系。家范就是家庭行为的风范标准,亦即模范和榜样。北宋司马光的《司马温公家范》,就汇集了儒家经典关于处理家庭关系的各项标准和历代符合儒家道德规范的模范事例。传统家庭的家风,常被人称为"门风"。门风的好坏,关系到一个家庭在社会中的声誉和地位,因而传统家庭十分重视家风建设,《颜氏家训》中就专有《风操》一篇。传统家庭的家风建设,以我国传统文化中的群体意识价值观为思想基础。这种价值观在家庭问题上形成"家庭利益至上"的观念,要求人们把个人命运同家庭命运紧紧连在一起,一切行为都要无条件地服从家庭的需要和利益,由此形成"人为家庭"的行为定式。蕴涵于中国传统文化之中的这种行为定式,虽然将个人消融在家庭群体之中,但是却有利于增强家庭的凝聚力和家庭成员的认同感,有力地维护了传统家庭的稳定①。家风、家范对家庭成员的精神风貌、道德情操、生活行为,有着极为深刻的影响。

在钱基厚的《孙庵年谱》中,不时可以见到这样的记载:"长侄钟书及子钟韩始由伯兄授读,余子先由室人于五岁时,每日清晨在床授以方字,谓早起精神好、口齿清、记忆真也。"(钟达)三岁后,母姊为授唐诗短句,颇能成诵。余常闻其晨睡初醒,于母枕上诵'春眠不觉晓,处处闻啼鸟。夜来风雨声,花落知多少'句,喃喃不休。问母有误否,母辄破颜为笑。……叔嫂王夫人有妹适鲍,尝寄余母作义女,时来余家,余子女多从问字,随从兄弟称六姨。儿五岁时,亦从识方字,语母曰:'吾今乃为六姨学生,应称以先生矣。'"②钱基博也曾描述过自己与儿子钟书、侄子钟汉在家中读书讨论的情形:"长夏无事,课从子钟汉读番禺陈澧兰甫《东塾读书记》,时有申论,随记成册。其中有相发者,有相难者,每卷得如干事,尽四十五日以迄事。陈氏以东塾名其庐;而仆课子弟读书之室,会在宅之东偏,遂以'后东塾'名吾室。"③

这些情景的描述,生动地反映了钱氏家族重视家族教育、重视文化气脉传承的"文化型"特征,最终"基""钟"两代,名人辈出。

家风以行为风范为标准,范围人们的行为,控制人们的活动,是家庭自我控制的重要组成部分。家风优良,会使家庭成员具有健美的精神风貌、道德情操和正常的生活行为,形成和睦、融洽的家庭关系,使家庭稳定健康地发展。家风腐败,会使家庭成员心理异常、品德败坏、行为偏离,导致家庭关系紧张,家庭秩序紊乱。因而家风的控制作用也有两种情况,既有积极的一面,也有消极的一面。

---

① 丁文:《家庭学》,山东人民出版社,1999年,第394—296页。
② 钱基厚:《孙庵年谱》"民国五年""民国二十三年"。
③ 钱基博:《〈古籍举要〉序》,见《钱基博学术论著选》,华中师范大学出版社,1997年,第522页。

一个家庭究竟能形成什么样的家风,不仅受社会文明程度、民族文化传统的深刻影响,还受家庭长辈和主要成员的文化教养、思想意识、价值观念的深刻影响。

以无锡荣氏为例,其能在近代社会迅速崛起,与家族重视文化教育的门风是分不开的。《荣氏家训十二则》中主要包括:圣谕当遵;孝弟当先;祠墓当展;族长当尊;宗族当睦;蒙养当豫;闺门当肃;礼节当知;职业当勤;节俭当崇;赋予当供;争讼当息等内容。《荣氏宗谱》在修订过程中,当荣汝楫发现自己家族的家训缺少有关教育的条文后,特地将陆陇其的有关家庭教育的格言附在家训之后,"凡我族中贤者,幸展诵宣讲之,俾人人咸知此意,庶几荣氏之兴其未有艾也"[①]。他要求家族子弟牢记先哲遗训,认真宣传,搞好家族教育,以保证荣氏家族的繁荣昌盛。在他看来,家族的发展离不开教育。当科举与教育两者紧密结合之时,科举成功将导致家族地位的上升。即使不想在科举上有所成就,若要谋生,也离不开一定的文化基础。荣氏熙泰遵循祖训,刻苦自学,深通《易经》,尤其对"剥""复"的转化之机,有深刻体会。他认为:"剥"是极"阴",但仍存一线生机,所以在遇到困难时,不能灰心丧气,要沉着冷静,吃准情况,灵活应变,使"剥"向"复"推进;"复"虽然是顺境多,但更应谦虚谨慎,戒骄戒躁,以取得更大成就。他的这一经验,成为儿子宗敬和宗铨(德生)立身立业的哲学思想基础。而他临终的遗训:"治家立身,有余顾族及乡,如有能力心即尽力社会,以一身之余,即顾一家,一家之余,顾一族一乡,推而一县一府,皆所应为。"这一遗训,成为兄弟俩举办社会事业的所本,教育后代的所本,荣德生曾如此谆谆告诫他的子弟:

> 沪上富贵之家,绝少久传,实因不肯勤俭故耳。如聂云台先生家,已传七代,其太夫人为曾文正幼女,自幼得父母之教,至老不忘。更能身体力行,事事为子孙表率,子孙亦克守家法,专心事业,居家守旧,而学识维新。可见教育勤俭,实为传家持久之根本,切勿视为老生常谈。

1946年,荣德生自费派九女墨珍、七儿鸿仁、孙儿智明去美国留学时,再三嘱咐说:"在外不必以学位为目标,只要在事业上学会实用本领,一生受惠矣,余历观留学归来,致力于事业者多有成就。"[②]事实也正是如此,荣氏后来的中兴力量,无不都是出国深造过的儿、婿。

根据对中国名人家庭的调查,许多名人大家的成长,都离不开良好家风的熏陶。著名科学家钱学森的家风、著名作家冰心的家风、著名教育家顾毓琇的家风

---

① 无锡《荣氏宗谱》卷二二《家训》。
② 朱敬翾:《乐农先生自订行年纪事续编》,第125页。

都为是世人所称道的。现代新型家风的形成,既有赖于人的思想品德、文化教养的提高,也有赖于社会的不断文明进步。

树立良好家风,革除腐败家风,历来是中国的治家之道。当前,面对多元价值观渐兴、社会开放、自我意识凸显、公共理性不足以及功利主义盛行的社会背景,更应重视家风建设。以群体意识价值观为思想基础的传统家风,虽带有明显的封建礼制色彩,却也包含着民族传统文化的优良成分,诸如教育子弟好学成才、互谦互让、勤俭持家、尊老爱幼、慎于择友、与人为善等,都是值得扬弃的良好家风。可以通过组织社区里有相当文化底蕴的老年人,带领大中学生收集诸如"二十四孝""女儿经"之类的传统家庭伦理文献,指导学生剔除封建糟粕,保留传统美德精华,再结合现实生活中发生的真实事件,编成小故事,利用黑板报、情景剧等载体广为宣传,进行渗透性的、灌输性的教育,倡导良好向上的家风,从而带动家规、家教的形成。

在"和谐社会家庭伦理道德建设研究"的课题调查中,上海普通市民眼里的和谐家庭具有以下特征:① 家庭成员和睦相处,不同代际互相理解、互相关爱;② 家庭成员身心健康;③ 物质和精神的东西在家庭中占有同样重要的地位;④ 家庭成员对家庭和其他家庭成员具有较高的责任感。每个成员对家庭都有一种责任感,才会使得整个家庭变得稳固(见表 5-2)。

表 5-2 上海市"和谐家庭"千户调查

叙　　述	比率(%)
家庭成员和睦相处,没有任何矛盾	59.2
和谐家庭最重要的应该是家庭成员身心健康	49.9
物质的东西和精神的东西是和谐家庭不可缺少的两部分	49.6
家庭代际之间互相理解、互相关爱	45.0
家庭成员对家庭和家庭其他成员要有责任感	43.5
和亲戚、邻居、朋友相处很好	40.5
收入不能太低,因为经济基础是家庭和谐必不可少的条件	38.8
有问题是必然的,但总会处理好	32.2
有稳定的职业和相对高的收入	15.3
幸福与否是家庭和谐最主要的指标	15.2
家庭成员中有较高的教育水平是非常重要的	14.3

这种家庭观念的变革为建设新型的家风奠定了基础。现代家风的主要内容应该包括:① 夫妻关系和谐。夫妻和谐的前提是平等与尊重,夫妻和谐的德性要素包括:在平等与尊重的前提下,夫妻双方相互关爱、信任、谅解、支持和慰

藉,创造性地发挥家庭的积极功能,创建幸福家庭。② 血亲关系和谐,即父母与子女关系的和谐。"尊老",不仅仅指传统意义上的养老送终,还包括:经济上的供给、生活上的照料和精神上的慰藉。同时要引导老人发挥余热,促进家庭和谐;比如"爱幼",不仅仅指提供物质资源,更不是一味"溺爱",而是父母对子女承担抚养、教育的责任。③ 家社关系和谐。即家庭与单位、学校、社区、邻里之间互动与协调,引导成员积极参与社区生活,提高邻里之间的适应性。④ 人物关系和谐。即合理积累和分配家庭财富,使它更好地服务于家庭成员的生存、享受和发展等的需要,提倡勤劳致富、勤俭持家的美德。总之,现代家风应在父子、夫妇、兄弟之间体现各自的独立、平等与自由,使家庭氛围宽松愉悦,各得其乐。

第六章 家庭危机

P.伯杰、B.伯杰、凯尔纳曾提出,现代化有助于个人摆脱扩大式家庭、亲属、部落的控制,它为个人提供了寻求前所未有的选择机会。但是,现代化并未导致自由和个人潜能的最大限度的发挥,反而导致了社会成员的"无家意识"的产生,因为,个人生活其中的制度很脆弱,而家庭就是脆弱的生活制度之一。当前,家庭观念和家庭结构的变化、市场观念对家庭道德价值标准的冲击、性道德观念的变化、非道德观念对婚姻的冲击以及现代夫妻之间感情交往的弱化等因素,使得传统的家庭制度和家庭观念面临着时代的严峻挑战,尤其是20世纪后期,家庭承受了前所未有的冲击,出现了所谓的"家庭危机"。本章主要探讨婚姻和家庭问题及其应对措施。

第一节 婚姻危机

婚姻应以爱情为基础,一旦一方的爱情消失了,感情发生了变化,那么,婚姻也就失去了存在的基础。然而,感情又是那么的弱不禁风。根据资料显示,中国家庭中近六成夫妻间的拌嘴、争吵都是由家务事引起的,最终可能会导致感情破裂、婚姻解体。上海市黄浦区法院在对2000年3月对305件判决或调解的离婚案件的调查显示,因家庭生活事务而导致离婚的有134件,高居离婚案中的第一位。在这些离婚案中,当事人几乎都有这么一个共同的理由——感情破裂。家务事小,实则关系重大,一旦到了剪不断、理还乱的地步,问题将接踵而至。

一、婚姻压力

谁都希望自己的婚姻生活幸福美满,天长地久。当新人们信誓旦旦"执子之手,与子偕老"之时,可曾想到婚后生活并不如此简单、美妙。婚姻生活既充满激动,也充斥着挫折,"因误解而结合,因了解而分手"这句名言在现代找到了最好的注脚。人们对婚姻的期望越高,婚姻也有可能越不稳定。婚姻问题多半起源于婚姻或家庭的压力。

根据美国华盛顿大学医学系的霍姆斯医师设计的焦虑经验检测表,在每个人的一生中所面临的压力多半与婚姻和家庭有关。这其中最大的压力事件为配偶死亡(压力指数为100)。其他与婚姻有关的压力事件依次为离婚(指数73)、分居(指数65)、结婚(指数50)、配偶生病(指数44)、怀孕(指数40)、家庭财务危机(指数38)、与配偶争吵(指数35)、配偶外出就业(指数26)等[①]。

一些西方学者更是把家庭危机概括为六大危机,又称"六D危机":① 违背期望(Deviations from expectations):家庭成员违背家庭的期望;② 丧失荣誉(Disgrace):家庭成员的行为损害家庭声誉;③ 经济萧条(Depression):家庭收入减少,难以维持原有的生活水平;④ 家庭成员分离(Departure of family members):由于人口流徙和工作变动,家庭成员离家生活;⑤ 离婚(Divorce);⑥ 死亡(Death):家庭成员死亡。这六大危机导致了传统婚姻和家庭的动荡与解体。

夫妻婚姻生活的不同阶段,会面临不同的压力,这些压力会不同程度地伤害夫妻之间的感情,破坏婚姻生活。

根据美国学者McCubbin和Figleg的研究,在不同的婚姻和家庭生命周期阶段,面临着不同的压力源(见表6-1)。

表6-1 不同生命周期的婚姻家庭压力源

婚姻家庭周期	压力源
建立婚姻关系	1. 如何获得配偶的接纳 2. 如何获得配偶家人的接纳 3. 如何安排与生长家庭间的关系 4. 昔日朋友的干扰
生育第一个儿女	1. 该如何接纳家中的新成员 2. 女性退出职业市场的冲击 3. 女性失去工作伙伴的友谊
孩子上学	1. 面对孩子由家庭进入学校的压力 2. 如何接纳孩子的老师、朋友、同学
配偶的工作变化	1. 面对外在世界对家庭的冲击 2. 处理因工作变动的搬家问题 3. 事业或调职对家庭的影响

---

① 彭怀真:《婚姻与家庭》,台湾巨流图书公司,1996年,第156页。

续 表

婚姻家庭周期	压 力 源
子女青春期及离家	1. 面对子女青春风暴期的压力 2. 子女学业、感情、事业问题对父母的影响 3. 如何接纳子女的异性朋友
家庭中加入其他成员	如何照顾领养的孩子或前夫前妻的子女
父母过世	面对父母过世的痛苦
失去配偶	1. 面对配偶过世或离婚的痛苦 2. 处理新的家庭及人际关系
再婚	1. 如何被新配偶接纳 2. 如何被新配偶的家人接纳 3. 安排与原有家人亲友的关系
单身	1. 如何与生长家庭中的家人维持和谐关系 2. 如何被朋友、同事接纳

资料来源：彭怀真：《婚姻与家庭》，台湾巨流图书公司，1996年，第157页

正如杜瓦尔所指出的：组建家庭之后，在家庭生命周期的不同阶段，每对夫妇就各个阶段的变化，都需要在角色、责任、情感支持、时间安排等方面进行调整和适应。为此，有的学者提出要建立和培养"动力婚姻"的观念，以保持和提高婚姻的生命[①]。事实上，婚姻本身不仅是两个人的结合，其中还包含双方思想意识、生活习俗等各方面的了解和融合。在夫妻互动时，在他们进行日常活动和完成角色任务时，冲突都是不可避免的。所以，婚姻的质量并不是建立在冲突是否存在的基础上，而是夫妻双方共同努力，化解冲突，共同呵护，不断使感情升华。

二、同居正常化[②]

同居即非婚姻的两性关系，在中外历史上都存在。某些民族曾有过把同居作为"试婚"过程的传统，夫妻直到生孩子才能正式举行婚礼，因为繁殖人口、"传宗接代"曾经是婚姻的头等使命。但随着人类文明的进步、生殖方式与生殖条件的改善以及一夫一妻婚姻制度的完备，"试婚"成为不必；非婚同居在文明社会的主流文化中成为不合法、不道德之举；社会舆论以"通奸""淫乱"之词来贬抑非婚

---

① 文锦燕、甘炳光：《婚姻危机的预防——婚前准备的重要》，关瑞煊、高刘宝慈：《家庭危机应变手册》，香港天地图书有限公司，1999年。
② 参见邓伟志、徐新：《爱的困惑——挑战离婚观念》，上海人民出版社，2001年，第312—315页。

性关系。当然,亦有个别未开化的部族或民族仍沿袭着"试婚"习俗①。

同居在不同的社会可能有不同的认识,在许多国家同居被定义为是越轨的性行为,是对自己与伴侣、对社会不负责任的行为,会使人们对伴侣和孩子责任感差,也会引起一定的社会问题。与此相对照,未婚同居多半被认为是婚姻的一种,即从某种意义上讲是试婚,是对自己婚姻的审慎。尽管对于同居有不同的定义,但有一个共同趋势是:同居现象日益增多。

20世纪60年代中期,欧美社会一部分年轻人率先举起反传统的旗帜,对主流文化中的一切信仰、价值观、生活方式等提出了大胆的挑战。一夫一妻的婚姻家庭制度自然也在受批判和怀疑之列。一时间,交换配偶、联合家庭、公社群居、性俱乐部、同居等新潮伴随着"离婚爆炸"与"性自由"而竞相争奇。可以说,在20世纪60年代青年"反叛"运动中的性自由浪潮,最终冲破了对婚前性关系的禁忌;而由此开始的离婚浪潮,又使年轻人失去了对婚姻的信心,不愿对两性关系作长期投入。

美国《同居研究通讯》的编辑马克林说:"不结婚而和异性同居,在今天的美国,正在迅速插入占统治地位的文化中。而且不久在人们生活周期的某一时刻,这种生活方式将为很多人所经历。"②

在英国,1982年政府的一般调查发现,在18—49岁的妇女进行的抽样调查中,有4%的妇女正在同居,到90年代,年轻人中婚前同居的比例为20%。在美国,根据国家人口普查局提供的资料显示,1982年有180多万对未婚夫妇同居在一起,比1970年增加了3倍,1995年增加到220万对。在北欧,根据1981年特罗斯特的报告:所有的已婚者和30岁以下的青年人在婚前都曾同居过,一半以上的同居者是20—24岁的未婚者③。在挪威,有四分之一的家庭,男女"主角"不结婚而长期同居,十分之九的夫妻曾在婚前同居,450万名儿童为非婚生子女。据报道:挪威的哈贡王子是欧洲第一个公开与女友未婚同居的王子,其女友还是一位单身妈妈④。作为未来的国王和路德教领袖,哈贡王子的行为无疑是对传统观念最好的挑战。由此可见,社会对同居持较为宽容的态度,年轻人则持较强的接受程度。

同居现象常出现在未婚青年以及离异后与再婚前的一段时间,但同居并不能完全取代婚姻,同居和结婚都能从缔结的姻缘中得到好处。以结婚为目的的婚前同居,是为了避免草率结婚所带来的离婚伤害,因此婚前同居也可算作婚姻

---

① 陈一筠:《非婚同居现象探幽》,《中国青年报》,2000-12-21。
② 陈功:《家庭革命》,中国社会科学出版社,2000年,第69页。
③ 参见J.罗斯·埃什尔曼:《家庭导论》,中国社会科学出版社,1991年,第352页。
④ 《北欧首脑的私生活》,《解放日报》,2001-07-27。

制度的一个组成部分,对于某些人,它是加强婚姻稳定的一种方法,减少了离婚的机会,当这种同居行为一旦步入婚姻的"神殿",也就得到了婚姻制度的庇护。

不以结婚为目的的同居则更具现时代的特征,也必然对婚姻制度提出挑战。此种同居关系中的男女双方,始终处于无契约的不稳定状态之中,维持两性关系不是其他,只有脆弱的爱情,这种关系的不确定因素含量最大。

某些爱情至上主义者极力推崇这种关系,他们认为婚姻契约一旦签订,人们享受于安稳的关系中,对爱情维持的努力势必减弱。同居双方因为缺少这份契约,始终处于对对方的不确定状态中,也就有了经营爱情的需要,因为只能靠自己的言行来维持这一关系,因而比起婚姻来,男女双方在这种同居关系中能更长久地相处。

对于同居的态度,因各国国情的不同而有所不同。有些国家对同居男女所生非婚子女给予法律上认可,他们与已婚生子女享有相同的权利和义务;而还有一些国家,虽对同居减少了社会道德的压力,但对同居带来的非婚生子女不给予法律保护。事实是怎样的呢?当避孕药物的使用愈来愈普遍,同居者生育子女已是一件有意计划的事情,也就是说,有相当数量的同居者在子女出生前后,走上了婚姻的"红地毯"。当同居现象愈来愈普遍,一些国家正试图制定有关同居问题处理的法律条文,以方便制裁在这种不确定关系中双方的权利和义务。

在中国,有不少都市男女认同并采取同居生活方式。这种同居现象的增多,有对西方"同居文化"的盲目仿效,也有年轻人对承担婚姻责任的胆怯和对婚姻不稳定的惧怕,更有大众媒介有意无意地展示非婚性关系和宣扬同居生活方式,在年轻人中造成了不良影响。当然,也不排除青年男女在"性饥渴"状态下的所为。中国法律没有肯定同居关系,但也未禁止。

如果同居真正具有婚姻带给人们的好处,又少了婚姻带给人们的麻烦。那么,同居可以是婚姻的前奏,也可能是与婚姻共存。然而,至今人们仍无法消除对同居关系现状与后果的疑虑。1999年2月,美国新泽西州罗杰斯大学发表了一项最新研究报告,题目是:"我们需要同居吗?"副标题是:"年轻人应了解婚前同居关系的实情。"该报告的撰写者是大卫·波彭诺和巴巴拉·D.怀特赫德两位教授,他们是罗杰斯大学的"前卫"智囊人物,对同居关系做了长达10年的研究。他们的报告有四个要点①:

(1)尚无任何证据表明同居关系或"试婚"会带来牢固的婚姻;相反,统计资料表明,婚前同居更容易导致婚后离异;实际上,美国20世纪60年代以来的离婚率上升是与同居关系盛行同时并举的。

---

① 陈一筠:《非婚同居现象探幽》,《中国青年报》,2000-12-21。

(2) 认为可以从同居关系中学到良好的婚姻调适经验,那是不符合实际的幻想。事实上,一个人经历的同居关系越多,就越容易选择同居而不是选择婚姻。

(3) 同居关系越长,永不结婚的可能性越大。

(4) 同居关系本身的破裂率比婚姻关系的破裂率更高。该研究报告预测,经同居而结成的婚姻,比未经同居而结成的婚姻,其离婚率高 46%。因为同居者彼此没有长久的承诺,双方都更追求独立自主,更不情愿受婚姻的约束。实际上,同居者越来越不愿走进婚姻。从 1987 年到 1997 年,由同居关系发展为婚姻关系的,在全部同居关系中所占比例由 57% 下降到 44%。

上述研究还证明,选择同居生活方式的人,来自破碎家庭的占多数。童年时经历过父母离异、失去父亲的年轻人,比那些在父母身边和幸福家庭中成长起来的孩子更容易选择同居,而且进入同居关系的年龄更早。这些年轻人认为,早些进入同居关系可以帮助他们摆脱家庭生活和烦恼,补偿其内心的失落感。但遗憾的是,他们的同居关系破裂时,反而更增加了失落感,甚至引发暴力冲突。带有孩子的单亲进入同居关系,问题就更复杂些。近年来同居伙伴对非婚生孩子的虐待和性骚扰,构成了一类特殊的社会问题①。

三、婚外恋公开化

感情上的喜新厌旧,从某种程度上说是人类的一种本性。根据美国性学大师金西的报告(1948、1953),美国约有一半的丈夫和 26% 的妻子曾有过或正在经历婚外性行为。有研究表明,因一方或双方与婚外异性关系出格、家庭暴力和性格不合是导致夫妻感情破裂离婚的三大原因。其中,在发达地区,婚外恋是首要的离婚原因②。

根据 Linquist(1989) 的研究,婚外恋的高危险人群为:① 有婚前性行为者;② 结婚许久,有婚姻倦怠感者;③ 性生活质量差者;④ 一方或双方认为婚姻质量差者;⑤ 较独立者;⑥ 亲戚朋友中有婚外恋者;⑦ 上班族。③ 一般来说,最容易发生婚外恋的组合是已婚男子和单身女子,而且以中年男子和年轻女子居多,介入者一般较婚外恋者的配偶年轻。已婚男性最容易发生婚外恋的年龄是 35—50 岁之间,职业以经商和高级主管居多。

---

① 陈一筠:《非婚同居现象探幽》,《中国青年报》,2000-12-21。
② 徐安琪、叶文振:《家庭生命周期与夫妻冲突》,《中国婚姻研究报告》,中国社会科学出版社,2002 年,第 24 页。
③ Linquist, Luann(1989), Secret Loves. D. C: Lexinton Books. 转引自彭怀真:《婚姻与家庭》,台湾巨流图书公司,1996 年,第 112 页。

婚外恋是一种普遍存在的社会现象,根据一心理咨询门诊对 25 个女性婚外恋者诱因的统计,因夫妻感情不佳,在婚外寻找感情寄托者占 33％之多;发现丈夫有婚外恋行为而谋求报复者近 20％;配偶性功能欠佳,寻找性伴侣者 15％;为了满足虚荣心的占 15％;被对方所引诱而失足者 11％[①]。造成婚外恋的原因有很多,台湾地区学者曾归纳为:① 追求性关系的变化;② 对配偶的报复;③ 挑战一夫一妻制;④ 寻求情感上的满足及性吸引;⑤ 与配偶之外的异性关系友好,逐步发展为婚外情;⑥ 满足性欲;⑦ 与婚前的情人续情。国内学者将婚外恋归纳为:旧情新恋、容貌吸引、志趣相投、见异思迁和被人引诱。

在社会转型期,社会结构和家庭关系的变化,是导致婚外恋增加的主要原因之一。伴随着市场经济逐步完善的过程,一元化的价值模式趋于瓦解,社会结构正处于高度的分化与整合过程之中。由于社会结构中缺乏传统主体文化价值的有力支撑,必然会导致人的行为无序与道德滑坡,而传统人际关系的破裂,反过来又会带来社会结构的"脆化"和社会规范的"弱化"。这种社会结构的变迁在家庭内表现为,夫妻关系开始由"维持型"向"契合型"转化,人已不再满足于家庭简单的物质生活,而是更多地追求夫妻感情的融洽和精神的和谐,而伴随着人们精神需求的提高,夫妻间整合的难度增大,因而在婚姻外寻找慰藉的可能性也增大了。城市社会流动的加剧,西方文化的影响,女性地位的提高又为婚外恋的产生提供了主客观条件。[②]

婚姻具有强烈的排他性,婚姻关系的当事人都要求对方对自己忠诚,中国的《婚姻法》明确规定"实行婚姻自由、一夫一妻、男女平等的婚姻制度"。结婚是男女关系最合法最有保障的男女两性的结合,当这种平衡或保障被打破的时候,婚姻的双方或一方会为此而受到精神损害,影响家庭生活的质量和家庭的稳定,甚至导致家庭的解体。

在现实生活中,婚外恋获得圆满结局的并不多见。一位为自己的婚外恋曾试图自杀的女性讲述了她的曲折经历[③]:

> 一个女人一生可以发生的悲剧都浓缩在我身上。我有过一个情人,他破坏了我两次婚姻。那年我终于离了婚。虽然是因为和丈夫没感情,但他也是一个原因。我离婚前他也答应离婚的,可是我离婚后,他就不提离婚的事了。我看他变了,就答应和另一个喜欢我的男人结婚。我一告诉他这事,他马上就受不了了,像发疯一样。那天下着大雨,他就站在我窗前的大街

[①] 程继东、张丽:《婚外恋心理咨询的临床研究》,《中国行为医学科学》2002 年第 3 期。
[②] 刘杰森、孙方明:《婚外恋的社会学视角》,《社会》2001 年第 4 期。
[③] 案例转自李银河:《中国女性的感情与性》,今日中国出版社,1998 年,第 165 页。

上,在雨里哭着喊:"我爱你!"我有点感动。后来他对我认错说:"我对不起你,你再给我一个机会好不好?"看他满脸沮丧的样子,我真怕他出事,他有一种不顾一切的性格。如果我和别人结婚,对他的打击就太大了。那个喜欢我的男人很有钱,可以买房子,也可以把我带出国去,我偏偏放弃了他。被爱比爱别人总强一点吧,可我偏偏放弃了被爱的机会,去追求那个后来背弃了我的人。在预定和那个男人结婚的前一星期,我和他分了手。那天还正好是他的生日,我哭了,他也哭了,他被伤害得很厉害。他骂我,说女人都是水性杨花。后来他大病一场,人变得又老又瘦,牙也掉了。可他还是装作若无其事的样子。他欣赏我,凡是我说句好的东西,他都给我拿过来。我看他那痛苦的样子,哭了好几天。他现在美国随便找了个人同居。我把人家害成那样,我不敢再找他。家里人因为这事蔑视我,我没法解释。我哥哥说:"你是个什么样的女人呢!"我父亲为这事和我断绝关系,我妈妈也不理我了。他们都不能理解我。责备我没离婚就和别人好,责备我和这个人好又答应和那个人结婚。这都是因为感情。只有我自己心里知道对每个人的感情的程度,就因为我自己问自己时,知道我爱他(指情人)的程度超过丈夫,也超过那个打算和我结婚的人。我这个情人花了我的很多钱,出国时又带走我的很多钱,可是他出去之后居然一下就变了。我差点自杀。那天,我下意识地收拾东西,收拾过去的书信日记。然后我把煤气打开了,又回屋接着收拾东西。我记得当时只是想着:时间不多了,得赶快收拾东西。我只希望有一种完全消失的感觉。正在这时,外面电梯开门的声音吓了我一跳,接着是小孩吵闹的声音。我猛一惊,想到不能爆炸,孩子在这儿呢。那时我已经拿出火柴来了,正准备划了。我惊醒之后,马上关煤气,开窗户。我回想当时的动作,全都是下意识的,差一点就做了。

婚外恋,既是对现存婚姻不足的补充,也是对现实婚姻的破坏。尽管社会对婚外恋越来越宽容,但它是危险的。恩格斯说过,如果一个人每隔两年就产生新的爱情需要,则必须对此加以约束,以免它把自己和别人拖入无休止的悲剧性的冲突。

栏6-1 避免婚姻危机的忠告

缺乏沟通常常会造成婚姻危机,如果夫妻双方都拥有维持婚姻的良好意愿,可以参考以下忠告:

① 黄金时间。多留一些时间给对方,并充分利用这段黄金时间。

②双双外出。经常同配偶一起外出,并安排一些对方喜欢的活动。

③倾听对方。当对方与你交谈时,不仅要倾听,而且要放下手头的事,看着对方的眼睛,表现出兴趣。

④永像新人。永远保持新婚时的感觉,每天都要想方设法征服对方的心。

⑤经常回忆。经常回忆初恋时的美好感觉,会给夫妻双方带来幸福。

⑥憧憬未来。对未来充满幻想,会使夫妻明确努力的方向。

⑦请求帮助。告诉配偶你的问题和苦恼,并请求配偶为你遇到的问题提出切实的解决办法。

⑧尊重配偶。在好友面前不批评配偶,尤其是在他/她不在场的情况下。

⑨惊喜不断。用一些意想不到的细节给对方带来惊喜,一件礼物或一身对方喜欢的衣服。

⑩切记吻别。出门前和配偶吻别是必要的。

⑪要讲真话。永远要开诚布公,但不要以令人不快的方式表达你的观点。

内容来源:阿根廷《妇女》月刊,见《参考信息》,2004-10-07。

第二节 家庭暴力

家庭暴力作为一个带有世界性的社会问题,具有深刻的国家背景和文化背景。尽管世界各国在社会体制、经济、文化、民族方面具有很大的差异,但家庭暴力就像一个不为人知的传染病,都不同程度地存在着。在美国警察有三分之一的时间花在应付因家庭暴力打来的电话上;所有警察受伤的40%和死亡的20%是被卷入家庭纠纷的结果;在家庭暴力中95%的受害者是妇女;在法国,有200万名妇女经常遭受男人的虐待;在德国有400万名妇女遭受丈夫的虐待。在中国,北京市婚姻家庭研究会在1994年主办的一次婚姻质量调查表明,不论程度频率如何,丈夫打过妻子的占21.3%;妻子打过丈夫的占15.5%。1994年10月,中国第一条家庭暴力投诉热线在北京开通,妻子投诉丈夫虐待的占84%。当然,这些数据并不能真实地反映家庭暴力的全部真实情况。因为来自人们内心深处对这一问题采取回避与遮掩的态度,使研究者很难得到真实的情况。

一、家庭暴力的界定

1986年,联合国的一个家庭暴力专家委员会所提交的报告中,把"家庭暴力"界定为:"家庭内的暴力表现为人身虐待,往往一再重复发生,并与精神折磨、忽视基本需要和性骚扰等行为相互有关;暴行一般发生在有抚养关系的最亲近的家庭单位内,使受害者遭到严重的伤害;一再发生的暴行应与偶尔发生的暴行相区分;偶然发生的事件如不立即采取紧急干预,这种行为往往会一再重复发生并趋于严重。"[1]中国新《婚姻法》规定:"家庭暴力是指发生在家庭成员之间的、一切形式的不法侵害行为。"

因此,广义的家庭暴力是指发生在家庭成员之间的侵害行为,暴力的施暴者和受害者可能是妻子、丈夫、父母、兄妹等所有的家庭成员,而不仅仅是指家庭妇女[2]。狭义的家庭暴力主要指的是家庭中对妇女的暴力。英国布里斯托尔大学玛丽安·海斯特博士认为,家庭暴力是指大多数情况下,由男人对女人为达控制与支配目的而使用的暴力或虐待行为。1993年12月,联合国大会正式通过的《消除针对妇女的暴力宣言》中,对"妇女的暴力"给予明确的界定,即指:"对妇女造成或可能造成身体、心理及性方面伤害或痛苦的任何基于社会性别的暴力行为,包括威胁进行这类暴力、强迫或任意剥夺自由,不论其发生在公共生活还是私人生活中。"

(一)家庭暴力的分类

根据不同的划分标准,有不同的家庭暴力类型。

从形式上可分为:① 身体暴力:包括所有对身体的攻击行为,如殴打、推搡、打耳光、脚踢、使用工具攻击等。② 语言暴力:以语言威胁恐吓、恶意诽谤、辱骂、使用伤害自尊的言语,从而引起他人情绪难受的言语。③ 性暴力:故意攻击性器官,强迫发生性行为、性接触等。④ 精神暴力:也称为冷暴力,常常处于隐形状态。在这里,我们要着重指出精神暴力,因为其对受害人的危害性尤其重大。

从施暴主体可分为:丈夫对妻子施暴、父母对子女施暴、子女对父母甚至祖父祖母施暴、兄弟姐妹相互施暴、婆婆对媳妇或者媳妇对婆婆施暴等。

从性质可分为:对身体的暴力、性的暴力和精神暴力。这种分类方法把家庭冷暴力一同包罗进来。所谓冷暴力,一般指当夫妻之间或其他成员之间发生

---

[1] 郭爱妹:《家庭暴力》,中国工人出版社,2000年,第3页。
[2] 赵孟营:《新家庭社会学》,华中理工大学出版社,2000年,第148页。

矛盾时,不是通过武力方式处理,而是对对方表现出冷淡、轻视、放任、疏远、侮辱等,如不理睬对方、将语言交流降低到最低程度、夫妻之间停止或者敷衍性生活、不做或者尽量少做家务,或者冷嘲热讽、侮辱对方人格等,从精神上伤害虐待对方。可参见表 6-2。

表 6-2 家庭虐待表

	虐待/疏忽可以是身体上的或非身体上的			
	身体攻击	性攻击	情绪攻击	不能满足基本需求
儿 童	惩戒攻击或身体虐待	儿童性虐待	心理上的攻击或儿童心理虐待	儿童疏忽
配 偶	婚姻暴力	配偶强暴	心理上的攻击或虐待	
老 人	老人身体虐待	强暴或老人性虐待	老人心理上的攻击或虐待	老人疏忽

资料来源:Alan Kemp:《家庭暴力》,台北洪叶文化事业有限公司,1999年,第11页

从受害者可分为:① 虐待配偶:指配偶一方遭受另一方的语言、身体和性器官伤害。在这种暴力行为中,大部分受害者是女性,少数受害者是男性。② 虐待儿童:儿童的父母或家庭成员对儿童施加身体或精神伤害、性虐待、忽视、虐待,从而导致儿童的健康和心理受到严重伤害。③ 恐吓和不安的言行,如:殴打、恐吓、疏忽、拒绝或照顾不当等。④ 虐待手足:指引起兄弟姐妹之间心理和生理伤害的言行,包括殴打、恐吓、性攻击等。

从施暴动机可分为:"理性暴力"和"非理性暴力"两类。前者指施暴者以压制对方或者控制对方为目的的暴力行为,后者则是施暴者纯粹以发泄敌对或者不满情绪为目的的,没有明确的目标。

从危害程度可分为:推搡、拉扯、殴打和残害四种类型。

(二) 家庭暴力的特点

1. 隐蔽性

这是家庭暴力的显著特征。大多数施暴者只有在自己家里才会使用暴力;虽明知其行为不当,但"家丑不可外扬"的观念使许多受害者在遭受暴力以后,在人前隐瞒真相,强颜欢笑。性暴力是一种更隐蔽的家庭暴力行为。由于性观念的影响,绝大多数妇女总觉得夫妻之间性生活的事情较之一般的家庭暴力更难启齿,所以对于来自丈夫的性暴力采取忍的方法。

2. 举证难

家庭暴力本身具有隐蔽性,因而确定家庭暴力有一定困难,而且,由于有些施暴者采取手段的"巧妙化",令受害者无法获得验伤证明,或是伤不及治罪的程度。需要指出的是,精神暴力的举证更具困难性。因其属受害者意识形态领域的东西,而缺乏一个外化的标准,即使受害者一些异常的外在行为能一定程度地反映其精神状态,但毕竟只是片断的反映,易引起争议,司法实践中也难以操作。

3. 阶段性和循环性

一般而言,家庭暴力是循环发生的(见图6-1)。

图6-1 暴力行为的重复循环

在上述暴力行为的重复循环中,基本上可以区分以下几个阶段:① 阶段一(引发阶段):在此阶段紧张度增加,夫妻之间可能有小的争吵,施虐者开始喝酒,对冲突处理消极反应,彼此讨厌对方,有工作压力,或有经济上的压力等。② 阶段二(暴力发生期):为了减低压力或控制情境,施虐者选择殴打对方。③ 阶段三(后悔或蜜月期):一旦压力减低时,生理上也较为平静,施虐者开始觉得后悔及惭愧,于是答应受虐者不再有类似情形发生;或是买礼物给受虐者或增加亲密行为,而这种行为模式事实上很平常。这时候施虐者最好寻求专业服务。④ 循环阶段一:与阶段一相同,是暴力引发阶段,不同的是比当时的夫妻关系紧张度要高,因此压力程度很快就升到最高点。⑤ 循环阶段二:与阶段二类似,只是为了消除压力或控制情境,暴力行为类型会比前面阶段二要严重。因为暴力已经有过,暴力的威胁会越来越严重,对受虐者带来的情绪上的伤害也更大。⑥ 循环阶段三:后悔及蜜月期会比前次要短,亦即施虐者的后悔程度会越低,越不会对自己的施暴行为有后悔的感觉,也较不会去向施虐者承诺他不再施虐,对其暴力行为也愈不觉得羞耻惭愧;对责任的投射就表现为暴力的增加,受虐者就成为投射结果的受害者。⑦ 继续循环:倘若施虐者的施虐行为不予以制止的话,暴力行为会不断循环下去,阶段与阶段之间的距离会越来越短。

4. 危害性

作为一种违法的犯罪行为,家庭暴力不仅导致家庭功能的丧失、家庭关系的解组、未成年子女成长的扭曲、受虐者身体机能受损、心理上产生紧张、焦虑、恐惧、沮丧、自卑、厌世等多种负面情绪以及社会生活上孤立无助等以外,而且也会危害社会的安宁与稳定。同时,反映出施虐者或轻或重的心理扭曲和心理病态的状况。

二、婚姻暴力的研究

尽管家庭暴力是一个古老的问题,但是即使在西方,人们开始重视并系统地研究这一问题,也是从 20 世纪 60 年代开始的。这是因为家庭暴力不单纯是暴力犯罪,它总是和人们的思想观念、家庭的伦理价值、社会的传统文化交织在一起的,被有意无意地掩盖起来,甚至被认为是正常的事情。

(一) 理论分析

1. 家庭社会学的观点

(1) 家庭系统论。家庭系统论学者认为,家庭是一个系统,而暴力关系是家庭系统的产品,夫妻互动的结果,而不仅仅是个人行为。虐妻的原因在于婚姻关系本身的失调。施暴者、受虐者的性格特点,以及特定的环境因素等,构成了整个家庭系统运作以及家庭暴力出现的要素和机制。

对虐妻的解释是,家庭作为一个特别的社会组织,具有某些特点,从而导致家庭中容易发生婚姻暴力。在家庭单位中,暴力发生的可能性远远超过其他社会单位。这是因为,家庭成员之间的互动机会远远超过任何团体中的成员,成员间的活动内容也是多元化的,因此,造成他们之间冲突和压力的机会也就越大。这是因为家庭内部潜藏着固有的高度冲突性。

(2) 家庭冲突论。社会学冲突理论认为,冲突是人类互动中不可避免的一种行为,不平衡、压力和个人的利益之争,都会出现在所有的社会集团中。在家庭中,由于它的私人性和隐蔽性,更容易使暴力成为解决冲突、获得个人利益的重要手段。家庭内部的高度冲突性,只是为暴力的发生提供了可能性,但并不一定必然导致暴力。科学社会学研究表明:拥有众多知识分子的学术部门,一般存在高度冲突性,但却绝少导致暴力行为的产生。社会规范对家庭暴力如此具有容忍性,一方面是因为男权文化的影响,另一方面,是因为工业社会的发展和家庭的不断私有化,使其原来与邻里、扩大家庭的联系纽带被切断了,造成了一种把家庭隐私看成神圣不可侵犯的公共规范;使外界对家庭内部发生的暴力事件失去控制能力。大量日常的家庭暴力实际上处于不受处罚甚至不受指责的状态。一个行为的发生如果不受任何阻力,且又能给行为人带来效用,那么行为人就总是倾向于重复该行为。这就是家庭暴力高发率的原因。

著名冲突学派社会学家刘易斯·科塞指出,在首属群体中产生敌对情感的机会比次属群体多。的确,家庭成员长年相处甚至终身相伴,互相之间在生活上的依赖和控制、感情上的亲近和冲突、利益上的息息相关和矛盾,可能使家庭内的暴力行为比在任何其他场所更加频繁、持久、直接,甚至无所顾忌。

2. 女权主义的观点

(1) 社会制度的产物。虐妻从根本上来讲,是父权制的产物,是男性控制女性的手段之一。暴力的婚姻关系反映了男性对女性的主宰,所以,对虐妻的研究一定要放在特定的社会性别构成和性别权力关系分配的框架中进行。虐妻实际上是男性主导的社会文化结构的产物。在现存的男权文化中,传统和法律制度支持男性对女性在家庭中的权威控制,而父权的社会经济、政治制度将妇女排斥在公共生活之外,因此妇女被迫留在家庭领域中,受到男性的支配和控制,暴力行为更多地发生在社会经济地位低的人群中。社会经济地位低的人群,拥有的生活机会较少,沮丧的程度更深,再加之贫困、缺乏资源和应付技巧不够等问题,导致社会经济地位低的人群容易产生婚姻冲突,当压力和紧张达到一定程度的时候,就会产生暴力行为,而婚姻暴力就是这种压力和紧张达到极限的表现。

(2) 文化准则的产物。虐妻是社会各种文化规范和制度的产物。在这种文化中,男性在其社会化过程中,学会了使用暴力,而女性则被教化成暴力的牺牲品。这种观点注重从文化的角度来解释暴力行为。这里的文化是指"一套生活方式的习惯的综合体",它包括:知识、信仰、道德、习俗、艺术和法律等。据此,社会系统中的某些实践接受了这种虐妻行为,如对男性气质的定义,以及社会文化对男性暴力行为的认同,因此,虐妻是社会规范的延伸。

(3) 性别角色社会化。这种观点认为,社会中存在了不同的性别规范。从儿时开始,男孩和女孩就接受了不同的角色规范,如鼓励男性要坚强、具有竞争性、推崇个人主义和攻击性,男孩应成为"战士"、应学会控制他人、控制自己的情绪、战胜敌人等。这种社会化的结果之一就是,男性必须坚强,不受情绪左右,他们会将自己某种情绪的激动解释为愤怒,而不会将它理解为其他情绪,如害怕、忧郁、受到伤害、嫉妒、不安全或怨恨等等。另一个结果是,这种男性气质的刻板印象,对男性发展健康的人际关系带来了障碍。与其他男子建立亲密关系,获得相互支持,被看成是女人气,这样导致男性无法与男性建立深厚的友谊,从而在情感上依赖女性,进而对女性有极强的控制欲。同时,女性的社会化过程,也对虐妻现象的存在起了一定的维持作用。女性被要求嫁鸡随鸡、嫁狗随狗,要柔弱,将自己定位在家庭中,认为丈夫可以改正缺点,因此妇女应选择留在婚姻中,不做任何反抗。

3. 社会性别的观点

(1) 强调"性差异"的社会性别观。这种观点受到心理学范例的强烈影响,把社会性别定位为个人的属性,认为这种属性产生于人的生物性和社会化,或者两者之间的某些相互作用。男性的刚毅和女子的柔弱被看作是与生俱来的,而且这些特征奠定了一个人的社会性别身份、人格和自我概念的基础。这个观点基本上把社会性别化的行为特征解释为内在的个人属性。对性差异的研究,一般倾向于强调男女之间的差异,而不是强调共同点,把男女错误地理解为两相对立的。当在研究中发现性的差异时,"性""社会性别"就被错误地用来描述、代替、解释此种发现。

(2) 强调"地位"和"角色"的社会性别观。在"功能主义"和"角色理论"传统的影响下,这种观点把"社会性别"看成是已获取的"地位"。此地位伴随着一系列特别的期望和模式化的行为——称为"角色"。在刚开始研究社会性别时,这个研究领域常被称作"性角色"。在这种方法指导下,性差异被用来把世界划分为男人的和女人的角色,这些角色高度地融入进了社会价值的观念、文化实践和结构体系里。

(3) 强调关系的社会性别观。社会学学科强调社会结构和个人之间的关系。在这种观点影响下的研究方法把社会性别视为一个人际关系的体系,而不是个人的属性。这种方法把解释的重点从个人转移到结构。社会性别关系跨越种族、阶级、年龄和体制的界线。这种关系存在于社会生活的所有方面,蕴藏在社会结构中,并通过社会的意识形态得以加固。在性范畴、劳动分工、社会情况和权力与权威等多种因素影响下,塑造出的社会性别关系是不平等的、不对称的;因为这些范畴中的差异,不仅在理念上,而且在结构上,同支配与被支配相关。由此而来,机遇、宝贵资源、权力、特权以及责任也被不平等地分配着。更具体地说,绝大多数男女之间的差异产生于不同的经历、机遇、所接触的社会网络与相互作用之力量。

(4) 强调过程的社会性别化观。社会性别可以重新界定为在特定场景里通过社会的相互交往塑造成的。一旦"差异"在创造社会性别时建构起来,这种差异就被用来强化社会性别所谓的"本质",在社会性别行为中进一步表现出来,并合法化地作为社会机制的一定组合。

(二) 原因探析

根据 2000 年 3 月《中国妇女报》"关于当代家庭暴力现状的民意调查"显示,家庭暴力产生的直接起因主要是生活琐事、经济问题及因夫妻一方的婚外恋。具体而言,主要包括以下几种原因:

1. 男强女弱的性别文化

米德认为,在历史上,我们的文化依赖于许多人为的差异,其中最为明显的是性别的差异,创造了财富和不同的价值。文化将两性的差异人为地扩大,在其影响下,两性的角色被制度化,两性社会中的地位、关系模式等被确定下来。因此,文化是我们分析两性不平等问题的根源。

本质主义性别观念,就是把某些特征归为"男性气质",把另一些特征归为"女性气质",而且认为这些气质的形成是天生的。比如,男性是自我中心的、强悍的、进取的;女性是利他的、柔弱的、守势的。传统的性别观念是男强女弱、男阳刚女阴柔、男主外女主内等。按照这种观念,就形成老一套处理夫妻关系的原则,把夫妻关系视为协调互补、阴阳调和的关系,如果出现女强男弱,就会造成男性的心理不平衡,甚至造成夫妻关系的不和谐。总之,男性和女性的生活经验及行为规范,完全反映了社会的文化传统,正是这些行为规范构成了男性对女性施暴的主要原因。

中国的家庭暴力现象得以存续的最根本的原因在于传统不平等的性别结构已深入到每个男女的意识形态中,中国社会的深层结构仍然是一个男性中心的社会,因此,家庭暴力成为父权文化的明显体现。

> 被告把家中全部存款拿出做股票,赚多赚少谁也不知道,我也没看到钱。被告讲,这些钱你不用管,你不能用,你有苦菜苦饭吃就足够了,你要用钱,自己出去赚。在这种情况下原告忍耐了两年多。想不到,在 1999 年 6 月 3 日那天为了一条裤子的颜色吵了几句,被告大打出手,将原告殴打致伤(右眼结膜出血,肿块开口度为 3 cm)。这时,被告还说:"你去死吧,我十年前就想和你离婚了。"在这种情况下,原告为了女儿的中考毕业关键时刻减少女儿的压力,还是忍耐。(摘自宝山区法院判决离婚案件 2000 年起诉状)
>
> C,大学教师,硕士学历,丈夫是博士学历,在某政府部门工作。
>
> 口述:我丈夫是一个大男子主义意识十分强烈的人,他的脾气非常暴躁。他对家庭倒是很有责任感,但是一切都得听他的。比如,看电视,选台得他说了算,他不打算看了,才可以随便换台。孩子吃什么东西,怎样进行训练,也都是他说了算。如果他让孩子吃什么,孩子不吃,我悄悄给孩子换另一种吃的,他一旦知道就会大发雷霆;我若争辩一句,他就会变得无法控制,就会打人。他打我不止一次,我觉得特别受侮辱。我几次想到离婚,可是,一来我们都喜欢儿子,两个人都不会放弃孩子;二来我住的是他们机关的宿舍,即使离婚了,他们机关也不会给我房子。我父母都在外地,离了婚我没地方住,所以也就没有坚持提出离婚。(来源:佟新访谈资料)

从上述案例中可以发现,由于夫妻之间的经济和社会地位的差异,导致他们在家庭事务的决策、家务分担和子女教育等一系列问题的权利分配上的差异,女性往往处于从属地位,一旦产生分歧,彼此之间会发生冲突甚至是暴力行为。

A,38岁,具有大专文凭,杂志编辑。

我与丈夫是经我父亲介绍认识的。我父亲在部队工作,他是我父亲手下的一个参谋,农民出身。父亲看中他能吃苦耐劳,就把他介绍给我。那年我21岁,正是"文化大革命"后期,我根本没有对爱情的浪漫想法,我觉得他人挺老实,不久就结婚了。婚后,他仍然在部队,我在一家工厂宣传科工作。后来,我父亲调到北京工作,我进了北京的一家出版社,当上了编辑,我丈夫也因为我父亲的关系,当然他也确实能干,提升为营职,并调进北京。虽然我们都在北京工作,但是我们家离部队较远,他一星期回家一次。后来,父亲去世了,我丈夫也因部队内部的一些人事纠葛要求转业,到了地方。

自从丈夫转业回家,他的情绪一直就不好,可能是对地方工作的不适应,加上过去我们并没有真正过过每天在一起的日常生活,因此,总为一些家务事闹矛盾。这期间开始了第一次的暴力。这事已经整整过去10年了,但我仍记得清清楚楚。作为编辑,当时我正为一个男作者编一本小说。由于时间非常紧迫,因此,他改一遍后就跑到我家来谈一次,他在北京的一个多月时间里,来了我家七八次。我丈夫就有些脸色。人家走后就冷嘲热讽,最后一次我实在忍不住了,就和他吵了起来,我说他狭隘自私,小心眼,说他没有男子汉风度,比女人还女人,等等。没有想到,他上来就给我一耳光。我愣住了,他也呆住了。

当时,我们的女儿刚刚3岁。我想不明白,他怎么可以打我。我受不了这个窝囊气,搬到另一间房里住,几天不理他,一心想和他离婚。可是一想到家庭破裂对女儿的影响,想到今后要独自面对的一切,心里又拿不定了主意。我原谅了他这次行为。我知道丈夫的自尊心特强,从我们结婚起,我就感觉他心里不平衡,可能是因为我父亲是他领导的关系,但是他从来不说。现在他心里更加不平衡了,他在部队机关工作,显示不出个人价值;而我,又是编书,又是写书,还给报社写专栏文章,社会上小有名气。他心里较劲呢?想到这些我就原谅了他,知道他气不顺。这事也赖我,我不该把作者带回家来,虽然我的工作不坐班,但是也应当约他到办公室谈。

第一次动手打我后,虽然我原谅了他,但是我们的关系仍然不好,经常为一点小事打起来,他常常会偷翻我的东西,有一次因怀疑一个电话号码而把我踢得青一块紫一块。还有一次为了孩子,他把我摔倒在地上,骑在我身上打。他这个人就是这样,打是真打,打完后又后悔、赔罪,表现得也比往日好一些;但过了一个月又控制不住了,找个事又打一架。我真是过够了这种日子,其实打架的原因全是小事,我知道他心里憋着火。可是日子不能这样过下去。现在女儿都13岁了。我独自一个人也能带。我想做个单身母亲也比和他过好得多。

在上述案例中,"打老婆"在"女强男弱"的关系格局中获得了深刻的符号意义,它表明男性可以通过身体上的"男强女弱"实现父权统治。施暴者坚信男人应是一家之主,因为,当他的自尊和男性之上的观念、地位受到怀疑和伤害的时候,他自然地要通过暴力行为在肉体上统治自己的妻子。在被打妻子们的访谈中可以看到,她们常常自认由于自己的原因破坏了男强女弱的关系格局,如比丈夫事业成功,比丈夫挣得多,比丈夫学历高等,她们同样视丈夫的施暴行为具有符号意义,她们忍受的是对已被破坏的传统两性关系的重建。也就是说,丈夫施暴行为的符号意义在于被妻子外在的成功破坏了的家庭性别关系通过丈夫的暴力行为而达到平衡:丈夫仍然是一家之主,受害妇女对暴力的容忍与社会普遍认可的父权关系格局达到了妥协。

2. 婚外情的蔓延是导致家庭暴力的直接原因之一

近年来,因第三者插足导致夫妻反目成仇、婚姻破裂而引发的暴力事件较多。

> 被告一直贪玩、跳舞、搓麻将,多年不上班。由于他舞跳得好,在舞场里大显身手,为他寻找情人创造了有利条件。他多次与其他女人发生关系,甚至使对方怀孕、打胎,他经常为这些女人打我、骂我、侮辱我,使我精神和肉体受到严重伤害。(摘自宝山区法院判决离婚案件2000年起诉状)

B,33岁,受过大专教育,现在一家进出口贸易公司工作。

> 我的婚姻是从当第三者开始的。我认识我丈夫的时候,他还是一个有妇之夫。当时,我的男朋友很多,并没有一定要和他结婚。但是他妻子知道我们的关系,闹到了单位,我一赌气让他离了婚。当时很多亲戚、朋友反对我们结合,我甚至为此和父母断绝了关系。他离婚后和我结婚,我知道他觉得他亏了,为了能和我结婚,他把房子和孩子都给了女方。结婚两年后,我们有了自己的孩子,但是由于生的是女孩,他很不高兴。他一直想要男孩,他前妻生的也是女孩。生完孩子的第45天,丈夫就找茬儿打我。我真不知道该怎么办。我现在在公司工作,工作很忙,挣钱也比他多,让他吃好的喝好的,可他还打我。他不能看见我和男人说话,只要看见我和其他男人说话,他回到家就打我。他说,你是迷人的狐狸精,我当初就是被你骗到手的,我知道你见了男人就不老实。我现在见到认识的男人都躲得远远的,我不想找麻烦。但是他总是找茬儿。
>
> 我心里特想离婚,可为了孩子还得过下去,我现在挣得比他多,他也不服气。他打完了我,还总要我承认错误,真是受不了了,我有什么错呢?要说有错就是嫁错了他。但是为了孩子,还得受。我怕离婚。想当初很多人

都反对我嫁给他,是我选择了他,因此我只能忍下去。这或许就是我的命。每次他打完,我就想这个日子还怎么过呢?可是我连找个诉说的人都没有。
(来源:佟新访谈资料)

丈夫喜新厌旧、移情别恋,逼迫妻子离婚,若妻子不从就大打出手,或者妻子被怀疑红杏出墙引起丈夫的拳打脚踢。丈夫对妻子的施暴因文化程度不同常常表现为:一些文化素质低的人,主要对女性进行身体伤害;一些文化层次较高、颇有"身份"的人,则主要采用语言威胁、恐吓、辱骂、诽谤等对妻子进行精神虐待、心理伤害。

3.男性性格上的缺陷或染有赌博、酗酒等恶习,是婚姻暴力产生的另一重要原因

男性性格如果通常是暴戾、心胸狭窄、自私、多疑,结婚之前,双方彼此了解不充分,婚后男性这种性格就会暴露出来,逐渐对妻子非打即骂,甚而成为家常便饭。男性染有赌博、酗酒等恶习后,常常夜不归宿,或回到家后无理取闹、伤害女性。尤其当赌博输了钱、喝酒喝得酩酊大醉时,妻子面露不快、或劝说争吵、或以离婚相威胁,男性便将妻子作为发泄的对象。

  婚前,双方关系尚可。婚后不久,被告脾气粗暴,蛮横无理,心胸狭窄的本性暴露。被告动辄打骂原告,且无端猜疑。原告在怀孕六个月时,为小事争执,被告不顾原告怀上六个月的孩子的安全,对原告拳打脚踢。此后,被告经常为琐事对原告谩骂,骂不解恨,就用铁棒或啤酒瓶将原告打得头破血流,遍体鳞伤。(摘自宝山区法院判决离婚宝民初〈2000〉2352号)
  E,中专毕业,先前为某商场营业员,现已辞职。
  刚跟我丈夫认识那会,他人还是很好的,对我百依百顺。我下班时间晚,他每天都会到商场来接我,风雨无阻,姐妹们都很羡慕我嫁了一个好人家。后来我才知道,他每天的接送就是为了防止我跟其他人接触。也许是因为我长得比较漂亮,丈夫无时无刻地都在担心我是否会出轨,尤其是在商场这么一个开放的环境中。每天都要笑脸相迎顾客,在我丈夫看来,这是一件很伤风败俗的事情。
  他的观念告诉他,女人就是应该在家相夫教子,不应该出去抛头露面。可是我学历低,又没有什么社会经验,中专毕业后就进商场开始站柜台了。我又何尝不想跳出商场,干一些体面的工作?后来事情愈演愈烈,他每天都在咒骂我。他很专制,根本不让我跟别人接触。他说,女的跟我讲话,就是拆散我们夫妻;男的要是同我说话,就是跟我有一腿!到了这种地步,别人

就不敢跟我讲话了,我柜台的营业额也一落千丈。现在我索性辞职在家中,每天就好比是坐牢,比坐牢还不如,起码坐牢没有人打我骂我。

4. 家庭关系不和也是造成家庭暴力的原因之一

媳妇与公婆、丈夫亲属的关系由于住房、财产、生活方式等原因引起家庭矛盾和冲突,一些丈夫迁怒于妻子,不管妻子对与错。在大多数情况下,如果婆媳发生冲突,儿子不帮妈,就会被认为是不孝,而且被认为是怕老婆,于是,他们选择以暴力使妻子屈服。

> 我先后怀孕四次,都没有生存下来,两次都是70天,孩子死在腹中。我沉浸在失去孩子的痛苦中,被告的母亲没有一丝安慰,反而诬陷我几个月没有交饭钱。被告不站在公正的立场上替我说一句话,反而跟母亲合伙跟我吵,甚至殴打我。(摘自宝山区法院判决离婚宝民初〈2000〉3756号)

D,大学毕业,某政府机关副处长。

不知道我的人都很羡慕我的地位和家庭,说我幸福,这只是外表,没有看到实际的内容。当我抚摸自己身上被他打出来的伤痕,我心中只有屈辱和愤恨,这种感觉常常使我的情绪一下子跌落到低谷。我会不由自主地陷入深思,到底是哪儿出了毛病?我们感情恶化是在我生孩子的日子里,他妈妈从老家来了之后。婆婆第一次来到大城市,最要命的是她不能看见儿子干活。在她眼里他是干大事的人,怎么能够天天唯唯诺诺地任女人役使呢?婆婆嫌我娇气,一天恨不得说三遍她当年生孩子时如何第二天下地干活,还说女人再怎么也是女人,比不了男人,得认这个命。

好不容易把婆婆盼走了,却没料到一个多月的教育,把他脑子里的大男子主义都勾了出来。一点家务也不干了,说他还振振有词,说急了就动手。第一次打我就因为我没有及时地做好晚饭。他简直就不把我当人看待。再一次,都不知为了点什么,他上来打我,我一点也没防备,头一下就磕在床角上,一摸出血了,我爬起来,不顾一切地向他撞去,当时死的心都有了。

我为什么要忍着呢?他为什么动手要打我呢?就仗着他是男人?比我劲大?还是男人就该高我一头?我只能听他的?看他的脸色行事?我真不明白当初的爱情都哪儿去了?我也想过离婚,又担心孩子受委屈;不离,就只有再继续挨打。我承认,我也有责任,我这个人心直口快,沉不住气。

此外,目前社会支持网络中对家庭暴力认识的分歧,使得家庭暴力的受害者得不到有效的社会支持。

三、家庭暴力的防范

家庭暴力是一种性别压迫和严重不平等的社会问题,制止家庭暴力不是个人的反抗所能奏效的。它需要全社会的行动和支持,从政府到各种社会组织,都应该参与到家庭暴力的防治中。

(一) 制定专门的、综合性的反对家庭暴力的法律,防治暴力的发生

法律是法制建设的基础,也是保护人权实现的最主要的工具之一。目前很多国家和地区对家庭暴力有了明确的法律处罚条例,如美国、加拿大、澳大利亚等国家都有反对家庭暴力的立法①。

中国没有制定专门的防家庭暴力法,但一系列法律规定中也涉及了家庭暴力的内容,如 1992 年的《妇女权益保障法》,对妇女的合法权益进行了详细的规定。1995 年制定的《中国妇女发展纲要》,政府第一次在正式文件中明确提出了家庭暴力这一概念。2001 年的《婚姻法(修正案)》第四十三条对家庭暴力进行了详细具体规定:"实施家庭暴力或虐待家庭成员,受害人有权提出请求,居委会、村委会以及所在单位应予以劝阻、调解,对正在实施的受害人有权提出请求,居委会、村委会予以劝阻,公安机关予以制止。实施家庭暴力或虐待家庭成员,公安机关应依照治安管理处罚条例规定予以行政处罚。"第四十六条规定:"因家庭暴力导致离婚的,无过错一方可以要求损害赔偿。"同时,地方政府出台了一些地方性法规,加强对家庭暴力的控制和预防。如 1996 年长沙市、唐山市制定了《关于预防和制止家庭暴力的若干规定》,1997 年西安市制定了《预防和制止家庭暴力行为的暂行规定》,辽宁省出台了《关于预防和制止家庭暴力的规定》,等等。然而,由于家庭暴力的历史惯性和复杂性,要防治家庭暴力,创建没有暴力的世界,实现平等、民主、和谐,必须专门制定一个全国性的反对家庭暴力的专门法律。

(二) 反省执法中的性别盲目,转变观念,保护家庭暴力的受害者

1998 年,中国司法部在全国推广和普及"148"法律服务专用电话,其中涉及维权方面如家庭暴力等的法律求助占了一定的比重。目前,中国不少地区专门成立了家庭暴力致伤鉴定中心。其中,北京市法庭科学技术鉴定所是中国第一家政府认可并支持的家庭暴力法定门诊部②。同年,青岛市中级人民法院和青

---

① 郭爱妹:《家庭暴力》,中国工人出版社,2000 年,第 168—180 页。
② 杨大文:《妇女婚姻家庭权益的法律保障和实证研究》,刘伯红主编:《女性权利——聚焦〈劳动法〉和〈婚姻法〉》,当代中国出版社,2002 年,第 179—180 页。

岛市妇联联合成立了青岛市家庭暴力致伤鉴定中心,目的是为来访的家庭暴力受害者进行伤痕鉴定,为案件的处理提供法律依据。然而对家庭暴力的司法干预力度不够仍是一个突出问题。由于各种原因,司法机关未能充分利用现有的法律资源,未能使现有的法律、法规在反家庭暴力中发挥其应有的作用。因此,在制定完善反家庭暴力立法的同时,必须充分注意改革、完善司法机制,完善司法更快捷、更有效。在积极制定反家庭暴力立法的同时,在现有的法律条件下,通过培训执法、司法人员,改变执法、司法人员的观念,提高其解决家庭暴力的知识、能力水平,就可以大大提高现有反对家庭暴力法律、法规、政策等各项措施的有效性。

(三)借鉴西方的经验,提供专业服务

几十年来,西方社会发展出一整套应对家庭暴力的新办法,建立了一套比较成熟且富有操作性的防治家庭暴力的服务体制。特别是美国,一些医院建有关于家庭暴力尤其是婚姻暴力的"急诊室",其功能是建立流程或标准化的程序来评估婚姻暴力。在一般的大都会地带的医院基本上配备有医疗社工,以协助医生诊断可能的婚姻暴力个案,并给"病人"提供关于婚姻暴力的社区资源,包括为受害者请求警方协助、为受虐待的妇女提供庇护所或者转介给其他社会支持团体(如强暴危机中心、社区心理卫生中心、教堂、医院等机构)。此外,美国倡导实行社区介入方案(community intervention projects,简称为CIPs)。此方案被视为一种"整合性回应"网络,主要目的是改变司法体系与社会服务体系回应受害者的传统方式。同时,还强调针对不同的案例采取不同的介入方法,这种方法称之为"案主配对"(clientmatching)。这是一套把对施暴者的惩治与为受害者提供直接的支持帮助连为一体的家庭暴力的介入方案,这其中包括对施暴者的治疗[①]。

中国港台地区借鉴西方国家特别是美国的经验,在防治家庭暴力方面也已经建立一套比较成熟的可操作性的服务体系。比如,香港已经构建了由社会福利署和民间志愿机构组成的工作机制,由专门的社会工作者去帮助家庭中的个人、婚姻关系、照顾儿童、管教子女、姻亲关系、经济、健康及生活上的各种问题。另外,香港还设立了"和谐之间""恬宁居"及社会福利署管辖的"维安中心"等妇女庇护所,向受虐妇女提供长达三个月的免费住宿及小组心理辅导等其他服务。这些机构还向那些已经离开的妇女提供互助支持小组、治疗小组、社交康乐活动,协助妇女积极面对婚姻中或离婚后的各种压力[②]。

---

① 转引自张文霞、朱冬亮:《家庭社会工作》,社会科学文献出版社,2005年,第288—289页。
② 转引自杨陈素端:《如何处理虐妻》,关锐煊、高刘宝慈主编:《家庭危机应变手册》,香港天地图书有限公司,1999年,第165—167页。

在中国,民间力量自 20 世纪 90 年代逐步介入防范暴力的工作中。1995年,武汉市诞生了首家"婚姻避难所"——武汉新太阳女子婚姻驿站,为遭受家庭暴力和不幸婚姻的妇女提供暂时的庇护,提供必要的住宿、工作、学习及生活的保障。1996 年,上海成立了南方妇女儿童家庭暴力救助中心,唐山市成立的全国首家反家庭暴力协会。与此同时,法律、心理方面的民间救助也开展了起来。1992 年,北京红枫心理咨询服务中心开通了第一条妇女热线,为受虐妇女提供帮助。1995 年,北京大学法学院成立了妇女法律研究与服务中心,这是中国第一家专门从事妇女法律研究与援助工作的公益性民间法律援助组织。2000 年,北京成立首家反家庭暴力的专门机构"反家庭暴力工作小组"。该小组由北大法学院妇女法律研究与服务中心、中华女子学院女性咨询与发展中心等四家机构组成,形成由医疗、鉴定、律师、妇联、公安及心理康复机构组成的"反家庭暴力网络"[①]。

反对家庭暴力是一个社会系统工程,社会工作作为一种解决社会问题的专门制度,是此中的主力。社会工作主要从以下四个方面入手来防范家庭暴力:① 对受虐妇女的介入。针对受虐妇女的支持方案,包括软性(soft)服务及硬性(hard)服务两种。软性服务包括咨询、辅导、自助式或支持性团体、亲子教育、倡导、社区教育咨询、职业教育、角色再学习;硬性服务指 24 小时庇护中心服务、安全居住场所、危机专线、紧急交通服务、儿童托育、经济辅助、转介等。② 对施虐者的介入。包括运用团体工作和个案工作的方法对施虐者进行处置,处置的技巧主要有:自我观察、暂停、认知的重新组织、人际关系技巧、放松的训练和技巧整合等。海外的经验表明,对施虐者进行治疗,结果大部分男性在参与项目之后,不再对配偶使用直接的物理侵害,因而具有一定的矫正和治疗的效果。③ 运用团体工作的方法对来自暴力家庭的儿童进行介入。这种团体介入方式的主要目的与功能,是在协助儿童从团体中学习新的价值观及行为,包括增加自尊,学习新方法来自我保护,认识可以协助自己的正式与非正式资源及学习以新的非暴力的方法来解决问题。④ 社区介入。社区介入就是整合社区内的各种资源,共同防范家庭暴力。如与司法系统合作,包括强制性的警察干预、社会福利机构的介入和相应的司法援助等;和社区医院密切合作,为受虐提供验证、疗伤等服务以及为司法部门的介入提供确凿的证据。

对家庭暴力的处理过程中,不仅要加强控制,惩罚施暴者,更在于防治——防患于未然,每个家庭成员都应该在生活中随时调整自己的心态,每个家庭成员都有义务及时化解矛盾,防止冲突升级,保持一种友好、和谐的家庭关系,在全社

---

① 张文霞、朱冬亮:《家庭社会工作》,社会科学文献出版社,2005 年,第 291 页。

会要树立起建设性别平等、民主、和平的新型家庭关系的观念,这就需要社会系统全方位的合作,形成反家庭暴力的社会支持网络,消除任何实施家庭暴力的机会,防范和遏制家庭暴力。

第三节 离 婚[①]

古德曾经说过,因为诸多的家庭解体形式迟早要以离婚为其结局,亦因为离婚是诸多伦理与个人意识的聚焦点,况且任何社会的离婚率往往是反映家庭模式和其他方面变迁的一个有效指标。所以,它更能激起人们的关注。

一、离婚的社会学观点

国外对离婚的研究很早就开始了,20 世纪 60 年代以后,发达国家离婚率的迅猛上升,引起了众多学者的关注,从多学科多角度来研究离婚现象。

在西方学界,对于离婚现象的理论解释大约可以分为四种不同的框架:① 人口学的解释:认为人口期望寿命的不断延长,不可避免地要导致更多的婚姻问题。② 社会学的解释:认为婚姻观念的变迁、对婚姻的满意度、社会约束力的减弱、女权运动的勃兴等都会带来婚姻问题。离婚率的高低和种族类别、经济收入、教育水平、职业性质、初婚年龄和家庭背景以及宗教信仰等社会因素有着密切的联系。③ 经济学的解释:认为高离婚率源于妇女户外就业的广泛性和经济上的真正独立。主要有贝克尔的婚姻收益递减论和伊斯德林的收入决定论。④ 心理学的解释:认为婚前对婚姻的过高期望、婚后配偶双方相互吸引的资源枯竭和婚外生活的心理诱惑等都可能影响导致离婚。如格林伯格认为父母的离婚会增加其子女离婚的可能性。汉堡 GWIS 研究所在对 1 054 名 16—60 岁的男女进行调查后,认为离婚的主要原因是"外遇"、缺乏共同兴趣和生活目的[②]。

古德认为,西方社会离婚率呈上升趋势的主要原因有以下几种:① 价值观的改变,社会不再拒斥离婚,而采取更加接受和宽容的态度。② 亲友不再重视婚姻的稳定。③ 婚姻的功能被其他制度取代,意味着婚姻的功能弱化。④ 社会经济的发展水平。在经济萧条时,离婚率下降,而在经济繁荣时,离婚率上升;发达国家的离婚率高于发展中国家的离婚率。

莱温格从社会交换理论出发,提出离婚交换理论,认为婚姻的稳定与否取决

---

① 参考邓伟志、徐新:《爱的困惑——挑战离婚观念》,上海人民出版社,2001 年,第 168—176、185—249 页。

② 叶文振、林擎国:《当代中国离婚态势和原因分析》,《人口与经济》1998 年第 3 期。

于：婚姻内在吸引、障碍阻力（即婚姻解体的代价）、婚姻代替的吸引这三种要素的力量对比及因素群的消长①。

栏 6-2 离婚交换理论

婚姻内在吸引	障碍阻力	婚姻代替的吸引
物质性吸引	物质性阻力	物质性吸引
家庭收入　居住面积	财政支出	女性社会经济地位的提高
象征性的吸引	象征性的阻力	象征性的吸引
教育程度　职业地位	对夫妇婚姻的义务　宗教束缚	自立　自我实现
社会类似性	亲属网络压力　社会压力	
情绪性的吸引	情绪性的阻力	情绪性的吸引
友爱　尊敬　性的快乐	对孩子的感情	其他性伴侣

一些西方学者认为,离婚率与现代化进程密切相关。如马泽认为,妇女受教育水平的提高、都市人口比例增加、科层化程度提高等都和离婚率有正向关系,而家庭人口数则和离婚率呈负相关关系。当社会朝现代化前进时,抑制离婚的社会约束力将逐渐减弱,家庭的功能也会出现分化,离婚率上升。功能派的观点是,社会分工的细密化和专业化越来越高,社会流动增强,人的个性也随之增加等,家庭的传统功能逐渐被一些制度化和组织化的机构所取代,如教育由学校承担,娱乐交给大众传媒,很多原有的家庭功能被弱化或剥离,家庭的重要性及凝聚力随之降低,离婚率自然随之降低。

美国学者诺顿和米勒发现,美国社会的高离婚率和 11 个因素有关,即：① 年龄太小,尤其是不满 20 岁即成婚者最为明显；② 从认识到结婚太短,如不到 2 年；③ 婚前交往时期太短,以不到半年最明显；④ 父母的婚姻不幸福快乐；⑤ 亲友明确表示不同意彼此的婚姻安排；⑥ 双方背景的明显差异；⑦ 宗教信仰不同；⑧ 有辍学经验的；⑨ 未能建立良好的社会参与；⑩ 对丈夫和妻子角色义务的认定有异；⑪ 社会连带较弱。

此外,西方学者还提出了一系列测量离婚水平的方法：① 离婚指标分析法：用粗离婚率、一般离婚率和年龄别离婚率来分析离婚趋势；② 队列分析法：用一真实队列的人群一生中离婚的累计比例来反映离婚水平的变化趋势；③ 生命表分析法：假想一批人按照一定时期的初婚水平、死亡水平、丧偶水平、离婚水平

---

① 野野山久也：《美国的离婚、再婚和同居》,内蒙古人民出版社,1989 年,第 181 页。

和再婚水平度过一生,该队列成员的婚姻中最终要离婚的比例;④ 离婚率时间系列的多变量分析法,分析影响离婚水平的主要因素①。

国内有关离婚问题的全面展开是在20世纪80年代,面对国外离异观的传入,国内离婚水平的上升,媒体、专家学者都关注离婚,拉开了离婚研究的序幕。

(一) 关于离婚原因

曾毅提出离婚的七种动因,即性格志趣不同、家务矛盾、草率结婚、第三者插足、性生活不协调、一方残疾和一方犯罪等。张德强认为,离婚与注重浪漫爱情的、妇女地位的提高、家庭功能的改变、社会生活的变迁、法律对离婚条件的放宽以及受腐朽享乐思想的腐蚀等社会因素有关。戴伟认为,中国的离婚有明显的历史阶段性,不同阶段的主导因素是不同的,在20世纪50年代是反对封建婚姻的结果,在20世纪60年代归因于妇女争取权利平等的觉醒,在20世纪70年代是政治运动带来的副产品,而20世纪80年代则是多元化原因的行为,不能一概而论。李银河认为,离婚的主要原因在于:婚姻基础不牢、婚后一方或双方发生过失、性格不合、性生活不和谐。徐安琪则是运用社会心理学理论,从择偶心理、冲突心理、凑合心理、和解心理、离异心理和诉讼心理六个方面,探讨离婚心理活动产生、发展及其变化的规律,追究婚姻冲突和解体的心理动因及其生理、历史成因,并提供缓解婚姻纠纷的心理治疗方法。她在《现阶段离婚特点种种》中提出离婚的主要原因:① 维系婚姻的政治因素比重下降,经济因素比重在持续下降后又趋上升;② 婚外恋;③ 家庭暴力;④ 性的生理和心理价值被承认和受重视。叶文振、林擎国认为,性格志趣差异、家事冲突、感情淡薄和性生活失调是离婚的直接原因,这些微观决定因素之所以和离婚率存在明显的正相关关系,关键在于改革开放以来中国社会的择偶观、家庭观、性事观和离异观都发生了重大的变化。择偶观的变化使经济婚姻和"三快"婚姻(相识快、结婚快和离婚快)增多;家庭观的变化使婚姻生活中的志趣矛盾、家事冲突和感情转移更加激烈;性事观的变化使现代婚姻的生理基础面临新的挑战;离异观的变化则使保障离婚自由成为当代中国婚姻文化的一个重要组成部分,为感情确已破裂的夫妇寻求离婚的解决办法创造了宽松的社会环境。吴德清认为,离婚发生的原因在于:夫妻冲突众多而且严重;夫妻冲突没有得到足够有效的调和;夫妻不能容忍这些冲突。陈功则立足于世界范围,认为离婚的原因是多方面的,主要在于:① 婚姻观念的变化;② 性与结婚生育行为的分离;③ 理想婚姻与现实的差距;④ 妇女地位的提高;⑤ 孩子对婚姻质量的影响;⑥ 家庭关系的复杂性;⑦ 人口因素;

---

① 参见吴德清:《当代中国离婚现状及发展趋势》,文物出版社,1999年,第7页。

⑧ 社会运动推波助澜;⑨ 对社会变迁的不适应;⑩ 社会约束的减弱。

(二) 关于离婚的评价

早期的一些研究把离婚看作是资产阶级思潮和生活方式的影响,是改革开放政策带来的副产品,并把离婚水平看作是道德滑坡、社会风气转化的标志之一。在1984年全国婚姻家庭学术研讨会上,确立了这样一个观点:离婚率的上升是工业化和现代化的必然趋势,不能简单地把离婚率的高低作为衡量制度优越与否的标准之一。袁亚愚认为,离婚率的高低与社会经济和政治制度没有直接的关系,而与社会经济的发展水平和文化传统密切有关。沙吉才认为,中国社会的离婚率高扬,是社会进步的标志,是改革开放、生产力不断发展的结果。邓伟志在《用马克思主义指导婚姻法的修改》中提出离婚率同物价一样,是有极限的,不会无限制地疯长。对离婚中的受难者是要给予高度同情和支持,但是不能以偏概全,不可大惊失色,更不应失马克思主义之"理"。徐安琪在《中国离婚现状、特点及其趋势》中提出,中国离婚的增长速度在相当长的时间内将是缓慢而持续的,再婚也将与离婚同步增长,没有必要担忧婚姻离散趋势扩大会危及家庭稳定乃至社会的安定。叶文振认为,离婚是一种必然的社会现象,要注意加强婚姻法中对离婚事件处理原则的可操作性,建立能够具体衡量和评估"感情确已破裂"的指标体系,防止有人以玩弄感情的把戏达到不能被社会接受的目的,特别要注意在保护离婚权利的同时保护不正当离婚的受害者。尽可能动员社会的一切力量,最大限度地减少离婚行为对社会对家庭对当事人特别是对婚生孩子的负面影响,努力避免离婚的后遗症;与此同时,应该积极创造条件,让离婚当事人能够较快地组织更为理想的婚姻家庭。为了达到以上目的,对离婚的进一步研究应该予以鼓励和支持。

二、离婚的收益与成本

对于离婚,历来争议不断。赞同离婚的,认为离婚是痛苦的解脱,是明智的选择;反对离婚的,认为离婚会加深痛苦,是不明智的选择。但无论见解有多不同,有一点值得肯定的是:婚姻总不能十全十美,不管你采取何种方法改变它。

(一) 离婚的成本

离婚是一件复杂而痛苦的事。美国人类学家布坎南(Paul Bohannan)认为,一次离婚过程的完成通常要经历六个阶段,即感情上的离婚(emotional divorce)、法律上的离婚(legal divorce)、经济上的离婚(economic divorce)、父母双方的离婚(coparental divorce)、社区的离婚(community divorce)、精神上的离婚

(psychic divorce),其中每一个阶段,当事人都要经历不可避免的磨难与损害。任何一种情况的离婚都会或多或少、或轻或重地给个人和社会带来一些问题。

1. 离婚者面临着角色转变中的冲突与紧张,影响其正常的生活

离婚的过程也是一个角色调整与转换的过程。根据社会角色理论,在角色扮演的过程中,新旧角色的转换与调整不可避免地会带来程度不同的角色紧张与冲突,经由这些痛苦的经历之后,角色的适应方才可能。当一个人卷入某种角色的程度越深,他就越难以自拔,越难以适应新角色;当新旧角色扮演的规则大相径庭迥然不同时,角色扮演者遭遇的麻烦将倍增。

(1) 由为人夫(妻)向单个人的转变过程的痛苦性。由一对变为一个的过程是困难的,刚离婚的那段时间里,男女双方的生活都空前的黯淡。此时,一种强烈的于事无补的怀旧情绪将袭上心头,久久盘旋。由一对变为一个的过程实质为一个"除名"的过程,它对离婚者的惩罚与结婚带来的报酬几乎相等,如果当初结婚特别幸福的话。对此,华伦有过一段经典论述[①]:

> 当我们和一个朋友断绝关系的时候,总有一种出卖者的因素,它带给我们的全部悲伤都是比较强烈的,因为我们出卖的不光是朋友,其中也包括我们自己的一部分……婚姻破裂的痛苦与这一过程本质上是一致的,在此过程中,那些原先是亲骨肉的人要被拆散。那些通过参与共同的事业而融在一起的及由他们的共同记忆所合在一块的各种性格,只好以巨大的心灵痛苦为代价砍掉它。

(2) 由从单个个体走向新婚姻过程的苦恼。对于大部分离婚者而言,再婚往往是归宿。研究表明,离婚者大都与其他有相同经历的人再婚,66%的人在离婚者和分居者中寻找伴侣。再加上大部分离婚者都可能带有孩子进入再婚后组成的家庭,这样,再婚家庭的结构便非常复杂起来。一方面,离婚者都必须面对如何处理好与新配偶之间关系的棘手问题。由于我们的婚姻文化对于初次婚姻、原配夫妻的过分重视,再婚夫妇之间的沟通通常困难重重。他们之间广泛存在着猜疑、防范与顾虑、攀比等消极心理,相互的信任感难以建立。另一方面,离婚者还无法逃避如何处理自己与继子女之间关系、如何对待亲生子女与继子女的问题。中国有一句俗话:"生得亲,争不得亲。"人们大多会本能地偏好、亲近自己亲生的子女,而相对疏远继子女,出现歧视甚至虐待继子女的不良现象,给再婚夫妇双方带来巨大的烦恼。

---

① 转引自丽莎·斯冈茨尼等:《角色变迁中的男性与女性》,浙江人民出版社,1988年,第550页。

研究表明,离婚和分居者机体免疫功能会下降,各种躯体症状如头痛、心悸、哮喘发作、消化道症状、体重下降、脱发、性问题显著增多;急性疾病求医率增高;溃疡病、高血压、心肌梗死、糖尿病以及某些传染性疾病发生率升高,死亡率也高于其他群体。婚姻破裂是紧张性最强的生活事件之一,与已婚者、寡妇、独身者相比较,离婚和分居者心理健康和躯体健康都明显较差。离婚者即使再次组成一个美满的家庭,离婚事件仍然会是一个刺激源,也就是说离婚对人的精神伤害是持久的。

2. 离婚造成的家庭某些功能和意义的丧失,会对社会产生负面影响

家庭制度作为最基本的社会制度,其影响始终是基础性的、根本性的。因此,离婚的灾难并不只是家庭本身的事,社会亦无法幸免。

一方面,当人们无法从离婚后的家庭中寻找到必要的精神慰藉、感情支持的时候,我们的社会将会出现一大批名副其实地失去了精神家园的社会成员。一旦这类人的存在达到一定数量之后,他们必然要威胁到现有的社会秩序。

另一方面大量离婚现象的产生使得单亲家庭、单身家庭、再婚家庭等变异家庭普遍出现,这些新形式的家庭通常不具备正常家庭所具有的功能,而这些功能正是社会良性运行的必要条件。① 单亲家庭教育往往是畸形的。表现之一,单亲有教育孩子之心,却无教育孩子之力。离婚者必须将大量的精力用来缓解离婚后家庭经济收入的降低与实际生活困难的问题,使得他们没有足够的时间和精力用在孩子的教育上。表现之二,由于补偿心理的作用,单身父母在有限的教育孩子的时间里容易走向溺爱孩子或过分要求孩子的两个极端。② 再婚家庭子女教育的不正常。一是由于与继子女关系的敏感性,部分继父母不敢管教继子女。二是部分继父母对于继子女不闻不问、听之任之,或者歧视、虐待、残暴对待。他们始终无法在内心接受继子女,无法平等地对待亲生子女与继子女。在这样的家庭中,孩子很难形成亲社会行为。

在现实生活中,父母的离婚往往成为孩子教育失败的代名词。调查表明,单亲家庭的学生中,40%的人成绩处于中下,逾20%品质恶劣,不少人成为问题少年。离婚导致的家庭教育失败,使得孩子犯罪的可能性增加,这种危害将直接作用于社会。美国学者贝伯曾经做过一项影响深远的研究。他的研究结果指出,在所有青少年犯罪中,80%的犯罪者出自破裂的家庭。此外,草率离婚对社会的伦理价值观念会造成一定的不良影响。

按照结构功能主义,如果社会能够寻找并建构正常家庭的功能替代物,那么,社会的良性运行便不会受到由离婚而造成的消极影响。反之,社会的失序便无可避免。

3. 离婚会影响到当事人子女的正常生活和健康成长

家庭是孩子社会化的首要场所。父母的行为方式、父母关系、家庭关系、家庭文化、家庭结构等对于孩子的成长作用巨大。

（1）父母离婚容易造成孩子心理结构发育的不健全。研究青少年问题的专家们认为,父母离婚、家庭不和,容易造成青少年筋疲力尽、心神不宁、意志消沉,尤其是父母离婚后的头两年,亲子关系严重瓦解。在现代社会里,离婚家庭的孩子会像他们的父母一样被人们贴上异常的标签。它是子女精神分裂与其他心理疾病产生的诱因,将给孩子造成或轻或重的精神创伤。破碎家庭的子女比其他家庭的子女更有可能成为心理混乱者。部分儿童在父母离婚的心理刺激下,性情会发生明显的不良改变。有的变为孤独、忧郁、情绪消沉;有的变为粗暴、烦躁;一部分儿童在消极情绪持续、强烈作用下,还可能发生心理疾病。

美国耶鲁大学的耶鲁儿童研究中心主任阿尔勃特·索尔尼特认为,离婚是威胁着 20 世纪 80 年代儿童的最严重和最复杂的精神健康危机之一。儿童心理学家李·索尔克也提出,对于一个孩子来说,只有死了亲人才能比父母离婚更痛苦、更损伤身心。离婚的创伤仅次于死亡。孩子们感受到重大的损失,发觉他们突然遭到一些他们无法控制的力量的伤害。美国加利福尼亚州的几位学者在他们对父母离婚给以子女影响的研究报告中指出,他们调查的离婚家庭的子女中,37％的儿童在自己的父母离婚 5 年之后,心理上的创伤尚未消失。这些孩子情绪低落,他们经常希望父母复婚;29％的孩子是"正在勉强对付、努力熬过艰难时期";另外 34％的孩子"对生活感到满足愉快,能很好适应新情况,在学校和同学之中表现正常良好"。

父母离婚对子女心理创伤的大小及其持续时间的长短,决定于子女的个性心理特点与对父母依赖感情的程度。一般说来,性格内向的孩子比外向的孩子遭受的精神创伤要严重,持续时间也长些。对父母感情依赖越重,所受的精神创伤可能也越重。

（2）单亲家庭的生活水平大多较低,物质方面的窘迫容易造成孩子心理方面的紧张。另外,对于孩子的成长来说,他们需要的是一个温暖、和睦的家,一个父母双全的家。不完整的家,无论父亲或母亲奉献出多少爱,孩子依然觉得低人一等,产生自卑,而使性格变得孤独、内向、怯弱、敏感,不喜欢与他人交往。这种心理变态长久下去,孩子可能会患上孤独症、忧郁症等一些精神疾病,严重影响他们的健康成长,使他们的身心都受到摧残。此外,单亲家庭本身会让孩子对婚姻、家庭的理解产生偏差,进而影响他们的生活态度与价值取向。大量的事实证明,离婚孕育离婚。长大成人后,父母离婚的孩子比正常家庭的孩子离婚的可能性要大得多。美国的一项研究显示,离婚夫妇子女的结婚和生育率较低,离婚率则较高。离婚父母的子女成年后,仅60%会结婚,相对来说,来自完整家庭的子女,80%会结婚。此外,约38%离婚的子女会生育下一代,其中17%是未婚生育。相对而言,来自完整家庭的子女中,61%有自己的孩子,而他们全部已经结婚。

(3) 很多父母再婚后的新家庭,对孩子来讲并不是真正的家。他们面对继父或继母,往往拘束、不安或者仇视、厌恶,有的孩子可能变得人格异常,或者胆小孤僻,或者行为放荡。甚至在再婚家庭中,继子女无法得到性方面的安全保障。

(4) 离婚子女常常成为社会教育、学校教育的歧视对象。在香港,歧视单亲家庭孩子的现象普遍存在。有调查显示,四成受访者认为香港存在歧视单亲家庭的情况,而相关调查也显示,每三个受访成人当中就有一个抱有歧视单亲家庭的态度,情况相当严重。毫无疑问,这样的歧视对单亲家庭子女的健康成长有巨大的负面影响。首先在心理上造成压抑,往往是学习受到影响,上课分心,注意力不集中,甚至会影响到孩子良好道德品质的形成。

总之,在整个离婚过程中,它给人们造成生理上、心理上、精神上、经济上的创伤是不言而喻的,尤其是离婚对孩子所造成的某些负面影响将会持续相当长的时间。据美国最近发表的一项研究结果显示,父母离婚对子女的巨大影响,有时会持续二十多年,使子女长大成人后,在建立自身的家庭时仍有困难。

(二) 离婚的收益

任何形式的离婚都是伴随着大量痛苦的,但是,离婚伴随痛苦并不等于离婚制造了痛苦。这些痛苦的源泉不在于离婚行为本身,当我们把视野拓展到离婚对于当事人的孩子以及社会的影响的时候,不难发现,离婚的作用也是双向度的,离婚在给社会带来不稳定因素的同时,也会给社会的变迁进步带来契机。

1. 离婚可能是不幸的终结

对于有着不幸婚姻的人,他们通常有两种选择:一是继续维持不幸婚姻,维持不幸;一是结束目前不幸的婚姻,为自己获得新生提供机遇。从这个意义上讲,离婚是通向幸福生活的第一步。尽管它不意味着幸福,却标志着不幸的结束与可能幸福的到来。1999年,全国有120.2万对夫妻离婚,但再婚夫妻也高达100.5万对,表明一次婚姻的解体决不等于一生婚姻的结束,而意味着一个新婚姻的开始。正如离过两次婚的诗人、小说家霍尔曼·赫斯所说,离婚可以为一些人开辟一条体验一次新的报酬交换和过一种富于创造性的、充实的生活道路。他写道:"要勇敢地准备寻找旧的关系所不能给予的新的光明。"①

---

① 转引自丽莎·斯冈茨尼等:《角色变迁中的男性与女性》,浙江人民出版社,1988年,第551页。

从实际情况来看,许多再婚夫妻感情非常融洽,形同原配,许多再婚的质量都要高于初婚。这其中有些必然的原因:离异再婚的人经历过爱情和婚姻上的挫折,大多能从往昔痛苦的经验中取得教训,因而倍加珍惜再婚的幸福,倍加努力地呵护现在的婚姻。从再婚家庭的种类看,有的是夫妻双方都是婚姻破裂者,有的是一方为婚姻破裂者。前一种情况的夫妻都能认识到第二次爱情的可贵与不和家庭的可怕;后一种情况的初婚者,选择了一个离过婚的人,大多是经过深思熟虑而作出慎重选择的。所以,他们能为新家庭的幸福倾注自己全部的心血。特别是再婚者的年龄比初婚者大,他们举止更加稳重,感情更为深沉,能够冷静、妥当地处理好各方关系,彼此感情深厚,也会有幸福的。

2. 离婚是社会进步的表征

对于社会,离婚的意义也是双向的。在冲击既有的社会伦理观念与社会秩序的同时,离婚也为社会观念的更新、社会秩序的变迁提供了动力。

(1) 离婚也可能促进婚姻制度的稳定,进而推动社会的发展。第一,离婚率的高低与婚姻制度的稳定性之间并非有必然的逻辑关系。在某种婚姻制度框架之中,如果具有较高的离婚率,通常是由下面两个原因造成的:一是这种婚姻制度确立的婚姻理念与规则具有较低的效率,其运行的成本较大,在比较普遍的离婚的冲击下,这种婚姻制度变迁甚至解体不可避免;二是这种婚姻制度具有较高的弹性(包容性),如果离婚者的再婚率较高,并且再婚的缔结仍然是在该种婚姻制度的框架范围之内进行,那么,我们说这种婚姻制度仍然是具有较强的生命力的。从制度的本意讲,婚姻制度是关于婚姻的一套理念以及保证这些理念赖以践行的机构。合理高效的婚姻制度不在于使离婚率保持在一个怎样低的水平,不在于防止人们离婚,而是要保证人们能够在婚姻之中得到必要的资源,保证那些得不到这些资源的人们具有离婚并重新缔结婚姻的权力。从这个意义上讲,离婚率的高低正好反映了婚姻制度的优越性,离婚并不冲击婚姻制度稳定。因此,根据离婚率这一个指标来判断婚姻制度的稳定性的做法是不完全准确的。第二,婚姻制度的不稳定也不直接导致社会的不稳定。制度的形成、运行、解体与更新是一个自然过程。任何一种制度的适用性都以一定的时间与空间为界限,超出这个界限,它就无法满足人们的需要,而成为限制人们需要满足的桎梏。这时,制度的不稳定就会成为人心所向、大势所趋。当一种婚姻制度无法满足人们的需要时,反抗它并促使它解体就是推动婚姻制度变革并使社会免受不合理的婚姻制度危害的必需。因此,作为促使人们思考婚姻制度效率的主要因素之一的离婚实际上扮演着促进社会良性运行的角色。

(2) 离婚可能导致婚姻观念、社会观念的更新与进步。

离婚有利于个体意识的培养与形成,当然也正是这种日益突现的个体意识引发了人们对于自己婚姻的深刻反思。当离婚成为一种相对普遍并为人们宽容接受的社会事实时,人们对于婚姻的理解就不仅仅只注重婚姻的社会意义,或者说不仅仅只从家庭主义的角度来思考婚姻的价值,而会重新思考婚姻当事人自己在婚姻中的位置,会更多地从个体主义的视角去透视婚姻的意义。这种思考的结果,也就是人们越来越多地注重个人感受在婚姻中的地位,这种自我的发现之于婚姻制度的变革、之于社会现代化都具有重要意义。

离婚对于破除"从一而终"、贞操、离婚可耻等落后观念也有着针锋相对的意义。当勇敢地追求自己幸福的人们纷纷摆脱不幸的婚姻并在再婚中获得新生的时候,人们自然会明白离婚的意义与离婚可耻的荒诞,婚姻不可离异的观念对于女性的非人的磨难自然要消减。

3. 离婚可能成为挽救孩子于不幸婚姻的最理想通道

追本溯源,伤害孩子的罪魁祸首并不是离婚行为本身,而是婚姻的破裂与家庭的不和以及离婚当事人在离婚过程中面对孩子的不正确态度。因此,衡量离婚对于孩子的影响的参照物不在于正常婚姻家庭,而是婚姻破裂家庭。M.A.拉曼纳曾经非常精当地指出:"孩子们的自我观念不仅受家庭结构,也受家庭关系品质的影响。"①大量的研究佐证了这个论断。研究者发现,一个父母经常争斗或者形同路人、同床异梦的孩子的心理紧张与焦虑大大高于正常家庭的孩子,也高于大多数父母离异的孩子。

显然,离婚的成本与收益总是相伴相随。笼统地反对离婚或者不加区别地赞成离婚的做法都明显缺乏理性。对于婚姻家庭来说,不仅仅是个人的大事,也是全社会必须重视和关注的社会问题。婚姻的幸福、家庭的稳定与社会的发展、经济的腾飞密不可分。在"完整的家庭,死亡的婚姻"中人们必将忍受巨大的痛苦。如果说,这种痛苦是对社会、对家庭做出的奉献和牺牲的话,那么,对夫妻双方来说无疑是一种人间悲剧。它不仅影响了夫妻双方的身心健康,同样也影响着子女的健康成长。正如恩格斯在《家庭、私有制和国家的起源》一书中说道,如果感情确实已经消失或者已经被新的、热烈的爱情所排挤,那就会使离婚无论对于双方或对于社会都成为幸事。

几个世纪以来,家庭一直处于变迁的过程中,而离婚则是这种变迁的一个组成部分。离婚并不是个人的病态或异常,而是家庭自我保护机制的体现。家庭总是在急剧变化的社会中寻求生存和发展的。

---

① M.A.拉曼纳等:《婚姻与家庭》,台湾巨流图书公司,1995年,第239页。

家庭适应

家庭组织从来就是社会集团的缩影。古德曾在《家庭》中论述道,社会是通过家庭来取得个人对社会的贡献。反之,家庭也只有在广大社会的支持下才得以生存下去。假如说这两种社会体系——大体系和小体系是相互依存的话,它们必然会在很多重大方面相互作用。人类的爱情和家庭生活是不可能在真空中进行的。家庭无时无刻不在受到多种社会环境的影响,这种社会环境包括,诸如大众媒体、互联网、性别观念的改变以及城市化速率的加快等,这些新的社会结构对家庭形成了冲击。作为家庭,在保障社会继替、实现社会控制、参与社会交换等方面发挥着有限的作用,而社会却在不断地塑造着人类的婚姻和家庭关系。马克思曾说,家庭将随着社会的变化发展而发展,历史就是这样的。本章主要介绍家庭与社会环境的互动,以便更清楚地把握家庭生活的特点。

第一节 家庭与市场经济

按照唯物史观,家庭形态的发展变化,归根到底是由物质生产的发展水平和社会经济关系所决定和制约的。因此,家庭的所有变化,首先要从社会经济关系的变化中得到说明。

一、市场经济是催化剂

资本主义社会是工业经济高度发展的私有制社会。它以发达的社会化大生产和高度发展的商品经济为特征,把社会生产从家庭生产中分离出来,削弱了家庭的生产职能,摧毁了封建家长制的基础,动摇了家长的权威,促使人们离开他们的家庭以及居住的地位来寻找谋生的机会。家庭的小型化、核心化取代了传统的扩大家庭,出现了最适应工业社会发展需要的夫妇式家庭。

资本主义社会是以个人为本位的社会,商品的等价交换和市场的自由竞争,培育着人们民主平等、锐意进取的精神,企业的自主经营和自我发展,激励着人们独立的意识和主体精神,这些社会条件为婚姻关系摆脱等级制向自由婚制转化提供了可能性。与此同时,工业社会对劳动力的需求,促使妇女也参与社会劳动,独立的经济收入使妇女在家庭中的地位明显提高,也促使父权制家庭向着两性平等的家庭发展。

栏7-1 家庭生活与市场经济

政治经济学对于家庭生活的研究所强调的是维持生存的生产性劳动的重要性,换言之,就是工作的重要性(Seccombe,1974)。因此,他们考察的是家庭成员所从事的不同类型的工作,不管是有偿的还是无偿的,也不管他们的收入有多少。这其中包括了理解劳动力市场是如何进行运作的,以及与劳动力市场相联系的不同社会群体的不同运作方式(Morris,1995;Luxton,1998)。

现代社会的基本特征之一,就是对市场经济中的有偿劳动与家庭生活中的无偿劳动进行区分。这种区分对于男性和女性有着不同的不平等的意义。对此,理性选择理论(科尔曼,1990)做出了解释。理性选择理论是建立在新古典主义经济学原理基础之上的一种跨学科的方法。它假定几乎所有的人类行为都可以解释为当他们在寻求收益最大化和成本最小化时的个体理性选择的结果。经济学家G.贝克尔(Gary Becker,1985;1991[1981])将这条路径延伸到了家庭生活中对劳动的性别分工之上。贝克尔认为,对劳动的分工通常是作为家庭成员理性决策的结果而出现的,无论何时家庭成员在市场工作与家庭工作的技能上都是存在差异的。一个在市场工作上拥有较好技能的个体将更多的时间花费在市场工作上,这对其而言是合乎理性的,因为这样个人的工资水准将会更高,因此给家庭所带来的收入也会更多。那些仅仅只对孩子们承担有限责任的丈夫们,可以将他们的时间投资到学习市场技能上。然而,根据贝克尔的观察,妻子们通常在儿童照顾上花费更多的时间,因此她们可以用来发展市场技能的时间就更少。由此,男性将在市场工作上更加专业化,而女性则通常会在家庭工作上更加专业化。

贝克尔在研究家庭决策时所采用的方法被广泛地仿效,与此同时这种方法也受到了大量的批评(Owen,1987;Menaghan and Parcel,1990;Cheal,1991)。一些人对这项研究中所使用的理性化概念提出了疑问,而

> 另一些人则对男性和女性(尤其是女性)在他们的家庭生活中实际上在多大程度上可以自由选择提出了质疑。对于前一种批评,一个可以说明的例子就是离婚会对许多妻子产生消极的影响。如果婚姻会结束并且它使得女性无法依赖自己的能力挣取较高收入的话,那么女性在婚姻内部的家庭工作上的专业化还是理想的吗?后一种批评意见指出,许多家庭采用这种方式为它们的成员创造了性别化的经历和体验,因此塑造了男性和女性在从事不同活动上的"偏好"。合理性的经济学概念假定,生活的根本目标就是用最低的成本和努力来获得货物和服务数量的最大化。但是正如凯利·沃尼斯(Kari Waerness,1984)所指出的那样,人们的生活中是否也存在着一种"人道的合理性"呢?
>
> 政治经济学的研究也考察商品和劳动力市场的变化对于正处于变迁过程中的家庭关系的影响。例如,在后工业社会中,服务部门的劳动力需要不断地增长,这产生了一种不断增加的对女性员工的需求,从而导致了越来越多的职业女性和母亲必须在对家庭的责任与对老板的责任之间保持平衡。为此,我们也许可以认为,职业女性经济独立性的不断增长是促使离婚率提高的因素之一。
>
> 内容来源:大卫·切尔:《家庭生活中的社会学》,中华书局,2005年,第148、168页。

在中国,社会主义制度的诞生,促使中国实现了社会主义生产资料公有制,在农村也废除了土地私有制,实行了集体所有。可以说,在新中国成立后的三十年里,工业化和妇女的广泛就业从根本上改变了中国家庭的传统面貌,封建的家庭私有观念受到进一步冲刷,家庭内的极端不平等形式被削弱,青年和妇女的地位得到了不同程度的提高。在一段时期内,人们一度可以为了建设事业而牺牲家庭的许多事务,甚至以人民公社来部分地取代家庭原有的生活和消费功能。

尽管如此,当时的经济与社会的发展并非是齐头并进。在计划经济体制的支配下,社会生产力的发展受到极大的束缚,经济发展相对缓慢,社会变迁程度相对平和,家庭的变革也趋于平缓,特别是农村,传统的家庭形态并没有多大的改观。于是,无论是城市还是农村,以血缘和姻亲为基础的家庭关系仍是主要的社会关系,家庭观念仍十分严重,如在用人上的查三代、政治运动中的株连、就业上的顶替制、用人上的"裙带风"等,无不说明所有制结构的不完善阻碍了家庭变革的步伐。1978年以后,改革的进程由农村包围城市,从经济领域向社会领域推进,特别是20世纪90年代以来,市场经济体制逐步确立以后,进一步解放了社会生产力,直接推动了经济的发展,带来了社会变迁的日新月异,扩展了社会变迁的广度和深度,从而加快了家庭变迁的步伐。

经济的发展,特别是市场经济的确立,社会分层和社会流动的日益明朗化、动态化带来了个人收入的变化,一方面改变了家庭成员间在资源占有上的格局,进而带动家庭成员在家庭中地位的变动。在代际关系层面,两代人的工资收入已相差无几,甚至是后来者居上,青年人的经济依赖性逐渐减弱,长者权力下移,亲子间趋于平等。在性别层面上,女性收入占家庭总收入的比例由20世纪50年代的20%,提高到21世纪初叶的40%,甚至有的农村专业户占到60%左右,妻子的经济独立性增强,丈夫权力削弱,夫妻间日益平权。另一方面也促使消费功能的增强。这既表现为消费水平的普遍提高,也表现在消费趋势上由平均向不平均发展,由单一向多层次、多样化转移。

市场经济的发展,促使婚姻自主、平等意识和风险意识等观念逐步深入人心,功利主义的文化及评价机制被引入家庭,家庭成员的价值观念开始更多地向个人倾斜,家庭观念从"家本位"向"人本位"转移,由"家庭至上"逐步向"社会至上"过渡。人们越来越依靠社会取得资源,家庭的功能出现了浓淡变化。比如生产功能的淡出,即使是家庭生产,也离不开社会的协调;又如生育功能的分化。竞争的压力、生活的压力和对高质量生活的追求,促使生育功能有了新的含义,即"生"的功能退化,而育的功能增强,从胎教开始,家庭辅助教育作为学校教育和社会教育的补充将要延续相当长的时间。再如情感功能的提升。市场经济发展加大的竞争力度和生活节奏,为家庭从"生育合作社"向"情感联合体"转变提供了心理基础,家庭逐步朝着为家庭成员提供情感支持和精神慰藉的方向发展。在农村,伴随着现代化进程的加快,带来了农村经济的增长,促使农村社会分化和变迁,传统的血缘关系已不能满足需要,血缘关系之外的业缘关系得到了实质性的发展,虽然这种业缘关系往往是在血缘关系和地缘关系基础上发展起来的,但是,"唯父是从"的观念逐步转变为追求个人的发展;绝对服从开始向平等对话转变,当代中国农村家庭的变革也因此具有现代化的意义,民主、平等逐步渗入城市化进程中的农村家庭①。

显然,市场经济提供了一种机会,一种挑战传统家庭观念的机会,一种自由选择家庭形式的机会。目前,这种选择更是受到了经济全球化的支持,比如跨国的儿童收养、"邮购新娘"等。当然在注重功利的市场经济中,经济联系是人们之间最基本、最普遍、最有效的联系,家庭生活也免不了为经济计算所影响,如商业性代孕的出现,即花费大量的资金雇佣一个代孕妈妈来为不能生育的夫妻服务,

---

① 邓伟志、徐新:《当代中国家庭变革动因之探析》,《学海》2000年第6期。

这是一方用金钱来获得孩子,而另一方将孩子作为商品来获取金钱的特殊方式,这种方式受到了广泛的谴责,然而,并不是所有人都拒绝这种做法,因此,代孕处于一种两难的处境。在美国,个人在如何处理代孕,包括如何为代孕妈妈提供报酬的合同陈述上,存在着明显的差异。在加拿大等另一些国家,由于法律的屏障和政治的拖延,新的生育技术所产生的影响已经逐渐减弱[1]。

二、市场经济是把双刃剑

然而,市场经济是把双刃剑,它在给予机会的同时,也可能产生不平等,并且由此引发一系列家庭问题。

首先,经济领域的不平等可能催生贫困的代际继承。

经济上的不平等主要存在于人们在他们所获得的工作报酬上的不平等。这种收入分配的不平等可能造成市场竞争中的不利地位。布劳和邓肯认为,个人教育水平受到来自父母教育水平和社会经济地位的影响。布迪厄的思想也进一步证实:家庭社会背景和文化资本的阶级差异影响着孩子在专业选择、学业成绩、升学机会、地位升迁上的区隔,从而在孩子中间再生产出一个相应的社会、文化的地位等级,而且,经济资本的继承能够更为牢固地确保这种社会再生产[2]。Bianchi的研究证实了上述观点。在美国,20世纪80年代到90年代这段时期里,那些受教育程度低、技能较差的工人所从事的职业和他们的收入都在不断下降,与之对应的是那些受教育程度高、技能较好的工人在不断地增加,这种趋势导致了人们收入差距的不断扩大,使得越来越多的年轻工薪阶层不能获得足够的收入以维持他们的家庭生活,从而影响到其子女的发展。Watts认为,较低的家庭收入意味着这些家庭中的孩子在市场上是一些处于劣势地位的消费者,在他们的成长过程中往往拥有较少的人力资本,因而父代家庭之间所存在的经济不平等,有可能会复制产生子代在经济上的不平等。

在中国,随着社会转型,从计划体制向市场体制的发展,城市人口收入的分化也日趋严重,收入分配逐渐趋于不平等,特别是20世纪90年代以来,贫富差距有加速扩大的趋势。基尼系数从1978年的0.13上升到1995年的0.445。在同一时期,美国的基尼系数为0.41,英国为0.37,印度为0.297,俄罗斯为0.48,丹麦为0.25,泰国为0.46[3]。根据国家统计局2000年对四万个城镇居民家庭收入情况的调查显示,占总调查量20%的高收入户占到总收入的42.5%,20%的低收入户则仅占6.5%。

---

[1] 大卫·切尔:《家庭生活中的社会学》,中华书局,2005年,第173页。
[2] 刘精明:《中国教育不平等的历时性变化研究》,《社会学》2001年第6期。
[3] 世界银行:《1999/2000年世界发展报告》,中国财政经济出版社,2000年,第234页。

《人民日报》曾经报道,2002年,中国共有约4 000万名青少年学生因家庭经济困难不能入学或难以为继,其中,九年制义务教育阶段就有3 400万人。根据上海市教委2001年4月的统计,上海共有高中阶段学生50.3万人,其中家庭困难的学生就占到6%强;同期,在上海的46所高校中的22.48万名在校大学生中,家庭月收入在280元以下的学生有3.68万人,占全部在校大学生的16.39%①。另据上海市有关部门统计,小学生每学期费用约为335—395元,初中生每学期费用为520—585元,高中生每学期费用为1 406—2 563元②。过重的教育费负担令不少贫困家庭难以承受,以至于对其生活和精神上都造成了沉重的压力。

在上海市所做的一项关于"弱势青少年生存与发展状况研究"中,当被问及在向别人介绍自己父母的感觉时,19.4%的弱势青少年选择了"有点难过,觉得不好意思"。这个比例说明了弱势青少年的家庭自卑感的严重,他们中的不少人羞于向他人介绍自己的父母与家庭。进一步分析表明,文化程度不同的弱势青少年对自己父母与家庭的认同感具有显著性差异($X_2 = 37.8, P < 0.001$)(参见图7-1)。教育程度低的弱势青少年的家庭自卑感更严重、更普遍。例如,在向别人介绍自己父母时"有点难过,觉得不好意思"的比例在小学及以下、初中、高中与大专及以上四类文化程度的青少年中分别为40.4%、23.7%、14.8%和7.1%,呈现明显下降趋势。可见,部分弱势青少年对于自己的家庭并不认同,他们的内心深处始终背负着家庭贫困的沉重枷锁,而无法以健康的心态参与社会生活。这种家庭自卑心理会在他们幼嫩的心灵蒙上厚重的阴影,对他们今后的发展产生十分消极的影响。

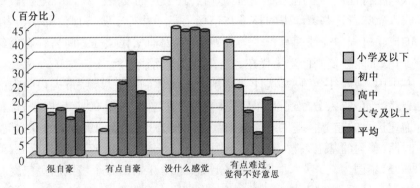

图7-1 文化程度不同的人对自己父母的认同感(单位:%)

---

① 上海市社会救助调研组主编:《政府救济与社会互助——上海市社会救助工作研究文集》(内部资料),2001年,第132页。

② 上海市教育委员会社会救助调研组:《教育助学工作现状分析》,上海市社会救助调研组主编:《政府救济与社会互助——上海市社会救助工作研究文集》(内部资料),2001年,第133页。

在市场经济体制下,竞争中的不利地位导致了生活的贫困,而生活的贫困又使其无力更新自己的技能和提高自己的文化水平,同时,他们的子女受教育的机会和程度也会受到影响,调查中,上海市在学的弱势青少年中,在重点中学和大学学习者分别占 21.4％和 10.7％;而在普通中学和中专、技校或职校学习者则分别高达 48.9％和 19.0％。弱势青少年学生在普通中学学习的比例是在重点中学就学学生的两倍。这样又会反过来使他们的子女在市场上更有可能处于不利的地位,经不住竞争的冲击而陷入贫困境地,亦即贫困的再生,由此形成恶性循环。

其次,市场经济中的经济压力会改变家庭关系。

一名匿名的美国观察者曾指出:"无论你做什么都是不够的。"对于大多数美国人来说,生活压力的速度呈指数级增长,社会变化越大,压力也就越大。其中主要的原因在于技术和物质至上主义的结合。对于物质财富的渴望,以及新产品的层出不穷,促使人们不停地去做更多的事,去拥有更多的物。根据美国家庭研究者的观点,许多美国家庭最难开发的品质就是一家人共享天伦之乐的能力。正如社会学家 Arlie Hochschild(1997)所观察的,在今天的美国社会中,家庭与工作的界限正在变得模糊。工作变得更像家庭,而家庭变得更像工作。由于时间的束缚,工作的时间越长,人们在家庭中的压力就越大;在家庭中承受的压力越大,人们就越想逃回去工作。Hochschild 认为,必须改变这种需要长时间工作的经济和社会体制,要少放些时间在工作上,在夫妻和家庭关系中多投入些时间。

栏 7-2 美国儿童保育中的争执

如果父母都不在家,那么我们的孩子怎么办?这是当今美国社会需要面对的,最具挑战性的问题之一。1940 年,只有 10％的孩子的母亲是在职的,到 1990 年为止,近 60％的美国儿童的母亲是在职的。在 50 多年的时间里,在职母亲的数目增加了六倍(Hernandez,1997),这就促使家庭之外的儿童保育,甚至是婴儿保育,以及扩展家庭的稳步增长。在对儿童保育问题争执不休的情况下,父母应问自己几个非常私人的问题:

1. 我真的需要离家工作吗?工作对家庭的安乐真的很重要吗?工作会对孩子的幸福产生怎样的影响?

2. 当孩子离开我这么长时间的时候,我能和孩子处理好关系吗?

3. 我在儿童保育、额外的衣服、午餐和交通方面的开销会比我在工作的时候开销大吗?

> 4. 工作的压力对我个人有何影响？对家庭呢？这些是否能平衡好呢？
> 5. 我们的孩子能适应外人的照料吗？他能接受这样的照料吗？这种照料是否和我们给孩子的照料一样呢？
> 6. 我们的孩子和其他孩子在一起是否快乐？他是否靠这些机会提高自己的社交能力呢？这些问题对很多美国家长来说都很难回答。

再次，这种经济压力也可能加剧家庭内部的冲突。

1989 年，康吉、格伦·爱尔德和他们的同事，在对爱荷华农业家庭所做的调查中发现，经济压力的指标，例如不能满足需要以及缺乏满足需要的能力是与消沉、敌对等情感相联系的。在已婚夫妇中，这种情绪通常是与婚姻的不幸感和不满足感相伴随的①。上海市的"弱势青少年生存与发展状况研究"也显示，只有 18.8% 的弱势青少年家庭气氛"非常和睦"，家庭气氛"和睦"的也只占 42.0%。而认为自家家庭氛围"一般"的却达 32.8%，还有 6.5% 的弱势青少年坦陈自己家庭气氛"不和睦"或"非常不和睦"，或者，当物质财富成为最重要的稀缺性资源时，贫困的影响实际上经常要通过影响家庭成员互动而影响其子女。

栏 7-3 家庭与国家福利

在家庭生活的政治学中，有关家庭与福利国家的关系问题出现于 20 世纪 90 年代。这一问题包括两层含义：一是公共政策是如何对不同类型的家庭产生影响的。二是公共政策是如何对不同的家庭成员，如家庭中的儿童或成年人产生影响的。

福利国家这一术语是用来描述那种国家在满足各种需要时扮演了重要角色的政府体制。政治家与政策制定者们都希望他们所提供的公共政策能够解决大范围内的社会问题。然而究竟政策能够在多大范围内依靠福利国家的特定形象，则要取决于特定国家中领导者的意见。福利国家的形象或者说模式在不同的国家中有着相当大的差异。

社会学关于家庭的公共政策环境的讨论，在很大程度上是受到瑞典社会学家艾斯平-安德森(Esping-Andersen)对福利国家的分析的启发。他将 20 世纪西方社会中所出现的福利国家划分为三种类型(Esping-Andersen, 1990, 1992)。

---

① 大卫·切尔：《家庭生活中的社会学》，中华书局，2005 年，第 170—171 页。

（1）自由主义福利国家，如美国、澳大利亚、英国和加拿大等国家。在这些国家中，政府在社会生活包括家庭生活中所扮演的角色是微小而次要的。政府并不以介入家庭问题为目标，除非家庭成员明显不能解决他们自身的问题，在这种情况下，这些不能被家庭成员所解决的问题就被重新定义为社会问题。然而，即使这种社会问题的存在是被广泛认可的，但如果对这些问题的公共性解决需要高额税收的话，那么政府对此的介入很可能是有限的。

自由主义福利国家倾向于避免采取那种为每一个国家公民都提供相同利益的全民性规划。相反，他们赞成采用那种只为最有需要的且数量有限的人提供帮助的目标性规划。人们为了从目标性规划中获得支持就必须向政府官员证明个人的需要和家庭的需要。美国通常被认为是一个典型的自由主义福利国家。与其他国家相比，在美国那些贫困儿童家庭获得政府的支持与援助的可能性更小，支持的平均数量也很小，而且，这种支持更有可能是来自那种手段——测试式的福利计划，而不是来源于更为广泛的社会计划（Hernandez，1995）。

（2）社团主义福利国家，如奥地利、法国、德国、意大利等。社团主义福利国家是指在国家的领导下由一些自愿的组织——例如教会、非营利保障基金会或者雇主协会——来承担帮助他人发展家庭生活的主要角色。

在德国，对家庭的公共支持从传统上来讲，是由与职业相关的保险捐款来提供的。一种以保险为基础的体制假定，稳定的家庭收入是通过拥有全职工作的男性劳动者来获得的，他可以用此来支持没有工作、从事家务劳动的妻子和孩子们。但是近年来随着德国女性就业的不断增多，这种体制也在不断地发生变化。尽管如此，绝大多数德国已婚女性在她们有了孩子之后仍然会放弃从事全职工作，甚至完全退出工作领域，但德国的单身母亲则必须工作更长的时间，因为她们无法依靠丈夫的收入。因此在德国单身母亲们得到人们的同情是因为她们贫穷而且过度地劳作（Klett-Davies，1997）。

（3）社会民主主义的福利国家。主要存在于斯堪的纳维亚人的国家中，挪威和瑞典就是最典型的例子。在那里，国家是积极参与发展社会计划，其目的是为了减轻社会不平等与其他社会问题（Leira，1994）。

在瑞典，每人都被鼓励获得高水平的职业。因此公共政策的一般目标是为了均衡母亲们的就业，而不管其婚姻状况如何。举例来说，单身母亲的孩子们在获得公共的儿童照顾上享有优先权,在一定程度上这是为了让这些单身母亲有机会通过全职工作来支持其家庭。在瑞典,单身母亲被视为在当前社会变迁和个性化环境下,某些女性对自身所希望的一种生活方式的选择(Björnberg,1997)。正因为如此,人们认为对她们进行公共支持是值得的。然而即便如此,在瑞典单身母亲对她们自身独立收入的依靠或者是对国家福利的依赖,仍然会让她们在市场变迁和政府削减公共基金时变得十分脆弱。20世纪90年代,瑞典的经济困难与瑞典福利国家的财政危机相结合,给某些单身母亲带来了财政上的限制。

内容来源:大卫·切尔:《家庭生活中的社会学》,中华书局,2005年,第178—181页。

最后,市场经济的转型可能引发家庭的失范。

市场经济不仅改变了人们的经济生活,也改变了人们对婚姻关系和家庭生活的思考。人们已不再满足于家庭简单的物质生活,而是更多地追求夫妻感情的融洽和精神的和谐,而伴随着人们精神需求的提高,夫妻间整合的难度增大,因而在婚姻外寻找慰藉的可能性也增大了。赵魏杰认为,相对于许多边远农村地区而言,中国城市具有明显的财富优势,这就对许多年轻女性产生了巨大的诱惑。市场经济中的理性交易的意识助长了这种态度。用年轻和美貌换取一种舒适的生活方式,被一些年轻女性移民和中年男性视为一种公平的交易。这些第三者给许多中年女性带来了家庭危机。于是,一向少人问津的"亲子鉴定"也已为不少人所接受,因婚外生子引起的移民及财产继承问题而做亲子鉴定在城市中占有了一定的比例,这在一定程度上反映了婚姻生活中的信任危机在加剧。此外,拜金主义、享乐主义和极端个人主义的滋生和蔓延造成以利结合的婚姻增多,婚姻从权衡利害出发,金钱成为男女结合的纽带。于是社会上出现了一些年轻女郎嫁给比她大三四十岁的"大款",或年轻小伙娶"半老徐娘"为妻。而一旦婚后利害关系发生变化,如"大款"公司破产、老妻金钱殚竭、或出现其他情况等,婚姻解体的可能性增大。

第二节 家庭与大众传媒

在商业文化席卷全球的今天,大众传媒的繁盛是有目共睹的。地球已不是国家、民族、地域相分隔的单位,而是一个小小的"村庄"而已,这一切都是电子信息技术、电视、网络等大众传媒带来的。

现代意义的传媒一般包括这样几个范畴：① 以电子媒介为主导，以高科技为支撑的传播媒介；② 网络化延伸至各行各业的媒体组织体系；③ 以经济活动为主要表现形态，影响至文化、政治领域的传播活动。

显然，现代传媒已发展得越来越复杂，已越来越多地介入到社会生活中。如果说1980年以前的中国，大多数家庭使用的媒介还是报纸、杂志、书籍和广播，而且这些媒介非常有限。那么，改革开放以来，随着电视的普及，情况发生了根本的变化。电视机、录音机、录像机、电子游戏机、计算机及其互联网络相继进入中国家庭（图7-2）。

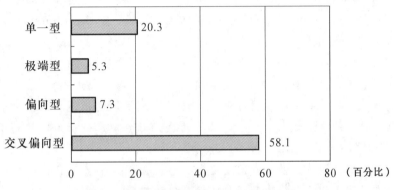

图7-2 各种媒介消费类型受众所占百分比

（单一型：经常接触的大众传媒只有一种；极端型：不经常接触或者全面接触四大媒体；偏向型：只接触纸媒介或电子媒介；交叉型：经常接触的媒介有纸媒介也有电子媒介）（花建，2001）

大众传播时代，媒体的空间无限蔓延，为人们的生存编织了天罗地网，以至于人们人格的形成与发展、生活准则的确立与变化，都打上了传播媒介的烙印。

栏7-4 传媒对美国家庭的影响

高离婚率和再婚率。许多观察者都认为我们那快速发展、充满竞争的社会环境是离婚率增高、单亲家庭和过继家庭增多的直接原因。虽然婚姻中性格的冲突和遇到的麻烦显然也是婚姻失败的原因，但社会因素也影响着我们关于感情的行为。我们下班回家后不会坐在前廊上与家人交谈，相反我们会藏在紧闭的房门之后，在蚕茧一样的气氛中沉溺于电视和电脑。所以，我们个人的想法大都来自媒体。我们对自己最喜欢的演员的婚姻情况知之甚多,但却不清楚自己的伴侣在隔壁做什么。当然,在个人隐私的名义下,我们也许选择了这样的生活方式。但电视和小报上的婚姻生活与人们婚姻的普遍状况有着天壤之别。人们可以认为,充斥着私通幽会和婚姻矛盾等内容的媒体在帮助这个国家创造了"离婚文化"。

夫妻间和家庭中的暴力。在我们国家,暴力和虐待行为一直是死亡、伤害和压力的原因。自杀和他杀导致每年有 50 000 多人死亡,每年有 2 百万人成为暴力的牺牲品(美国健康与人类服务部报告,1997)。

那些相信近年来虐待儿童的案例增加的人认为,在 1986 年到 1993 年之间,轻度虐待儿童的案例数还是比较稳定的,但严重虐待儿童的案例从 142 000 例激增到了 565 000 例,翻了四番(Sedlak & Broadhurst,1996)。如果说这只是因为大众意识或"定义扩展",那么从逻辑上应认为轻度虐待儿童的案例数也应大幅提升。今年以来,关于家庭暴力的报道增多,这使得研究者不禁要问我们的社会是否真的正在变为一个暴力社会。或者说只是人们对虐待越来越敏感才导致对这类家庭问题的报道增多? 抑或是对家庭暴力的报道代表了大众降低了对我们社会中虐待行为理解的下限(Emery & Laumann-Billings,1998)?

性问题的困扰。性在美国文化中一度大有市场,但今天已是全国的困扰。在美国文化中性领域的一些统计数据如下:

(1) 美国有 49% 的妇女在 15—44 岁之间至少有过一次意外怀孕,目前有 43% 的美国妇女在 45 岁之前有过流产经历(Alan Guttmacher Institute,2000)。

(2) 到他们 30 岁出头为止,几乎有半数美国人在某一时段与异性同居(Nock,1995)。

(3) 少女怀孕是美国一直关注的社会问题,在过去的十年中,它成为被引用最多的证据,用来证明美国社会的腐朽(U.S. House of Representatives, 1996)。幸运的是,今天十多岁少女分娩率要比 20 世纪大多数时候要低(Coley & Chase-Lansdale,1998)。

(4) 性行为和私生行为及接受国家福利的青少年的比例在增加。

(5) 男子的通奸估计在 30%—50% 之间,女子在 10%—40% 之间。

性问题是遍及美国的社会问题。它是广播、电视、广告牌、电影、购物中心、教室、办公室、教堂、我们的日常谈话、政府和白宫的主题。

国际互联网与人际关系。我们一直试图推销用技术方法解决人类问题,

> 电脑很多的潜力已被开发出来用于人际交往。但研究者发现,每周上网有好几个小时的人比上网较少或不上网的人更低沉、更孤独(Mukopadhyay & Scherlis,1998)。他们还发现,上网越频繁的人会减少与家人的沟通,并缩小自己的交际圈。上网似乎影响了人的心理安康。一位社会心理学家罗伯特·克拉特(Robert Kraut)说道:"我们被这些研究发现所震惊,互联网的运用会带来这样的社会后果是与我们的直觉相悖的。"他还指出:"我们这里并非是在谈论极端的例子,这些都是正常的成年人,一般说来,上网越多的人,家庭情况就越糟。"(Harmon,1998)

传媒从根本上改变了人类生存的环境。在这一复杂的环境中,个人生活、夫妻生活和家庭生活受到了正面的影响,同时也受到了负面的影响。

一、传媒与家庭结构

(一)传媒在家庭内部性别关系的调整中有着双重性

首先,作为社会大众文化的载体,传媒在复制、创造、表现、传播、引导社会性别观念上起着非常重要的作用,具有建构性别意义或模式的功能。

麦克卢汉在《理解媒介》一书中提出,传播媒介最重要的效果在于它影响了我们的思考和习惯。这种影响的途径之一,就是通过社会模仿,产生出潜移默化的人格塑造效果。美国社会学家罗斯认为,模仿是人类行为基础的社会过程,人类最基本的改造必须通过模仿才能完成。因此,模仿遍布于整个社会之中。大众传媒几乎每天都在向人们提供各种"社会模特",供人们模仿,这些社会模特身上都会凝聚着一些优秀的品格和特点。

20世纪90年代以来,传媒中已有大量的取得成就的女性领导或职业妇女形象。关于传媒的多数研究都认为,中国的媒体基本上能够表现出女性多样化的性格、观念和生活模式,反映中国妇女参与社会发展的成就和贡献,而1995年联合国第四次世界妇女大会NGO的媒介论坛、全国妇联妇女研究所"大众媒介中的女性形象研究"课题的设置、首都女记协"传媒监测网络"的成立、《中国妇女报》等媒体对性别研究成果的积极报道等,都有力地推动了中国妇女事业的发展。全国妇联宣传部曾对天津、黑龙江、湖南、湖北等7个省600名女性进行问卷调查,在"女性喜欢哪类报道"中,有42%最喜欢创业类,23.6%最喜欢生活类,11.4%最喜欢反映下岗的报道,0.8%喜欢时尚类。这在一定程度上修正了人们认识上的误区:女性受众最喜欢生活方面的报道,相反,越来越多的女性受众关注于"四自"形象的培育,这将有助于摆脱性别成见和角色定势,推动性别的平等。

其次,网络的普及有可能推动女性地位的提高,有助于平权家庭的建设。

Baym认为,计算机,尤其是个人计算机,将带来民主的复兴。以文字为基础的虚拟环境提供了这样一个场所,使用者能够在其中尝试进行身份确认、性别重建以及结成新的人际关系。这种有利因素表现在以下几个方面:

(1) 互联网中女性用户人数的不断攀升。网络在很长一段时间内都是男人的天下,这是由现实社会中女性受教育水平普遍较低以及男性在掌握数字技术方面上的优势所决定的。这种情况产生导致的后果是男性通过互联网获得了信息的垄断权,从而进一步加深男女之间的不平等差异。然而,随着社会的不断发展,中国互联网络信息中心(CNNIC)从1997年开始对中国网络发展状况进行调查,结果显示女性网民的数量逐年增多。1997年发布的第一次报告指出,上网人口中男性占87.7%,女性占12.3%;到了2001年1月,用户中男性占79%,女性占21%;在2003年1月的调查中,这个数字改变为中国网络用户中男性占59.3%,女性占40.7%。网络上女性用户的比例持续上升,说明越来越多的女性得到了与男性平等的获取信息的机会,也得到了与男性平等的发出自己声音的机会,从而有可能缩小两性间在信息时代一开始时存在的差距鸿沟。

(2) 网络交流空间(如聊天室)使女性得以尝试掌握权力的感觉。在传统家庭结构中,生理上的差异形成了大众的一种男主外、女主内的性别意识,并再产生了传统的性别分工,重复着几千年来社会中男女不平等的父权制权力结构。由于电子网络世界既有的匿名性、平等性等特征,在网络上女性则与男性一样,拥有如下权力:① 回答问题的选择权。即获得自主的话语沟通权力。② 沟通对象选择权。人们可以通过网络聊天室的名字、人数和状态(如是否上锁)以及自己的心情来选择进入哪一个。聊天室文化是多元的,女性在这里拥有完全自由的选择权力。③ 当家做主权。在网上要开设聊天室非常容易,重点是能够留得住进来的朋友,这也是主持人的任务之一。这样的经验其实对于女性来说,是一个相当好的训练机会,女性不但可以自由地谈论话题,而且遇到不喜欢的人还可以无所顾忌地把他踢出去,其实透过这样权力赋予的过程,对于女性自主权的落实,也是很有意义的训练。④ 身份扮演的塑造权力。聊天往往是从确定一个ID、一个性别和一个代表自己的头像开始的,这些都可以自由选择。这种无须现实支持的身份确定,可以让女性试着扮演男性,尝试从男性的视角出发体认网络社会(甚至是现实社会),从中感觉到两性的差异。

(3) 网络上信息的传播方式决定了女性能够更快更广泛地传播和接触到宣传女性自觉的声音,促进女性对自己目前所处社会地位和家庭地位进行内省,面对网络文化,女性可以增加自己的知识面,使自己不被社会所淘汰,同时也有助于树立自信心,敢于表达自己的情感与梦想,自觉地争取自己的权力。

然而,透过光怪陆离的表象和日益先进的传播手段,我们可以发现,传媒给人们带来的,并不都是积极的生活方式,或进步的思想观念。

在商业大潮的冲击下,大众传媒对于女性形象的表述,还是存在着性别误区,甚至是性别盲点和性别歧视。戴锦华曾指出,女性在今日文化中遭遇的是镜城情境,在男性文化之镜中,她要么是花木兰化装成男人,要么就是在男性之镜中照出男人需求的种种女人形象,是巫,是妖,是贞女,是大地母亲。只有在女性自身体验的忠实写作中,才能打破所有镜子,让它成为哈哈镜。

1996年3月,首都女性新闻工作者协会所属的妇女媒介监测网络对首都8家中央级大报(《人民日报》《光明日报》《经济日报》《中国日报》《法制日报》《工人日报》《农民日报》和《中国青年报》)的要闻版进行检测,结果发现:男性新闻人物在出现频度、被引用频度和被拍摄频度等方面都远远超过女性,其中在有言论被引述的新闻人物中,男性占91%,女性占9%。男性新闻人物中的职业身份较重要者(如政治领导人,企业团体负责人)占男性新闻人物的70%以上,女性新闻人物中政治性身份者仅占18.7%[1]。

刘伯红等人对1994年全国五所城市的电视广告进行内容分析,该研究共抽取了1 197个广告样本,发现表现出性别歧视倾向的广告占33.7%,而表现出性别平等意识的只占1.6%,中国广告表现出来的性别歧视主要有三类:角色定型;以女性做招徕;西方化和复古趋势[2]。

郑新蓉通过中学生群体对传媒广告中女性形象认知程度的考察发现,学生的观念与媒介的性别刻板成见有着较高程度的同质性建构;学生笔下创作的女性形象依然延续着传媒传统女性的原型模式;学生对形体的欣赏度高度趋同于传媒所宣扬的"身体价值观";学生周围的关于性别偏见的社会压力具有较强的态势,是传媒性别刻板印象的强化与延伸。荒林通过古装戏《还珠格格》对同一受众群体的研究支持了上述看法[3]。

网络作为一种新的大众传媒载体,正在广泛地影响着生活中的无数人群。存在于网络社会中的讨论,有着正反两个阵营。与前面所论及的积极态度所不同的是,有一种声音认为,网络社会将形成一个更不平等、权力倾斜的情况,信息

---

[1] 首都女新闻工作者协会:《全国主要报纸有关女性报道的内容分析报告》,《新闻与传播研究》1995年第2期。
[2] 刘伯红、卜卫、陈新欣:《试析我国电视广告中的男女角色定型》,《妇女研究论丛》1997年第2期。
[3] 宓瑞新:《发挥传媒作用,促进男女平等——"大众传媒与妇女发展研讨会综述"》,《妇女研究论丛》2002年第1期。

将集中于少部分人的手中,而过往,人们对于性别的偏见将更加强化,因为信息、科技原本就是男性的产物,使得女性对这一切将更加疏离,这种有关加深性别角色不平等的讨论,将造成一个"性别贫民窟"的社会。

人们仍旧将现实中的价值体系带入网络空间中,因特网仍或多或少复制了现实中不平等的性别价值。在网络交流中,尽管 ID 脱离了身体,性别也可以自由决定,但由于脱离了现实,少了相互之间背景的了解,主体的历史纬度缺失,由邂逅而开始交流的只是一个个名字,主体的建构是碎片式的,因而并不能脱离性别,反而更加依赖作为概念的性别、年龄等因素。同时,历史纬度的缺失并不能让性别因为身体的缺席而产生新的意义,相反,它将现实生活中女性处于被看和被欲求地位的现象延伸到了网络即时通信中,甚至愈演愈烈。安妮·巴尔萨摩在《信息时代的女权主义》中偏激地指出,电子讨论总是由对女性参与者不友好的、带有性别歧视的话语交流规则所左右。

在 BBS 讨论区中,男性会在一些以女性为中心的讨论区中试着要主导话题;反之,当在网络上注册为女性的人企图要在男性为主的讨论区中得到公平的对待时,在线的男性在很多情况下则根本就无视其存在,甚至对她们进行批判,认为她们的讨论根本不适合于男人的话题。而这类话语的一个极端反映就是大量出现的 cybersex 聊天室,其标题多是类似"大奶女人"或"成熟少妇"等身体性表述。网络上的女星艳照比比皆是,色情网站也开始盛行,其中也以女性的裸露照片为主,即使是那些时尚、健康、家居、购物和情感等涉及女性的内容和使用的语言也都是以男性为中心的,是在以男性的品位和眼光在塑造着女性的生活和美丽话语。于是从网络文本的语言特性到网络游戏的男性意识形态再到虚拟交流的男性话语规则,传媒往往以或暴露,或隐晦的方式在复制着男女角色的陈规定型,从而会在一定程度上加深现实社会中的两性分工和两性刻板印象,不利于家庭内部的性别平等。

(二)传媒挑战着家长的权威,改变了传统的亲子关系,有助于家庭的民主化进程

自从人类进入文明社会以来,不论社会发生过怎样的变化,文化传承和社会化的内容有何不同,其传递方向和教化者与被教化者的角色总是固定不变的:就文化传承的方向而言总是从上一代人向下一代人。与此相应,在家庭内部,亲代总是扮演教化者的角色,子代总是扮演被教化者的角色。亲子两代在生物繁衍链条上的前后相继性,决定了双方在社会教化上的不平等性。社会教化过程中的"父为子纲"称得上是一切文明社会文化传承的基本法则。这种社会教化上的不平等,直接导致了亲代与子代在家庭内部所处地位及拥有权力的不平等。

上述法则及其合理性自近代以来逐渐开始面临挑战。遍及全球的社会现代化运动在使人类的物质生活条件得到极大改善的同时，也使人们的价值观、生活态度、知识体系和社会行为模式发生了前所未有的改变。这种变化在第二次世界大战之后逐渐被人们所认识，然而计算机网络技术的发展使得这一变化显得前所未有的突出。1965年，麦克卢汉首次提出"媒介即信息"的命题，他发现，由父母言传身教的传统家庭教化方式正在面临媒介的挑战。在他看来，由于电视以及其他新媒介的影响，今天的父母正眼见他们的孩子成为"第三世界"。

无论孩子们相互之间传递的知识和信息如何丰富，按社会学家拉扎斯菲尔德的"两级传播理论"的说法，这些知识和信息都不过是大众传播的人际延续。换言之，除了来自直接经验的知识外，孩子本身并不是各种知识或信息的制造者。他们相互交换的学业以外的知识和信息，其主要来源是包括报纸、杂志、广播和电视以及网络在内的各种大众传播媒介。

青少年以其对新事物具有较高的敏锐性和接受能力、较少的受传统的束缚，以及他们在语言和器物接触上的优势而走到了父辈的前面，改变了家长在家庭中的至高无上的地位。正如M.米德在《文化与承诺》中写到的，即使在不久以前，老一代仍然可以毫无愧色地训斥年轻一代："你们应该明白，在这个世界上我曾经年轻过，而你却未老过。"但是，现在的年轻一代却能理直气壮地回答："在今天这个世界上，我是年轻的，而你却从未年轻过，并且永远不可能再年轻。"这就是为那些开拓者和他们的子孙们的不同经验所作的注脚[①]。

第一，家长不再是正确观念的代表。在以往的家庭中，家长负责培养子女的社会价值观念，但在传播时代，子女能从媒介中学习到更适合现代社会的价值观念。早在20世纪60年代，格伯纳通过对电视暴力、电视教育等大量的实际调查后指出，电视灌输了价值观、世界观、角色观，甚至直接效果便是提供了教养。

第二，家长不再是知识或信息的权威，因为他们不再是知识或信息的唯一来源，也不再是判断知识或信息的可靠性的唯一来源。在现代家庭，孩子了解知识和信息不仅仅靠家长，更多地靠大众媒介。不少家长感叹，在现代社会里，父母对孩子的事情知道得越来越少了，而孩子对父母的事情知道得越来越多了。

第三，在家庭中，家长不再是孩子社会化的唯一指导老师。大众媒介已成为儿童社会化强有力的影响力量。儿童通过媒介来了解"我是什么样的""我有什么和别人不一样的地方""我为什么应该这样做"等问题，即依赖媒介了解自己、了解世界从而也更深刻地认识了自我及其在社会中的地位和角色。

社会教化方向的转变，"文化反哺"现象的出现，信息流通的民主化都有助于

---

① M.米德:《文化与承诺》,河北人民出版社,1987年,第96页。

家庭的民主化。当然,也应看到,传媒介入家庭也可能加剧代际冲突,这类冲突一般容易发生在下列条件下:① 家长的观念较传统,通常与孩子接触的价值观念相反;② 家长的知识陈旧;③ 家长的信息来源较少,并且对新的信息不感兴趣;④ 家长独断专行;⑤ 家长经常限制孩子的媒介使用;等等。在这种情况下,孩子与家长接触的媒介内容越多,两代人的距离就越远。因此,在快速的社会转型期,父母正经历着"继续社会化"的过程。如果父母和孩子一起学习如何适应现代和未来的社会,学习新的价值观念,将会促进两代人思想的交流,跨越代沟。

二、传媒与家庭功能

(一) 传媒与感情交往功能

正如前面所述,家庭在逐步实现生产社会化、教育社会化和生活保障社会化的同时,原先的众多功能逐步丧失,而情感交流的功能显得越来越重要。现代人生活节奏快,在高强度的体力、脑力工作中,人们需要在精神方面得到更高程度的满足,期望得到爱与关怀,家庭的感情交往功能也因此得到了加强。

现代传媒提供了用于交流的丰富材料,使家庭生活变得更加充实。20 世纪 80 年代现代舞、卡通片、港台片、情节剧、音乐电视、卡拉 OK 等娱乐产品进入人们的视野,对人们的文化生活产生重大影响。进入 90 年代,以娱乐为特征的大众文化成为人们的一种生活方式,尤其是电视娱乐节目,是人们的主要休闲方式。在上海市所做的和谐家庭入户调查中,家庭共同活动中最主要的方式是"看电视"(见表 7-1)。

表 7-1 家庭的共同活动

活 动	比率(%)	活 动	比率(%)
在家看电视	72.3	没有什么特别活动	15.2
时常去外面吃饭	30.4	其他活动	10.3
全家经常逛公园或逛街	30.2	全家搞一些娱乐活动	9.8
节假日全家出去旅游	18.9		

在电视出现以前,家庭的精神生活是单纯的人际交往,而这种交往在人际传播符号特征充分发挥的情况下,形成了最基本的亲密纽带,家庭也得以成为思想感情交流最充分的地方。这种"充分"是建立在最频繁、最接近的人际交流基础上的。但是这样的交流表现出来的是内质上的合,由于年龄、群体上的异质性使得家庭成员无法长时间驻留在一起,共同接收同一种信息。在这样的传播方式前提下,家庭的休息娱乐功能也就建立在偶尔的家庭聚会和日常的言行举止之

中,没有脱离基本的人际限制。当电视介入家庭,以电视为中心,重新结合成为一个新的家庭共同体。家庭的聚合时间多了,从短暂的面对面交流式传播走向了共享一种信息流,父母和孩子可以共同享受同一种游戏或者同一套节目。比如父母与孩子可以欣赏同一个节目,可以讨论节目的内容;在精彩的电子游戏面前,家长可以是孩子真正的伙伴。这种亲子游戏增加了两代人之间的共同语言,促进了两代人的交流。

然而,随着大众传媒的普及,家庭成员对于传媒依赖性的加深又在一定程度上分化了人际交流,分散了人们对于建立家人间亲密关系的注意力。首先,不同受众的频道和节目的出现,加剧了家庭成员在年龄、职业等方面的认同,从而加深了家庭成员对于以年龄、兴趣等为特征的次级群体的归属感。其次,人们的大部分闲暇时间都让传媒所占据,日益满足于内心与"荧屏世界"的互动,与家庭成员间的言论时间减少了,而与"媒介世界"的交流越来越多,与家庭的隔膜也日渐加深。特别是网络的普及,提供了一种不逊于家庭情感交流的交流方式,这在一定程度上威胁到了家庭在情感交流方面的地位。

网络提供了在家人之外可以获得情感慰藉与交流的场所。这种交流可能是源自地球的另一端,可能是交流者从未接触过的,可能是比家庭交流更为亲切、直接与无所忌惮的,它作为家庭情感交流的补充,满足了人们对于获得不同的交流经验的需求。

一是网络的匿名性使得家庭成员在拥有了适合自我精神满足的电视之后,又能够在互联网上主动找到隐秘传播的更多个性化信息,这远比家庭内部成员之间的交流开放、自由。二是互联网真正地将时空延伸,尤其是改变了空间的距离。"面对面"已经不是家庭的专利。网络上的人际互动无须身体的接触,只是部分人格之间的互动,个人不必担心整个人格或是身体会受到网络人际关系的影响,同时面对面交流所造成的传播噪声和符号限制也在逐步消失,因而,可以自由地表达更符合互联网家庭传播关系的词句。三是网络上的人际互动的多样性,使得人们可以在网上与各国各地,处于各种不同文化环境中的人进行交流,使人在不断提高自身的见闻之余还能始终保留一种新鲜感,这也是网络聊天发展得如此热火朝天的主要原因之一。

(二) 传媒与社会教化功能

处在风险社会之中的个体,由于所面对世界的不确定性,其常常会陷入某种焦虑之中。为了克服焦虑,人们往往会按照"个性化"的方式来生活,以获取自身"本体性的安全"。个体为了获得"本体性的安全",就需要按照社会既定的角色规范来行动。了解或习得社会既有角色规范的过程本身就是社会化或再社会化的过程。

在传统的认知过程中,家庭作为个体成长的初始单位,它承担着主要的作用。费孝通在他的《生育制度》中指出,人类的种族必须要绵延,因此要生殖后代。因为要抚育儿女,才要建立两性间的稳定联系。两性分工和抚育作用加起来,才发生长期的男女结合,配成夫妇,组成家庭。也就是说,人类为了生殖和抚育后代,才必须有婚姻和家庭。可见教育子代,使之能够适应社会生活和价值观,是家庭极为重要的功能。近代以来,社会教育的普及化使家庭的这一功能有所减弱,但我们仍不能否认传统的家庭教育功能在孩子最初的社会化、培养良好的人格、正确处理人际关系、应付日常生活的能力等方面所起的重要作用。

然而,随着社会的不断发展变迁,大众传播无形中已大大缩小了各种环境中的人们在时间和空间上的距离,日益成为人们在社会中接受社会文化的另一个重要来源。在信息社会,大众传播媒介已经成为和家庭、学校、同龄群体、社区并列的儿童社会化的重要途径之一。正如瑞士的查尔斯·赫梅尔在《今日的教育,为了明日的世界》一书中所写到的,这些传播媒介已经创造了一个平行的教育制度。由于这些传播媒介,教育正在从时间和空间的束缚下解放出来。它不再局限于学校,也不再在某些固定的时间内教学了。

大众传媒在家庭教化功能的发挥中主要承担了以下几种角色:

一是社会价值观念的灌输者。媒介通过青少年所喜欢的节目,如动画片、娱乐故事片、文艺节目等,向青少年传播适应现代社会的价值观念,包括勇敢、机智、善良、勤奋、正义等美德和独立、自主、自信、平等、竞争等现代意识。

二是信息和文化的传递者。大众传播媒介通过能够为青少年所接受的途径向他们传递信息,从媒介上,他们了解了世界政治、经济、科学技术、文化、体育等方面的知识,了解了大自然的变化,了解了人类生存遇到的困境等,为他们积累知识提供了方便。特别是网络上大量的信息可以扩大孩子的知识面,网络贯通五湖四海的功能使孩子能够接触到各地的风土人情。因此,他们在被动地接受这些信息的同时,也接受了知识,传承了文化。

三是社会适应的指导者。美国心理学家班都拉认为,儿童通过媒介观察和模仿社会行为,是一种依靠间接经验的学习。儿童先观察媒介人物的行为及其后果,然后模仿,并观察自己模仿行为的后果,如果社会能够接受,这种暂时的模仿就有可能发展成为儿童固定的行为模式。在这里,媒介是一个无形的指导老师。"他"会通过某个媒介人物的行为后果来"指导"儿童。因此,社会化的进行是以信任规则的存在为前提的。在高度现代性的社会之中,个体对自己无所知晓的运作规则具有充分的信心,确信这些其所不知的规则本身是正确的,可以依赖的,所以个体需要确定的只是自己的行为是否符合社会认可的既定规范。

四是娱乐消遣的合作者。儿童调查说明,儿童接触媒介的主要目的是为满足娱乐的需要。在儿童生活中,媒介仿佛是他们的小伙伴,和他们一起游戏。儿童沉浸在媒介提供的艺术情境中,用他们的想象参加各种各样的"战争",体会各种各样的情感。在多数情况下,这种娱乐活动是有利于儿童的身心健康的。

大众传播媒介为青少年更容易地获取信息、积累知识提供了方便,为他们增强认知、培养社会角色提供了新途径,在某种程度上,媒介替代了家庭,在青少年社会化过程中扮演着重要的角色。然而,媒介在提供社会教化的过程中,也可能会产生消极影响。主要表现在以下几个方面:

第一,媒介中的信息垃圾会弱化青少年的道德意识。

从教育的观点看,媒介这位"灌输者"并非是可靠的"把关人",在提供的信息中包括了不能适应现代社会的内容,有时甚至和学校教育是相冲突的,比如,大众传播越来越趋向于贵族化路线,按年轻、富有观众的口味设计。这将引导幼年观众未来社会定位的偏差,误导儿童产生金钱至上、权力至上的观念。特别是网络,它既是信息的宝库,也是信息的垃圾场,学术信息、娱乐信息、经济信息以及各种各样的黄色、暴力信息混合在一起。据有关专家调查,因特网上非学术性信息中,47%与色情有关。在美国多数家庭连通的网络中有92万件带有不同程度色情的图片、文章和电影,BBS中储存的图像中有4/5有淫秽内容;因特网上约有50万个黄色网站。由于网络传播成本低,传播手段更为隐蔽并且快速,一些人出于不良的目的将信息垃圾发送到他人的信箱里。据不完全统计,60%的学生是无意中接触到网络黄色信息的,而接触过网络上黄色信息的学生90%以上有性犯罪行为或动机。

对于传统媒体而言,信息传播方式是单向的,受众处于被动的地位,因而政府易于控制,以避免青少年与色情接触;而网络传播则是双向传播,受众的主体地位得到了充分的体现,他们可以主动地获取自己所需要的信息。自制力较弱的青少年往往会出于好奇或冲动心理,刻意地去寻找一些色情、暴力信息,在某种程度上,会弱化青少年的道德意识,甚至可能造成青少年犯罪增加。

第二,传播媒介的不良伴生品对青少年的身心健康构成危害与威胁。

已有的研究表明,一些儿童有过利用媒介逃避现实生活中的问题的经历。当他们在现实生活中遇到了困难或问题的时候,如学习成绩不好、父母吵架、与小伙伴发生了矛盾等,他们开始使用媒介,沉浸在电视、录像带或电子游戏机的幻想世界里,暂时忘记了已有的烦恼。社会关系不好的儿童比社会关系好的儿童更容易发生这种现象。诚然,适当的"逃避"可以放松儿童的情绪,有时甚至有可能从媒介内容中获得某种解决问题的方法或力量。但"逃避"过度时,就容易形成"电视病"或"电子游戏瘾"等社会适应障碍,一些人思维符号化,现实的人际交往反而淡漠疏远,口头语言、情感表达出现障碍。特别是沉迷于网络空间的人,容易放任自己,不再关心现实世界,而回到现实就会产生一种孤独感。更危险的是,网络交流的随意性、隐匿性使学生成为被侵害对象。1997年11月,一个化名为"网络罗密欧"的男子因对未成年少女实施性侵害被判刑入狱。其犯罪方法十分简单,就是利用互联网络,选择少女网友引诱她们外出,从而实施性侵害。罪犯自己在法庭上说:"对没有成年人监护的学生来说,国际互联网是一个非常危险的地方。"

第三,跨文化网络传播成为青少年人生观、价值观的冲突与失范的一个主要诱因。

青少年的人生观、价值观尚未成熟,容易受到相异思想的冲击。计算机网络将全世界各个国家联系起来,不同的文化形态、思想观念在网络上或交融或冲突,使媒介文化帝国主义的形成成为可能。首先,当前互联网上流通的大部分信息为英语信息。据统计,网上各种语言的使用频率(从高到低)依次为英语84%,德语4.5%,日语3.1%和法语1.8%①。这种语言的渗透使许多青少年学英语的热情空前高涨,却忽视了对汉语言的学习。其次,网络上信息的自由已经超越了文化、政治、军事、经济、地域、民俗等方面的绝大部分限制,形成信息传播的无政府状态。国际传播中,传播的信息服务于本国或本区域的政治、经济利益,这样必然形成以少数发达国家语言、思想、文化为核心的全球传播体系。青少年在网络接触到的多是西方发达国家的宣传论调、文化思想等,如果不能正确处理这些外来资讯,同时又缺乏必要的引导,青少年容易采取全盘接收的态度,并在思维、行为等方面深受其影响。

传播媒介对于青少年成长带来的不利影响已经成为一个不可忽视的社会问题。这一情况的出现,对于整个社会提出了一个课题:在信息时代,如何完善家庭的教育功能。在此,我们不能不提到美国文化人类学家M.米德。

M.米德经过多年研究,从文化传递的角度,将人类社会由古及今的文化分为三种基本形式:前喻文化、并喻文化和后喻文化。前喻文化是指晚辈主要向长辈学习的历史阶段;并喻文化是指晚辈和长辈的学习都发生在同辈人之间的历史阶段;而后喻文化则是指长辈反过来向晚辈学习的历史阶段。通过对三种文化模式尤其是后喻文化模式的深入分析,M.米德令人信服地论证了在急速的社会变迁的巨大推动之下,新的文化传承模式出现的历史必然性。具体而言,原先处于被教化者地位的晚辈所以能够"反客为主",充当教化者的角色,是因为古往今来没有任何一代能够像他们一样经历如此巨大而急速的变化,也没有任何

---

① 《国外社会科学》1999年第1期。

一代能够像他们这样"了解、经历和吸收在他们眼前发生的如此迅猛的社会变革"[①]。在信息爆炸的今天,我们不可能要求子女回到父母所熟悉的环境中,只能是父母尽量融入子女的生活,适应子女的成长,在这种基础上,家庭内部才能通过媒介传播达到有意义的相互交流,和孩子一起学习和成长,分享知识和信息,家庭才能拥有和谐和幸福。

第三节 家庭与社会网络

虽然当代社会是个高度个性化的社会,但是每个人都拥有一张关系网络,它是由家庭成员、朋友和熟人所组成的,其中家庭成员往往处于这一网络的中心位置。由于家庭成员之间存在着婚姻关系和血缘关系,共同生活,有共同的利益,所以有着相互依存的亲密关系。这种关系使家庭成员相互不可分离、不可缺少。

功能主义社会学家 T.帕森斯曾用所谓的家庭结构的"洋葱"原理来解释他的观点。他认为家庭关系就像一个洋葱一样,可以被看作是具有一系列的层。每一个层都是逐次地离位于中心位置的人越来越远的。不断增加的社会距离是以位于"洋葱"结构中心个体与外人之间的关系纽带逐渐弱化来表示的。例如,人们之间的接触越少,那么彼此之间的给予也就越少。在"洋葱"以外是更大的社会,在这里既不允许、也不鼓励私人关系。根据帕森斯的理论,"洋葱"结构的中心是由两个家庭群体组成的。第一个是由个人加上他的父母以及兄弟姐妹所组成的群体,也就是个人的起源家庭。第二个群体对于大部分人来说是占据了他们生命的某些阶段的,它是由个人加上其配偶或许还有他们的儿子和女儿所组成的,也就是个人的定位家庭[②]。

费孝通在《乡土中国》中指出,中国乡土社会的基层结构是一种"差序格局",是一个"一根根私人联系所构成的网络"。这种格局好像把一块石头丢在水面上所发生的一圈圈推出去的波纹。乡土社会中最重要的亲属关系就是这种丢石头形成同心圆波纹的性质。亲属关系是根据生育和婚姻事实所发生的社会关系。从生育和婚姻所结成的网络,可以一直推出去包括无穷的人,过去的、现在的和未来的人物,一圈圈推出去,愈推愈远,也愈推愈薄。这个网络像个蜘蛛的网,有一个中心,就是自己。我们每个人都有这么一个以亲属关系布出去的网,但是没有一个网所罩住的人是相同的。每一个网络有个"己"作为中心,各个网络的中

[①] M.米德:《文化与承诺》,河北人民出版社,1987 年,第 85—86 页。
[②] 大卫·切尔:《家庭生活中的社会学》,中华书局,2005 年,第 46—47 页。

心都不同①。

显然,家庭是层次性与网络性相统一的社会系统。

一、家庭网络的界定

家庭网是由具有亲属关系的许多家庭组成的社会网络。它通常是在几个核心家庭基础上形成的扩大的婚姻家庭关系。家庭网作为一种特殊的社会组织,同样具有一定的结构和功能。

为与传统的宗族和家族相区别,一些学者用"家庭网络"来代替家族的说法。从形式上看,家庭网有三种组成方式:第一,原来宗族中血缘关系较近的若干家庭(三代以内旁系血亲为核心成员的家庭)摆脱宗族而组成一个家庭联盟。第二,原来的一个直系家庭裂变为若干个家庭而形成的网络,网络有一个"母家庭",或中心家庭(往往是直系家庭中最长一辈的夫妻组成的空巢家庭),有若干个"子家庭","子家庭"通常是直系家庭中的晚辈夫妻及其未婚子女组成的核心家庭。第三,原来没有血缘,但因为婚姻关系或由族谱而认定的宗族关系而结成的家庭联盟。例如两个核心家庭经过各自子女的婚姻而变"亲家"后组成的家庭联盟②。

家庭网是"社会网"的一种。生活在现代社会的人与更多的人、群体、组织发生着社会关系,但家庭网源于亲属关系,因而它与其他社会网和社会联系相比,能使人们之间产生更为亲密的关系,更具凝聚力。

家庭网不同于封建的家族。组成家庭网的各个家庭有着各自的居处、财产和家庭生活方式,具有相对独立性。这些家庭之间只是在日常生活中有着较为频繁的交往和相互支持,并不组成庞大的生活共同体。

家庭网具有以下特征:

(1)家庭网是多个家庭的集合,通常由2至4个家庭组成。家庭网集合的数量,既能保证彼此提供足够的帮助,又便于联络交往,不会太庞大以致不便于交往沟通。

(2)家庭网中的家庭保持频繁的交往,有一定的联系和接触率,在沟通中保持亲密的关系,而不是不相往来,各行其是。

(3)家庭网中的家庭彼此提供服务和帮助,在家庭生活困难和出现家庭问题时相互予以支持,形成稳固的支持系统。在这种关系中,家庭获得服务、情感、行为、思想的交换,并互相分享。

---

① 费孝通:《乡土中国》,北京大学出版社,1999年,第26—27页。
② 赵孟营:《新家庭社会学》,华中理工大学出版社,2000年,第186页。

（4）家庭网的规模和形式存在着阶层差异。富裕的家庭往往比贫困的家庭拥有一个更为广阔的家庭网。富裕家庭的社会网络已经超越了家庭的界线，延伸至邻居、社区。而贫困家庭的社会网络中所包含的亲属要多于非亲属。

二、家庭网的构成与功能

家庭网在世界许多国家都存在。家庭网通常是具有亲属关系的家庭之间的联系，但也有以邻里和朋友关系为纽带的家庭网。比如在美国，群居组织和协会家庭也具有家庭网的性质。通常是邻近的成员间自愿达成协议相互负责与委托，互相承担义务，提供保护，分享如同家庭成员一般的职责，因而形成特殊的扩大家庭形式。

家庭网中的各个家庭是孤立的单位，但它们所形成的家庭网却能提供各个孤立的家庭所没有的功能。家庭网是现代社会的产物，为现代人提供了一种扩大的家庭形式。适应现代社会家庭小型化的趋势，家庭网能弥补小家庭在抚养儿童、赡养老人等功能发挥中的不足，并为人们之间提供所需要的相互帮助、支援和在理想、态度方面相互交流的机会。家庭网不同居共财，避免了大家庭在日常生活互动时容易产生的种种矛盾和冲突。

瑞典和美国的研究表明，单身母亲所拥有的社会网络要小于那些生活在双亲家庭中的母亲所拥有的社会网络，这种差异大部分归因于这样一个事实，即单身母亲的社会网络中所包含的亲属少于那些已婚女性的社会网络中所包含的亲属。Lamphere、Gunnarsson 等认为，已婚女性的社会网络是由她们自己的孩子、朋友与亲属；丈夫的亲属与朋友；双方朋友的亲属所组成。单身母亲则不能从其丈夫的亲属网络中获得资源，她们往往通过加强与姐妹的关系以及与朋友的关系来弥补她们这种间接关系的缺乏。美国和澳大利亚的研究还表明，那些没有固定住所的家庭一般都是贫困家庭，它们通常缺乏有效的社会支持网络。Kryder-Coe、McCaughey 等认为，对于分居和离婚的女性而言，当她们因关系破裂而无家可归时，她们就显得特别的脆弱。那时她们也许会体验到一种收入的突然下降。有些单身母亲缺乏由亲属或朋友所组成的重要社会关系，甚至她们的母亲也已经过世，这就使得她们无法依赖他人，无法从他人那里获得临时的住处、经济上的支持、有关住房与工作的信息以及廉价的儿童照料[①]。

在当代中国，核心家庭已经成为家庭的主体模式。核心家庭缓解了大家庭中的矛盾，简化了人际关系，使家庭成员之间易于协调与合作，同时适应现代社会高度的社会流动——职业流动、地域流动等的需要，但这也带来一些家庭问题

---

① 大卫·切尔：《家庭生活的社会学》，中华书局，2005年，第183—185页。

和社会问题。中国现有的养老方式是以家庭养老为主,大多数老人需要子代提供生活照顾和感情支持。年轻人婚后独自组成小家庭,"空巢"家庭中的老年夫妇缺乏必要的援助。在妇女普遍就业的情况下,照料孩子和安排烦琐的家务成为年轻夫妇的两大生活难题,需要长辈的协助。小家庭要求家庭事务的援助和情感、思想、儿童社会化方面的交流,而亲属之间则比较容易提供这种帮助。在某种意义上,中国是一个人伦社会,亲友之间的帮助是一件正常的事情。家庭网作为一种新兴的家庭模式,在中国有一定的普遍性。

1991年,天津社会科学院社会学研究所和广东《家庭》杂志合作,对中国城市家庭变化展开了一次全国性的调查,调查覆盖全国27省市,涉及1 470个家庭,对中国网络之家的特点进行了着重的考察。

从家庭网的规模来看,在1991年的家庭调查中,城市家庭平均与5.80户有三代以内亲属关系的家庭交往,其中非常密切的为1.56家,比较密切的为2.03家,一般交往的为1.57家,偶尔往来的为0.88家。家庭网的规模大致在3户左右①。

另据1988年中国社会科学院等11个单位联合进行的全国14省农村家庭的调查发现,平均每个被调查户在本村的同父辈家庭数为2.42户,同祖父辈家庭数为2.72户,同曾祖父辈家庭数为5.35户,同高祖父辈家庭数为5.33户,同子侄辈家庭数为2.15户。而从家庭之间的交往程度可知,真正往来密切的和比较密切的,主要是在同父辈、同祖父辈和同子侄辈家庭之间。农村家庭网的规模略大于城市②。

从家庭网的组成看,父母家庭往往是网络的中心,已婚子女各自的核心家庭为网络的外围。已婚子女与父母家庭之间的纵向交往比各个已婚子女家庭之间的横向交往更为密切。父母家庭是家庭网的联络中心,一旦父母家庭解体或完成家庭生命周期,则"树倒猢狲散",子女家庭之间的联系也会大大削弱。

从家庭网的交往内容看③,主要包括四个方面的内容:

(1) 经济上的互相支援,子女向父母或父母向子女提供资助。在1991年的家庭调查中,64.5%的被调查者说,他们给予父母经济上的援助,平均每月约30元。有37%的调查者说得到父母家庭的资助,近一年约300元。另外,有些调查对象为父母或子女缴纳房租水电费,相互馈赠礼品,子女结婚时父母给予经济支持。家庭网之间的经济互助关系是十分密切的。

(2) 生活上提供方便,包括互相分担家务,扶病、扶老和托幼。在1991年的

---

① 潘允康、柳明主编:《当代中国大变动》,广东人民出版社,1994年,第213页。
② 潘允康:《中国家庭网的现状和未来》,《社会学研究》1990年第5期。
③ 潘允康、柳明主编:《当代中国大变动》,广东人民出版社,1994年,第219—221页。

家庭调查中,21.7%的被调查者与亲属分担家务,24.7%的人与亲属之间有相互扶助家庭病人的关系,12.7%的人与亲属之间有相互托管幼儿的关系。

(3) 情感交流。在调查中,16.8%的被调查者与亲属家庭有感情上的交流。

(4) 社会事务上的相互支持。包括应付家庭灾难、提供安全保障、帮助职业选择和调动、提供婚丧服务。

中国是个有着深远儒家文化影响的国家,人际交往上有着明显的特殊主义倾向,因此,在社会网络功效的微观实证研究中明确显示,关系资本在个人地位的获得上起到了关键性的作用,如彭庆恩在研究中得出了关系资本是农民包工头地位获得的决定性因素的结论,而边燕杰的研究证明,如果没有关系资本的作用,60%—70%的职业流动就无从谈起。李路路在对私营企业家背景研究中发现,企业家的社会关系对其企业成功有着重要影响,这种影响甚至超过"体制资本"与"人力资本"的作用。对于移民、失业者来说,家庭的社会网络是他们实现个人行动策略的关键性因素。

在众多的中国水库移民的研究中,我们不难发现,对于生产技能缺失、社会关系断裂的移民来说,国家的支持固然是最捷径的道路,但是政策能照顾到的毕竟是有限的,移民由于普遍文化程度不高、职业竞争能力差以及年龄等结构性因素的制约,其更多能依靠的就是社会网络。以上海三峡移民的调查为例,在第一次对三峡移民的收支情况进行调查时,发现电话费是他们支出较为庞大的一笔费用,虽然第二次调查显示目前这项支出上的费用已经明显下降,但是和异地亲人和朋友的联系却仍是不间断的,而电话是主要的沟通方式。W说,刚来上海南汇时没有朋友,经常给老家的人打电话,两个月就打了780元,和他们说说这边的情况,都是说好的,免得他们担心。逢年过节的时候,有的移民还会回四川和那里的亲戚团聚。这种和家乡的亲戚和朋友的联系更多地给移民的是一种心理上的安慰,同时遇到事情的时候也是一种商量和倾诉的渠道。但也有能提供经济支持的。

L说,移民前他在四川和朋友一起合伙买了一艘运输船,他是轮机长,所以去年3月到今年1月回了四川,一方面是想考一个二等轮机长证书(没通过考试),另一方面也在船上赚点钱。在船上大概一个月可以有1 000元左右的收入,但是去年由于轮船改装,以及交考试费用和供养家里的老人,所得收入所剩无几,今年仍准备回四川。

Z在访谈中提到了与当地亲戚及老乡的关系,他说:"我的几个兄弟还有我老婆的一大堆亲戚都移民过来了,我们都安置在南汇,但是他们是在别的镇,我们相互之间经常走动,我弟弟过来玩,经常就住在我这里。过年的时候我们都要在一起聚聚,相互拜个年。我们在这里人际关系很少,而且和上海人很难交心,我们四川人,大家一熟很快就可以称兄道弟的,在上海我很认真对待朋友,但是最后发现交一般朋友容易,但是交心不行,还是觉得和这些亲戚朋友在一起更开心。去年我盖附属房时,我叫的都是移民过来帮忙,当地人不熟悉,也不知道谁能来,来了也不知道能不能做好,我们移民之间就不同了,相互之间都了解,而且这种帮个忙也不要钱的,要是当地人就不同了。他们来帮忙,我用好酒好菜招待他们,相互之间也是个人情。"

无疑当地社会关系的断裂使得移民的原有的社会资本丧失,因而获得社会资本是他们另一个迫切的要求。

根据《城市失业下岗与再就业研究课题组》的调查,生活困难的失业下岗人员,维持生活的最主要手段是"靠过去的存款积蓄"和"亲戚朋友救济"(参见表7-2)。

表7-2 您靠什么维持生活?(多项选择,并按重要性排序)

依靠下列方式	多项选择		按重要性排序,加权得分
	次 数	百分比	
靠过去的存款积蓄	252	29.4	666
亲戚朋友接济	254	29.6	635
打零工	195	22.8	486
借钱	156	18.2	296
合计	857	100.0	

显然,在社会保障机制、社会服务体系、社会援助机制不健全时,家庭网络可以起到弥补作用,对于稳定社会秩序、维护社会公平以及保障家庭成员个人成长环境和条件有着正面功能。从目前来看,家庭网提供了小家庭之间相互分享和援助的机会,又没有增加错综复杂的人际关系因素,这种分而不散的扩大的家庭形式,是中国家庭的合理而必要的补充。

然而,家庭网络毕竟是亲缘关系共同体,亲缘关系既是构建信任的基础,也是获得资源的重要途径。因为亲缘关系的核心是"互惠义务",处于这些范围内的人被期待着相互帮助,履行其对家庭成员的义务,这种义务延伸到社会范围,就会变成多种多样的"赊欠单",因此,关系意味着相互的义务,义务感会使人做出值得信任的行为,只要双方都遵守非正式规则,关系就可以转化为利益。就这样中国人借助亲缘关系构筑了安全网,把家庭认同心理放大为整个社会心理。如果一个人拒绝履行义务,他就会受到别人谴责,还将失去亲属联系及其中所包含的社会资源。

因而,温情脉脉的亲缘关系网实质上是极端的功利主义和利己主义,主要是以个体私利目标为导向的。如果说西方的个人主义是"先假定了团体的存在","个人是对团体而说"的,那么,中国所有的自我主义是"以'己'为中心的自我主义",公和私是相对而言的,"从自己推出去的和自己发生社会关系的那一群人里所发生的一轮轮波纹的差序就是'伦'。""社会范围是从'己'推出去的,而推的过程里有着各种路线,最基本的是亲属、亲子和同胞。"于是"个人为了自己可以牺牲家,为了家可以牺牲党,为了党可以牺牲国,为了国可以牺牲天下"[①]。

这种亲缘关系网络深深地影响着人们的行为方式,"一个恪守情景中心的中国人,事实上倾向于具有多重道义准则"[②]。一方面对贪污、腐败甚至是"关系网"深恶痛绝,另一方面,又不得不把功能性的社会关系变成情感关系,来实现自己的目标,其结果不仅是社会的正式制度与其体现的价值出现了分裂,而且社会价值体系本身也出现了分裂,为各种逃避行为提供了可乘之机,国家建立的制度规范则流于形式,这正是中国社会制度化难以确立的内在障碍。

要避免家庭网的负功能的唯一途径是加快社会发展。随着社会福利事业的发展,家庭事务更依赖社会统筹,那么,家庭网是否还具有普遍性,是值得进一步探讨的问题。

[①] 参见费孝通:《乡土中国》,北京大学出版社,1999年,第26—33页。
[②] 许烺光:《宗族、种姓、俱乐部》,华夏出版社,1990年,第2、163页。

第八章 家庭变迁

早在一百多年以前,摩尔根就在《古代社会》中指出:"家庭是一个能动的要素;它从来不是静止不动的,而是随着社会从低级阶段向高级阶段的发展,本身也从低级的形态向高级的形态进展,最后脱离一种形态而进入另一种较高的形态。"家庭是人类社会发展到一定历史阶段上的产物,一定的家庭形态和社会发展的一定的历史阶段是相对应的。家庭有其发生、发展的演化史,有其量变到质变的历史过程,也有延续和未来。本章主要介绍不同历史时期的家庭形态以及理论界对未来家庭的预测,以便深入认识家庭发展的客观规律。

第一节 家庭的起源

家庭是个历史范畴。婚姻家庭不是从来就有的,而是历史的产物。摩尔根根据家庭形态与亲属制度相互关系的原理,认为人类在刚刚脱离动物界的童年时期,即蒙昧时代的早期,曾实行过长幼不分、辈分不分的"血亲杂交"。"所谓杂交,是说后来由习俗所规定的那些限制那时还不存在。""现在或较早时期通行的禁例在那时是没有效力的。"①在那个时代,人们过着群居生活,两性结合毫无顾忌,"男女杂游,不媒不聘。"②因为两性杂交,所以排除了子女对父亲的确认,正如《吕氏春秋·恃君览》中所描述的:"昔太古常无君矣,其民聚生群处,知母不知父,无亲戚、兄弟、夫妇、男女之别,无上下长幼之道。"因而,母亲,作为子女所知道的唯一长辈,具有了无比的权威。也正因为性关系杂乱,所以,就无所谓正式的夫妻关系,"司幽生思士,不妻;思女,不夫"。

---

① 恩格斯:《家庭、私有制和国家的起源》,《马克思恩格斯选集》第4卷,人民出版社,1972年,第30—31页。
② 分别见于《列子·汤问》《楚辞·天问》《大荒东经》。

> **栏 8-1　家庭以前的两性关系**
>
> 中国民族学家詹承绪等人分别于 1963 年、1965 年、1976 年对云南永宁纳西族进行实地调查,考察当地的婚姻和家庭状况,发现了永宁纳西族人的婚姻关系中保存着杂乱性交的残迹。"在同一母系家庭中,舅父与甥女之间或长或短地发生性的关系,了解到七件。"(詹承绪,1980)当地的纳西族已经进入母系家庭的发展阶段,而且还受到了一夫一妻制的影响,但是不同辈亲属之间的两性关系还没有完全绝迹。对不受辈分限制的两性关系,人们虽然认为不合理,但也未加追究和干涉。由此可以推想,在不同辈分人之间不准发生两性关系的禁忌出现以前,一定存在过没有任何限制的杂交状态。
>
> 中国学者宋兆麟在对四川本里县俄亚地区纳西族人的多偶制婚姻考察中发现,当地还保存着比伙婚制更为古老的两性关系形式。在一个家庭内部,发现有上下不同辈分的男女发生性关系的事例,如"温布家的姑侄婚""阿支耳家舅侄互婚""窝彩家的姑侄互婚"。(宋兆麟,1990)这些事例都是非等辈之间杂交关系的反映。

远古的血亲杂交,是人类从动物界发展出来的不可缺少的历史环节。但是,人类原始的杂交并不是一种婚姻和家庭形式。"在这样一个遥远的时代,既谈不上有任何技术,也谈不上有任何制度。"[①]原始人群没有婚姻和家庭。经过杂乱性交关系阶段,人类的两性关系中逐渐出现某种由习俗规定的社会禁例。只有按照一定社会规范建立起来的两性关系才具有婚姻的意义,才能构成家庭。这时人类进入了第一个家庭形式。

一、群内婚与血族家庭

由群内婚产生的血族家庭是家庭发展的第一阶段。在蒙昧时代的中级阶段,两性关系出现了简单的、不严格的禁例。这标志着人类两性关系开始有了社会规范的约束和限制,成为婚姻关系或制度,为家庭的产生奠定了基础。这种两性关系的禁例就是不允许父母与子女之间发生两性关系。这是关于婚姻关系的最简单的限制,并逐渐成为一种习惯和制度,为人们所共同遵守。

血婚制家庭形式的特点是:按辈数划分婚姻集团和范围,同辈的人构成夫

---

① 摩尔根:《古代社会》,商务印书馆,1987 年,第 19 页。

妻圈子。即家庭范围内的所有祖父母都互为夫妻,所有的父亲和母亲也互为夫妻,后者的子女构成第三个共同夫妻圈子,而他们的子女,再构成第四个夫妻圈。这样就排除了不同辈分之间的两性关系,排斥了祖先与子孙之间、父母与子女之间的通婚关系,两性关系的范围限制在同辈男女之间。因此,在这种家庭形式内,一对配偶的子女中的每一代都互为兄弟姊妹,并互为夫妻。

栏8-2 血婚制的发现

摩尔根在夏威夷发现一种他称之为"马来式亲属制"的亲属制度。当时的夏威夷的婚姻家庭形式是普那路亚式的,但流行的亲属称谓则反映了更早、更低级的婚姻关系。根据这种制度,所有的远近血亲都可以归纳到五类亲属关系中:

第一类:我、我的兄弟姊妹、我的从、表、再从、再表、三从、三表以及更疏远的从表兄弟姊妹,不加区别,一律都是我的兄弟姊妹。

第二类:我的父母、父母的兄弟姊妹、父母的从、表、再从、再表和更疏远的从表兄弟姊妹,不加区别,一律都是我的父母。

第三类:我的祖父母、祖父母的兄弟姊妹、祖父母远近亲疏的从表兄弟姊妹,不加区别,一律都是我的父母的父母。

第四类:我的儿女以及他们的远近亲疏的从表兄弟姊妹都是我的子女。

第五类:我的孙子孙女以及他们的远近亲疏的从表兄弟姊妹都是我的孙子孙女。

此外,同一亲等中的一切个人彼此都是兄弟姊妹。

按照这种亲属关系可以推断,亲兄弟姊妹和从兄弟姊妹集体相互通婚的婚姻形式确实存在过。夏威夷岛上的美洲印第安人的亲属制度也流行于亚洲、非洲、澳洲的许多部落、岛屿,这就证明了与这种亲属制度相对应的家庭形式具有世界性。

在中国,曾有伏羲、女娲既是兄妹又是夫妇的传说,还有高辛氏之女与神犬结合,子女互为夫妇的传说。中国永宁纳西族的亲属称谓也反映出曾经经历过的血婚制阶段。在一夫一妻制家庭已基本确立的加泽乡一带,女方把自己的和兄弟姐妹的子女,一律称作自己的子女,子称"若",女称"咪"。在纳西族的大部分村落,无论男子还是女子,对兄弟姊妹,对远近亲疏的姨表、舅表兄弟姊妹,都一概称为兄弟姐妹,兄、姊称为"阿木",弟为

"格日",妹为"各咪"。在拉伯和加泽,兄之妻可与姐同称,姐之夫可与兄同称,弟之妻与妹同称,妹之夫与弟同称。在纳西族的中心或边缘区,无论男女,对母亲、姨母、舅母、伯叔母、婆婆、岳母都一律称"阿咪"或"阿妈";对父亲、姨父、姑父、岳父、舅父,一律称"阿乌"或"阿波"。这些亲属称谓表明,永宁纳西族的婚姻关系曾经是按辈划分的。事实上,调查也发现了这种婚姻关系的实例。"同母兄弟姊妹之间的偶居,在盆地各乡调查到六例",其中一例"居然发生在早已实行一夫一妻制的封建土司的近亲家庭里。该家共十五人,兄妹二人俨然以夫妻身份,长期生活于众兄弟和众姐妹及其子女之中,泰然自若,并生下子女二人"。(詹承绪,1980)这种婚姻关系显然违背了当时永宁纳西族人母系血缘近亲不婚的原则,但是社会对此虽然表示鄙视和谴责,也只是议论而已,并不对这类婚姻关系加以制裁。"作为永宁最高统治者的封建土司,对发生在其家族中的血缘婚事件,也无可奈何,无权处理;土司本人亦未因此而有失体面,无脸见人。"(詹承绪,1980)现存的亲属称谓和实际事例,证明了血婚制家庭在永宁纳西族中曾经普遍地通行过。

宋兆麟在考察四川俄亚纳西族婚姻关系时,也发现了同辈血缘婚的实例。若干兄弟与姊妹通婚的有"木瓜家堂兄妹互婚""窝刺海家的堂兄妹互婚""窝古家堂兄妹互婚""松店家姑表兄弟姊妹通婚"。血缘婚在当地虽然受舆论压制,被认为是"找不到别人"的无能表现,生育的畸形子女多。但当宋兆麟访问嫁给两个堂兄弟的窝古时,她认为:"上代人是骨肉,是兄弟姊妹,下代为夫妻,是亲上加亲,对老人尊敬,对夫妻关系有好处。"(宋兆麟,1990)俄亚纳西族的血婚制残余,基本排斥了同胞兄弟姊妹互相通婚,但并不排斥堂表兄弟姊妹通婚,属于血婚制晚期形态。

由血亲杂交转为血缘群婚,可能有两个原因:一是自然选择的结果。原始人类在杂交过程中发现,血族相奸所生的子女体力和智力都不健康,不利于群团的发展,有些原始群团因此遭到自然淘汰,由此产生禁止血亲杂交的要求。二是社会生产的推动。进入蒙昧时代的中级阶段以后,随着生产的发展,出现了以性别和年龄为基础的自然分工,这样年龄相近的男女成为共同劳动群体,年龄差距大的男女逐渐分开并疏远,性生活逐渐分离,并逐渐形成一种习惯。正如马克思所说:"一俟大原始群团为了生计必须分成小集团,它就不得不分成血缘家族,仍实行杂交;血缘家族是第一个社会组织形式。"[①]由于原始人的生存手段极其有

[①] 马克思:《摩尔根〈古代社会〉一书摘要》,人民出版社,1965年,第20页。

限,因此,血亲婚是不受限制的,"姊妹曾经是妻子,而这是合乎道德的"①。

二、族外婚与亲族家庭

由族外婚产生的亲族家庭是原始群婚家庭的第二种形式。它存在于母系氏族社会的早、中期,氏族制即是以亲族家庭为基础建立起来的。

伙婚制家庭又称普那路亚家庭,"普那路亚"来源于夏威夷的土著人中间。源于夏威夷群岛的土著人中间。那里的土著人处于群婚的状态下。丈夫把妻子的姊妹,无论旁系或直系,都当作妻子,而对于他妻子的姊妹的丈夫,则互称"普那路亚",意即亲密的伙伴。这些丈夫们不是兄弟,他们共同拥有一群女子为妻,而他们的妻子却是直系或旁系姊妹。在这样一个集团中,妻子及其姊妹是构成群体的基础;而在另一集团内,妻子把丈夫的兄弟,无论旁系或直系,都当作丈夫,而对于她丈夫的兄弟的妻子,则互称"普那路亚"。这些妻子们不是姊妹,她们共同拥有一群男子为夫,而她们的丈夫却是直系或旁系兄弟。因此,丈夫及其兄弟是构成这个群体的基础。这种婚姻形式至少形成两种集团:由若干兄弟和他们的妻子所组成的集团构成一个伙婚群;由若干姊妹和她们的丈夫所组成的集团构成另一个伙婚群。每一种伙婚群,都包括因婚姻产生的子女在内,构成一个伙婚制家庭。

从现有资料看,伙婚在不同地域和民族中有不同的形式。澳大利亚的级别婚,可能是它的初级形式;夏威夷的普那路亚群婚,可能是它的残余形式;两个氏族之间的走访婚,在中国各民族中都曾经存在过,在世界各大洲的原始民族中也多有发现,可能是它的普遍形式。

栏 8-3 伙婚制的遗迹

在南美洲最不开化的土著部落中发现了伙婚习俗的痕迹。最早访问委内瑞拉沿海部落的航海家曾发现,这些部落中的人在婚姻上不遵守任何法律或规定,妻子的数目与丈夫的数目皆听其自便,离异也自由无阻,并不认为一方对另一方有何损害。在他们之中,不存在所谓嫉妒之说,各人都尽情地生活,彼此互不生气。他们的住房为大家共有,其宽大足以容纳一百六十人。当北美一些部落已进入偶婚制家庭阶段时,还依然可以在其中追寻到伙婚群的古代同居制度的痕迹。至少在 40 个北美部落中还流行这

---

① 恩格斯:《家庭、私有制和国家的起源》,《马克思恩格斯选集》第 4 卷,人民出版社,1972 年,第 32 页注。

样的习俗:"一个男子在与某家的长女结婚后,按照习惯,她的所有的姊妹在到达结婚年龄之时,他都有权娶以为妻。"这种风俗可以视为流行于其远祖中的伙婚习俗的遗风。无疑,在遥远的某个时期,一群亲姊妹以姊妹关系为基础加入一个婚姻关系中,其中某人的丈夫也是所有姊妹的丈夫,当然丈夫不止一个。"在伙婚制家族绝灭之后,这种权利保留下来为长姊之夫所享有,如果他愿意行使这一权利,他就可以成为全体姊妹之夫。"(摩尔根,1987)

走访婚把发生婚姻关系的男女双方分属于两个不同的氏族,他们之间没有共同的经济生活,仅仅是单纯的性生活关系,所生子女归母亲所属的氏族。这样,人们共同生活的社会实体,就由以往的血族家庭,演变为由一个始祖母及其姊妹的几代子女所组成的亲族家庭。这种亲族家庭没有夫妻和父子关系,只有母亲和子女、兄弟姊妹、舅舅与外甥、母祖舅祖与孙子孙女等母系亲属关系,实际是一个母系亲族集团。据当今的民族学研究发现,走访婚和母系亲族,存在于母系氏族社会早、中期的各民族之中。美洲易洛魁人的"奥华契拉",就是一个由母系血亲成员组成的亲族。奥华契拉的男子只能在夜里瞒着大家,到其他氏族奥华契拉的女子那里去过夜,"由这种婚姻生出来的子女,属于妻子,算是母亲族中和母亲家里的人,不算是父亲的。丈夫的财产也不归妻子的家庭,他在妻子家里原是外人;在妻子家里,女儿继承财产,儿子只获得生活资料而已"。(H.Cunow,1936)住在印尼苏门答腊岛上的马来人,也有叫作"苏库"的母系亲族。同一苏库的人"是同样的血,同根同干,同权利同义务,同荣同辱"。(缪勒利尔,1936)在这里"家庭是附属于氏族的;它并不包含丈夫和父亲,只包括母亲和女儿。这种母系家庭的家长,是母亲的长兄,叫作 Mamaq,他对他的甥儿甥女们享有权责"。除此,在多布岛上美拉尼西亚人那里,也有叫作"苏苏"的母系亲族。在母系制保留得比较完整的特罗布里恩德群岛上,存在着明显的舅甥相互供养的习俗。(谢苗诺夫,1983)

英国传教士民族志学家劳里默·法森在南澳大利亚的芒特—甘比尔地区的黑人中间发现这样的婚姻关系:在这里,整个部落分为两个级别:克洛基和库米德。每个级别内部都严格禁止性交关系,但整个集团相互结婚,即级别和级别结婚,一个级别内的所有男子生来就是另一个级别内所有女子的丈夫,而后者生来就是前者的妻子。婚姻关系除了不能跨越级别外,年龄的差距、血缘关系的亲属都不是障碍。这样,对克洛基的任何男子来说,库米德的每个女子都是他当然的妻子。由于是母权制,他所生的女子便属于库米德,因而她生来也是克洛基所有男子(包括她父亲)的当然妻子。对这种婚姻关系,恩格斯认为,或者是从杂乱性交关系的状态中直接产生的,那时虽然已有限制血亲婚配的朦胧意向,但是人们还不把父母和子女间的性交关系看作怎样特别可怕的事情。或者级别婚是走出血缘家庭的第一步,在级别婚发生的时候,父母和子女间的性交关系业已为习俗所禁止。恩格斯认为后一种可能性较大。两个级别的制度,在澳大利亚东部的达令河流域和东北部的昆士兰也有发现,证明了这种制度通行的广度。在那里,只排除母方兄弟姊妹间、母方兄弟的子女间、母方姊妹的子女间的结婚,因为他们都是属于同一级别的;反之,姊妹的子女和兄弟的子女却能相互结婚。在新南威尔士达令河流域的卡米拉罗依部落中间,还可以看到进一步阻止血亲婚配的办法,在那里,两个最初的级别分成四个,而这四个级别之中每一级别全体又都跟其他某一个一定的级别结婚。最初的两个级别生来就互为夫妻;根据母亲属于第一或第二级别,她的子女就属于第三或第四级别;这后两个同样互相结婚的级别,其子女又加入第一和第二级别。(恩格斯,1975)

在中国,云南瑶族、怒江流域傈僳族和怒族、德宏州景颇族、文山州壮族和苗族、新疆哈萨克族等少数民族的"转房"习俗,如"兄终弟及""姐去妹及""兄讨姐、弟娶妹"等,以及苗族的姑舅表婚制中都可以找到伙婚的遗迹。

宋兆麟等人1981年赴四川俄亚村调查当地纳西族、摩梭人、西番人和藏族的家庭婚姻时发现,俄亚纳西族普遍实行多偶制,既有一夫多妻,以姊妹共夫为主;也有一妻多夫,以兄弟共妻为主;一夫一妻则是少数。中国四川永宁的中心地区保存较完整的纳西族阿注婚姻,是偶婚制的初期形态。"阿注"意为"朋友""男女伴侣",阿注婚姻的主要特点是:建立婚姻关系的男女双方,各居母家,分属于两个家庭和不同的经济单位。一般是男方到女方家住宿,第二天清晨便返回自己的母亲家,参加母家的生产劳动。如因住地较远,往返不便,男方在女方家中偶居几天后再回到自己的母家,相隔一段时间后再度走访。建立这种婚姻关系的男女,彼此互称阿注,双方只有偶居关系,无经济往来。这种婚姻关系是自愿结合的,男女通常在日常生产劳动中或节日、庙会等场合结交阿注。在时间上,阿注关系可保持几年到几十年,也可仅仅保持几个月甚至一两夜。在人数上,一个人的一

> 生可以有几个、十几个甚至更多的阿注。但无论关系保持多久,只要任何一方不愿继续偶居时,婚姻关系就立即终止,双方另寻新的阿注。阿注婚姻解除自由,方式简便。由于双方属于不同的家庭,没有共同的经济基础,双方无任何约束力。结交阿注只是为了方便和需要,没有长期同居的必要。因此,阿注关系十分脆弱,随意解除婚姻关系并不违反社会道德和传统习惯,只要符合需要,就被视为正常。但是,无论结交临时阿注还是结交长期阿注,都有一定的范围和界限。凡属不同母系血统的成员,皆可建立阿注关系;同一母系血统的后裔,则禁止通婚。(詹承绪,1980)

从血缘群婚发展到族外群婚,自然选择依然起着重要的作用。在漫长的发展过程中,人们逐渐认识到血亲婚配的危害,于是禁止兄弟姊妹间的婚姻,从而提高人类自身生产的数量和质量。当然,伙婚制家庭的出现也与生产的发展和人类智力的进步密不可分。当时的人类已经普遍使用弓箭,学会了制陶术,劳动技能有了明显提高。生产的发展要求人们有比较广泛的结合,要求群团之间发生一定的联系,这样就产生了群与群之间男女的通婚关系。当群团内部彻底排除了血婚之后,原来的血族公社也就发展成为氏族公社,氏族即"一个确定的、彼此不能结婚的女系血缘亲属集团,从这时起,这种集团就由于其他共同的社会制度和宗教制度而日益巩固起来,并且与同一部落内的其他氏族区别开来了"[①]。

因此,氏族的产生与家庭的发展是有密切联系的。凡具有氏族组织的文明民族,"例如希腊人、罗马人、日耳曼人、克尔特人和希伯来人,其远祖在古代看来都同样有存在伙婚群的必要"[②]。它的典型形式,就是由母系血亲成员组成的母系亲族。在这一群体中,不仅世系依母系计算,财产按母系继承,供养关系也在母系亲族内部实行。家庭已成为基本的供养单位。然而,亲族家庭虽然产生于族外群婚制,但婚姻关系却不在家庭群体之中,因此,此时的家庭只是远古时期胚胎状态的不完整家庭。

三、对偶婚与对偶家庭

偶婚制家庭是一种不牢固的个体婚,是群婚向一夫一妻制的个体婚过渡的婚姻家庭形式。其特点,一是男女双方同居前没有贞操观念,同居后也没有相互的独占,可以自由离弃;二是男女双方及其子女组成的小家庭,没有独立的家庭

[①] 《马克思恩格斯选集》第4卷,人民出版社,1972年,第37页。
[②] 摩尔根:《古代社会》,商务印书馆,1987年,第428页。

经济,因此脆弱而不稳定。

在偶婚制下,一男一女结成配偶,有明确的婚姻关系,因此不同于杂交状态和群婚时期偶然的或长或短的成对同居。同时,偶婚制又是一种脆弱的、不稳定的婚姻关系,因此与稳固的一夫一妻制家庭有根本区别。

偶婚制家庭的不稳定性是由其婚姻关系的基础决定的,这种婚姻关系不是以感情为基础,而是以方便和需要为基础的,只要任何一方意愿改变,婚姻关系就中止,子女依然属于母方。偶婚制家庭很不稳定,因而人们不需要、也不愿意有自己的家庭经济,配偶之间的经济联系微弱,双方的经济生活仍属于各自的母系家族,无家庭共有财产。因此,偶婚制家庭的出现并没有使早期传下来的共产制家庭经济解体。

在偶婚制家庭中,妇女是占统治地位的,仍然实行以母系血缘关系为纽带、成员共同参与生产活动、平均分配的原始共产制,而"在共产制家庭经济中,全体大多数妇女都属于同一氏族,而男子则属于不同的氏族,这种共产制的家庭经济是原始时代到处通行的妇女统治的物质基础,这种妇女统治的发现,乃是巴霍芬的第三个功绩"①。在这种经济关系中,妇女承担着主要的生产活动,从事原始农业、采摘植物果实、驯养动物。与男子的打猎和捕鱼活动相比,妇女的生产劳动能得到比较稳定的收获。妇女还担当了大部分家务和养育子女的任务,因而妇女在家庭中处于主要地位,受到高度尊敬,而男子则处于次要地位。

栏8-4 永宁纳西族的阿注婚姻和母系家庭

由于阿注婚姻是男女不娶不嫁,各居一家,偶居期间所生子女概属女方,由女子负责抚养教育,男子则没有责任和义务。因此,家庭成员的血统只能依母系计算,财产按母系继承。永宁纳西族的家庭,就是以母系血缘纽带为基础的母系家庭,妇女是家庭的核心。同时,妇女也是母系家庭的生产组织者和管理者,承担主要农业生产任务,组织和管理家庭生活,抚育儿童。大多数家庭由妇女担任家长,并主持家庭中的宗教祭祀活动。妇女在家庭和社会中享有较高的威望和较大的权利,居于支配地位。虽然永宁纳西族早已产生了私有制,但母系家庭在财产所有权和生活资料分配方面,依然保留了比较多的原始共产制成分。家庭财产为全家集体共有,个人无权支配,在生活资料的分配上实行平均主义的原则。

---

① 《马克思恩格斯选集》第4卷,人民出版社,1972年,第44页。

随着生产力的发展,男子地位的提高,在周围兄弟民族的影响下,阿注婚姻也趋向稳定,并开始向一夫一妻制转变。在1950年民主改革以前,永宁纳西族的婚姻形式,除了以不履行任何手续、建立阿注关系的男女偶尔同居的"阿注异居"的形式为主外,还有"阿注同居"和"正式结婚"的婚姻形式并存。"阿注同居"比"阿注异居"更进一步,男子不再暮去晨归,而是与女阿注同居一家,共同劳动,共同生活,共同养育子女,是偶婚制的雏形。"正式结婚"一般经过媒人说合和一套仪式,配偶双方成为社会公认的夫妻。受父系家庭的影响,女方嫁到男方的较多。婚姻的解除不像阿注异居或同居时那样随意自由,必须取得双方家庭的同意和社会的认可,履行必要的程序。这种婚姻已带有明显的买办性、包办性,也具有约束力,表现了向一夫一妻制家庭过渡的进程。

内容来源:詹承绪等:《永宁纳西族的阿注婚姻和母系家庭》,上海人民出版社,1980年,第59、153页。

根据谢苗诺夫的研究,对偶家庭的产生,是社会生产力的发展、剩余产品的出现、男女之间由礼品交换到共同承担子女供养的结果。这说明家庭的发展已经直接受社会经济关系的支配,外部社会环境对其发挥了主要作用。

首先,自然选择继续发生作用。人类社会婚姻家庭形式演变的过程就是禁例由简单到复杂、群婚范围由广泛到狭窄的过程。个体婚的产生是婚姻纽带连接范围日趋缩小的直接结果。氏族组织在禁止血亲婚配方面起了积极的推动作用,是从群婚向对偶婚过渡的一个重要的中介力量。

栏8-5 氏族组织与家庭演变

第一,氏族组织禁止内婚,这就排除了同胞兄弟和姊妹的婚姻关系,也排除了属于同一氏族的姊妹的子女之间的婚姻关系。当氏族分割时,禁止氏族内每一个祖先的一切女系后代之间的婚姻关系。这种禁例经过长时期以后传播到其他各个分支中去,婚姻禁例越来越复杂,甚至一切亲属之间的婚姻均被禁止。群婚越来越无法实行,必将为偶婚所代替。

第二,氏族结构造成了反对血亲婚配的习俗。谁也不能同血亲中任何一个人结婚,这势必促使人们不得不在其他氏族中通过婚约或购买的方式来寻求妻子,女子就显得稀少起来,不得不去寻找,群婚集团的范围日渐缩小,以至于完全消失。

> 第三，男子在寻找妻子时，往往不以本部落甚至友好部落为限，还从敌对的部落中用暴力抢来妻子。当妻子是通过购买或暴力抢劫的方式得来时，男子就不再愿意同别人共同享用妻子，从而缩小了婚姻集团的范围。
>
> 第四，氏族创造了比以前更高的社会制度，从而发挥了自然选择的作用，越来越排除血缘亲属结婚。非血亲婚配的氏族，产生出体力和智力都更优秀的后代，实行氏族制度的部落便获得了更快的发展，并使其他部落来仿效它们。
>
> 内容来源：马克思：《摩尔根〈古代社会〉一书摘要》，人民出版社，1978年。

其次，社会生产力的发展，推动了家庭的演化。到了野蛮时代，陶器已被发明出来，原始农业和畜牧业过渡到锄耕农业和家畜饲养，人们已学会依靠人类的活动来增加天然产物的方法，开始出现少量剩余产品，氏族之间、个人之间开始发生交换现象。经济获得了发展，生产劳动渐渐由群体过渡到个人行动，生活较为稳定并有了保障，于是就不必再男男女女伙居了，婚姻关系可以进一步稳定。

最后，妇女在由群婚向个体婚的过渡中担当了重要的角色。事实上，氏族对血缘亲属之间婚配的禁例无论多到什么程度，也不可能禁止到一个男子只有一个妻子，而一个女子只有一个丈夫。因此，氏族组织虽然引起群婚集团范围的不断缩小，但并不能直接导致偶婚制家庭的产生，所以群婚无法完全为个体婚所排除。在群婚和个体婚之间，还存在各种各样的过渡形式，在这些过渡形式中，妇女通过"自我献身"来实现对偶婚制的贡献。如在巴比伦，女子每年须有一次在米莉塔庙里献身给男子；亚细亚各民族把自己的姑娘送到阿娜伊蒂斯庙去住好几年，让她们在那里同自己的意中人进行自由恋爱，然后才允许她们结婚。这些风俗在地中海和恒河之间的所有亚洲民族中都可以遇到。虽然披上了神秘的宗教外衣，但这些现象都可被看作是妇女为偶婚制所作的献身。在印度的许多土著居民、马来西亚各民族、太平洋地区的岛民和许多美洲印第安人中，姑娘在出嫁之前，都享有极大的性自由。在另一些民族中，举行婚礼时，客人或部落、氏族头目，享有对新娘的初夜权。当然，为"赎身"所作的这种牺牲，随着时间的推进变得愈来愈轻，正如巴霍芬所指出的，"年年提供的这种牺牲，让位于一次的供奉；从前是妇人的杂婚制，现在是姑娘的杂婚制；从前是在结婚以后进行，现在是在结婚以前进行；从前是不加区别地献身于任何人，现在是只献身于某些一定的人了"①。

---

① 《马克思恩格斯选集》第4卷，人民出版社，1972年，第46页。

广泛存在的群婚制残余表明,妇女的"赎身"对偶婚制的实现起了重大作用。由群婚向个体婚制的过渡,主要是由妇女完成的。由于经济发展,古代共产制解体,人口数量日益增多,人口密度增大,群婚状态下的两性关系渐渐失去了朴素的、原始的性质。由于智力的发展和进步,社会产生了荣辱等道德观念。群婚使妇女感到屈辱和不堪,成为负担,于是妇女迫切地要求能保持贞操,暂时或长久地只同一个男子结婚。恩格斯认为,这一进步绝不可能发生在男子方面,因为男子从来不会想到、甚至直到今天也不会想到要放弃事实上的群婚的便利。因此,只有首先由妇女完成了向偶婚制的过渡以后,男子才有可能实行个体婚制。妇女在物质资料的生产和人类自身生产方面都为人类的进步发展作出了重大贡献,偶婚制的最终实现,主要归功于妇女。

第二节 家庭的演化

在野蛮时代的中级阶段和高级阶段交替的时期,由于生产力的发展和生产关系因素的变化,专偶制家庭,即一夫一妻制家庭在偶婚制家庭中孕育而生,并通过家长制家庭这一过渡形式,在文明时代到来之际最终确立,成为文明时代所特有的家庭形式。专偶制家庭的确立是文明时代开始的标志之一。

根据恩格斯的研究,专偶家庭的产生,是社会财富转归家庭私有之后,男子掌握了家庭财产权,要求变革家庭财产继承制,把财产传给自己亲生儿子的结果。因此,"人类习俗显示永久的婚姻关系并不主要建立在两人持久的性爱上,而更基本的是受经济考虑制约"[①]。一夫一妻制也不是"以自然条件为基础","而以经济条件为基础,即以私有制对原始的自然生成的公有制的胜利为基础的第一个家庭形式"[②]。

一、个体婚家庭的特征

人类社会从农业时代进入工业时代之后,人类家庭开始步入成熟时期。家庭形态也开始由片面的一夫一妻制家庭,向真正的一夫一妻制家庭转化。

由偶婚制转化为单偶制,家庭中的婚姻关系更为稳固,一方面适应了以个体家庭为生产单位和财产私有制的社会要求,另一方面也推动了私有制的发展,推动了家庭从一个单纯的自然的繁殖机关变为一个社会生产单位、经济单位和宗

---

① 弗朗兹·博厄斯:《人类学与现代生活》,华夏出版社,1999年,第148页。
② 恩格斯:《家庭、私有制和国家的起源》,《马克思恩格斯选集》第4卷,人民出版社,1972年,第50—60页。

教集团,家庭也因此具有了生殖、性以外的更多的职能,被赋予了更多的社会意义,如经济的价值与职能、经济的意义、政治的功能、政治的意义等。家庭成员之间的关系,除了血缘、婚姻关系外,还有财产分配、权力分配的关系。因此,个体婚家庭具有与以往家庭形态不同的特征。

第一,确立了一夫一妻的婚姻关系。个体婚家庭是一个男子与一个女子相结合的比较牢固的一种婚姻家庭形式。

第二,财产关系是家庭的本质与核心。建立个体婚家庭形式的主要目的就是要生育确定无疑地出自一个父亲的子女,因为子女将要以亲生父亲的继承人的资格来继承父亲的财产。因此,个体婚家庭的核心与本质是财产关系。

第三,婚姻关系、亲子关系牢固。由于个体婚家庭已经成为一个生产、生活的基本单位,家庭中的财产关系将家庭成员紧密地联系在一起,婚姻关系、亲子关系比以往任何一种家庭形式都要牢固,这些关系不像以前那样松散脆弱,不可以轻易地解除或随便分离。家庭关系更为牢固。

第四,独占性同居。要把财产传授给出于自己血统的子女,就要进行独占性的同居。独占性同居和牢固的婚姻关系是个体婚家庭的两大要素。由此,视婚姻为终生的思想意识开始产生,只与自己的配偶发生两性关系成为婚姻家庭规范的要求。当然,在父系、父权的个体婚家庭中,一夫一妻的单偶制只是对妻子方面而言,并不妨碍丈夫的公开和秘密的多偶制。

第五,男子统治。个体婚家庭形式建立在男子统治之上,夫权高于一切,女子在家庭中处于无权地位。

个体婚家庭是为财产私有制服务的。其产生为一定的经济条件所支配,同时也促进了生产力的解放和经济的发展,同以往的家庭形态更替相比,它的进步和飞跃是无法比拟的。

二、个体婚家庭的演变

在私有经济占统治地位的农业文明时代,血亲主位的专偶家庭占统治地位,其突出特点是父权、夫权盛行,男性家长的绝对统治权和女性的屈从地位。这样的家庭制度,盛行于世界各国的奴隶制和封建制时期,在许多国家延续到工业化早期的近代。

(一) 多"妻"制

在个体婚家庭中,男子由于在财产占有和分配中的绝对优势,在家庭中居于统治地位。丈夫和妻子在家中的经济地位、权力地位极端分化,甚至妻子也变成了丈夫的财产。既然是私有的财产,就不允许他人侵占,因此妻子的性自由是受到禁锢的。只有丈夫才具有独占妻子的权利,妻子则要严守贞操。因此,社会存在一个男子娶若干个妻子的范例。如中国封建社会长期盛行的纳妾风俗,就是一种变相的多妻制。另外,男子在婚外也有较为宽泛的性自由,而女子则不然。

栏8-6 传统社会男子的婚姻特权

纳妾之风,流行于奴隶制时期的东西方各国。《圣经》的《创世纪》中就记载了西伯兰和他妻子的使女同房,雅各的妻子拉练把她的使女给丈夫作妾的故事。古希腊罗马的男子都有自己的婢妾,不过妻和妾是有严格区别的,娶妻要花身价钱,还要举行特定的仪式,妾则多是掠夺来的奴隶,身份很低,所生的子女不承认为家庭的分子,也没有分享家产的权利。在希伯来人那里,妾的身份稍高一些,所生子女可以分享家产,不过正妻的子女分享得更多些。在古代巴比伦,法律明文规定:"倘自由民娶不育之妇,无子可以纳妾,但妾的地位不能与她平等。""妾未生子,女主人可以将她出卖。"中国的纳妾制,历史也相当久远。在夏、商之际,"妾"是女奴隶。到周时,《礼记·曲礼》云:"天子有后,有夫人,有世妇,有嫔,有妻,有妾。""公侯有夫人,有世妇,有妻,有妾。"《后汉书·皇后纪》说:"周礼,王者立后,三夫,九嫔,二十七世妇,八十一女御。"可见,王公贵族除正妻外,姬妾成群,真正实行一夫一妻的,只有平民百姓。

娼妓制在奴隶社会就已出现,作为一夫一妻制经常的补充,以有利于男子。在希腊,为雅典起草新法实行奴隶制改革的梭伦,设立了最初的国营妓院。妓院中的妓女多半是美貌而有才智的异邦女子,她们和男子们自由交往,参加他们的酒宴,谈论艺术和学问,比贵族们的正妻更有名声。希腊的许多名人,如伯里克里斯、伊壁鸠鲁、柏拉图等人,都同当时出名的妓女交往过。雄辩家狄摩西尼在他的演说中说:"我们有为快乐而设的娼妓,为身体的日常照护而设的婢妾和为生育合法的子女及管理家务而设的妻子。"中国自西周到春秋就有专供男子寻欢作乐的"娼优"和"女乐",《史记》中即有"楚之铁剑利而娼优拙"的记载。

内容来源:丁文:《家庭学》,山东人民出版社,1997年,第467—468页。

但这种形式的多"妻"制和多偶制并没有离开个体婚家庭的本质特征。例如,中国古代纳妾并不结成婚姻关系,不承认妾的父母、兄弟姊妹与夫家有亲戚关系,一般情况下不彼此往来。妾不能"事宗庙",不能参加夫家的祭祀活动,死后也没有被祭的权利。妾不能像妻那样随着丈夫的身份而获得亲属身份。纳妾直接反映了不对等的两性关系。

(二) 等级制

在个体婚家庭中,夫妻之间并不单纯是两性关系,亲子之间也不单独是生物关系,因而家庭不再是个生物团体单位而是个社会团体单位。个体婚家庭是财产私有制的产物,因此家庭必须按照政治权力、经济地位的对等而相互组合,"门当户对"成为联姻结亲的根本条件。婚姻关系成为政治经济利益的一种交易,很难摆脱社会等级制的约束。

由于政治经济利益的需要,封建统治阶级中间流行着多种婚姻形式。如指婚——指定婚姻,使两家结成亲戚关系,扩展势力。赐婚——将公主下嫁于臣、宫中美女赐予下级为妻妾,以示奖励和笼络。另外还有联姻外交。

由于严格的世袭制度之故,权力、金钱、地位都是先赋的,人们在各个领域都十分重视血缘亲属关系。在实行专制统治的时代,以贵袭贵,以贱袭贱,不同等级的人在社会地位、经济条件、权利义务、道德礼仪、生活习俗上都有贵贱之分。专制主义的政治制度造成了各等级间的敌视和隔离,因此只有属于同一阶层等级的人才互通婚姻,建立家族间联系。在专制主义时代,世界各国都实行着禁止不同等级的人互通婚姻的制度。

(三) 家长制

由于个体婚制家庭的建立,男子在家庭中享有经济优势,使男子彻底掌握了统治女子、支配女子、主宰女子命运的权力,家长制家庭自此而始。家长的职务由男性长者担任,他是家中的绝对权威,具有极大的权力,家长与家庭其他成员的关系是支配与被支配、统治与从属的不平等关系。

封建社会为了建立中央集权的政治制度,完善国家的管理体制,采取专制主义的中央集权制。一个国家的民众在专制主义的强权君主的统治之下,一切都听从强者权力的任意支配。从国家专制政治中派生出来的家庭制度就是家长制,家长制是君主专制政治的雏形。家庭中的父子关系、夫妻关系与一国之中的君主与臣民的关系极为相似,谓之"君为臣纲,父为子纲,夫为妻纲"。家长制是君主专制的底层基础。

在家长制家庭中,家长的职责是管理家产、约束家庭成员并对其进行思想专制。家长甚至可以处置子女所得之产,可以鞭挞子女,子女婚姻也依照"父母之命"缔结。家庭中等级森严,父高于子,夫高于妻,嫡妻高于庶妻,嫡子女高于庶子女,嫡长继承为先等。如在希腊罗马,"产业不能分析,全归父亲管理。妻与子皆无私产。古代无嫁资制度,纵有也不能实现"。"儿子与妇人情形相同,他无有产业,因此他对人的赠与无效。他不能得财产,工作的收入、经商的获利,皆归其父。"①在古代中国,一切财产皆为家财,由家长掌管,"子妇无私货,无私畜,无私器,不敢私假,不敢私与"②。家长除了拥有家庭财产权,还拥有对家庭成员的人身生杀予夺的处置权。根据古朗士的分析,古代希腊罗马的家长权是多种多样的:有确定初生子是否出自自身血统的权力;妻子不生儿子,有出妻的权力;有嫁女及为儿子娶妇的权力;有出继其子和承继他人为子的权力;有临死时指定妻子儿女的管理人之权力等③。按照罗马的《十二铜表法》,家父对儿子有监禁、杖打、戴之以枷锁,而使之服役田园劳动,卖掉以及杀戮等终身的权力,即或儿子是政府的高官也是如此。但"父如三次卖其子,则此子可以由父权下解放出来"④。在古代希伯来人的家庭中,父亲对儿女,甚至对孙子都有生杀之权,还可以判处儿媳的死刑。中国古代父亲对儿子也拥有绝对的、不受限制的权威。他可以对儿子随意处罚,即使"挞之流血",儿子"亦不敢疾怨",并要"起敬起孝"⑤。

(四) 继承制

在父系制度彻底战胜母系制度后,家庭的概念变成了男性长者率领下的一个亲属群,家庭财产则按这个男性长者的意志传给子女。起初是儿子和女儿一起继承父亲的财产,以后,儿子单独取得了继承父亲遗产的绝对权利。人死后,财产传递给儿子,长子还具有更多的继承产业和家族权力的权利。

个体婚家庭产生以后,夫妻关系比较牢固,一切女系的亲属,都被排除在继承法之外。生产力发展水平不同的时期和不同的地域,在财产处理方面也有不同的措施。如古罗马的《十二铜表法》规定:"若某人并无隶属于他的人,临死时又未曾指定继承人,则其产业得由(其)最近的父系亲属取得。"⑥女儿出嫁后就同父亲家庭脱离关系,所以不能继承父亲的宗祧和家产。不过,随着手工业和商业的发展,工商业奴隶主控制国家政权之后,希腊罗马已不严格执行父系继承制了。希腊至梭伦变法时,开始有条件地承认女系亲属的继承权,当然继承顺序在男系亲属之后。罗马在西塞伦(公元前109—43年)时代也准予通过遗嘱给女儿1/3或1/2遗产。到查士丁尼(公元527—566年)时代,奴隶制开始向封建制转

---

① 古朗士:《希腊罗马古代社会研究》,上海文艺出版社,1990年,第67页。
② 《礼记·内则》。
③ 古朗士:《希腊罗马古代社会研究》,上海文艺出版社,1990年,第66页。
④ 《罗马十二铜表法》,《婚姻立法资料选编》,法律出版社,1983年,第132页。
⑤ 《礼记·内则》。
⑥ 《罗马十二铜表法》,《婚姻立法资料选编》,法律出版社,1983年,第133页。

化,父系单亲系世系也逐步转为双亲系世系①。又如《法典》中规定,财产首先由子女所继承,但死者之妻也与子女有同等的继承权。中国封建社会的家庭财产继承原则是长幼有序,男女有别。继承权仅限于直系的男子,嫡长为先,女儿无继嗣权,亦无继承权。

由于在个体婚家庭中,妻子亦被视为丈夫的财产,因此婚姻继承也成为财产继承的一部分。在奴隶制时代曾经出现过这样的做法:儿子在继承父亲职位和财产的同时,也把晚母变成妻妾;或弟弟在继承哥哥的职位和财产的同时,也把嫂嫂变成妻妾。

由于财产继承不向外转移,父系制家庭中的子女血统变得尤其重要。不是出生于父亲血统的人,无继承遗产的权利。血统的观念逐渐根植于人们的思想意识中,成为社会生活中的重要准则之一。

三、个体婚家庭的变革

封建社会后期,由于生产技术的提高和生产工具的改进,农业获得发展。同时,手工业和商业也迅速发展,并从农业中分离出来,农业中大量剩余劳动力转移到工商业队伍中去。商品经济的拓展要求以大规模的工场式手工业代替小规模的作坊式手工业。由此,家庭农业和手工业相结合的自然经济逐渐为资本主义的社会化大生产所替代。

新兴的工商业阶层为了获得更多的政治利益,主张发扬民主,限制国王专制权,以便把政治权力转移到自己手里。封建的专制政治被推翻后,代之而起的是资产者的民主共和制。经济形态、政治制度的根本改革,影响了原有的社会哲学观念、伦理习俗。民主的实行给人们带来一定范围的自由,个人意识开始觉醒,政治领域中的君主制已被推翻,文化制度中的家长制也受到抨击,逐渐失去势力。人们在家庭中开始获得人格上平等的尊严和个性发展中的自由。

工业社会对劳动力需求的增长,促使妇女也参与社会劳动。工业社会中生养孩子的经济价值降低,改变了人们的生育观念和实际的生育率水平,使妇女可以改变传统的角色模式,从家庭走向社会。妇女谋求社会职业,获得经济收益,成为家庭经济来源的创造者之一,家庭地位也得到了提高。妇女运动的崛起、女性自觉意识的觉醒,也促使妇女自觉地争取在社会和家庭中的地位。男女平等成为一种社会趋势,进而促使两性平等成为家庭平等关系的基石。

由于人们从事的职业是社会性的,工作不受家庭的控制。社会阶层结构中,先赋性的家族地位、出身门第等条件不再成为唯一的决定社会分层的因素,而通

---

① 丁文:《家庭学》,山东人民出版社,1997年,第466页。

过个人努力的自致性资源在社会的垂直流动中越来越被重视。同时,个人在生活选择上也追求自主性。这些社会条件为婚姻关系摆脱等级制而向自由婚制转化提供了可能。婚姻中对爱情的选择,开始重于对门第、政治权益的选择。人们有了自由选择婚姻和生活方式的权利。

早在1791年,法国共和宪法最先宣布:"法律只承认婚姻为一种民事契约。"随后其他资本主义国家也陆续采取契约婚形式。根据契约婚原则,婚姻是当事者个人的私事,由个人的自由意志来决定。男女双方以是否合意为条件,既可以缔结婚姻,也可以在一定条件下解除婚姻。至于"合意"背后双方的真实动机是什么,法律并不过问。契约婚虽然不可避免地会成为双方利益的一种交换,但婚姻可以由个人意志所决定,又为出现爱情婚姻创造了一定的条件。在资本主义初期,有产者家庭依然从家庭利益出发为子女选择配偶,经济上不能自立或要继承家产的年轻人,很少有自由选择配偶的权利。婚姻实际上依然是以经济条件为基础的权衡利害的婚姻。爱情结成的婚姻并不多。正如恩格斯所说的:"只有在被压迫阶级中间,而在今天就是在无产阶级中间,性爱才可能成为并且确实成为对妇女的关系的常规。"[①]因此,最初的夫妇式家庭就产生于无产者和广大劳动群众中间。随着工业化程度的提高和个人主义思潮的引导,青年人越来越不需要、也不愿意依赖家庭和父母的财产而生活,纷纷离开家庭自谋生计。据西方学者统计,1851年英国10—14岁男孩的就业率为36.6%,女孩为19.90%;15—19岁男孩的就业率为90.0%,女孩为65.2%[②]。经济上的自立使得青年人在择偶上拥有了较大的自主权。一方面,结婚成为一种个人行为,如波伏娃和萨特共同生活了50年,却一直没有结婚,因为,在他们看来,"按照我们的信念行事,认可这种非正式的婚姻状态,是合乎道德的"[③]。另一方面,婚姻可以自由订立,也可以自由解除。著名的人类学家M.米德在临死前接受过一次采访,讲述她那漫长而又富于传奇的生活。她结过三次婚,又离了三次婚。当采访者提到她的"失败"婚姻时,她立刻回答:"我从没有过失败的婚姻。我结过三次婚,每一次婚姻都是成功的。"她继续向采访者解释她经历过的几个完全不同的生活阶段以及每次选择的不同的生活伴侣——最能够满足她当时需求的人[④]。

社会民主制度的发展,使个体婚家庭获得了男女平等、自由婚制的实行、家长制的瓦解等方面的变化,进入了一个新的发展阶段。然而也应看到,在私有制经济占统治地位的情况下,它不可能得到充分发展,也不可能在全社会推行。因

---

① 《马克思恩格斯选集》第4卷,人民出版社,1972年,第67页。
② 甘·坎安宁:《英国孩子的就业和失业1680—1851》,《过去和现在》第126期,第141—145页。
③ 波伏娃:《第二性》,中国书籍出版社,1998年,"译者前言"。
④ 康斯坦丝·阿荣斯:《良性离婚》,中央编译出版社,2000年,第61页。

为私有制经济使人们的婚姻不可避免地要受财产关系的支配。在社会主义制度下，国家虽然以法律保障男女平等、婚姻自主。但在注重功利的商品社会中，经济联系是人们之间最基本、最普遍、最有效的联系，婚姻关系也免不了为经济利益所支配、所选择。以爱情为基础两性平等的真正一夫一妻制家庭，也难以在全社会推行。因而，当代的家庭变革就是朝着这种体现民主、平等关系的真正意义上的一夫一妻制转化，这是人类文明的标志之一。表8-1为家庭的历史演变。

表8-1 家庭的历史演变

历史时代	社会发展阶段	家庭发展阶段（主要优化形态）	具体优化形态	典型形式	说 明
原始时代	原始人群早期	萌生时期的群婚家庭	血亲杂交		没有婚姻与家庭
	原始人群晚期		血族家庭		不独立，依附于血族公社
	母系氏族早、中期		母系亲族家庭	母女轴心扩大的单亲家庭	不独立，依附于氏族公社
	母系氏族晚期	形成时期的对偶家庭	母系对偶家庭	母女轴心核心家庭	不独立，依附于母系家庭公社
	父系氏族时期		父系对偶家庭向父系专偶家庭转化	父子轴心核心家庭	不独立，依附于民主型和父权型父系家庭公社
农业文明时代	奴隶制时期	发展时期的血亲主位专偶家庭	父权家长制家庭	父子轴心扩大家庭	在西方日趋独立，在中国不独立，依附于宗族
	封建制时期		封建家长制家庭	父子轴心主干家庭	在西方独立，在中国不独立，依附于家族
工业文明时代	资本主义时期	成熟早期的婚姻主位专偶家庭	夫妇式家庭	夫妻轴心核心家庭	独立的个体小家庭
	社会主义时期		两性平等家庭	夫妻轴心核心家庭	独立的个体小家庭

来源：丁文：《家庭学》，山东人民出版社，1997年，第510页

第三节 家庭的未来

摩尔根曾指出："如果承认家庭已经依次经过四种形式而现在正处在第五种形式中这一事实，那就要产生一个问题：这一形式在将来会不会永久存在？可

能的答案只有一个：它正如过去的情形一样，一定要随着社会的发展而发展，随着社会的变化而变化。它是社会制度的产物，它将反映社会制度的发展状况。既然一夫一妻制家庭从文明时代开始以来，已经改进了，而在现代特别显著，那么至少可以推测，它能够有更进一步的改进，直至达到两性的平等为止。如果一夫一妻制家庭在遥远的将来不能满足社会的需要，那就不能事先预言，它的后继者将具有什么性质了。"①在这里，摩尔根并没有对家庭的未来形态作具体的推测。

对于家庭未来的展望，是一个十分吸引人的课题。面对现代家庭正在经历的各种各样的变化，国内外学者都不约而同地关心家庭的未来和未来的家庭。探索家庭的未来这一课题，已经越来越为人们所重视。联合国在1988年开始组织研究全世界所有主要地区的"家庭的未来"。它与各个国家和地区的科研机构合作，在5个地区召开了研讨会，议题集中在各个地区社会经济发展进程中的家庭的当前形势和未来趋势，也探讨了不同社会群体的看法。1990年末，在联合国教科文组织总部召开了"家庭的未来"国际专题讨论会②。

一、预测依据

预测家庭发展的未来，并不是根据主观臆断，而是依据家庭的发展规律，从家庭发展的历史中提炼出制约家庭发展的诸多因素。这些因素正是假设和推断未来家庭形态的主要依据。

与任何事物一样，家庭形态也处在不断发展、变化的过程中，这种发展是由多种因素决定的。多种因素相互作用建构了家庭的一定动态模式。应当说，这些因素中最主要的是人类的生产方式和由生产方式的变更所引起的人类生活方式的改变、人类对自身认识程度的提高和人与社会相互依存关系的不断发展。

(一) 生产方式

从家庭的起源和发展看，生产力的发展和生产方式的变化是最根本的推动力。因此，未来的家庭也是由未来的生产力水平和生产方式来决定的。

历史完全证明，人类家庭制度的全部发展，莫不与生产力水平、生产资料所有制的不同形式密切相关。以往的家庭形式都是不以人的意志为转移的。即使是自然选择，也是自然发展规律对人们的不自觉的要求。在最初生产力十分低下的情况下，人们必须混居在一起与自然抗衡，这就必然导致杂乱性交。以后，

---

① 《马克思恩格斯选集》第4卷，人民出版社，1972年，第79—80页。
② 参见詹姆士德·本纳姆：《家庭的未来：联合国教科文组织的一项国际性研究计划》，《国际社会科学杂志》1991年第4期。

一定地域内有限的生活资料无法养活日益繁衍的人口,造成原始群体的分裂。在分裂迁移中,年长者具有较多的生产经验和技术,逐渐形成长幼有序的结构,人们有了上下辈分的概念,出现了血婚制家庭。随着人们取火技术的发明,人类活动的领域和人类交往的范围扩大,人们逐渐发展为两个母亲集团之间互相通婚,排除兄妹之间的婚姻关系,出现伙婚制。弓箭的出现,造成了对偶婚姻的产生。畜牧业的发展,剩余产品的出现,私有制的产生,又使偶婚制过渡到一夫一妻制家庭。一夫一妻制家庭以前的几种不同程度的群婚制家庭,都是在生产力极端低下、原始的生产资料公有制条件下产生的。进入私有制社会以后,生产资料的私有决定了对妻子儿女的私有,才产生专偶婚家庭。家庭形态的演变,与人类社会的发展同步,经历了两三百万年的历史。每一次都是生产力的发展、生产方式的根本改变引起家庭形式的进一步变化。这是理解全部家庭发展史的线索,也是探寻家庭未来的钥匙。

在科学技术呈加速度发展的今天,人们无时无刻不经受着未来的冲击。在所谓的第三次科技浪潮中,出现了新的信息领域,电子计算机的发明为无生命的环境输入了智慧。新的技术时代的到来,又一次改变了生产方式,人类又处在一个新的技术制高点和时代的边缘上。人类的思想意识、行为规范,社会的组织和制度,也都孕育着变动。同样,在通向新生产体制的发展过程中,家庭内部也存在着一种潜在的变化势力。

(二) 生活方式

生活方式是社会成员在一定的社会条件制约下的生活领域中活动的形式和行为特征。马克思和恩格斯在创建历史唯物主义原理时,同时提出了生产方式和生活方式两个概念。他们指出:在社会生产的每个时代,都有"这些个人的一定的活动方式、表现他们生活的一定形式,他们的一定的生活方式"①。马克思、恩格斯还在其他著作中多次运用生活方式来揭示一定历史时期的社会关系和社会过程。

在人类历史的每个时代,一定社会的生产方式都规定该社会生活方式的本质特征。在生产方式的统一结构中,生产力发展水平对生活方式具有最终的决定性的影响。在社会生产发展的不同阶段,人们的生活结构具有不同的内容,对生活质量的构成具有不同的要求。

一定社会的生活方式和家庭制度是相互渗透和影响的。一方面,家庭形态最终也是由社会生产力和生产关系所决定的,作为一种社会制度,不同的家庭形

---

① 《马克思恩格斯全集》第3卷,人民出版社,1975年,第24页。

态也规定了不同的生活方式类型;另一方面,家庭是个人直接生活在其中的微观社会环境,生活方式的具体特征在家庭中得以体现。因此,作为社会变迁的一部分,生活方式的变化对家庭的发展具有影响和指示作用。

生产方式是人类赖以存在的基础和发展的起点。人们在物质生产的基础上展开满足人类自身生存、享受和发展的生活活动,进行人类自身的生产和再生产。从社会发展角度看,生产力越发展、科学技术越进步,人类生活的空间和时间的范围和跨度也就越大。这些都直接影响到家庭和家庭生活。

在传统农业社会中,家庭是基本生产单位,生产力水平较低,生产活动较分散,物质和精神生活的消费资料相对匮乏,人们生活稳定,社会流动缓慢,闲暇生活单一,社会生活受习俗制约。传统农业社会的生活方式造就了相对应的家庭功能、家庭结构、家庭关系和家庭消费。

在工业化初期,农村人口大量涌向城市社区。在城市中,生产社会化、集约化,社会结构复杂,社会服务机构替代了许多传统的家庭职能,社会流动性大,生活节奏快,血缘和地缘关系淡化,人际关系业缘化。由此,家庭结构、功能、个人在家庭中的职责、权利、义务,也与城市生活方式相匹配。

当代科学技术的进步和生产力的迅猛发展,是生活方式变革的一种巨大推动力量。家庭也因此而面临着一场革命。

(三) 社会文化价值观

生产方式和生活方式是影响家庭变化的外在物质因素,而生产方式的进步和生活方式的多元化所引起的社会文化价值观的变化和人类对自身认识程度的提高,是影响家庭变化的内在因素。社会文化价值观在这里包括:生育对人类自身繁衍制度的评价;两性关系在人类生活中的意义;个人在家庭中的价值地位。

1. 对人类自身繁衍的评价

人类的生殖,既是一种基本的生物现象,也受到文化的干涉。这种文化的干涉即人类对自身繁衍的认识。从整个人类史来看,生儿育女是组织家庭的最早的一个目的和职能。人类对生育的看法是随着社会形态、家庭形态的更迭而变化的。在人类的蒙昧时期和野蛮时期,人们的子女观念十分淡薄。子女观念是私有制的产物。私有制产生和发展以后,人们在选择配偶时便开始考虑能否生育。农业社会的生产方式对劳动力的需求也使人们更注重后嗣。在宗法社会,种族的延绵成为家庭的头等职责。近百年来,在物质生产发展的同时,人类对自身生产的认识有了新的变化。生育行为中个人意志的成分不断加强;子女是私有财产的观念淡化;生育的目的是族类繁衍、延续的看法渐渐退出舞台。尤其是科技的进步为人类控制生育提供了必要、有效的手段,使性与生育完全分离,并且创造出通过生物医学技术"制造"人类生命的方法,对人类的生育观产生巨大的冲击。总之,生育制度的发展和人们对生命的看法,对家庭的未来具有重大的影响。

2. 两性关系在人类生活中的意义

两性关系是动物性选择的一种高度发展的形式。但人类的性选择不仅仅出自生物的本能,还有其社会性。人类从杂交状态向血婚制、伙婚制、偶婚制家庭形态的一步步进化,就是通过自然选择的作用,逐渐建立各种禁忌。两性关系不再是无选择的、偶然性的了。随着一夫一妻制家庭的出现,真正的个性性爱才开始萌芽。以爱情为基础的两性关系,一直为多少世代的人所崇尚和苦苦追求。今天,由于各种原因,两性关系中还残留着各种非爱情的因素。随着人对自身认识的发展,精神的和谐和享受愈来愈重要,两性关系中的物质和权力因素逐渐消退,而两性间的真正的精神和谐将愈来愈占据主导。两性之爱是婚姻和家庭的基础。目前,就大多数人而言,家庭是实现持久两性关系的主要场所。未来两性关系的本质将是什么?它对家庭又将产生什么样的影响。这也是人类面临的对自身认识的又一课题。

3. 个人在家庭中的价值地位

在不同的社会发展时期,个人在家庭中具有不同的职责、权利和义务。人类达到物质文明以后,开始思考实现个性理想的问题。在物质达到最大限度发展的同时,人类获得了相当的自由,有可能摆脱外部的压力,充分发展个人内在的动力和愿望。人的精神世界的不断丰富,个人思想中的个性精神、民主主义的滋生,改变着个人与社会的关系,也改变着个人在家庭中的位置。个人不再成为家庭的附属,而是具有自我意识的家庭的一个组成。由于个人意识的变化,父权制家庭中的家长权威大大降低。女性在社会经济生活中的广泛参与,改变着她们在家庭中的第二性的位置。子女不再是父母的私有财产,而是社会中独立的个体,父母在子女身上寄予替代自己的愿望可能因此而不再存在,养儿防老思想也濒临破产。夫妻关系相比血缘关系,在家庭生活中将越来越被看重。人类关于自身存在和发展的价值观,影响着个人在家庭中的位置。

(四) 社会规范的制约力

人类的行为,一直受到规范的约束和控制。社会对人进行控制,以限制人们做出不利于社会的事来。

习俗是较早的社会控制方式。每一个社会都创造一套与其生产、生活环境相适应的并为人们所认同的习俗。习俗可以规定人们的交往方式、居住格式、婚丧礼仪等一切与家庭生活有关的内容,是人类绵延发展的一个重要因素。

法律则属于正式的社会控制范畴。家庭立法规定了婚姻和家庭的各方面。目前的法律,通过一夫一妻制、母亲和儿童的权利、遗产继承等几方面的规定来保障现有的家庭制度。

道德作为人们自觉的行为规范,是人类自律的一种方式。不同的社会道德评价、不同的个人道德直觉能力,在婚姻、家庭生活中产生不同的个体行为。

由此看来,在个人与社会的关系中,习俗、法律、道德以及舆论、信仰、宗教等手段,是达到个人与社会和谐与稳定的必要措施。随着个人与社会关系的不断改善,社会逐渐改变外在力量对个人行为的硬控制,使社会成员自觉地把社会规范内化。对于婚姻和家庭,社会同样有着各种规定性。而这种规定性一直在变动之中,只是相对稳定。家庭中社会规范的内容、程度的变化影响着家庭的未来。

生产方式的变革、科学技术的发展,不断改变着人们的生活方式。与此同时,人类对自身认识的发展也不断创造着新的生活方式,并协调个人与个人的关系、个人与社会的关系。这些都是推论未来家庭模式的依据。

应该看到,在决定家庭未来形态的各种因素中,有的已经显露并影响到家庭的变化,有的尚未显露。还有一些这样的社会或自然的现象,今天人们并不认为它们会影响家庭制度的变化,但是它们正在或在将来可能转化为影响家庭制度发展的因素。新的因素或新的作用产生之后,总是与已知的因素相互作用。因此,在考虑某些可能因素的情况下,由已知来推论未来家庭的基本状态是可行的。

二、理论预测

对于家庭未来的研究和讨论,是伴随着探讨现代化和家庭变迁同时进行的。在面对家庭问题和家庭危机的时候,家庭的未来这个问题都不约而同地被提出来。由于透视家庭变化的角度不同,有关家庭未来的观点也各有所异。

(一) 家庭消亡论

自 20 世纪 60 年代以来,西方社会的家庭危机,使一些西方学者对家庭的未来持悲观主义态度。在他们看来,家庭从现在开始就在走向毁灭,未来社会人们基本的生活实体已不再是家庭,而是个人。他们的主要依据有:

1. 社会文化价值观的嬗变

近年来,西方工业化国家的家庭模式受到第二次现代化即"后现代主义浪潮"的冲击。这种冲击在社会文化价值观中的具体表现是:对性的认识的革命改变了过去那种理想家庭与性关系的共同价值观;非法生育数量增加;离婚率不断上升,结婚和再婚率持续下降;婚姻体制相应削弱;单身、同居或同性恋现象增加。社会向个人主义的方向发展,家庭不再存在超越于个体之上的权力,无法通过权力和对个体的专制来实现控制。个人对家庭的无论何种形式的义务和责任已经成为个人之间的义务和责任,个体的权利和特权不必服从家庭整体利益。在现代西方社会里,社会文化鼓励私人占有并把个人主义作为共同原则,婚姻和家庭对个人的约束已下降到最低限度。现代文明以家庭制度失去许多控制个人的能力为代价,个体只向法律和政府负责,并对社会公共保障无比依赖,个人更大程度地与社会结合在一起。而家庭却对自身功能的调节无能为力。

从世界范围看,已婚妇女外出工作的人数不断增加,妇女无法有更多的时间在家庭中操持家务、教育子女。在未来社会,男女都将全天在社会中工作,以共同应付经济上的要求,这使双方对维护婚姻关系的注意力下降,婚姻和家庭关系中的紧张有所增长。而经济自立的妇女对婚姻和家庭具有更强的主体选择性。

2. 家庭功能的外化

家庭传统功能的不断社会化,一方面使人们减轻了在家庭中承担责任的压力,男女双方愈来愈趋向于寻求一种不完全维系于家庭生活的个人身份;另一方面也削弱了家庭的团结,使人们认为,家庭的解体对其他成员(如孩子)的生活并没有太大的影响,因为孩子的抚养、教育已日渐由社会机构代替。

3. 现代科技对人类生殖的挑战

生物学和医学的发展,尤其是人工授精方法的问世,使社会面临伦理道德及文化方面的新的挑战。生育,这项长期以来只是一对男女相互同意并做出决定而进行的私人化的复杂活动,现在却可以通过"制造"的手段进行。生育的当事人——男女双方可以相互隔离,而其他中介的第三者——如捐献精液者、妊娠期怀胎的代理母亲、医生及其他志愿者却可以介入这项活动。这不能不给以往的家庭伦理带来一系列难解之题。1949年,人类发现精子可以冷冻保存,再供使用,妇女可以像输用别人的血一样采用非丈夫的人提供的精子来生育。1980年,美国首创"试管婴儿门诊"。近年来,又有不少遗传学家倡导利用精子库进行生殖优质选拔,"产生"优质的人类。人胚体外培养的技术也越来越发达,无性繁殖甚至细胞克隆技术仍在研究试验之中。生物医学技术在决定出生婴儿性别方面的研究进展很快。其后果之一就是这些技术的发展和它们对延长人的预期寿命、避孕和医疗辅助生育的贡献,将以原子弹式的威力破坏家庭秩序。

4. 国家政策的干预

自古以来,生儿育女都被视为家庭的固有职能,社会不予过问。现在人口爆炸成为全球性的问题,世界各国都普遍实行国家干预生育的政策。发展中国家普遍采取限制和控制生育的方法。少数发达国家人口老化的趋势严重,而已婚夫妇中又相当普遍地存在"自愿不育"的文化,处于单身状态的人越来越多。为此政府采取鼓励生育的政策。国家对家庭事务的干预使家庭不再仅仅是私人的领地。在实行生育计划的国家,政府都在引导人口的定向发展,或是定向减少,或是定向增加。政府人口政策所产生的人为定向给家庭规模和家庭结构带来变化。同时,国家还通过福利政策的制定来影响家庭的作用。国家的威力和作用不断加强,家庭已无法独立、游离地以单纯的私人领域的方式存在。

5. 全球化的深入

全球化的市场经济大大加快了社会流动的频率。这种流动性使地域的重要性不断下降。人们以地球为村落,频繁迁移,进行工作和社会活动。流动的结果是人与地域的联系被削弱了,而家庭却是与地域关系密切、体现人与人之间的从属关系的社会结构,如同国家、城市、邻里一样。个人与固定地域联系时间的缩短给家庭造成流动、短暂和不稳定性。在流动性强的、无地区界限的社会结构代替与地域有关的社会结构的社会里,在人和物的关系越来越短暂、东西用完就扔的社会里,在两性关系变成萍水相逢、聚散两依依的露水姻缘的社会里,家庭又何去何从呢?

为此,一些研究者对家庭的继续存在持悲观态度。《行将到来的世界革命》一书的作者菲迪南德·伦德伯格公然表明:"家庭已接近完全消亡的时候。"① 美国未来学家奈斯比特在他的《大趋势》中也写道:"社会的基本建筑构件正在从家庭转变为单独的个人。"②

(二) 家庭复兴论③

家庭复兴论主张未来是家庭的复兴或传统的回归。他们认为,现代化造成的家庭危机已经给人类生活的失范以严厉惩罚,后工业时期必然是传统的回归。美国《未来学者》杂志就曾大力宣传,家庭"最终还是要倒过来,生活方式也将回到以前的状态"④。目前,美国有许多人致力于恢复传统家庭制度的活动。一位美国社会学家艾伦·卡尔森曾这样评价那些维护传统家庭制度的人:"尽管他们自称占了大多数,他们仍然是一盘散沙,处在明显的少数地位。他们要办的事情是把近 20 年来政治、社会和文化思想的演变颠倒过来。然而,这方面的发展情

---

① 阿尔温·托夫勒:《未来的冲击》,中国对外翻译出版公司,1985年,第210页。
② 约翰·奈斯比特:《大趋势》,中国社会科学出版社,1984年,第231页。
③ 参见丁文:《家庭学》,山东人民出版社,1997年,第517页。
④ 邓伟志:《家庭的明天》,贵州人民出版社,1986年,第133页。

况糟透了,一场持久而艰苦的斗争正等待着那些维护传统制度的人们。"①邓伟志认为这段话不全对,却也透出了家庭是随着"政治、社会和文化思想的演变"而演变的,不是谁主观上想倒就能倒过来的。

(三) 家庭振兴论

多数中外学者对家庭的未来持乐观主义态度。家庭非但不会消亡,而且会振兴和强化,在未来社会,家庭将重新成为社会的中心。持这种观点的主要理由有四个:

1. 新的生产方式将把人们带回家庭工业时代

在以电子、信息科学为基础的时代,已不再需要人们在工厂、办公室里工作,家庭将重新成为工作单位,通过计算机控制、远距离监测,在家庭中就可以从事生产活动;而不需要加工材料的工作,如产品推销、建筑设计、工程制图咨询服务、健康治疗、教育、保险代理、律师委托和科学研究等工作,只需要配备成本较低的办公设备,如计算机、通信设施,便完全具备在家中工作的可能。事实上,目前相当部分从事这些行业的工作者,已经以家庭为主要工作场所,通过电话和登门拜访联系工作,很少固定在办公室里。其他从事办公室工作的人员,则更容易转入家庭工作。未来的技术将扩大在家庭中的工作量,家庭将重新成为工作重点②。

2. 社会因素对于电子家庭的支持

技术发达的国家,都不约而同地面临严重的交通问题和能源危机。随着工作业务范围扩大,人们往返于工作地点的路程越来越长,给交通和能源供应带来很大的困难,环境也因此受到严重污染。如果改变工作地点,将工作移至家中,则可以大量减少花费在交通、能源、房地产和解决污染方面的费用。只要通信设施的装置运转成本低于上述项目的综合费用,那么在家里工作将产生更高的经济效益。

3. 价值观念的变化促使人们回归家庭

面对现代社会的家庭危机,越来越多的人感到身心疲惫,渴望传统的生活。西方社会许多人都开始向往小城市和农村生活,崇尚能将家庭成员紧密联系在一起的传统家庭,以便获得心理安全和情感保护。在历史上,共同生活和共同劳作曾经是凝聚家庭成员的一个重要因素。

4. 以家庭为中心,将开辟一个新的社会前景

当劳动脱离工厂和办公室而重新回到家庭时,家庭结构会随之改变,家庭关

---

① 邓伟志:《家庭的明天》,贵州人民出版社,1986年,第133页。
② 参见阿尔温·托夫勒:《第三次浪潮》,生活·读书·新知三联书店,1983年。

系会获得改善。夫妻之间再次能有更多的时间彼此对话,儿童在家庭中也获得了更好的条件。当家庭成为共同生活和共同工作的单位时,家庭成员的亲和力增强,因此而创造更美好的家庭未来。人口中很大一部分转移到家中工作,人口强迫流动减少,因此而产生的个人压力也大大减轻。人们可以更多地参与社团生活,有助于建立亲密的人际关系,给社会带来稳定。工作转移到家庭,降低了对能源的需求,降低污染。在经济上,由于个人拥有自己的电子终端装置,实际上已不再是传统意义上的职工,而是独立的企业主,人们也有可能以合作的形式联合起来,在经济生活中将产生新的秩序和组织形式。新的技术革命正改变着人们的社会生活,家庭成为"工作家庭"是未来社会领域的最大变革。家庭的作用、职能将不是被削弱而是被强化。

阿尔温·托夫勒认为,第一次浪潮时期,人们与农业生产劳动相联系,生活在极其稳定的自给自足的大家庭中。到第二次浪潮时期,由于人们的社会工作转向工厂和办公室,小家庭成为社会的主要家庭,它适应于工业社会的变动性。可是到新科技革命所造成的第三次浪潮时期,各种自动化的电子仪器和信息技术进入家庭,人们不必再去工厂和办公室工作,待在家里就能上班,并通过电子仪器同社会进行广泛联系和交流。因此未来社会将"回到以先进的电子科学为基础的家庭工业时代;从而重新突出家庭作为社会中心的作用"[①]。

(四)家庭多元论[②]

按照多元论者的观点,未来社会是一个高度自由的多元化社会,家庭也将呈现出多种多样、五花八门的形式,当代西方社会所存在的独身户、无子女的夫妻家庭、已婚和未婚的单亲家庭、未婚同居家庭、合伙家庭、群居家庭、同性恋家庭,以及传统家庭、部落群居、家庭群等形形色色的家庭形式,都将继续存在。未来社会中由夫妻和子女组成的核心家庭将占很小的比例,只是多种家庭形式的一种。阿尔温·托夫勒早在20世纪80年代提出:"在第三次浪潮文明时期,家庭将长期没有一个单一的形式。相反,我们将看到高度多样化的家庭结构。广大人民群众将不再生活在统一的家庭形式中,而是沿着个人爱好,或者已经习惯的轨道,在新制度下度过他们的一生。""我们正脱离小家庭时代,进入一个以各种家庭生活形式为特点的新社会。"[③]

[①] 阿尔温·托夫勒:《第三次浪潮》,生活·读书·新知三联书店,1983年,第238页。
[②] 同上书,第518—519页。
[③] 同上书,第281页。

(五) 家庭趋同论

主张不论社会制度如何，各个国家的现代化都有着相似的过程和结果，家庭的发展也将趋向一致。美国社会学家威廉·古德在1965年出版的《世界革命和家庭模式》一书中认为，工业化改变家庭制度的进程在世界任何地方都是存在着的，尽管出发点不同，发展的速度和道路不同，但都朝着"某种类型的婚姻制度"在发展，在婚龄提高、离婚率增加、家庭核心化、功能减少等方面都将随着工业化的发展而趋同一致，并且这种趋同现象也是符合工业化发展需要的[①]。

我们一直认为，家庭状况不是静止的，现在的一夫一妻制家庭不是家庭发展的终点，而只是其中的一个阶段。对于家庭的未来，我们有以下几个基本认识：

1. 家庭将继续存在

未来的家庭形态不是无，不是消亡状态。未来仍然有家庭存在。

历史螺旋式地发展，家庭也在螺旋式地前进。人类家庭会由一夫一妻制向更高形态发展，但绝不是简单地回复到家庭产生以前的原始社会野蛮的杂交时代。

人类创造了现代科学技术文明，人类也将妥善解决现代科学技术文明所带来的一系列问题。医疗辅助生育作为科学实验、作为某种特例的运用（例如解决个别人生育机能的障碍）是完全可以适用的，但是它无法取代两性之间的自然之爱，无法取代人类自身的生育机能。未来的人仍然是人类自身繁衍的结果，不可能是完全脱离生物性的由器械或实验制造的"产品"。就全球范围而言，家庭发展的主要趋势是一夫一妻制家庭的充分实现和完善化。恩格斯曾经提出"私人的家庭经济变成社会的劳动部门，孩子的抚养和教育成为公共的事业，社会同等地关怀一切儿童，无论是婚生的还是非婚生的"[②]。

2. 家庭体制的结构和功能的多样化趋势

家庭在未来仍然是社会的基本单位。一对有婚姻关系的男女及其子女所组成的家庭是一种普遍现象，但也会有其他各种情况，如丁克家庭、同性恋家庭、未婚同居、单身等形式出现。可以预见，在未来家庭中，婚姻不具有家庭基础的意义，婚姻与家庭之间的有机联系变得松弛，许多孩子出生并生活在婚姻圈之外。这样婚姻既不是家庭的垄断性基础，也不再是人类再生产的唯一合法形式。

在未来的家庭中，男女双方的爱情是家庭质量的重要保证。两性之间有了合理、平等的关系，家庭的维系和解散以男女自愿为原则，以感情的存亡为依据，性爱在未来家庭中的地位将越来越突出。两性关系将重于亲子关系，成为家庭

---

① 引自丁文：《家庭学》，山东人民出版社，1997年，第520页。
② 《马克思恩格斯选集》第4卷，人民出版社，1972年，第72页。

关系的主导，而在单亲家庭中，父或母与子女的相互关系将成为家庭的基础关系。

今后家庭的首要功能是满足家庭成员各种需要，并提供相互帮助和情感支持。家庭成员间关系的特点是家庭的团结联合。

3. 社会规范的更新

婚姻和家庭形态的未来变化也将需要新的一套社会规范体系与之匹配、适应。法律、道德、习俗，对同性恋者、对未婚父母、对私生子女、对离婚、同居、自愿不育等现象都将有新的规定和看法，不同于现在的法律认定和习俗、道德观念，对由于科技革命而带来的家庭问题也将有新的伦理认识。与此同时，在经济和社会生活方面，如税收、社会福利、学校教育、住宅形式等都将充分考虑多种家庭形式的需要和平等、公平对待的要求。也只有这样，个人才能真正实现自己的选择。

4. 个人选择余地的扩大

随着经济的发展，社会物质财富极大丰富，人的精神面貌将发生新的变化。人类对自身认识的程度不断提高，人们在对各自生活方式的选择过程中，更注重个人意愿。人们可以选择不同的生活道路，保持单身、与异性朋友同居、与同性的人共同生活、要孩子或不要、自己生育或借助医疗辅助，个人在对生活方式的选择上获得解放。他们可以根据个人愿望和需要，选择或创造自己的家庭形式。

5. 生命科学的突破

遗传工程、人体器官的移植及医学辅助生育等，的确都带来了与家庭直接相关的重要的道德问题和社会问题。但是，也应该看到，科技的发展只能有益于人们的生活，而不是相反。人们会运用技术革命的成果改良自己的生活，而不会成为它的俘虏。科技发展的成就对人们根据自己的意愿选择某种家庭、婚姻或生育方式提供了方便，它最终是人类获取更大自由、走向自我完善的手段。人类一定能妥善解决技术发展给自身带来的新问题。在这一点上，人类是能动的而不是被动的，因此，不能过高地估计科技发展对婚姻、家庭形态变化所产生的作用。

综上所述，我们可以得出这样的结论，家庭在可以预见的未来将继续存在。在今后相当长的历史阶段中，家庭仍将作为人类最重要的一个社会机构发挥其功能。同时也应当看到未来家庭的多元化趋势，每个人将遵循更为独立、更为人性化的幸福准则，组织自己的家庭。用社会学家杰西·伯纳德的话来说："未来社会这种婚姻的最大特点，正是让那些对婚姻关系具有不同要求的人，作出各自的选择。"[①]

[①] 阿尔温·托夫勒：《第三次浪潮》，生活·读书·新知三联书店，1983年，第281页。

主要参考文献

威廉·杰、欧·唐奈:《美国婚姻与婚姻法》,重庆出版社 1986 年版。
阿尔温·托夫勒:《第三次浪潮》,生活·读书·新知三联书店 1983 年版。
H.谢苗诺夫:《婚姻和家庭的起源》,中国社会科学出版社 1983 年版。
缪勒利尔:《家族论》,商务印书馆 1936 年版。
缪勒利尔:《婚姻进化史》,商务印书馆 1936 年版。
迈克尔·米特罗尔、雷因哈德·西德尔:《欧洲家庭史》,华夏出版社 1987 年版。
马克·赫特尔:《变动中的家庭——跨文化的透视》,浙江人民出版社 1988 年版。
R.T.诺兰:《伦理学与现实生活》,华夏出版社 1988 年版。
J.罗斯·埃什尔曼:《家庭导论》,中国社会科学出版社 1991 年版。
大卫·切尔:《家庭生活的社会学》,中华书局 2005 年版。
让·凯勒阿尔:《家庭微观社会学》,商务印书馆 1998 版。
上野千鹤子:《近代家庭的形成和终结》,商务印书馆 2004 年版。
韦斯特马克:《人类婚姻简史》,商务印书馆 1992 年版。
安德烈·比尔基埃等主编:《家庭史》,生活·读书·新知三联书店 1998 年版。
G.S.贝克尔:《家庭经济分析》,华夏出版社 1987 年版。
G.S.贝克尔:《生育率的经济分析》,北京大学出版社 1985 年版。
威廉·J.古德:《家庭》,社会科学文献出版社 1986 年版。
罗素:《婚姻革命》,东方出版社,1988 年版。
Alan Kemp:《家庭暴力》,台北洪叶文化事业有限公司 1999 年版。
范丹妮主编:《中国独生子女研究》,华东师范大学出版社 1996 年版。
摩尔根:《古代社会》,商务印书馆 1992 年版。
井上胜也、长屿纪一编:《老年心理学》,上海翻译出版公司 1986 年版。

A.科塞：《社会冲突的功能》，华夏出版社1989年版。

布劳：《社会生活的交换与权力》，华夏出版社1987年版。

乔纳森·特纳：《社会学理论的结构》，华夏出版社2001年版。

斯图尔特·A.奎因、罗伯特·W.哈本斯坦：《世界婚姻家庭史话》，宝文堂书店1991年版。

丽莎·斯冈茨尼等：《角色变迁中的男性与女性》，浙江人民出版社1988年版。

M.A.拉曼纳等：《婚姻与家庭》，台湾巨流图书公司1995年版。

周颜玲、凯瑟琳·W.伯海德：《妇女、家庭与公共政策》，社会科学文献出版社2003年版。

麦惠庭：《家庭改造问题》，商务印书馆1929年版。

言心哲：《农村家庭调查》，商务印书馆1935年版。

费孝通：《乡土中国 生育制度》，北京大学出版社1998年版。

费孝通：《江村经济——中国农民的生活》，商务印书馆2001年版。

杨懋春：《近代中国农村社会之演变》，巨流图书公司1984年版。

林耀华：《金翼——中国家族制度的社会学研究》，生活·读书·新知三联书店2000年版。

詹承绪等：《永宁纳西族的阿注婚姻和母系家庭》，上海人民出版社1980年版。

宋兆麟：《共夫制与共妻制》，生活·读书·新知三联书店1990年版。

陈定闳：《中国社会思想史》，北京大学出版社1990年版。

袁方主编：《社会调查原理与方法》，高等教育出版社1991年版。

邓伟志主编：《社会科学争鸣大系·社会学卷》，上海人民出版社1991年版。

邓伟志：《近代中国家庭的变革》，上海人民出版社1994年版。

邓伟志、徐榕：《家庭社会学》，中国社会科学出版社2001年版。

邓伟志、徐新：《爱的困惑——挑战离婚观念》，上海人民出版社2003年版。

邓伟志主编：《当代城市病》，中国青年出版社2003年版。

袁缉辉、张钟汝：《老龄化对中国的挑战》，复旦大学出版社1991年版。

鲍宗豪：《婚俗文化：中国婚俗的轨迹》，上海人民出版社1990年版。

潘允康主编：《中国城市家庭——五城市家庭调查报告和资料汇编》，山东人民出版社1985年版。

潘允康：《家庭社会学》，重庆出版社1986年版。

潘允康、柳明主编：《当代中国家庭大变动》，广东人民出版社1994年版。

潘允康:《家庭社会学》,重庆出版社 1986 年版。

胡申生主编:《社会风俗三百题》,上海古籍出版社 1992 年版。

风笑天:《独生子女:他们的家庭、教育和未来》,社会科学文献出版社 1992 年版。

陈一筠:《现代婚姻与性科学》,社会科学文献出版社 1998 年版。

张健、陈一筠:《家庭与社会保障》,社会科学文献出版社 2000 年版。

章海山等:《家庭伦理》,广东人民出版社 1984 年版。

高键生、刘宁:《家庭学概论》,河南人民出版社 1986 年版。

赵孟营:《新家庭社会学》,华中理工大学出版社 2000 年版。

徐亦让:《人类家庭发展史》,天津人民出版社 1988 年版。

王永云:《未来家庭形态》,学林出版社 1988 年版。

丁文:《家庭学》,山东人民出版社 1997 年版。

刘发岑:《婚姻通史》,辽宁人民出版社 1991 年版。

沈崇麟、杨善华主编:《当代中国城市家庭研究》,中国社会科学出版社 1995 年版。

沈崇麟、杨善华、李东山主编:《世纪之交的城乡家庭》,中国社会科学出版社 1999 年版。

张文霞、朱冬亮:《家庭社会工作》,社会科学文献出版社 2005 年版。

徐纪敏、王烈主编:《家庭学》,山西教育出版社 1992 年版。

郎太岩、张一兵:《中国婚姻家庭史》,黑龙江教育出版社 1991 年版。

蔡治平等编:《家庭伦理与法律常识》,北京大学出版社 1991 年版。

关锐煊、高刘宝慈主编:《家庭危机应变手册》,香港天地图书有限公司 1999 年版。

郭爱妹:《家庭暴力》,中国工人出版社 2000 年版。

黄廷毓:《家庭教育》,台湾五南图书出版公司 1988 年版。

李银河:《中国人的性爱与婚姻》,中国友谊出版公司 2002 年版。

林显宗:《家庭社会学》,台湾五南图书出版公司 1999 年版。

刘达临:《中国当代性文化——中国两万例"性文明"调查报告》,生活·读书·新知三联书店 1992 年版。

刘伯红主编:《女性权利——聚焦〈劳动法〉和〈婚姻法〉》,当代中国出版社 2002 年版。

陆建华:《婚姻家庭研究》,《中外社会学研究》(论文集),中国社会科学出版社 1996 年版。

彭怀真:《婚姻与家庭》,台湾巨流图书公司 1996 年版。

彭驾骍：《婚姻辅导》，台湾巨流图书公司 1994 年版。

阮曾媛琪：《中国就业妇女社会支持网络研究——"扎根理论"研究方法的应用》，北京大学出版社 2002 年版。

沙吉才主编：《当代中国妇女家庭地位研究》，天津人民出版社 1995 年版。

陶春芳等主编：《中国妇女社会地位概观》，中国妇女出版社 1993 年版。

陶毅、明欣：《中国婚姻家庭制度史》，东方出版社 1994 年版。

巫昌祯、王德意、杨大文主编：《当代中国婚姻家庭问题》，人民出版社 1990 年版。

巫昌祯主编：《婚姻家庭法新论——比较研究与展望》，中国政法大学出版社 2002 年版。

吴德清：《当代中国离婚现状及发展趋势》，文物出版社 1999 年版。

徐安琪、叶文振：《中国婚姻质量研究》，中国社会科学出版社 1999 年版。

徐扬杰：《中国家族制度史》，人民出版社 1992 年版。

陈功：《家庭革命》，中国社会科学出版社 2000 年版。

周月清：《家庭社会工作——理论与方法》，台湾五南图书出版公司 2001 年版。

《中国大百科全书·社会学卷》，中国大百科全书出版社 1991 年版。

詹姆士德·本纳姆：《家庭的未来：联合国教科文组织的一项国际性研究计划》，《国际社会科学杂志》1991 年第 4 期。

邓伟志、刘达临：《家庭社会学讲座·第一讲》，《社会》1982 年第 1 期。

邓伟志、徐新：《当代中国家庭变动的轨迹》，《社会科学》2000 年第 10 期。

邓伟志、徐新：《当代中国家庭变革的动因》，《学海》2000 年第 6 期。

马有才：《婚姻家庭十年研究概述》，《社会学研究》1989 年第 4 期。

潘允康：《中国家庭网的现状与未来》，《社会学研究》1990 年第 5 期。

潘允康、阮丹青：《中国城市家庭网》，《浙江学刊》1995 年第 3 期。

孙建利：《摇摇欲坠的家庭》，《社会科学辑刊》1994 年第 1 期。

《人口研究》编辑部：《中国第五次人口普查公报透视》，《人口研究》2001 年第 3 期。

陈一筠：《同居关系会替代婚姻吗？——美国的最新研究报告》，《国外社会科学》1999 年第 4 期。

风笑天、田凯：《近十年我国社会学实地研究评析》，《社会学研究》1998 年第 2 期。

风笑天：《独生子女青少年的社会化过程及其结果》，《中国社会科学》2000 年第 6 期。

贺寨平：《国外社会支持网研究综述》，《国外社会科学》2001年第1期。

金一虹：《转型期家庭伦理道德的矛盾冲突与新的整合》，《江海学刊》1997年第6期。

马忆南：《二十世纪之中国婚姻家庭法学》，《中外法学》1998年第2期。

佟新：《不平等性别关系的生产与再生产——对中国家庭暴力的分析》，《社会学研究》2000年第1期。

徐安琪：《城市家庭社会网络的现状和变迁》，《上海社会科学院学术季刊》1995年第2期。

徐安琪：《夫妻伙伴关系：中国城乡的异同及其原因》，《中国人口科学》1998年第4期。

叶文振：《当代中国婚姻问题的经济学思考》，《人口研究》1997年第6期。

叶文振、林擎国：《当代中国离婚态势和原因分析》，《人口与经济》1998年第3期。

张敏杰：《中国的婚姻家庭问题研究：一个世纪的回顾》，《社会科学研究》2001年第3期。

曾毅、吴德清：《八十年代以来我国离婚水平与年龄分布的变动趋势》，《中国社会科学》1995年第6期。